MANUAL DE PROCESSO PENAL

DIONELES LEONE SANTANA FILHO

Pedro Maia Souza Marques
Prefácio

Paulinho Boca de Cantor
Apresentação

MANUAL DE PROCESSO PENAL

Belo Horizonte

2025

© 2025 Editora Fórum Ltda.

É proibida a reprodução total ou parcial desta obra, por qualquer meio eletrônico, inclusive por processos xerográficos, sem autorização expressa do Editor.

Conselho Editorial

Adilson Abreu Dallari
Alécia Paolucci Nogueira Bicalho
Alexandre Coutinho Pagliarini
André Ramos Tavares
Carlos Ayres Britto
Carlos Mário da Silva Velloso
Cármen Lúcia Antunes Rocha
Cesar Augusto Guimarães Pereira
Clovis Beznos
Cristiana Fortini
Dinorá Adelaide Musetti Grotti
Diogo de Figueiredo Moreira Neto (*in memoriam*)
Egon Bockmann Moreira
Emerson Gabardo
Fabrício Motta
Fernando Rossi
Flávio Henrique Unes Pereira
Floriano de Azevedo Marques Neto
Gustavo Justino de Oliveira
Inês Virgínia Prado Soares
Jorge Ulisses Jacoby Fernandes
Juarez Freitas
Luciano Ferraz
Lúcio Delfino
Marcia Carla Pereira Ribeiro
Márcio Cammarosano
Marcos Ehrhardt Jr.
Maria Sylvia Zanella Di Pietro
Ney José de Freitas
Oswaldo Othon de Pontes Saraiva Filho
Paulo Modesto
Romeu Felipe Bacellar Filho
Sérgio Guerra
Walber de Moura Agra

FÓRUM
CONHECIMENTO

Luís Cláudio Rodrigues Ferreira
Presidente e Editor

Coordenação editorial: Leonardo Eustáquio Siqueira Araújo / Thaynara Faleiro Malta
Revisão: Nathalia Campos
Capa e projeto gráfico: Walter Santos
Diagramação: Derval Braga

Rua Paulo Ribeiro Bastos, 211 – Jardim Atlântico – CEP 31710-430
Belo Horizonte – Minas Gerais – Tel.: (31) 99412.0131
www.editoraforum.com.br – editoraforum@editoraforum.com.br

Técnica. Empenho. Zelo. Esses foram alguns dos cuidados aplicados na edição desta obra. No entanto, podem ocorrer erros de impressão, digitação ou mesmo restar alguma dúvida conceitual. Caso se constate algo assim, solicitamos a gentileza de nos comunicar através do *e-mail* editorial@editoraforum.com.br para que possamos esclarecer, no que couber. A sua contribuição é muito importante para mantermos a excelência editorial. A Editora Fórum agradece a sua contribuição.

Dados Internacionais de Catalogação na Publicação (CIP) de acordo com ISBD

S232m	Santana Filho, Dioneles Leone
	Manual de processo penal / Dioneles Leone Santana Filho. Belo Horizonte: Fórum, 2025.
	450p. 14,5x21,5cm
	ISBN impresso 978-65-5518-907-0
	ISBN digital 978-65-5518-903-2
	1. Processo penal. 2. Democracia. 3. Contraditório. I. Título.
	CDD: 345.05
	CDU: 343.1

Ficha catalográfica elaborada por Lissandra Ruas Lima – CRB/6 – 2851

Informação bibliográfica deste livro, conforme a NBR 6023:2018 da Associação Brasileira de Normas Técnicas (ABNT):

SANTANA FILHO, Dioneles Leone. *Manual de processo penal*. Belo Horizonte: Fórum, 2025. 450p. ISBN 978-65-5518-907-0.

*Aos meus amados André, Renata e Rai, pelo amor e
dedicação de toda uma vida.*

Agradecimento a Pedro Maia Souza Marques, Márcio Cordeiro Fahel e Paulinho Boca de Cantor.

Memória

Amar o perdido
Deixa confundido
Este coração

Nada pode o olvido
Contra o sem sentido
apelo do Não

As coisas tangíveis
Tornam-se insensíveis
à palma da mão.

Mas as coisas findas,
Muito mais que lindas,
essas ficarão.

Carlos Drummond de Andrade

SUMÁRIO

PREFÁCIO
Pedro Maia Souza Marques 29

APRESENTAÇÃO
Paulinho Boca de Cantor 33

CAPÍTULO 1
INTRODUÇÃO 35
1.1   Considerações iniciais sobre o processo penal 35
1.2   Persecução penal 39

CAPÍTULO 2
SISTEMAS PROCESSUAIS PENAIS 41
2.1   Introito 41
2.2   Evolução histórica dos sistemas processuais penais 43
2.2.1   Processo penal na Antiguidade 43
2.2.2   Processo penal na Idade Média 46
2.2.3   Verificação dos sistemas processuais estrangeiros na
        Idade Moderna 48
2.3   Os sistemas processuais penais: uma análise comparativa 52
2.3.1   Sistema inquisitivo 52
2.3.2   Sistema acusatório 54
2.3.3   Sistema misto 57

CAPÍTULO 3
INQUÉRITO POLICIAL 61
3.1   Conceito de inquérito policial 61
3.2   Finalidade 61
3.3   Natureza jurídica do inquérito policial 62
3.4   Elementos informativos e provas 63
3.5   Funções da polícias civil e federal no processo penal 64
3.5.1   Autoridade com atribuições para a presidência do inquérito
        policial 65

3.5.2	Natureza do crime e a responsabilidade da investigação criminal	66
3.5.2.1	Crime militar da competência da Justiça Militar da União: o art. 69, inciso III, do CPP, estabelece a competência da infração em razão da natureza da infração	66
3.5.2.2	Crime militar da competência da Justiça Militar Estadual	66
3.5.2.3	Crime eleitoral	66
3.5.2.4	Crime comum da competência da Justiça Federal	66
3.5.2.5	Crime comum da competência da Justiça Estadual	67
3.6	Características do inquérito policial	67
3.6.1	Procedimento ("processo") investigatório inquisitivo	67
3.6.1.1	Desdobramentos necessários	68
3.6.2	Procedimento discricionário	69
3.6.3	Procedimento sigiloso	70
3.6.4	Procedimento escrito	70
3.6.5	Procedimento temporário	71
3.6.6	Procedimento indisponível	71
3.6.7	Procedimento dispensável	71
3.7	Formas de instauração do inquérito policial	73
3.7.1	Crimes de ação penal pública condicionada ou de ação penal de iniciativa privada	73
3.7.2	Crimes de ação penal pública incondicionada	74
3.8	Valor probatório do inquérito policial	74
3.9	Valor dos elementos migratórios	75
3.10	Vícios ou irregularidades do inquérito policial	75
3.11	Prazos	76
3.11.1	Delegado estadual	76
3.11.2	Delegado federal	76
3.11.3	Tráfico de drogas (art. 51, p. único, Lei nº 11.343/2006)	77
3.11.4	Crimes contra a economia popular	77
3.11.5	Crimes militares	77
3.11.6	Excesso de prazo	77
3.11.7	Em caso de decretação da prisão temporária	77
3.11.8	Contagem do prazo	77
3.12	Indiciamento	78
3.13	Remessa dos autos ao órgão acusatório	78
3.14	Manifestações possíveis do Ministério Público ao receber o inquérito policial em se tratando de crime de ação penal pública	80
3.15	Esclarecimentos necessários	82
3.15.1	Relativos ao arquivamento do inquérito policial	82
3.15.2	Desarquivamento	84
3.16	Termo circunstanciado de ocorrência (TCO)	84
3.17	Arquivamento originário	85
3.18	Arquivamento implícito	85
3.19	Investigação defensiva	85

CAPÍTULO 4
AÇÃO PENAL 87
4.1	Notas introdutórias 87
4.2	Definição do direito de ação processual penal e o processo penal constitucional 88
4.3	Características do direito de ação 90
4.3.1	Direito público 90
4.3.2	Direito subjetivo 90
4.3.3	Direito autônomo 90
4.3.4	Direito abstrato 90
4.4	Condições da ação penal 90
4.4.1	Condições genéricas da ação penal 91
4.4.2	Condições específicas da ação penal 91
4.4.3	Prática de fato que é aparentemente criminoso 91
4.5	Reflexos do CPC numa análise sistemática 92
4.6	Classificação das ações penais (art. 100, CP) 95
4.6.1	Ação penal pública 95
4.6.1.1	Titular e peça acusatória 95
4.6.2	Espécies de ação penal pública 95
4.6.3	Espécies de ação penal privada 98
4.6.4	Ação penal *ex officio* 99
4.6.5	Ação penal popular 99
4.6.5.1	*Habeas corpus* 99
4.6.5.2	Denúncia do cidadão por crime de responsabilidade 99
4.6.5.3	Ação penal preventiva 100
4.6.5.4	Ação penal adesiva 100
4.6.6	Ação penal nos crimes contra a honra de funcionário público (legitimidade concorrente) 100
4.6.7	Ação penal com foro por prerrogativa de função 101
4.6.8	Ação Penal por extensão 101
4.7	Princípios da ação penal 101
4.7.1	Princípio do *ne procedat iudex ex officio* 101
4.7.2	Princípio da obrigatoriedade 101
4.7.3	Princípio da indisponibilidade 101
4.7.4	Princípio da divisibilidade 102
4.7.5	Princípio da intranscendência ou da pessoalidade 103
4.7.6	Princípio da autoritariedade 103
4.7.7	Princípio da oficialidade 103
4.7.8	Princípio da oficiosidade 103
4.7.9	Princípio da indivisibilidade 103
4.8	Perempção 104

CAPÍTULO 5
COMPETÊNCIA 107
5.1	Conceito 107

5.2	Espécies de competência	107
5.2.1	Competência *ratione materiae*	107
5.2.2	Competência ratione personae	109
5.2.3	Competência *ratione loci*	111
5.2.4	Competência funcional	114
5.2.4.1	Por fase do processo	114
5.2.4.2	Por objeto do juízo	114
5.2.4.3	Por grau de jurisdição	115
5.2.4.4	Competência absoluta e competência relativa	115
5.2.4.4.1	Fundamento	115
5.2.4.4.2	Não observância da regra de competência	115
5.2.4.4.3	Declaração pelo juiz dentro do processo penal	115
5.2.5.4.4	Espécies de competência	115
5.2.5	Observação sobre a nulidade absoluta	116
5.2.6	Observação sobre a nulidade relativa	116
5.3	Até que momento o juiz poderá declarar de ofício a sua incompetência?	117
5.4	Reconhecimento da incompetência do juízo – efeitos	117
5.5	Competência da Justiça Federal	118
5.5.1	Análise dos incisos do art. 109 da CF	118
5.5.2	Casuística	121
5.5.2.1	Crime de dano em consulado estrangeiro	121
5.5.2.2	Bem tombado	121
5.5.2.3	Contrabando ou descaminho	121
5.5.2.4	Moeda falsa	122
5.5.2.5	Crime praticado contra os Correios	122
5.5.2.6	Crime de funcionamento de rádio pirata art. 183 da Lei nº 9.472/97	122
5.5.2.7	Crime federal conexo com crime estadual	122
5.5.2.8	Crimes contra a União, autarquias federais e empresas públicas federais	123
5.5.2.9	Crimes cometidos contra entidades de fiscalização profissional	123
5.5.2.10	Crimes praticados contra sociedade de economia mista	123
5.5.2.11	Crime de falso testemunho competido na Justiça do Trabalho	124
5.5.2.12	Crime de estelionato praticado mediante a falsificação das guias das contribuições previdenciárias	124
5.5.3	Conexão e continência	124
5.5.3.1	Conceito	124
5.5.3.2	Conexão	124
5.5.3.2.1	Classificação das hipóteses de conexão (art. 76, CPP)	124
5.5.3.3	Continência	125
5.5.3.3.1	Conceito	125
5.5.3.3.2	Classificação	125
5.5.4	Regras incidentes na fixação do foro competente nos casos de conexão e continência	125
5.5.4.1	Justiça Especial e Justiça Comum	126

5.5.4.2	Tribunal do Júri e demais órgãos da Justiça Comum	126
5.5.4.3	Jurisdição de maior hierarquia e jurisdição de menor hierarquia	126
5.5.4.4	Órgãos que compõem a mesma Justiça e de igual hierarquia	127
5.5.5	Separação dos processos	127
5.5.5.1	Obrigatória	127
5.5.5.2	Facultativa	127
5.6	Perpetuação da jurisdição	127

CAPÍTULO 6
DA RESTITUIÇÃO DE COISAS APREENDIDAS 129

6.1	Generalidades	129
6.2	Coisas que podem ser apreendidas	130
6.3	Coisas que não podem ser apreendidas	130
6.4	Coisas não restituíveis	131
6.5	Das coisas restituíveis	131
6.5.1	Legitimidade para reclamá-las	131
6.5.2	Competência para o deferimento do pedido	132
6.5.3	Restituição pleiteada ao delegado	132
6.5.4	Requisitos	132
6.5.5	Procedimento	132
6.6	Da restituição pleiteada ao juiz	132
6.6.1	Requisitos	133
6.6.2	Procedimento	133
6.6.3	Do acautelamento da coisa, quando duvidoso o direito	134
6.7	Do não cabimento do pedido de restituição	134
6.8	Da destinação das coisas apreendidas na ausência pedido de restituição	134
6.8.1	Do leilão dos instrumentos ou produtos do crime (art. 122, CPP)	134
6.8.2	Do leilão de outras coisas apreendidas (art. 123, CPP)	135
6.9	Sistema recursal	135

CAPÍTULO 7
DAS MEDIDAS ASSECURATÓRIAS (ARTS. 125 A 144-A, CPP) 137

7.1	Pontos cruciais	137
7.2	Sequestro	138
7.2.1	Noções propedêuticas	138
7.2.2	Requisitos	139
7.2.3	Legitimidade para postular	139
7.2.4	Oportunidade	139
7.2.5	Procedimento legal	139
7.2.6	Dos embargos de terceiro	140
7.2.6.1	Dos embargos do terceiro senhor e possuidor	140
7.2.6.2	Dos embargos opostos pelo acusado e pelo terceiro de boa-fé	140

7.2.7	Do levantamento do sequestro	141
7.2.7.1	Sequestro de bens móveis	141
7.2.7.2	Do leilão dos bens sequestrados	142
7.2.7.3	Utilização do bem sequestrado, apreendido ou sujeito a outra medida assecuratória	142
7.3	Hipoteca legal	143
7.3.1	Conceito	143
7.3.2	Objetivo	144
7.3.3	Requisitos	144
7.3.4	Legitimidade para requerer	144
7.3.5	Procedimento	144
7.3.6	Do sequestro prévio	147
7.3.7	Do cancelamento do arresto ou da hipoteca legal	147
7.4	Arresto	147
7.4.1	Conceito	147
7.4.2	Requisitos	148
7.4.3	Legitimidade	148
7.4.4	Procedimento	148
7.4.5	Levantamento do arresto	149
7.5	Recursos	149

CAPÍTULO 8
INCIDENTE DE FALSIDADE 151

8.1	Peculiaridades	151
8.2	Conceito	151
8.3	Legitimidade	152
8.4	Procedimento	152
8.5	Natureza jurídica da decisão	152
8.6	Recursos	153

CAPÍTULO 9
INSANIDADE METAL DO ACUSADO 155

9.1	Considerações preliminares	155
9.2	Conceito	156
9.3	Legitimidade	156
9.4	Procedimento	157
9.5	Da insanidade mental durante o cumprimento da pena	159
9.5.1	Prazo	160

CAPÍTULO 10
PROCEDIMENTO COMUM ORDINÁRIO 161

10.1	Definição	161
10.2	Modalidades dos procedimentos	162
10.2.1	Procedimento comum (art. 394, §1º, CPP)	162

10.2.1.1	Procedimento ordinário	162
10.2.1.2	Procedimento sumário	162
10.2.1.3	Procedimento sumaríssimo	162
10.2.2	Procedimentos especiais	163
10.3	Procedimento comum ordinário	163
10.3.1	Fase postulatória	163
10.3.1.1	A rejeição da denúncia ou queixa-crime	164
10.3.1.2	Recebimento da denúncia ou queixa-crime	166
10.3.1.3	Da citação, intimação e notificação	168
10.3.1.3.1	Espécies de citação	168
10.3.2	Absolvição sumária – julgamento antecipado da lide	174
10.3.3	Instrução processual	174
10.4	Procedimento comum sumário	175
10.5	Procedimento sumaríssimo	176

CAPÍTULO 11
PROCEDIMENTO DO TRIBUNAL DO JÚRI 177

11.1	Noções preliminares	177
11.1.1	Plenitude da defesa	178
11.1.2	Sigilo das votações	180
11.1.3	Soberania dos veredictos	180
11.1.4	Competência mínima	181
11.1.5	Princípio da plenitude da proteção da vida	181
11.2	Procedimento bifásico ou escalonado	183
11.2.1	Fases do sumário de culpa	183
11.2.2	Procedimento da primeira fase – sumário da culpa	183
11.2.3	Audiência concentrada	184
11.2.4	Decisões possíveis no sumário da culpa	185
11.2.4.1	Pronúncia	185
11.2.4.2	Impronúncia	187
11.2.4.3	Absolvição sumária	189
11.2.4.4	Desclassificação	192
11.2.5	Despronúncia	194
11.3	Intimação da decisão de pronúncia	194
11.4	Segunda fase – *iudicium causae*	195
11.4.1	Fases do *iudicium causae*	195
11.4.2	Desaforamento	197
11.4.3	Os jurados (arts. 436 a 446, CPP)	199
11.4.4	Da composição do Tribunal do Júri e do Conselho de Sentença	202
11.4.4.1	Impedimentos dos jurados	202
11.4.4.2	Dia do julgamento. Ausências e adiamentos	203
11.4.4.2.1	Ausência do Ministério Público	203
11.4.4.2.2	Ausência do advogado	203
11.4.4.2.3	Ausência do réu solto	204
11.4.4.2.4	Ausência do advogado do assistente de acusação	204

11.4.4.2.5	Ausência do advogado do querelante	204
11.4.4.2.4.6	Ausência da testemunha	204
11.4.5	Formação do Conselho de Sentença	205
11.4.6	Audiência na sessão de julgamento do Plenário do Júri	206
11.4.7	Debates	208
1.4.8	Questionário e votação	211

CAPÍTULO 12
PRISÃO 215

12.1	Conceito	215
12.2	Prisões extraprocessuais penais	215
12.2.1	Prisão civil	215
12.2.2	Prisão do falido	216
12.2.3	Prisão administrativa	217
12.2.4	Prisão preventiva do estrangeiro para fins de extradição	217
12.2.5	Prisão militar	219
12.2.6	Prisão penal	220
12.3	Prisão cautelar, processual ou provisória	220
12.3.1	Espécies de prisão cautelar	220
12.3.1.1	Prisão em flagrante (art. 301 e 302, CPP)	220
12.3.1.2	Espécies de prisão em flagrante	222
12.3.1.3	Fases da prisão em flagrante	228
12.3.1.4	Apreciação judicial da prisão em flagrante	231
12.3.1.4.1	Relaxamento da prisão em flagrante ilegal	231
12.3.2	Conversão da prisão em flagrante em prisão preventiva	232
12.3.2.1	Requisitos	235
12.3.3	Concessão da liberdade provisória com ou sem fiança	240
12.3.4	Audiência de custódia	241
12.3.4.1	Conceito	241
12.3.4.2	Finalidades	241
12.3.4.3	Fundamento normativo	242
12.3.4.4	Legalidade dos provimentos e resoluções acerca da audiência de custódia	242
12.3.4.5	Consequências decorrentes da não realização da audiência de custódia em até 24 horas após a prisão	243
12.3.4.6	Oitiva do preso durante a audiência de custódia	243
12.3.4.7	Fixação da competência por prevenção	244
12.3.4.8	Procedimento a ser observado na realização da audiência de custódia	244
12.4	Prisão temporária (Lei nº 7.960/1989)	244
12.4.1	Fundamentos	245
12.5	Prisão domiciliar	245
12.5.1	De natureza penal (LEP)	245
12.5.2	De natureza cautelar (arts. 317 e 318, CPP) – como alternativa a prisão cautelar (prisão preventiva ou temporária)	246

12.5.3	Prisão preventiva imposta à mulher gestão ou que for mãe ou responsável por crianças ou pessoas com deficiência será substituída por prisão domiciliar	246
12.6	Prisão especial	247
12.7	Medidas cautelares diversas	248

CAPÍTULO 13
PROVAS 251

13.1	Noções conceituais	251
13.2	Fonte de prova, meios de prova e meios de obtenção de prova	253
13.3	A prova não se confunde com os indícios	254
13.4	A finalidade e objeto da prova no processo penal	255
13.5	Sistemas de apreciação das provas processuais	256
13.5.1	Sistema da prova legal (ou tarifado ou certeza moral do legislador)	256
13.5.2	Sistema da íntima convicção (ou certeza moral do julgador)	256
13.5.3	Sistema da livre convicção (ou da persuasão racional do juiz)	256
13.6	Ônus da prova	258
13.7	Produção da prova pelo juiz de ofício	259
13.8	Provas obtidas por meio ilícito	260
13.9	Teorias sobre a utilização ou não da prova ilícita e suas consequências	261
13.9.1	Teoria da proporcionalidade ou da razoabilidade ou do sacrifício	261
13.9.2	Teoria dos frutos da árvore envenenada, ou *fruits of the poisonous tree*, ou teoria da prova ilícita por derivação	262
13.9.3	Teoria da descoberta inevitável	262
13.9.4	Teoria do nexo causal atenuado (teoria da tinta diluída ou mancha purgada – *purged taint doctrine*)	264
13.10	Sistema de valoração da prova – livre convencimento motivado	264
13.11	Prova emprestada	265
13.12	Procedimento probatório	265
13.13	Restrições à prova	265

CAPÍTULO 14
PROVAS EM ESPÉCIE 267

14.1	Do exame do corpo de delito e das perícias em geral	267
14.1.1	Definição	269
14.1.2	Finalidade	269
14.1.3	Espécies	269
14.1.4	Objeto da perícia	270
14.1.5	Natureza jurídica da perícia	270

14.1.6	Perícias de laboratório	270
14.1.7	Do laudo pericial	271
14.1.7.1	Legitimidade para elaboração do laudo	271
14.1.8	Prazo para a conclusão do laudo	273
14.1.9	Cadeia de custódia	273
14.1.9.1	Etapas de rastreamento	278
14.1.9.2	Crime de fraude processual (art. 347, CP)	278
14.1.10	Dos quesitos	279
14.1.11	Da composição do laudo	279
14.1.12	Da nulidade da perícia – efeitos	280
14.1.13	Do exame do local onde houver sido praticada a infração	280
14.1.14	Da perícia por precatória	281
14.1.15	Da vinculação do juiz às conclusões dos peritos	281
14.1.16	Obrigatoriedade dos exames periciais	281
14.2	Procedimento pericial em relação a crimes específicos	281
14.2.1	Homicídio	281
14.2.1.1	Autópsia	281
14.2.1.2	Exumação para exame cadavérico	282
14.2.1.2.1	Providências a cargo do delegado	282
14.2.1.2.2	Providências a cargo dos peritos	282
14.2.1.2.3	Da dúvida quanto à identidade do cadáver exumado	283
14.2.2	Lesões corporais – do exame complementar	283
14.2.3	Crime de furto qualificado	284
14.2.4	Crimes de incêndio e dano	284
14.2.5	Crimes de falso	284
14.3	Do interrogatório do acusado	285
14.3.1	Natureza jurídica	285
14.3.2	Momento do interrogatório	286
14.3.3	Participação do interrogado no interrogatório	286
14.3.4	Procedimento	287
14.3.5	Interrogatório de corréus, do mudo, do surdo ou do surdo-mudo, do estrangeiro e do menor	288
14.3.6	Características do interrogatório	288
14.3.6.1	Ato público	288
14.3.6.2	Ato personalíssimo	288
14.3.6.3	Oralidade	288
14.4	Confissão	289
14.4.1	Valor	290
14.4.1.1	Verossimilhança	290
14.4.1.2	Credibilidade e coincidência	290
14.4.1.3	Persistência ou uniformidade	290
14.4.2	Características	290
14.4.3	Classificação	290
14.4.4	Momento	292
14.5	Perguntas ao ofendido	293
14.5.1	Valor probante	293
14.5.2	Características	294

14.5.3	Participação das partes na audiência do ofendido	294
14.5.4	Obrigatoriedade da audiência do ofendido	294
14.6	Das testemunhas – análise do art. 202 do CPP	295
14.6.1	Valor dos depoimentos das testemunhas	295
14.6.2	Classificação	296
14.6.3	Caracteres da prova testemunhal	297
14.6.3.1	Oralidade	297
14.6.3.2	Objetividade	297
14.6.3.3	Retrospectividade	297
14.6.4	Procedimento	297
14.6.5	Obrigatoriedade e proibição de depor	298
14.6.5.1	Impedimentos	298
14.6.6	Das perguntas e respostas	300
14.6.7	Da contradita	300
14.6.8	Depoimento de autoridades, militares e de funcionário público	301
14.6.8.1	Autoridades	301
14.6.8.2	Militares	301
14.6.8.3	Funcionários públicos	301
14.6.9	Depoimento através de precatória	301
14.6.10	Depoimento de estrangeiro, mudo, surdo ou surdo-mudo	302
14.6.11	Depoimento por antecipação	302
14.7	Reconhecimento de pessoas e coisas	303
14.7.1	Definição	303
14.7.2	Procedimento	303
14.7.3	Reconhecimento por várias pessoas	307
14.8	Acareação	310
14.8.1	Definição	310
14.8.2	Requisitos	310
14.8.3	Pessoas que podem ser acareadas	311
14.8.4	Procedimento	311
14.8.5	Acareação por precatória	311
14.9	Documentos	311
14.9.1	Definição	311
14.9.2	Classificação	312
14.9.3	Momento para a produção da prova documental	312
14.9.4	Documentos cuja juntada é proibida	312
14.9.5	Exame pericial em documentos	313
14.9.6	Documento estrangeiro	313
14.9.7	Desentranhamento de documentos originais	313
14.10	Indícios	313
14.10.1	Definição	313
14.10.2	Objeto dos indícios	313
14.10.3	Valor	314
14.11	Da busca e apreensão	314
14.11.1	Definição	314
14.11.2	Espécies e distinções	316

14.11.2.1	Distinções	316
14.11.3	Finalidade da medida	317
14.11.4	Legitimidade para requer a medida	317
14.11.5	Conteúdo do mandado de busca e apreensão domiciliar e pessoal (art. 243, CPP)	318
14.11.5.1	Busca e apreensão domiciliar	318
14.11.5.2	Busca e apreensão pessoal	319
14.11.6	Dispensa do mandado	319
14.11.7	Procedimento nas buscas domiciliares	321
14.11.8	Busca em mulher	322
14.11.9	Busca e apreensão em outra comarca ou município	322
14.11.10	Busca e apreensão em escritório de advocacia	322

CAPÍTULO 15
SENTENÇA 325

15.1	Atos judiciários em sentido estrito	325
15.2	Decisões	325
15.2.1	Classificação – interlocutórias	326
15.2.2	Decisões definitivas, ou sentenças	326
14.2.3	Classificação das decisões definitivas quanto aos órgãos das quais promanam	327
15.2.4	Outras classificações: executáveis, não executáveis e condicionais	327
15.2.5	Sentenças simples, subjetivamente complexas e plúrimas	328
15.3	Sentença	328
15.3.1	Conceito	328
15.3.2	Função	329
15.3.3	Estrutura	329
15.3.4	Requisitos	329
15.4	Embargos de declaração	335
15.5	Princípio da correlação entre a acusação e a sentença	336
15.5.1	*Emendatio libelli*	336
15.5.2	*Mutatio libelli*	338
15.5.2.1	Generalidades	338
15.5.2.2	*Mutatio libelli*	339
15.5.2.3	Do aditamento	341
15.5.2.4	*Mutatio libelli*, na fase de recebimento da peça acusatória	341
15.6	Sentença nos crimes de ação penal pública	341
15.7	Sentença absolutória (art. 386, CPP)	342
15.7.1	Efeitos da sentença absolutória	342
15.8	Sentença condenatória	343
15.8.1	Etapas	343
15.8.2	Efeitos da sentença penal condenatória	348
15.8.3	Efeitos extrapenais específicos da condenação (art. 92, CP). Crimes contra a mulher por ser mulher	349
15.9	Publicação da sentença	354

15.10	Intimação da sentença – hipóteses	354
15.10.1	Partes presentes	354
15.10.2	Intimação do Ministério Público, defensor público, defensor nomeado (dativo) e curador nomeado pelo juiz	355
15.10.3	Intimação do querelante ou assistente	355
15.10.4	Intimação do réu	355
15.10.5	Intimação do defensor	356
15.11	Coisa julgada	356
15.11.1	Fundamento	357
15.11.2	Limites da coisa julgada	357
15.11.2.1	Limites objetivos	357
15.11.2.2	Limites subjetivos	358

CAPÍTULO 16
NULIDADES 359

16.1	Noções preliminares e definição	359
16.2	Atos processuais	360
16.3	Espécies de vícios ou irregularidades	361
16.3.1	Irregularidade sem consequências	362
16.3.2	Irregularidade com sanção extraprocessual	362
16.3.3	Irregularidade com invalidação do ato	362
16.3.4	Irregularidade com inexistência do ato	362
16.4	Princípios básicos das nulidades	362
16.4.1	Princípio da tipicidade das formas	362
16.4.2	Princípio do prejuízo (*pas de nullité sans grief*)	363
16.4.3	Princípio da instrumentalidade das formas ou da finalidade	363
16.4.4	Princípio da causalidade ou da consequencialidade	364
16.4.5	Princípio do interesse	365
16.4.6	Princípio da convalidação	365
16.4.7	Princípio da não preclusão	365
16.4.8	Princípio da lealdade	365
16.5	Espécies: nulidades absolutas e nulidades relativas	366
16.5.1	Nulidade relativa	366
16.5.2	Nulidade absoluta	367
16.5.2.1	Hipóteses de nulidades absolutas	369
16.6	Nulidades na primeira instância	371
16.7	Nulidades na segunda instância	371
16.8	Sentença condenatória com trânsito em julgado proferida por Justiça absolutamente incompetente	371
16.9	Réu absolvido com trânsito em julgado por Justiça absolutamente incompetente	372
16.10	Nulidade e ampla defesa	373
16.10.1	Defesa técnica (irrenunciável)	373
16.10.2	Autodefesa (renunciável)	373
16.11	Ausência do membro do Ministério Público	374
16.12	Delação de corréus e direito de defesa	374

16.13	Nulidade da citação por edital de réu preso na mesma unidade da Federação	374

CAPÍTULO 17
RECURSOS 375

17.1	Aspectos gerais sobre os recursos	375
17.1.1	Conceito	376
17.1.2	Fundamentos	376
17.1.3	Características	376
17.2	Natureza jurídica	377
17.3	Princípios recursais	377
17.3.1	Princípio da voluntariedade	377
17.3.2	Princípio da taxatividade	380
17.3.3	Princípio do duplo grau de jurisdição	380
17.3.4	Princípio da unirrecorribilidade	381
17.3.5	Princípio da fungibilidade	381
17.3.6	Princípio da convolação	383
17.3.7	Princípio da disponibilidade	383
17.3.8	Princípio da personalidade e da *non reformatio in pejus* [proibição da reforma para pior]	384
17.3.9	Princípio da *reformatio in mellius*	385
17.3.10	Princípio da dialeticidade	385
17.3.11	Princípio da complementariedade	386
17.3.12	Princípio da colegialidade	386
17.4	Pressupostos recursais	386
17.4.1	Classificação dos pressupostos recursais	387
17.4.1.1	Pressupostos recursais objetivos	387
17.4.1.2	Pressupostos recursais subjetivos	390
17.5	Efeitos dos recursos	393
17.5.1	Efeito obstativo	393
17.5.2	Efeito devolutivo	393
17.5.3	Efeito suspensivo	394
17.5.4	Efeito iterativo, diferido ou regressivo	395
17.5.5	Efeito extensivo	395
175.6	Efeito substitutivo	396
17.5.7	Efeito translativo	396

CAPÍTULO 18
RECURSOS EM ESPÉCIE 397

18.1	Apelação	397
18.1.1	Fundamento	397
18.2	Espécies	398
18.2.1	Extensão	398
18.2.2	Legitimidade	398
18.2.3	Natureza da infração penal	399

18.2.4	Autonomia	399
18.3	Competência originária dos tribunais	400
18.4	Recolhimento à prisão para apelar	400
18.5	Hipóteses de cabimento da apelação	401
18.5.1	Contra sentença definitiva de condenação ou absolvição	401
18.5.2	Decisões do Tribunal do Júri (art. 593, inciso III, do CPP – das decisões do Tribunal do Júri)	402
18.5.2.1	As hipóteses elencadas no inciso III do art. 593 do CPP	403
18.5.2.1.1	Ocorrer nulidade posterior à pronúncia	403
18.5.2.1.2	For a sentença do juiz-presidente contrária à lei expressa ou à decisão dos jurados	404
18.5.2.1.3	Houver erro ou injustiça no tocante à aplicação da pena ou da medida de segurança	404
18.5.2.1.4	For a decisão dos jurados manifestamente contrária à prova dos autos	405
18.6	Efeitos da apelação	408
18.6.1	Efeito devolutivo	408
19.6.2	Efeito suspensivo	408
19.6.3	Efeito regressivo	410
18.6.4	Efeito extensivo	410
18.6.5	*Reformatio in pejus* e *reformatio in mellius*	411
18.7	Procedimento e prazos da apelação	411
19.8	Julgamento da apelação	413
18.9	Sustentação oral	414
18.10	Recurso no sentido estrito (RESE)	414
18.11	Espécies de RESE	415
18.11.1	Espécies de cabimento do RESE fora do art. 581 do CPP	415
18.11.2	Hipótese nova de RESE no art. 581 do CPP	416
18.12	Procedimento e momento do cabimento do RESE	416
18.13	Efeitos do RESE	418
18.14	Prazo de interposição e de razões	419
18.14.1	Exceção. RESE contra a lista definitiva dos jurados no Tribunal do Júri	420
18.15	Apresentação das razões somente no primeiro grau	420
18.16	Protesto por novo júri	420
18.17	Embargos infringentes ou de nulidade	420
18.17.1	Pressupostos dos recursos	421
18.17.2	Prazo	422
18.17.3	Julgamento	422
18.17.4	Efeitos	422
18.18	Embargos de declaração	422
18.19	Agravo de execução	425
18.20	Carta testemunhável	426
18.20.1	Efeitos	426

CAPÍTULO 19
AÇÕES AUTÔNOMAS DE IMPUGNAÇÃO 427
19.1	*Habeas corpus*	427
19.1.1	Conceito	427
19.1.2	Exceção	427
19.1.3	Natureza jurídica	429
19.1.4	Legitimidade	429
19.1.4.1	Legitimidade ativa	429
19.1.4.2	Legitimidade passiva	430
19.1.5	Modalidades de *habeas corpus*	430
19.1.5.1	*Habeas corpus* repressivo	430
19.1.5.2	*Habeas corpus* preventivo	431
19.1.5.3	*Habeas corpus* suspensivo	431
19.1.5.4	*Habeas corpus* para trancamento da ação penal proposta	431
19.1.5.5	*Habeas corpus* para declarar a nulidade	432
19.1.5.6	*Habeas corpus* para declarar a extinção da punibilidade	433
19.2	Competência para o julgamento do *habeas corpus*	433
19.2.1	Em face da autoridade coatora	433
19.2.2	Competência do Supremo Tribunal Federal para julgar o *habeas corpus*	433
19.2.2.1	....	434
19.2.2.2	....	434
19.2.3	....	434
19.2.3.1	....	434
19.2.3.2	....	434
19.2.4	Competência para julgar o *habeas corpus* em face das decisões dos Juizados Especiais Criminais	435
19.2.4.1	....	435
19.2.4.2	....	435
19.3	Concessão de liminar em sede habeas corpus	435
19.3.1	*Habeas corpus* contra liminar em decisão monocrática por ministro de tribunal superior	435
19.3.2	Vedações da Suprema Corte para concessão de *habeas corpus* ...	436
19.4	Ação de revisão criminal	437
19.4.1	Definição	437
19.4.2	Natureza jurídica	437
19.4.3	Prazo da revisão criminal	438
19.4.4	Interesse jurídico	438
19.4.5	Legitimidade para a provocação judicial	438
19.4.6	Pressupostos	439
19.4.7	Situações em que é possível a revisão criminal	439
19.4.7.1	Quando a decisão condenatória ou absolutória imprópria contrariar o texto da lei ou a evidência dos autos (art. 621, inciso I, CPP)	439
19.4.7.2	Quando a decisão estiver embasada em depoimentos, documentos ou perícias falsas (art. 621, II, CPP)	441

19.4.7.3	Quando após o trânsito em julgado são descobertas novas provas que justifiquem a absolvição ou o abrandamento da sanção (art. 621, III, CPP)	441
19.5	Efeitos e consequências do julgamento	441
19.5.1	*Judicium rescindens*	441
19.5.2	*Judicium rescisorium*	441
19.6	Incidência da revisão criminal nas condenações do júri	442
19.7	Competência	442
19.7.1	Decisão do juiz de primeiro grau	442
19.7.2	Acórdão do tribunal de Justiça	442
19.7.3	Acórdão proferido pelo tribunal regional federal	442
19.7.4	Acórdão prolatado pelo Superior Tribunal de Justiça	442
19.7.5	Acórdão exarado pelo Supremo Tribunal Federal	443
19.8	Justa indenização	443
19.9	Pontos controversos	444

REFERÊNCIAS 445

PREFÁCIO

É com indescritível satisfação e orgulho que apresento ao público a obra *Manual de processo penal*, de autoria do estimado colega e amigo Dioneles Leone Santana Filho. Embora não seja novidade a sua cultura e erudição, sobretudo no campo da filosofia e das ciências sociais, a leitura deste livro revela os anos de dedicação e estudo aprofundado no Direito Processual Penal.

Esse manancial é alimentado por duas fontes complementares: de um lado, sua vasta experiência e conhecimento acumulado ao longo de sua carreira como promotor de Justiça no Ministério Público do Estado da Bahia (MPBA), atuando como guardião da legalidade e dos direitos fundamentais; de outro, sua formação acadêmica, que inclui Mestrado em Direito Internacional Público pela Universidad Politécnica y Artística del Paraguay (UPAP), Especialização em Direito Urbano e Ambiental pela Fundação Escola Superior do Ministério Público (FMP) e Graduação em Direito e Ciências Econômicas pela Universidade Estadual de Santa Cruz (UESC).

Como membro do Ministério Público, Dioneles possui uma trajetória profissional pautada pela seriedade e pela excelência na execução de seus deveres funcionais. No âmbito de sua atuação, como titular da ação penal pública, é responsável por promover a justiça, garantindo que os processos sejam conduzidos de maneira imparcial e que os direitos dos acusados sejam respeitados. Sua atuação é, portanto, essencial para assegurar tanto a fase investigatória quanto a fase processual, contribuindo para a efetividade do sistema penal.

O processo penal, objeto maior deste livro e sua verdadeira razão de existir, é uma área fundamental do Direito, pois trata dos mecanismos pelos quais o Estado exerce seu poder punitivo, sempre com o objetivo de garantir a justiça e a ordem social. A importância do processo penal reside na sua capacidade de equilibrar a necessidade de repressão ao crime com a proteção dos direitos individuais, assegurando que a aplicação da lei seja justa e equitativa. Em um contexto em que os direitos fundamentais e a dignidade da pessoa humana devem ser preservados, o processo penal se destaca como um pilar essencial para a manutenção do Estado Democrático de Direito. Por isso, é essencial conhecê-lo a fundo.

Ciente dessa responsabilidade, Dioneles não se furta à necessária paciência e didática de quem constrói os alicerces da argumentação, tijolo a tijolo, tendo a certeza da compreensão e da capacidade do leitor de avançar ainda mais. A cada página, aprofundamos a imersão no processo penal, ancorados nos conceitos fundamentais e nas nuances concretas apresentadas com desenvoltura ímpar.

A didática de construção dos argumentos ao longo do livro é exemplar, com uma linguagem acessível e uma estrutura lógica que guia o leitor por meio dos conceitos e debates. O conhecimento profundo do autor sobre o tema é evidente, e a forma como ele apresenta as informações torna a obra não apenas esclarecedora, mas também envolvente.

Desde o início do livro, o autor nos conduz por uma jornada ímpar. Já em sua introdução, somos convidados a uma reflexão profunda sobre o processo penal, destacando a relevância do controle social para a convivência humana. Sua argumentação sobre a aplicação do Direito Penal nos ensina a devida importância do seu embasamento em provas indiscutíveis, respeitando o devido processo legal, essencial para a manutenção de um sistema democrático.

A didática clara e objetiva facilita a compreensão de conceitos complexos, enriquecida por citações de grandes pensadores, como Mahatma Gandhi e Friedrich Nietzsche, que proporcionam uma perspectiva filosófica sobre a verdade e a justiça. A democracia é apresentada como um celeiro de argumentação, em que o processo penal justo e imparcial se torna um pilar fundamental.

Comprovando a linha condutora que segue todo o livro, no capítulo seguinte o autor inicia com uma citação de Albert Camus, preparando o leitor para uma discussão crítica e reflexiva sobre os sistemas processuais penais. Sua análise histórica, desde a Antiguidade até a Idade Moderna, é detalhada e bem estruturada, permitindo ao leitor compreender a evolução e as características de cada um. A comparação entre os sistemas inquisitivo, acusatório e misto é feita de maneira clara, destacando as características e as implicações de cada um no contexto jurídico. A abordagem comparativa é acrescida com exemplos históricos e contemporâneos, facilitando a compreensão das diferenças e semelhanças entre os sistemas.

Esses capítulos são um excelente exemplo de como o autor trata de temas complexos de maneira clara e didática, demonstrando um profundo conhecimento e uma habilidade notável em construir argumentos de forma lógica e acessível.

Em sequência, detalha o inquérito policial, revelando a importância desse instrumento na coleta de provas para a ação penal, discutindo seu conceito, finalidade e características. A parte dedicada à ação penal é particularmente esclarecedora, detalhando os diferentes tipos, suas características e os princípios que as regem. Dioneles discute o direito de ação processual penal e sua base constitucional, proporcionando uma compreensão profunda e acessível do tema.

A competência no processo penal é explorada com profundidade, incluindo os seus diferentes tipos, as regras que as determinam e os efeitos da incompetência jurisdicional. As questões incidentais que podem surgir no curso do processo penal são discutidas com objetividade, destacando suas características, classificações e procedimentos.

Todos os detalhes são minuciosamente explorados. As exceções processuais, a restituição de bens apreendidos, as medidas assecuratórias e os incidentes processuais são abordados de maneira clara e objetiva, discutindo pontos cruciais e procedimentos legais, oferecendo uma visão abrangente e detalhada de cada um.

Destaca-se ainda a clareza e didática dos diferentes tipos de prisão, seus conceitos, procedimentos e requisitos legais. Dioneles discute os conceitos, tipos, fontes, finalidades e ônus da prova no processo penal, detalhando os diferentes tipos de provas específicas, como exames periciais, interrogatórios, confissões, testemunhos e análise documental.

A obra explora os atos judiciais, a estrutura, os requisitos e os efeitos das sentenças no processo penal, tratando das definições, tipos, princípios e procedimentos relacionados às nulidades processuais. Os aspectos gerais, princípios, tipos, efeitos e requisitos procedimentais dos recursos no processo penal são discutidos. Por fim, o autor aborda as ações autônomas de impugnação, como o *habeas corpus* e a revisão criminal.

Conclui-se, portanto, que a leitura deste trabalho é indispensável para todos os operadores do Direito que buscam aprofundar-se no campo do Direito Processual Penal. A clareza e a profundidade com que Dioneles Leone Santana Filho lida com cada tema tornam este livro uma referência essencial para estudantes, advogados, promotores e magistrados.

Convido todos a mergulharem na leitura deste livro, certos de que encontrarão nele um recurso valioso para o aprimoramento pessoal, profissional e acadêmico.

É uma honra e um prazer imenso ter sido convidado a prefaciar esta obra. A dedicação e a excelência de Dioneles são evidentes em cada página, e sua contribuição é inestimável. Este livro não apenas enriquece o conhecimento jurídico, mas também eleva o espírito daqueles que buscam a justiça e a verdade.

Como disse Carlos Drummond de Andrade: "(...) As coisas tangíveis / tornam-se insensíveis à palma da mão / Mas as coisas findas / Muito mais que lindas / Essas ficarão". Assim, *Manual de processo penal* não é apenas um livro, mas uma experiência viva e profunda para quem o lê. Uma oportunidade que nos inspira, deixando um legado duradouro no campo do Direito Processual Penal.

Salvador, 25 de setembro de 2024

Pedro Maia Souza Marques
Promotor de Justiça
Procurador-geral de Justiça do Ministério
Público do Estado da Bahia (MPBA)

APRESENTAÇÃO

Conheci Dr. Dioneles Santana, o meu amigo Dio, numa viagem que fizemos juntos a Portugal. Coincidentemente, além de irmos no mesmo voo, nos hospedamos no mesmo hotel, aí nasceu uma grande amizade, e de lá pra cá já estivemos juntos muitas vezes, comemorando a vida, festejando e brindando esse nosso encontro, regido pelo acaso. Porque é sabido que amigo a gente não escolhe, é Deus quem põe no nosso caminho.

Agora ele me dá essa incumbência de apresentar esse seu novo trabalho, seu novo livro. Confesso que quase não aceitei, pois nunca antes alguém havia me dado essa honra, também porque não é nada que tenha a ver com minha área de atuação. Mas aceitei porque é para falar de justiça, dos direitos de todos, da luta de todos por igualdade de tratamento na sociedade.

Sei muito bem como é importante que prevaleça a justiça para todos, sem distinção. Hoje colho os louros de uma carreira consolidada na arte da música, recebo muitos elogios. Mas não foi sempre assim.

Quando começamos os Novos Baianos, no final dos anos 1960 do século passado, enfrentamos uma repressão braba, uma ditadura militar, e o simples fato de sermos diferentes, pregarmos a liberdade, querermos um mundo melhor, do jeito que acreditávamos, paz, amor e vida digna para todos, sem seguirmos as normas mudas existentes e impostas e que não estavam dando certo, tivemos que enfrentar grandes injustiças. Não podíamos ir e vir e íamos presos simplesmente porque usávamos cabelos e roupas diferentes. Confundiam artistas com marginais desocupados, íamos "em cana" por vadiagem se não tivéssemos uma carteira de um órgão repressor, onde éramos fichados.

Mas nada foi em vão, valeu o sacrifício, fizemos o mundo andar e conseguimos vencer aqueles momentos tenebrosos com resiliência e coragem, e temos a certeza que ajudamos o Brasil a se livrar daqueles momentos cinzentos e voltar a sorrir de novo: "Acabô chorare".

Infelizmente, a desigualdade nos faz constatar que o controle social é importante, que vivermos dentro das leis, regidos por direito e deveres para todos, é fundamental, mas, quando constatamos que a maioria dos presos e condenados neste país é de pretos pobres, isso nos mostra mais uma vez que precisamos confiar na justiça e que ela seja sempre célere, eficaz, que todos lhe possam ter acesso e que ela possa defender a todos, sem distinção.

Por isso, quando ouço um sussurro que seja pela volta dos tenebrosos tempos de cerceamento das liberdades individuais, um movimento, mesmo que sem importância, que possa abalar nossa democracia, lembro que temos uma justiça funcionando ativamente, única maneira de preservarmos nossos direitos. E temos que defendê-la, como faz o Dr. Dioneles, meu amigo Dio, neste seu novo trabalho e na sua vida, na sua brilhante atuação profissional, defendendo o direito de todos, à justiça para todos, vida digna para todos.

Viva o Brasil. Viva a justiça brasileira! Viva quem luta para garantir nossas liberdades e justiça para todos! Repressão, ditadura, autoritarismo: NUNCA MAIS!

Viva o guerreiro povo brasileiro!

Salvador, 25 de setembro de 2024.

Paulinho Boca de Cantor

CAPÍTULO 1

INTRODUÇÃO

"Para os espíritos intolerantes, para os que vivem da exageração das próprias ideias, não há outros delitos maiores do que os das opiniões antagônicas; para todos os efeitos violentos eles reservam para si a prática da infalibilidade e negam a seus adversários a verdade moral."

(Rui Barbosa)

1.1 Considerações iniciais sobre o processo penal

O controle social é de fundamental importância para a vida social. O ser humano compreende o mundo através das palavras, que não espelham realmente o que é mundo, mas é a força motriz para a compreensão e a tomada de decisão do ser humano.

Não quero dizer com isso, que a vida social deve ser um eterno vigiar e punir, porque isso seria insuportável. Porém, algum controle repressivo é indispensável para a convivência humana. Uma ordem mínima é necessária.

Contudo, o Direito Material não pode ser aplicado imediatamente após a ocorrência do fato. Não é possível, em seguida a ocorrência do fato típico, uma aplicação direta de uma sanção penal ao infrator. Indispensável a ocorrência do processo penal. Caso contrário, teríamos apenas uma vingança, e isso é bastante contraproducente, porque "olho por olho, e o mundo acabará cego", como prenunciava Mahatma Gandhi.

Para que se possa aplicar uma sanção penal, se requer uma comprovação indiscutível do fato criminoso, a observância estrita ao rito previsto em lei, e, evidentemente, o direito ao contraditório e à ampla defesa. Em palavras menos congestionadas: para que seja aplicada qualquer sanção penal, deve ser obedecido o princípio do devido processo penal legal, num sistema que se pretenda democrático, que é o princípio central do processo penal (art. 5º, inciso LIV, CF), respeitando-se a dignidade da pessoa humana.

A democracia é o celeiro da argumentação – composta por uma tese, uma antítese, confluindo para que exista a síntese, que é o veredito legítimo para aplicação do Direito em material usando a instrumentalidade do processo penal.

Entendo que a razão permeia o raciocínio de Friedrich Nietzsche, quando afirma: "Não há fatos, apenas interpretação dos fatos". No processo penal como entendo, não existe o princípio da "verdade real", até mesmo porque a verdade é um tema filosófico tratado de maneira diferente pelos mais diversos filósofos. A sentença prolatada pelo órgão julgador sempre refletiu a síntese do conjunto probatório trazido à apreciação no processo e das perorações sustentadas pelas partes, além das idiossincrasias, preconceitos e conhecimento jurídico do julgador enquanto pessoa humana.

Por outro lado, não desconheço que a Justiça encontra guarida no equilíbrio da igualdade de forças entre as partes processuais, com um agente julgador imparcial, que não se imiscua na atividade de produção probatória e que aplique rigorosamente o rito estabelecido em lei, o que conflui para que exista um processo penal justo, cuja legitimidade se ancore no procedimento, tal como vaticina Niklas Luhmann.[1]

Sendo assim, o processo penal é entendido como o procedimento em contraditório e com ampla defesa, assegurado o indispensável direito de produção de provas lícitas, e somente por essa via é que se pode aplicar a sanção penal de forma legítima, seja ela a pena, seja a medida de segurança, regida por um juízo competente.

A arte de praticar esgrima com as palavras, substitui o poder brutal da violência física pela violência legítima estatal. No processo penal deve prevalecer sempre a força dos melhores argumentos

---

[1] LUHMANN, Niklas. *Legitimação pelo procedimento*. Tradução: Maria da Conceição Côrte-Real. Brasília: Editora da UnB, 1980.

lançados nos autos, usando-se um raciocínio lógico e cronológico. Não existem verdades *a priori*. O juiz deve ponderar sua decisão com arrimo nos argumentos, refutações e provas constantes dos autos. Quantas vezes casos parecidos no sistema penal são julgados de forma muito distintas devido ao poder da melhor argumentação das partes em um processo, das provas melhor produzidas pelas partes ou do preparo destacado do órgão julgador?

Prego aqui o exercício da jurisdição pelo Poder Judiciário baseado numa ação penal proposta pelo órgão acusatório com atribuição para tal – e que seja exercida a defesa de forma plena e irrestrita, respeitando-se estritamente o que prevê a legislação sobre a matéria.

A pós-modernidade inaugura uma nova época na forma de pensar o Direito. Os princípios constitucionais, frutos dos ideais da Revolução Francesa, não respondem mais com eficiência aos novos paradigmas da sociedade de consumo, em que a agilidade das respostas é uma questão premente a ser resolvida, da forma como estão sendo interpretados esses princípios.

No mundo líquido[2] a que se refere Zygmunt Baumann, todas as certezas da "verdade real" foram colocadas em xeque e desconstruídas, não podendo simplesmente afastar os cidadãos indesejáveis com uma pena injusta. Isso tem uma incidência de grande monta no processo penal.

O processo virtual é uma realidade que se impõe aos atores do mundo jurídico, mas não podemos tratar o cidadão envolvido no processo como máquinas de produção em massa de sentenças sem provas nesses tempos pós-modernos, que desaguará com nítidos reflexos na chamada "sociedade do cansaço", tal como a pensou Byung-Chul Han. Precisamos chegar a um estado de *burnout*?

Considerando que a democracia é, por excelência, a arena do debate público, há evidência de dois fatores importantes na discussão democrática: em primeiro lugar, não há mundo sem linguagem; em segundo, não há Direito sem palavras. É por meio delas que representamos as coisas, expressamos nossos pensamentos, sentimentos e emoções. Manifestamos nossas opiniões, defendemos ideias. Mas as palavras também podem ser usadas para deturpar, iludir, convencer, ludibriar, enganar e persuadir. É por isso que têm poder, um poder que tem sido objeto de estudo ao longo do tempo. Platão, Freud, Foucault,

---

[2] BAUMANN, Zygmunt. *Modernidade líquida*. Tradução: Plínio Dentzien. São Paulo: Zahar, 2021.

Bourdieu, Heidegger, Habermas e Gadamer – colocam-se aí as grandes questões, como a eficácia social da linguagem, da ideologia, do discurso, da dominação e da exclusão.

O domínio sobre as palavras representa a dominação de uma cultura e da própria política, mas a possibilidade de se comunicar com os outros, não pode servir de instrumento de manipulação da linguagem, a ponto de utilizá-la conforme convém ao interlocutor. Não pode o processo penal democrático punir muito e punir mal. Afinal, sabemos que o Direito é um discurso, enquanto ato de falar, manter, transmitir e articular ideias em qualquer campo. E a ideia é entender como funciona o discurso, quais são as suas articulações para que ele seja efetivo na sociedade, conquistando uma ordem preestabelecida pela gramática, pelo poder e pelo desejo, seguindo os ensinamentos de escol de Michel Foucault. Discursos privilegiados indicam o que pode ser falado e por quem pode falar. É o poder de autoridade por trás do discurso, seja no campo do Direito, seja no da religião, da política etc. Outro tipo de organização externa do discurso é a oposição entre verdadeiro e falso, que Foucault conceitua como vontade de saber, ou vontade de verdade em Nietzsche. Isso se constitui na validação do discurso.

A partir desse contexto, constituem-se objetivos deste estudo analisar – diante das normas legais vigentes que protegem o exercício da cidadania, da presunção de inocência e da dignidade da pessoa humana – princípios constitucionais reitores do processo penal, que só podem quedar diante de uma sentença penal condenatória com trânsito em julgado, depois de obedecido o devido processo legal; as ferramentas digitais que podem ser utilizadas para universalizar o debate sobre a participação da comunidade na elaboração e aprovação das leis penais e processuais penais, a partir dos estudos de Heidegger sobre linguagem; de Edgar Morin sobre a complexidade da vida e da ação comunicativa de Jürgen Habermas.

Portanto, o estudo dos princípios constitucionais que regem o processo penal é de vital importância para o domínio da matéria, até mesmo porque o art. 3º do Código de Processo Penal (CPP) afirma que a aplicação dos princípios serve para a integração das lacunas e condensam os valores fundamentais do Estado Democrático de Direito em que se assenta o ordenamento jurídico vigente, prezando sempre por uma interpretação sistemática e harmônica, e não por uma interpretação meramente gramatical.

1.2 Persecução penal

O tema por excelência do processo penal é a pretensão punitiva, viabilizada pela persecução penal. A instrumentalidade do processo se utiliza das ferramentas necessárias para a investigação do fato criminoso, sendo que a persecução do crime é composta por uma etapa preliminar – o inquérito policial ou as peças informativas – e por uma fase subsequente: processual. Apenas na última fase é que se ganham contornos de contraditório.

Na máxima maquiavélica: "Dê poder a um homem e saberás quem ele realmente é". De igual modo, Lord Acton definiu: "(...) o poder tende a corromper, e o poder absoluto corrompe absolutamente, de modo que os grandes homens são quase sempre homens maus". Não se podem confundir pontos de vista pessoais com os da Justiça. A Justiça é incompatível com erros dolosos e abusos de poder. O juiz deve ponderar todos os pontos de vista e argumentos, para proceder com acerto num édito condenatório ou absolutório.

CAPÍTULO 2

SISTEMAS PROCESSUAIS PENAIS

> *"O vírus da brutalidade autocrática, não morre nem desaparece. É apenas debelado provisoriamente. Permanece latente por décadas até que chegue o dia em que, para desgraça e aprendizado dos homens, a peste desperte seus ratos e os envie para morrer em uma cidade feliz."*
> (Albert Camus)

> *"Só eu sei*
> *As esquina por que passei*
> *Só eu sei só eu sei*
> *Sabe lá o que é não ter e ter que ter pra dar."*
> (Djavan)

2.1 Introito

O sistema processual penal, consagrado doutrinariamente em nosso país, é o sistema acusatório, em que pese exista divergência e questionamento sobre esse posicionamento. Embora não expressamente previsto no texto constitucional, pode-se extrair a opção legislativa pelo sistema acusatório por meio de interpretação sistemática do texto constitucional,[3] uma vez que as funções de acusar, defender e julgar – conferidas aos órgãos do Ministério Público, aos advogados da Defensoria Pública e ao Poder Judiciário, respectivamente, conforme elucidam os arts. 127, 133, 134 e 92 da Carta Magna – estão nitidamente separadas.

Vale ressaltar que, não obstante a Constituição da República Federativa do Brasil (CF/1988) traduza a opção política pela adoção do sistema acusatório, enfatizando os princípios constitucionais, percebemos que há forte influência do sistema inquisitorial na aplicação prática do processo penal, conforme disposição da legislação processual penal, datada dos idos de 1942, de nítido caráter autoritário, reflexo do sistema ditatorial então vigente no país, frente ao que dispõe a Constituição de 1988, já inspirada por ares democráticos.

Partindo dessa premissa, tendo como foco uma análise crítica do sistema acusatório do Direito Processual Penal pátrio, demonstrando ao leitor a necessidade de uma releitura dos institutos de toda sistemática do processo penal brasileiro, compatibilizando o papel que cada interlocutor desempenha, sobretudo o papel do juiz, que não pode buscar provas, agindo com a necessária imparcialidade, e do Ministério Público, que passa efetivamente a acusar, produzindo as provas necessárias para fundamentar sua acusação, não se valendo do Estado-juiz para desempenhar tal desiderato, que era comum no sistema anterior.

Com efeito, para uma melhor compreensão do tema, é de relevante importância contemplar os horizontes históricos dos sistemas processuais penais e da sua evolução, desde os tempos primitivos, buscando discernir sua evolução na história do processo penal e suas características até a sua visão contemporânea, apontando a necessidade e a importância dos sistemas processuais penais, bem como a vigência do sistema acusatório no processo penal brasileiro e a conformidade das leis processuais penais em confronto com os dispositivos concernentes à matéria na Constituição Federal do Brasil.

---

[3] Nesse ponto, com acerto, nos ensina o eminente ministro da Suprema Corte e professor do Largo do São Francisco Eros Roberto Grau (*Ensaio e discurso sobre a interpretação/aplicação do Direito*. 5. ed. São Paulo: Malheiros, 2009. p. 44): "A interpretação do direito é interpretação do direito, no seu todo, não de texto isolados, desprendidos do direito. *Não se interpreta o direito em tiras, aos pedaços*. A interpretação de qualquer texto de direito impõe ao intérprete, sempre, em qualquer circunstância o caminhar pelo percurso que se projeta a partir dele – do texto – até a Constituição. Um texto de direito isolado, destacado, desprendido do sistema jurídico não expressa significado normativo algum".

2.2 Evolução histórica dos sistemas processuais penais

Os sistemas processuais representam o reflexo das escolhas políticas de determinado Estado, denotando o respeito ou não aos direitos e garantias fundamentais nos Estados Democráticos, sendo o acusado sujeito de direito, ao revés do que acontece nos Estados autocráticos, quando o acusado é apenas objeto de aplicação da lei processual penal, ficando à mercê dos humores do órgão julgador. No primeiro caso, tem-se um governo de leis, para seguir a máxima platônica (direito penal do fato); no segundo caso, configura-se um governo de homens (direito penal do autor).[4]

Nesse enfoque, para compreendermos o real significado dos sistemas processuais penais desenvolvidos ao longo da civilização humana, faz-se necessária uma retrospectiva histórica das estruturas processuais penais, utilizadas nos litígios de caráter penal, considerando-se, para tal desiderato, a realidade política e social das civilizações ocidentais.

2.2.1 Processo penal na Antiguidade

Nos primórdios das civilizações, não se tinha conhecimento de métodos sistematizados de pacificação dos conflitos em matéria penal, utilizavam-se, para tanto, como subsídio, as tradições dos povos, arraigados de forte tendência religiosa.[5]

Com o decurso do tempo, o aperfeiçoamento das sociedades e a necessidade de procedimentos de resolução de conflitos, visando preservar a sociedade, fizeram surgir métodos de implementação do Direito Penal.

---

[4] Nessa seara, trago à liça as palavras de Claus Roxin (*Derecho Penal*. Tradução: Diego-Manuel Luzón Peña, Miguel Díaz y García Conlledo e Javier de Vicente Remesal. 2. ed. Madrid: Civitas, 2003. t. I. p. 176-177): "Por direito penal do fato se entende uma regulação geral em virtude da qual a punibilidade se vincula a uma ação concreta, descrita tipicamente e a sanção representa somente a resposta ao fato individual e não a toda a condução de vida do autor ou aos perigos que no futuro se esperam do mesmo (*sic*). Ao contrário, se tratará do direito penal do autor quando a pena se vincule à personalidade do autor e seja a sua antissocialidade e o grau da mesma que determinem a sanção". E, mais adiante, arremata o citado autor: "Está claro que o princípio constitucional *nullum crime, nulla poena sine lege* favorece mais o desenvolvimento de um direito penal do fato que um direito penal do autor; pois as descrições das ações e penas pelo fato que acomodam mais ao princípio da precisão ou determinação do que uns preceitos penais que atendam a 'um elemento criminógeno permanente' na pessoa do autor ou do bem-estar humano que há de castigar' e que meçam por esta escala o tipo e quantidade da sanção".
[5] PRADO, Geraldo. *Sistema acusatório*: a conformidade constitucional das leis processuais penais. 4. ed. Rio de Janeiro: Lumen Juris, 2006. p. 69.

Nesse cenário, os egípcios, no período da Antiguidade, destacaram-se como uma das primeiras sociedades politicamente organizadas. Sendo assim, a função de julgar os acusados era atribuída à classe sacerdotal dos homens. O processo tinha início mediante os depoimentos de testemunhas, que transcorria de forma escrita e pública; entretanto, os julgamentos eram secretos, por meio da atuação de um colegiado.[6]

Impende notar que o povo hebreu, assim como os egípcios, tinha o processo iniciado pelos testemunhos. A instrução probatória era pública, e eles admitiam o recurso como sendo um direito sagrado, não aceitando a prisão preventiva do acusado. O julgamento procedia de forma secreta, por intermédio de um colegiado, distribuídos por três graus de jurisdição, quais sejam: o Tribunal dos Três, o Tribunal dos Vinte e Três e a magistratura suprema exercida pelo Sinédrio.[7]

Na Grécia, a jurisdição criminal fazia uma diferenciação entre os crimes de natureza pública e privada, e o modo de punição de tais crimes era diferenciado. Enquanto, nos crimes privados, a punição do criminoso ficava a critério do ofendido, nos crimes públicos, que abarcavam delitos de maior gravidade e que recaíam sobre os interesses sociais, havia, por sua vez, a participação direta da coletividade na punição do agente criminoso.

Ressalte-se que, na Grécia Antiga, os atenienses ganharam relevo no cenário da Justiça Criminal, na medida em que do modelo de persecução penal adotado derivou o sistema de acusação popular para os crimes públicos, que concedia pela Assembleia do Povo, a qualquer cidadão, em nome próprio, sustentar a acusação. O processo tinha início mediante denúncia de qualquer do povo, que exercia o papel de acusador.[8]

Dentro dessa perspectiva, afirma o doutrinador Fernando da Costa Tourinho Filho, em alusão ao tema ora articulado:

> Entre os atenienses, o processo penal se caracterizava pela participação direta dos cidadãos no exercício da acusação e da jurisdição, e pela oralidade e publicidade dos debates. Alguns delitos graves, que atentavam contra a própria cidade, eram denunciados ante a Assembleia do Povo, ou ante o Senado, pelos Tesmotetas, e a Assembleia ou Senado indicava o cidadão que devia proceder à acusação.[9]

---

[6] MACHADO, Antônio Alberto. *Curso de processo penal.* Ribeirão Preto: Legis Summa, 2007. p. 82.
[7] PRADO, 2006, p. 71.
[8] MAIER *apud ibidem*, p. 73.
[9] TOURINHO FILHO, Fernando da Costa. *Processo penal.* 29. ed. São Paulo: Saraiva, 2007. p. 79.

Insta ressaltar que, em Atenas, o processo penal assumiu feição democrática, prevalecendo características do contraditório, da ampla defesa, da publicidade, permitindo que o processo penal na Grécia Antiga se aproximasse do sistema processual penal acusatório.

O processo penal em Roma, de acordo com o percurso histórico, apresentou procedimentos penais diferenciados que os caracterizaram. Assim sendo, no Período Régio ou da Realeza, fase inicial do procedimento romano, predominou a *cognitio*, que representava a cognição espontânea dos fatos, um procedimento de natureza pública. Observa-se, portanto, que o rei concentrava em suas mãos o poder de solucionar os litígios, e a Justiça Penal recaía sobre a figura do rei, com poder absoluto e vitalício.[10]

Por outro lado, conforme elucida o doutrinador Antônio Alberto Machado,[11] embora caracterizado como sendo um período autoritário, havia nesse período uma possibilidade de apelação criminal, visto que o acusado podia reclamar acerca da sentença condenatória, dando início a um procedimento que permitia uma reanálise da decisão proferida pelo rei, permitindo a participação do povo na persecução penal.

Ademais, calha salientar que, no último século da República, mais notadamente no século I a.C., com a preponderância da acusação popular, inaugurou-se a fase do *accusatio*, sendo que tal procedimento tinha como alicerce a ideia de que nenhuma pessoa podia ser processada sem uma acusação, vigorando algumas características inerentes ao sistema acusatório, uma vez que a publicidade predominava nos julgamentos; além de que, eram observados o contraditório e a oralidade nos julgamentos e ao Estado cabia o julgamento dos delitos de natureza pública.[12]

Advindo o Império, surgiu no Estado Romano um novo tipo de procedimento penal, *a cognitio extraordinem, que conferia amplos poderes aos magistrados romanos conglobando as funções de acusar e julgar*, podendo investigar, acusar, recolher provas, presidir o processo e julgar, utilizando a tortura. É considerado como o germe da Inquisição, a qual, nos anos subsequentes, viria a dominar a Europa Ocidental e perduraria por toda a Idade Média, estendendo-se até o século XVIII.[13]

---

[10] MACHADO, 2007, p. 84.
[11] *Ibidem*, p. 85.
[12] DEMERCIAN, Pedro Henrique; MALULY, Jorge Assaf. *Curso de processo penal*. São Paulo: Atlas, 1999. p. 25.
[13] MOSSIN, Heráclito Antônio. *Curso de processo penal*. 2. ed. São Paulo: Atlas, 1998. p. 25.

2.2.2 Processo penal na Idade Média

Em decorrência da fragmentação da sociedade medieval, a Justiça Penal na Idade Média teve como característica um processo fragmentado, baseado no misticismo e no autoritarismo, cujo poder se encontrava disperso entre a igreja, o rei, os senhores feudais e as tribos dos bárbaros.[14]

O professor Antônio Alberto Machado, a respeito da Idade Média, afirmou:

> Na Idade Média, portanto, o processo penal se notabilizou por ser um processo tipicamente inquisitivo, com toda a carga autoritária da *cognitio extraordinem* dos romanos, incorporando elementos irracionais ou místicos do processo bárbaro, bem como o autoritarismo também do processo canônico que tanto serviu aos projetos de poder do clero e do rei no período medieval, tão bem simbolizado nas perseguições, na força e no terror da Santa Inquisição.[15]

Com efeito, nesse período houve forte influência dos direitos romano, germânico e canônico em diversos países da Europa, durante séculos, adentrando em épocas subsequentes, que, com seus princípios, concorreram para a formação da Justiça Penal.

A cultura germânica, em razão das invasões dos povos bárbaros em grande parte da Europa Ocidental, foi ganhando espaço nas civilizações dominadas pela influência do Império Romano, e, com isso, as características do processo acusatório germânico foram substituindo o procedimento da *cognitio extraordinem*, do processo romano.[16] Por conta desses acontecimentos, surgiu um verdadeiro processo misto, constituído por elementos germânicos e romanos.

Destaca-se que o processo penal germânico se regia pela oralidade, publicidade e concentração, e, por sua vez, a confissão tinha grande valor probatório. O ônus da prova incumbia ao acusado, a quem competia comprovar a inocência. A prova era obtida por meio das chamadas ordálias, ou juízos de Deus, em que o acusado era submetido ao contato com água fervente ou ferro em brasa e seria considerado inocente, caso saísse ileso, sem nenhum tipo de ferimento. Acrescentem-se, ainda, os duelos judiciais, em que seria inocente aquele que vencesse o duelo.[17]

---

[14] MACHADO, 2007, p. 88.
[15] *Ibidem*, p. 92.
[16] *Ibidem*, p. 89.
[17] TOURINHO FILHO, 2007, p. 84.

O Direito canônico estabeleceu-se entre as épocas do Direito romano e germânico e o Direito moderno, sendo altamente influenciado pela Igreja Católica. A partir dessa perspectiva histórica, depreende-se que, até por volta do século XII, o processo no período medieval regeu-se pelo sistema acusatório, visto que o acusador era o responsável por apresentar o manancial probatório aos bispos, arcebispos ou oficiais da Igreja, encarregados de exercer a jurisdição. Extrai-se que a acusação procedia de forma escrita, oral e pública.[18]

Por outro lado, a partir do século XIII foram abolidas as características do sistema acusatório, e com isso a acusação formal, a oralidade, a publicidade e o contraditório foram desprezados, erigindo-se com ênfase o sistema inquisitivo e seus postulados, respaldados na iniciativa do processo de ofício pelo juiz, de forma sigilosa e baseada em delações anônimas.[19]

Nesse enfoque, cumpre anotar que os acusados não eram considerados sujeitos de direitos, mas sim eram vistos apenas como objetos processuais, valendo-se dos mais cruéis meios de prova, sobretudo da tortura; com isso, os acusadores buscavam, a todo custo, a confissão do acusado, que era tida como a rainha das provas. Ademais, ressalta-se que a prática delituosa se confundia com a religião, não distinguindo o crime da heresia e bruxaria.

Insta salientar que, durante a influência do Direito canônico, foi criado o Santo Ofício ou Tribunal da Inquisição, que tinha como propósito a punição daqueles que atentassem contra as leis divinas e os princípios da Igreja Católica, aplicando-se penas cruéis, que variavam desde a prisão, trabalho forçado, tortura até a pena de morte, objetivando evitar qualquer tipo de conduta contrária à moral e fé cristã.

Há que se notar que, o sistema inquisitivo passou a dominar as legislações laicas da Europa continental, influenciando países como a Itália, Espanha, Alemanha, França, convertendo-se em verdadeiro instrumento de dominação política.[20]

---

[18] TOURINHO FILHO, 2007, p. 84.
[19] LOPES JÚNIOR, Aury. *Direito Processual Penal e sua conformidade constitucional*. 4. ed. Rio de Janeiro: Lumen Juris, 2009. p. 63.
[20] TOURINHO FILHO, *op. cit.*, p. 85.

2.2.3 Verificação dos sistemas processuais estrangeiros na Idade Moderna

O processo penal na modernidade instalou-se na segunda metade do século XVIII, chamado de século das luzes ou período humanitário do Direito Penal. Nesse sentido, cumpre registrar o que preceitua a abalizada doutrina de Marcellus Polastri Lima:

> Em meados do século XVIII, o mundo conheceu o chamado período humanitário do Direito Penal, preconizado por Montesquieu e Beccaria, e, assim, foi fortalecido o Ministério Público, condenados a tortura, as ordálias, os Juízos de Deus, e o testemunho secreto, sendo defendida a liberdade das provas, e com o Código de Napoleão, na França, se deu a tripartição dos Tribunais.[21]

Nessa linha de cognição, a partir da Revolução Francesa, ocorrida em 1789, propagaram-se os ideais do Iluminismo; com isso, foram perdendo lugar as atrocidades ocorridas durante o período da Idade Média pela Inquisição, dando azo à evolução e à formação do processo penal moderno, voltado para a aquisição de um processo acusatório, permeado pela adoção de meios adequados e racionas de coleta de provas, por um processo público, primando pela participação do acusado, com respeito aos direitos humanos e busca de uma Justiça Penal.

Convém reproduzir a preciosa lição do mestre Antônio Alberto Machado:

> Observa-se, portanto, que esses elementos do processo moderno pretenderam romper claramente com o autoritarismo do processo medieval e absolutista, do tipo inquisitivo, superando-lhe toda a carga mística e irracional, de modo que o processo penal passasse a ser utilizado como mecanismo de justiça e não mais como instrumento de perseguição política, de vingança ou qualquer outra forma violenta de manifestação do poder fundado no terror. Esse é, enfim, o modelo de processo que a herança iluminista propôs para a modernidade e que inspira ainda os sistemas processuais penais do mundo contemporâneo e civilizado.[22]

Nesse contexto, é oportuno trazer à baila considerações sobre os sistemas processuais penais de países estrangeiros como a Alemanha,

---

[21] LIMA, Marcellus Polastri. *Curso de processo penal*. 5. ed. Rio de Janeiro: Lumen Juris, 2010. v. 1. p. 2.
[22] *Ibidem*, v. 1, p. 94.

França e Itália, enfatizando suas características e estrutura do processo penal, delineando a atuação dos sujeitos processuais, bem como os pontos em comum e as diferenciações existentes entre eles.

A partir dos séculos XVII e XVIII, sob o manto dos ideais iluministas, notadamente após a Revolução Francesa de 1789, iniciou-se, na França, a modernização da estrutura processual penal, voltando-se a uma redução da incidência das características do sistema inquisitivo.[23]

É interessante destacar que, com o surgimento do Código de Napoleão em 1808, entrou em vigor na França, uma estrutura processual do tipo misto, dotado de características do sistema inquisitivo e acusatório, cujo processo se realizava em três fases: a da Polícia Judiciária, a da Instrução e a do Julgamento. Em face do exposto, Fernando da Costa Tourinho observa:

> Os princípios do sistema inquisitivo eram aplicados na fase de instrução preparatória, em que o Magistrado desenvolvia, por escrito, secretamente, sem contraditório e sem defesa, as investigações processuais. Na fase de Julgamento, o processo assumia princípios e regras do sistema acusatório, primando pela oralidade, publicidade e contraditório.[24]

De ponderar, entretanto, que a estrutura acusatória formal ou mista perdurou até o advento da Lei Constans, datada de 1897, uma vez que esta, de forma veemente, retirou o caráter inquisitorial da instrução, deixando de lado o sigilo das audiências para permitir a feição contraditória típica do sistema acusatório. Por outro lado, no ano de 1930, mudanças se sucederam na França, culminando no retorno do sistema misto, restabelecendo-se as características do sistema inquisitório, que permaneceu até a atualidade no processo penal francês.[25]

Em alusão ao exposto, ressalta o doutrinador Jaques de Camargo Penteado:

> O sistema francês tem perfil inquisitório na fase preliminar e, a seguir, na instrução definitiva, o modelo é acusatório. São três os princípios adotados na fase de julgamento, a prova incumbe a quem alega; os julgadores podem ordenar provas suplementares em caso de considerar insuficientes aquelas produzidas pelas partes, o que se afirma raramente ocorrer; e, o julgador decide de acordo com sua íntima convicção.[26]

---

[23] PRADO, 2007, p. 90.
[24] *Ibidem*, p. 89.
[25] *Ibidem*, p. 90.
[26] *Ibidem*, p. 85.

Influenciado pelos ideais iluministas, oriundo do sistema francês, a Alemanha consagrou o sistema acusatório como sistema processual penal, caracterizando-se pela publicidade e oralidade dos atos processuais, acolhendo o contraditório e a imediação das provas, descentralizando as funções principais do processo, consagrando a separação de funções de persecução e de julgamento, direcionados respectivamente ao Ministério Público e ao juiz.

Nesse passo, preciso o escólio do autor Julio Maier citado por Geraldo Prado:

> A Alemanha, por sua vez, recepcionou a experiência jurídica estrangeira, por conta da expansão napoleônica, introduzindo entre os povos germânicos a declaração de direitos fundamentais do povo alemão, em 1848, pelo qual se optava, decisivamente, pela publicidade e oralidade do processo penal, pela inclusão do elemento popular na tarefa de julgar, condicionando-se a atuação da jurisdição a uma provocação de parte, com a conseqüente descentralização das funções principais do processo: acusar, defender e julgar.[27]

Nessa seara, convém explicitar que o processo penal alemão é constituído de três fases: preparatória, intermediária e de julgamento. O procedimento preparatório é dirigido pelo Ministério Público, juntamente com a polícia, que visa à investigação do delito. A fase intermediária remete ao controle da investigação e, por fim, a fase de julgamento do acusado.

Diante desse quadro, cabe ao membro do Ministério Público a investigação de delitos, com vistas a conduzir o inquérito policial, podendo agir de ofício quando da constatação da ocorrência de um ilícito penal.

Conforme assevera Jaques de Camargo Penteado:

> Procurou-se dotar o Ministério Público de meios para apurar os fatos diretamente ou por seus auxiliares, até mesmo colhendo interrogatórios, depoimentos e declarações. Essa atividade deve estar centrada no campo objeto de investigação, evitando-se o ingresso em áreas que nada tenham de interesse para a investigação e, sobretudo, preservando-se o investigado de exposições indevidas ou de divulgação de meras suspeitas.[28]

---

[27] MAIER *apud* PRADO, 2007, p. 94.
[28] PENTEADO, Jaques de Camargo. *Acusação, defesa e julgamento*. Campinas: Millennium, 2001. p. 70-71.

Cabe registrar que ao magistrado compete a apreciação do mérito da causa. Acolheu-se, ainda, na estrutura processual alemã a figura do juiz preparador, que atua na fase anterior à propositura da ação penal, que acaba por gerar uma proximidade excessiva com a fase investigatória, que pode ensejar comprometimento da neutralidade do juiz.[29]

No concernente ao acervo probatório, cabe o requerimento do Ministério Público e do acusado, que são considerados agentes ativos do processo. O acusado tem de tomar parte ativa no estabelecimento da verdade, solicitando ao tribunal que instruir o feito a produção ou a coleta das provas.[30]

Em linhas gerais, constata-se que o processo penal alemão se submete ao processo acusatório, uma vez que distingue os órgãos encarregados de acusar, defender e julgar, vedando ao magistrado agir de ofício, devendo, diante do acometimento de um delito, comunicar o fato ao representante do Ministério Público, a quem cabe exercer a função de acusação.

A Itália, em 1988, substituiu o Código Rocco de 1930, que se amoldava no sistema inquisitivo, incorporando à nova legislação feição acusatória, alterações que a distanciou das aspirações herdadas da legislação francesa.[31]

À vista dessas circunstâncias, cumpre enfatizar que o processo na Itália passou a ser realizado em duas fases distintas, sendo inicialmente composta por uma audiência preliminar e, por conseguinte, seguido por um julgamento.

O antigo processo penal italiano baseava-se especialmente no juízo de instrução, presidido pelos magistrados inquirentes assistidos por oficiais de polícia. Consistia em uma primeira fase de "investigação ou instrução preliminar" – *ingagini preliminare* – seguida da fase de debates perante a magistratura judicante.[32]

Importa consignar que essa nova ordem jurídica respaldada no sistema acusatório modificou a fase preparatória do processo penal italiano, afastando o magistrado dessa fase, transformando-a em

---

[29] PENTEADO, 2001, p. 70.
[30] MARTY, Mireille Delmas (org). *Processos penais da Europa*. Rio de Janeiro: Lumen Juris, 2005. p. 46.
[31] PRADO, 2007, p.96.
[32] SILVA JÚNIOR, Azor Lopes da. Justiça penal: um passeio pelo Direito Processual Penal Comparado. *Jus*, [S. l.], 10 mar. 2004. Disponível em: https://jus.com.br/artigos/4924/justica-penal. Acesso em: 5 ago. 2010.

verdadeiro inquérito, com vistas a colher indícios da materialidade delitiva e autoria e conduzido pela Polícia Judiciária.

Nesse passo, é relevante apontar que cumpre ao órgão do Ministério Público a propositura da ação penal, que pode requisitar ao magistrado a instauração do processo. Nessa linha, instalando-se o processo judicial, o rito passa ser regido pelo princípio do contraditório, consubstanciando-se como mecanismo de validação processual.

2.3 Os sistemas processuais penais: uma análise comparativa

O processo penal inserido num corpo de normas jurídicas que visa regular a persecução penal do Estado é permeado pela existência diversificada de sistemas processuais penais.

Trago a lume o escólio de Paulo Rangel acerca da definição de sistema processual penal:

> O sistema processual penal é o conjunto de princípios e regras constitucionais de acordo com o momento político de cada Estado, que estabelece as diretrizes a serem seguidas para a aplicação do Direito Penal a cada caso concreto. O Estado deve tornar efetiva a ordem normativa penal, assegurando a aplicação de suas regras e de seus preceitos básicos, e esta aplicação somente poderá ser feita através do processo, que deve se revestir, em princípio, de duas formas: a inquisitiva e a acusatória.[33]

Historicamente, verifica-se a existência de três sistemas processuais, entre os quais se destacam: o sistema inquisitivo, o sistema acusatório e o sistema misto. Nessa seara, faz-se necessário tecer considerações que abordem as características dos sistemas processuais existentes no processo penal.

2.3.1 Sistema inquisitivo

O sistema inquisitivo ou inquisitório originou-se no Direito romano, perdurando por toda a Idade Média, que influenciado pela Igreja Católica, passou a dominar quase toda a Europa até o século XVIII, quando então declinou, em face do surgimento da Revolução Francesa. Surgiu como uma forma de combater as injustiças, mas tornou-se instrumento de opressão.[34]

---

[33] RANGEL, Paulo. *Direito Processual Penal*. 15. ed. Rio de Janeiro: *Lumen Juris*, 2008. p. 47.
[34] TOURINHO FILHO, 2007, p. 92.

Esse sistema se caracteriza pelo fato de a função de acusar, defender e julgar ser atribuída a uma mesma pessoa. É o processo em que se confundem as figuras do acusador e julgador. Em verdade, conforme alude Claus Roxin, citado pelo autor Edilson Bonfim: "(...) não há acusador nem acusado, mas somente o juiz (inquisidor), que investiga e julga, e o objeto de sua atividade (o inquirido)".[35]

Em linhas gerais, calha registrar que no sistema inquisitivo não existe igualdade entre as partes. Indubitavelmente, temos um processo sem partes, já que a investigação de verdade, e a consecução do fim do processo se deposita exclusivamente nas mãos do juiz.[36]

É imperioso se observar que no sistema inquisitivo não há a aplicação do princípio do contraditório e da ampla defesa. Nesse sentido, o acusado é privado do contraditório, prejudicando-lhe o exercício da defesa. Partindo das considerações expendidas, é possível inferir que o acusado é, na verdade, um objeto do processo e, por conta disso, não possui, como consequência, a proteção de qualquer garantia constitucional.

Nesse tipo de sistema processual penal, há o princípio da culpabilidade, considerando o indivíduo culpado antes mesmo do trânsito em julgado da sentença penal condenatória. Associa-se a essa característica o fato do processo se dar de forma escrita e sigilosa, além de ocorrer por impulso oficial do magistrado, o que se pode dizer que cabe ao juiz iniciar de ofício a persecução penal, colher as provas e realizar o julgamento.

Como devidamente assinalado pelo autor Paulo Rangel,[37] no sistema inquisitivo, o juiz não forma seu convencimento diante das provas dos autos que lhes foram trazidas pelas partes, mas visa convencer as partes de sua íntima convicção, pois já emitiu, previamente, um juízo de valor ao iniciar a ação.

Nesse panorama, predomina o *sistema da prova tarifada ou das regras gerais*, em que a lei estipula o valor de cada prova, estabelecendo uma hierarquia entre elas, aniquilando praticamente a margem de liberdade apreciativa do magistrado.[38]

---

[35] ROXIN *apud* BONFIM, Edílson Mougenot. *Curso de processo penal.* 3. ed. São Paulo: Saraiva, 2008. p. 28.
[36] DIAS, Jorge de Figueiredo. *Direito Processual Penal.* Coimbra: Coimbra Editora, 2004. p. 246.
[37] RANGEL, 2008, p. 42.
[38] TÁVORA, Nestor; ALENCAR, Rosmar Rodrigues. *Curso de Direito Processual Penal.* 3. ed. Salvador: Juspodivm, 2009. p. 328.

Desse modo, percebe-se que há o comprometimento da imparcialidade do juiz; essa parte de um convencimento já previamente definido, buscando por meio da confissão obter a prova irrefutável, visando ratificar seu julgamento preestabelecido. Ademais, destaca-se que a confissão é considerada a rainha das provas e, para obtê-la são empregados meios cruéis, destacando-se a tortura.[39]

À luz dessa concepção, ressalta-se que, para o sistema inquisitivo, justifica-se qualquer diligência na busca da verdade dita "real", como se fosse possível verdade irreal, legitimando os poderes instrutórios do julgador a qualquer custo, autorizando-o a pesquisar provas de ofício, independentemente da vontade das partes, fundamentando uma acusação.

2.3.2 Sistema acusatório

A origem do sistema acusatório remonta ao Direito grego, mais notadamente com os atenienses, e ao Direito romano, no último século da República, desenvolvendo com a participação direta do povo no exercício da acusação.

O sistema acusatório é um sistema processual penal que se caracteriza, principalmente, pela separação entre as funções da acusação, defesa e julgamento. Nesse sentido, a acusação e a defesa estão em pé de igualdade, sobrepondo-se a ambos a figura do magistrado, titular da jurisdição, havendo por sua vez, uma nítida separação entre o órgão acusador e julgador.

Como bem assinala Heráclito Antônio Mossin, o processo acusatório supõe completa igualdade entre acusação e defesa, o que se constitui, irreprochavelmente, sua mais significativa característica e preciosidade para os fins buscados pelo Direito por meio da jurisdição.[40]

---

[39] Apesar disso, a Exposição de Motivos do CPP brasileiro de 1942, que é uma forma de interpretação doutrinária, estipula como critério para aplicação do Direito Processual Penal uma livre convicção do juiz, como se vê do parágrafo VII:
"(...)
(...) A própria confissão do acusado não constitui, fatalmente, prova plena de sua culpabilidade", mais adiante deixa claro seu *caráter inquisitório*, quando assevera: "*o juiz deixará de ser um expectador inerte da produção de provas. Sua intervenção na atividade processual é permitida, não somente para dirigir a marcha da ação penal e julgar a final, mas também para ordenar, de ofício, as provas que lhe parecerem úteis ao esclarecimento da verdade. Para a indagação desta, não estará sujeito a preclusões. Enquanto não estiver averiguada a matéria da acusação ou da defesa, e houver uma fonte de prova ainda não explorada, o juiz não deverá pronunciar o in dubio pro reo ou o non liquet*" (grifos meus).

[40] MOSSIN, 1998, p. 19.

Assim sendo, no sistema acusatório, diferentemente do sistema inquisitório, não há a figura do juiz inquisidor, estão separadas as funções de acusar, defender e julgar, atribuindo-se a pessoas distintas a acusação, defesa e julgamento.

Verifica-se que, integrados à estrutura acusatória, estão os princípios constitucionais que regem todo o processo, conferindo especial respeito ao princípio do contraditório e da ampla defesa, possibilitando às partes defender-se e contraditar os fatos que lhes são imputados, da imparcialidade, com vistas a figurar um órgão julgador neutro, sem qualquer vínculo ou interesse subjetivo ao conflito de interesse entre as partes.

Destaca-se, ainda, o princípio da presunção de inocência ou de não culpabilidade, em que a imputação penal pressupõe sentença transitada em julgado, além da oralidade, uma vez que o processo costuma transcorrer de forma oral, imediata e concentrada; além disso, o processo é público, salvaguardadas as exceções da publicidade, restrita à defesa da intimidade e interesse social.

É importante apontar que, no sistema de tipo acusatório, a atividade do julgador não se realiza por iniciativa própria; não é permitido ao magistrado iniciar o processo *ex officio*, cabendo provocação das partes.

No Brasil, a nova redação do art. 3º-A do CPP é clara quanto à estrutura acusatória do processo penal, vedadas a iniciativa do juiz na fase investigatória e a substituição da atuação probatória do órgão de acusação.

Nessa conjuntura, é requisito primordial do sistema acusatório a existência de uma ação penal, cuja titularidade pertence ao órgão acusador, o Ministério Público, como instrumento provocador da jurisdição, subordinando a atividade jurisdicional à atuação das partes, afastando o juiz da persecução penal.

Por essa vertente, é oportuno mencionar que na estrutura do tipo acusatória, o processo é desencadeado por um acusador, que é, em princípio, a vítima, e se desenvolve sob a direção das partes, teoricamente sob o manto da igualdade de armas e o Estado pouco intervém, uma vez que a função do juiz se limita a arbitrar o debate e deslindar o conflito, no cenário de um sistema de prova estritamente regido pela lei.

Aliado a todo o exposto, acrescente-se que, nesse sistema, a produção de prova é livre, excetuado as provas colhidas ao arrepio do que dispõe a constituição e as leis processuais, ou melhor, as provas ilícitas e ilegítimas, baseando-se no livre convencimento motivado do juiz, ao qual o julgamento ocorre de acordo com as provas produzidas no processo pelos sujeitos parciais, *in casu*, o Ministério Público, o querelante, o acusado e o querelado, além do assistente de acusação produzir prova, no último caso, limitado aos seus poderes.[41]

No autorizado magistério de Pedro Henrique Demercian e Jorge Maluly, a apreciação das provas incumbe a um juiz imparcial que deverá necessariamente fundamentar sua decisão, de acordo com o bom senso, a experiência e os elementos informativos coligidos pela acusação e pela defesa. Consagra-se, portanto, o método da persuasão racional.[42]

Prestimosa é a lição Frederico Marques no sentido aqui propugnado, quando afirma que "o sistema acusatório, naquilo que tem de essencial e básico, é a única forma de processo que pode ser aceita pelo Direito hodierno".[43]

Assim sendo, as partes, estando em pé de igualdade, têm garantido o direito à prova, cooperando, de modo efetivo, na busca da verdade processual possível. Nesse diapasão, vale destacar que a liberdade do acusado é considerada como regra, sendo a prisão uma medida de exceção, aplicando-se em casos excepcionais e de extrema necessidade.

Por derradeiro, cumpre salientar que o sistema acusatório é o que guarda maior consonância com a Constituição Federal, visto que prevê a rígida separação de atribuições entre os atores envolvidos na persecução penal, conferindo a cada órgão funções distintas.

A doutrina divide o sistema acusatório em adversarial e inquisitorial ou não adversarial. O primeiro tem por característica uma disputa entre duas partes processuais perante uma autoridade judicial imparcial, que possua um poder de decisão, mas até esse momento decisório se mantém inerte. Somente recebe o material probatório que lhe é apresentado pelas partes.

---

[41] Nesse sentido, adoto como correto o ponto de vista expressado por Júlio Fabbrini Mirabete (*Processo penal*. 13. ed. São Paulo: Atlas, 2002. p. 351): "A intervenção do assistente, na sua qualidade de auxílio ou reforço ao Ministério Público, é ampla mas não se iguala à do acusador oficial, estando seus poderes limitados taxativamente no artigo 271 do CPP. Em primeiro lugar lhe é permitido "propor meios de prova", como oferecer para juntada documentos, requerer perícias ou formular quesitos nas perícias requeridas pelas partes, pedir acareações, busca e apreensão etc. Entende Fernando da Costa Tourinho Filho que não pode o assistente arrolar testemunhas já que estas são enumeradas pelo Ministério Público quando do oferecimento da denúncia e que o assistente só pode intervir no processo depois do recebimento da denúncia, ultrapassada, portanto, a fase própria do arrolamento. Nada impede, porém, que o juiz, por ocasião do recebimento da denúncia, possa, concomitantemente, admitir a assistência e deferir a inquirição de testemunhas arroladas pelo assistente".

[42] DEMERCIAN; MALULY, 1999, p. 46.

[43] MARQUES, José Frederico. *Elementos de Direito Processual Penal*. 2. ed. Campinas: Millennium, 2000. v. 1. p. 24.

Nosso sistema acusatório possui alguma intervenção judicial; de acordo com as decisões proferidas pelo Colenda Corte Suprema nas ADIs nº 6.298, 6.299, 6.300 e 6.305, o juiz, nos limites da lei, pode determinar a realização de diligência suplementares.

Sob o ângulo inverso, o sistema inquisitorial que tem por baldrame o impulso oficial do processo. Fora exceção da iniciativa da propositura da ação, o juiz tem iniciativa probatória complementar às partes, a exemplo do que preconiza o art. 156, inciso II, do CPP, para o fim de dirimir dúvida sobre questão relevante para o julgamento do mérito.

De acordo com o magistério do jurista argentino Alberto Bovino:

> El principio de imparcialidad exige una estricta separación de funciones requirentes y decisorias. Ello significa que resulta ilegítima toda decisión legal que otorgue a los jueces facultades inquisitivas y les permita intervenir activamente a favor de la actividad procesal persecutoria.[44]

2.3.3 Sistema misto

O sistema misto, também chamado de acusatório formal, que imperou por toda a Europa do século XIII até a Codificação Napoleônica, surgindo após a Revolução Francesa.

Nessa esteira, o sistema misto caracteriza-se pela junção de uma instrução inquisitiva com uma posterior fase de julgamento, dotada a última de juízo contraditório e de forma acusatória. Nessa quadra, o processo se desdobra em duas fases: a primeira com elementos do sistema inquisitório e a segunda tipicamente acusatória.

Nesse sentido, ressalta Vincenzo Manzini citado por Heráclito Mossin: "(...) no sistema sob comento, participam naturalmente os caracteres de ambos os preditos tipos. Nele, a acusação é reservada a um órgão do Estado; a instrução é secreta e escrita; o debate é, ao contrário, público e oral; livre é o juiz em seu convencimento".[45]

Dessa forma, insta salientar que o sistema misto se decompõe em três etapas: a investigação preliminar exercida pela polícia judiciária, a instrução preparatória a cargo do juiz instrutor e a fase de julgamento patrocinada pelo juiz.

---

[44] BOVINO, Alberto. *Problemas del Derecho Procesal Penal contemporáneo*. Buenos Aires: Del Puerto, 1998. p. 17.
[45] MANZINI *apud* MOSSIN, 1998, p. 19.

Nesse segmento, a primeira fase ou fase preliminar investigatória composta pelas etapas de investigação preliminar e a instrução preparatória agrega todas as características do sistema inquisitório; assim sendo, compete ao juiz com participação da polícia judiciária, investigar e colher informações probatórias. Destaca-se, ainda, que o procedimento transcorre de maneira secreta e escrita, com ausência do contraditório e da ampla defesa.

Noutro vértice, na fase de julgamento, inerente à fase processual (judicial), predomina a diferenciação dos órgãos acusadores e julgadores, tendo início essa fase com a acusação penal feita pelo representante do Ministério Público, a imparcialidade do juiz, igualdade entre as partes, publicidade e concentração dos atos processuais.

Admite-se ainda, nessa fase, um procedimento oral ou escrito, com a intervenção de juízes populares, permitindo-se, amplo exercício do direito de defesa, sendo livre a apreciação das provas, com o processo movimentando-se pela iniciativa das partes.

É interessante enfatizar que os sistemas processuais penais se diferençam entre si pela atuação dos sujeitos processuais nas funções de acusar, defender e julgar. Em precisa abordagem acerca dos sistemas processuais penais, Paulo Rangel, citando Nelson Miranda Coutinho, deixa consignada de forma clara a diferença entre o sistema acusatório e o inquisitivo. Nesse contexto, assevera:

> A característica fundamental do sistema inquisitório, em verdade, está na gestão da prova, confiada essencialmente ao magistrado que, em geral, no modelo em análise, recolhe-a secretamente, sendo que "a vantagem (aparente) de uma tal estrutura residiria em que o juiz poderia mais fácil e amplamente informar-se sobre a verdade dos fatos – de todos os factos penalmente relevantes, mesmo que não contidos na 'acusação' – dado seu domínio único e onipotente do processo em qualquer das suas fases. O trabalho do juiz de fato é delicado. Afastado do contraditório e sendo o senhor da prova, sai em seu encalço guiado essencialmente pela visão que tem ou faz do fato.[46]

Nessa linha de raciocínio, de acordo com Jaques Penteado, evidencia-se que o funcionamento global do sistema depende bastante do adequado desempenho das funções de acusar, defender e julgar, e, portanto, a qualidade da função da Justiça está ligada à aptidão dos encarregados de exercer as tarefas enunciadas.[47]

---

[46] COUTINHO, 2001, p. 24 *apud* RANGEL, 2008, p. 48-49.
[47] PENTEADO, 2001, p. 12.

Sob esse prisma, o que se constata é que o sistema inquisitivo rechaça as garantias fundamentais do indivíduo, sendo um sistema amplamente utilizado nos países totalitários, em que a repressão aos crimes se sobrepõe aos direitos e garantias individuais, ao passo que o sistema acusatório prima pela atenção aos princípios norteadores dos direitos e garantias do cidadão, na tentativa de impedir a atuação arbitrária do Estado, estando presente nos países em que imperam os ditames democráticos. Em suma, um processo penal autoritário é como um rosário repleto de ordálias, tornando a vida insuportável e sem sentido.

À guisa de conclusão, pode-se afirmar que o sistema processual penal vigente em nosso país, não obstante seja o sistema acusatório consagrado pela Constituição Federal de 1988, induvidosamente, levam a crer acerca de resquícios do sistema inquisitivo, na medida em que se confundem a função acusatória e inquisitória na órbita processual penal, afrontando os princípios constitucionais e processuais da imparcialidade, do sistema acusatório, da ampla defesa, do contraditório e da inércia da jurisdição.

INQUÉRITO POLICIAL

> *"Ao transformar a investigação preliminar numa via de mão única, está-se acentuando a desigualdade das futuras partes, com graves prejuízos para o sujeito passivo. É convertê-la em uma simples e unilateral preparação da acusação, uma atividade minimalista e reprovável, com inequívocos prejuízos para a defesa."*
>
> (Aury Lopes)

3.1 Conceito de inquérito policial

É o procedimento administrativo-investigatório, de caráter preliminar e informativo, que visa à colheita das provas suficientes para subsidiar o titular da ação penal na sua pretensão punitiva a ser deduzida em juízo. É presidido pela autoridade policial, com o escopo de comprovar indícios da autoria, a materialidade delitiva e as circunstâncias da infração criminal, constituído por um série de diligências elucidativas, e concluído por meio de um relatório circunstanciado final, que deverá indiciar ou não o(a)(s) suposto(a)(s) autor(a)(es).

3.2 Finalidade

O objetivo primaz do inquérito policial é a arrecadação do maior número de provas possíveis contra o suspeito, isto é, os indícios de autoria, a materialidade da infração penal e apuração das circunstâncias fáticas (art. 2º, §1º, Lei nº 12.830/2013), para evitar que sejam instauradas ações penais temerárias, resguardando-se a liberdade e a intimidade da pessoa presumidamente inocente, bem como acautelar meios de prova cujos vestígios correriam sérios riscos de desaparecer com o tempo.

3.3 Natureza jurídica do inquérito policial

O inquérito policial é um procedimento administrativo-investigatório preliminar de caráter informativo. Embora boa parte da doutrina entenda que é inquisitorial, seria de bom alvitre que fossem respeitados os direitos da defesa desde a fase investigatória com o acesso aos autos da investigação, com a oitiva do investigado sempre com a presença do advogado, o direito ao silêncio e a reperguntas por parte do defensor no caso da oitiva de testemunhas e do interrogatório do investigado. Muito embora não desconheça a jurisprudência pátria, que está consolidada no sentido de que não há nulidade na fase de investigação criminal, como se abstrai da leitura dos seguintes precedentes:

> AGRAVO REGIMENTAL NO *HABEAS CORPUS* - INQUÉRITO POLICIAL NULIDADES - NÃO OCORRÊNCIA - AGRAVO REGIMENTAL DESPROVIDO - 1- Hipótese em que não restou constatada nenhuma nulidade do inquérito policial por ofensa à prerrogativa de função, uma vez que o Tribunal de Justiça do Estado de São Paulo esclareceu que as investigações preliminares sequer se voltaram à apuração de eventual crime de usurpação da função pública em tese praticado em conluio com a atual prefeita J.S.C.G., limitando-se a averiguar a plausibilidade das denúncias relativas à existência de vínculo laboral e correlato descumprimento de decisões proferidas nas ações de improbidade administrativa por parte do ex-prefeito J.A.I.G. 2- (...) 3- Fica afastada a nulidade do inquérito policial por ofensa à prerrogativa de função pois não havia, naquele momento, parâmetro investigativo suficiente que sugerisse a necessidade de autorização do Tribunal de Justiça para a investigação. Somente diante da apuração de indícios corroborando a conclusão sobre a contratação irregular do ex-prefeito durante o mandato de sua mulher, a revelar possível envolvimento dela na prática delitiva (já que a contratação dependeria de ato da chefe do poder executivo), foi providenciado o imediato encaminhamento do inquérito à Delegacia Seccional, que, por sua vez, remeteu os autos ao Tribunal de Justiça. 4- Improcedentes as alegações de nulidades relativas à instauração de inquérito policial fundado em duas denúncias anônimas e de ilicitude da gravação ambiental se a peça acusatória encontra-se alicerçada em diversos elementos indiciários não adstritos à notícia anônima ou à própria escuta ambiental questionada, tendo sido devidamente ressaltada, quanto a este último ponto, a licitude da prova consistente

em (*sic*) gravação ambiental realizada por um dos interlocutores sem conhecimento do outro, nos exatos termos da jurisprudência desta Corte. 5- Agravo regimental desprovido (STJ - AgRg-HC 866043/SP - (2023/0397099-8) - 5ª T. - Rel. Min. Ribeiro Dantas - DJe 07.03.2024).

AGRAVO REGIMENTAL NO RECURSO EM *HABEAS CORPUS* - ESTUPRO DE VULNERÁVEL - INQUÉRITO POLICIAL - INSTAURAÇÃO IRREGULARIDADES NÃO VERIFICADAS - ATIPICIDADE DA CONDUTA - AUSÊNCIA DE JUSTA CAUSA - NÃO CONSTATAÇÃO - TRANCAMENTO - INVIABILIDADE - AGRAVO REGIMENTAL DESPROVIDO - 1- Hipótese em que não foram constatadas irregularidades na instauração do inquérito policial. A autoridade policial, após receber *notitia criminis*, instaurou o competente inquérito policial para averiguação dos fatos e circunstâncias, exercendo estritamente sua independência funcional assegurada por força do artigo 1º, §2º, da Lei nº 12.830/2013. 2- Inviável o acolhimento da alegação de que a conduta praticada pelo recorrente seria um verdadeiro indiferente penal, com amparo no laudo médico acostado aos autos pela defesa, tendente a comprovar que a vítima é plenamente capaz, por exigir revolvimento de conteúdo fático-probatório dos autos, providência reservada ao momento da instrução criminal. 3- Existência de outros pareceres médicos, atestando que a vítima apresenta comprometimento cognitivo e quadro de deficiência intelectual leve, e faz tratamento regular com medicação e acompanhamento multidisciplinar, sendo prematuro o acolhimento da tese de atipicidade da conduta do paciente. 4- Se as instâncias ordinárias, com fundamento em elementos de convicção colhidos nos autos, reconheceram a presença de justa causa para as investigações, para afastar tal conclusão seria necessário revolver o contexto fático-probatório, providência que não se coaduna, a toda evidência, com a via estreita do *habeas corpus*. 5- Agravo regimental desprovido (STJ - AgRg-RHC 191505/SP - (2023/0455749-6) - 5ª T. - Rel. Min. Ribeiro Dantas - DJe 21.03.2024).

3.4 Elementos informativos e provas

Os elementos informativos não podem ser confundidos com prova. Aqueles são colhidos na fase investigativa, sem obediência ao contraditório e à ampla defesa. O Poder Judiciário só intervém quando necessário e provocado. Eis a dicção do art. 155 do CPP:

(...) O juiz formará sua convicção pela livre apreciação da prova produzida em contraditório judicial, não podendo fundamentar sua decisão exclusivamente nos elementos informativos colhidos na investigação, ressalvadas as provas cautelares, não repetíveis e antecipadas.

Não se pode olvidar que os elementos informativos são úteis para a decretação de medidas cautelares, bem como servem de lastro para a denúncia ou queixa-crime e, portanto, na formação da *opinio delicti*.

Por seu turno, as provas são produzidas, em regra, na fase judicial, com obediência total ao contraditório e à ampla defesa, na presença do juiz, que pode fazer reperguntas, muito embora não possa ser o gestor exclusivo da prova, com o objetivo de auxiliar na formação do seu livre convencimento motivado.

No que tange às *provas cautelares*, são aquelas colhidas quando há um risco iminente de seu desaparecimento em função do decurso do tempo. Tais provas podem ser produzidas tanto na fase investigativa quanto na fase judicial. Todavia, dependem sempre de autorização judicial (cláusula de reserva da jurisdição), e o seu contraditório será diferido ou postergado.

Imprescindível esclarecer que as provas não repetíveis são aquelas que confeccionadas não têm o condão de serem coletadas em razão do desaparecimento da fonte probatória. São possíveis tanto na fase investigatória quanto na fase judicial, mas não dependem de autorização judicial, e o contraditório também pode ser postergado.

Por fim, as *provas antecipadas são as* produzidas com obediência ao contraditório real em momento processual daquele previsto em lei, ou até mesmo antes de iniciado o processo, em razão da situação de relevância e urgência. É possível sua predição tanto na fase investigatória quanto na fase judicial. Fica o registro de que dependem sempre de autorização judicial e o contraditório será real.

3.5 Funções da polícias civil e federal no processo penal

a) Função administrativa: Polícia incumbida de um papel de prevenção, de forma ostensiva. Desempenham tal papel a Polícia Militar, a Polícia Rodoviária, a Polícia Ferroviária e a Polícia Marítima.

b) Função judiciária: Desempenhada pelas polícias civis estadual e federal. Cumprem mandado de medidas cautelares, dentre elas as prisões cautelares, e demais diligências determinadas pelo juízo no curso do processo. A previsão normativa é lavrada nos seguintes termos da Lei nº 12.830/2013: "Art. 3º O cargo de delegado de polícia é privativo de bacharel em Direito, devendo-lhe ser dispensado o mesmo tratamento protocolar que recebem os magistrados, os membros da Defensoria Pública e do Ministério Público e os advogados".

c) Função investigativa: Apuração das infrações penais por meio do inquérito policial.

Seguindo os delineamentos da norma constitucional, em seu art. 144, §1º, a Polícia Federal, instituída por lei como órgão permanente, organizado e mantido pela União e estruturado em carreira, destina-se a:

> (...)
> I - apurar infrações penais contra a ordem política e social ou em detrimento de bens, serviços e interesses da União ou de suas entidades autárquicas e empresas públicas, assim como outras infrações cuja prática tenha repercussão interestadual ou internacional e exija repressão uniforme, segundo se dispuser em lei; IV – exercer, com exclusividade, as funções de Polícia Judiciária da União.

Em consonância com o Texto Supremo, o art. 2º da Lei nº 12.830/2013 assevera de forma infraconstitucional: "Art. 2º. As funções de polícia judiciária e a apuração de infrações penais exercidas pelo delegado de polícia são de natureza jurídica, essenciais e exclusivas de Estado".

Insta notar que o Pretório Excelso, de forma acertada, consolidou tal entendimento no enunciado da Súmula Vinculante nº 14: "(...) É direito do defensor, no interesse do representado, ter acesso amplo aos elementos de prova que, já documentados em procedimento investigatório realizado por órgão com competência de polícia judiciária, digam respeito ao exercício do direito de defesa".

3.5.1 Autoridade com atribuições para a presidência do inquérito policial

Em regra, as autoridades responsáveis por presidir inquéritos policiais são o delegado de Polícia Civil e o delegado de Polícia Federal, de acordo com suas atribuições.

> Art. 2º - (...)
> §1º. Ao delegado de polícia, na qualidade de autoridade policial, cabe a condução da investigação criminal por meio de inquérito policial ou outro procedimento previsto em lei, que tem como objetivo a apuração das circunstâncias, da materialidade e da autoria das infrações penais.
> (...)
> §2º. Durante a investigação criminal, cabe ao delegado de polícia a requisição de perícia, informações, documentos e dados que interessem à apuração dos fatos.

(...)

§4º. O inquérito policial ou outro procedimento previsto em lei em curso somente poderá ser avocado ou redistribuído por superior hierárquico, mediante despacho fundamentado, por motivo de interesse público ou nas hipóteses de inobservância dos procedimentos previstos em regulamento da corporação que prejudique a eficácia da investigação.

§5º. A remoção do delegado de polícia dar-se-á somente por ato fundamentado.

3.5.2 Natureza do crime e a responsabilidade da investigação criminal

3.5.2.1 Crime militar da competência da Justiça Militar da União: o art. 69, inciso III, do CPP, estabelece a competência da infração em razão da natureza da infração

A Justiça Militar tem competência para julgar os crimes definidos no Código Penal Militar (CPM), tal como listados de forma exaustiva pelo art. 9º, cujo critério não é apenas ter o militar como infrator, mas a natureza da infração praticada, dividindo-se em crimes militares em tempo de paz e de guerra.

3.5.2.2 Crime militar da competência da Justiça Militar Estadual

Competência para julgar crimes militares praticados por militares do Estado (membros da Polícia Militar e do Corpo de Bombeiros).

3.5.2.3 Crime eleitoral

À Justiça Eleitoral compete processar e julgar os crimes eleitorais e os comuns que lhe forem conexos, nos termos do art. 35 do Código Eleitoral.

3.5.2.4 Crime comum da competência da Justiça Federal

Os crimes políticos, considerados como tais os descritos como crimes contra o Estado Democrático de Direito, disciplinados nos arts. 359-I a 359-T, do Código Penal (CP), com a redação conferida pela Lei nº 14.197/2021.

As infrações penais praticadas em detrimento de bens, serviços ou interesses da União ou de suas entidades autárquicas, excluindo-se as contravenções penais, e todos os listados no art. 109 da Constituição Federal.

3.5.2.5 Crime comum da competência da Justiça Estadual

Regulamentando a matéria temos a Lei nº 10.446/2002:

> Art. 1º. Na forma do inciso I do §1 do art. 144 da Constituição, quando houver repercussão interestadual ou internacional que exija repressão uniforme, poderá o Departamento de Polícia Federal do Ministério da Justiça, sem prejuízo da responsabilidade dos órgãos de segurança pública arrolados no art. 144 da Constituição Federal, em especial das Polícias Militares e Civis dos Estados, proceder à investigação, dentre outras, das seguintes infrações penais:
> I - seqüestro, cárcere privado e extorsão mediante seqüestro (arts. 148 e 159 do Código Penal), se o agente foi impelido por motivação política ou quando praticado em razão da função pública exercida pela vítima;
> II - formação de cartel (incisos I, a, II, III e VII do art. 4º da Lei n. 8.137/90); e
> III - relativas à violação a direitos humanos, que a República Federativa do Brasil se comprometeu a reprimir em decorrência de tratados internacionais de que seja parte; e
> IV - furto, roubo ou receptação de cargas, inclusive bens e valores, transportadas em operação interestadual ou internacional, quando houver indícios da atuação de quadrilha ou bando em mais de um Estado da Federação.
> V - falsificação, corrupção, adulteração ou alteração de produto destinado a fins terapêuticos ou medicinais e venda, inclusive pela internet, depósito ou distribuição do produto falsificado, corrompido, adulterado ou alterado (art. 273 do CP). (inciso V acrescentado pela Lei n. 12.894/13).
> Parágrafo único. Atendidos os pressupostos do *caput*, o Departamento de Polícia Federal procederá à apuração de outros casos, desde que tal providência seja autorizada ou determinada pelo Ministro de Estado da Justiça.

3.6 Características do inquérito policial

3.6.1 Procedimento ("processo") investigatório inquisitivo

É um procedimento que tem por característica a concentração de poder em uma única autoridade (delegado), não sendo permitidos a ampla defesa e o contraditório. O poder absoluto, sem nenhum controle, não é salutar numa sociedade democrática, até mesmo diante do princípio da inafastabilidade (art. 5º, inciso XXXVI, CF).

Com a devida vênia, ouso discordar de tal entendimento visto que numa interpretação conforme a Constituição Federal não cabem laivos de dúvidas que prevalece o texto constitucional, tal como previsto no art. 5º, inciso LV: "(...) aos litigantes, em processo judicial ou administrativo, e aos acusados em geral são assegurados o contraditório e ampla defesa, com os meios e recursos a ela inerentes".

Observo que a regra constitucional mencionada no processo administrativo não comporta exceção. Segundo adágio conhecido de hermenêutica, "as normas restritivas devem interpretadas restritivamente". O inquérito policial, em sentido amplo, é um "processo" administrativo, sendo consequência indissociável o direito que assiste ao acusado ao contraditório e à ampla defesa, com os meios e recursos a ela inerentes. Uma mutação constitucional da Suprema Corte é necessária nesse sentido. Numa simples filtragem constitucional, chega-se à fatal conclusão de que a modulação dos efeitos nessa regra do CPP por parte da Suprema Corte, de modo a possibilitar alguma defesa no inquérito policial, é medida que urge, tal como já o fez nas prisões cautelares, no acesso aos autos do inquérito policial, nos acordos de delação premiada e nas audiências de custódia.

3.6.1.1 Desdobramentos necessários

No inquérito policial é prerrogativa do advogado acompanhar o inculpado no momento em que é ouvido perante qualquer autoridade investigante (art. 7º, XXI, Lei nº 8.906/1994, Estatuto da Advocacia e Ordem dos Advogados do Brasil – EAOAB).

Ademais, o advogado poderá formular razões e apresentar quesitos (art. 7º, inciso XXI, alínea "a", Lei nº 8.906/1994).

Se a autoridade impedir o acesso do advogado, o ato é *nulo*, bem como os demais que dele decorrem (princípio da consequencialidade). Com o reconhecimento da ampla defesa e do contraditório, inclusive, com controle jurisdicional sobre os atos administrativos praticados pela Polícia Investigativa, a nulidade há de ser declarada e decretada.

Se o investigado comparecer sozinho, não poderá ser ouvido; somente acompanhado de advogado. A exemplo do que já ocorre com o acordo de não persecução penal (ANPP), se o investigado comparecer sozinho, deve ser convidado o advogado constituído; caso este não exista, o fato deve ser comunicado à Defensoria Pública.

De igual modo, segundo o art. 14-A do Estatuto de Ritos Repressivo, o policial investigado por empregar força letal no desempenho da função será defendido tecnicamente por advogado na fase do inquérito policial. Em sendo assim, deve o delegado notificar o investigado para constituir advogado no prazo de 48 horas. Diante da omissão, a instituição policial será intimada para constituir o advogado em igual prazo. Onde há o mesmo fundamento se aplica o mesmo direito.

Sustento tal argumento com amparo também no art. 58 da Lei nº 13.445/2017, uma vez que o legislador poderá regular inquéritos com o contraditório e a ampla defesa tomados como regra, a exemplo do inquérito para expulsão do estrangeiro regulado na Lei de Migração. Se cabe no procedimento de expulsão de estrangeiros, *a fortiori* é possível na investigação criminal.

Por último, registro que o nobre processualista civil Freddie Didier Junior advoga essa mesma tese, no sentido de conferir um respeito mínimo à preservação dos direitos e garantias fundamentais.

3.6.2 Procedimento discricionário

A autoridade policial não segue um rito investigatório preestabelecido em lei, gozando de um caráter discricionário, com alguma margem para agir de acordo com a conveniência e oportunidade, buscando perscrutar as características e as peculiaridades da investigação do crime de per si, já que não se pode detalhar em lei todas formas de investigação possíveis, ainda mais com a incidência cada vez maior da prova digital e dos novos delitos praticados por meio digital que são uma realidade na pós-modernidade, máxime com o advento da sociedade de massa.

Nesse panorama, os arts. 6º e 7º do Códex de Ritos Penal apresentam um rol de diligências não exaustivas, que devem ser executadas para melhor instrumentalizar o inquérito policial, porém outras diligências podem e devem ser efetuadas fora das hipóteses ali elencadas.

Corroboro tal entendimento, tomando como exemplos os arts. 13-A e 13-B do Pergaminho Instrumental de Iras, que elencam diligências atinentes à investigação do crime de tráfico de pessoas.

Digno de registro é que as diligências requeridas pela vítima ou pelo investigado possam ser denegadas pela autoridade policial (art. 14, CPP), exceto no que concerne ao exame de corpo de delito quando a infração deixar vestígios (ver arts. 158 e 185, Cártula Instrumental Repressiva).

Outrossim, as requisições oriundas do Ministério Público devem ser cumpridas em virtude da previsão legal do art. 13, inciso II, do CPP.

3.6.3 Procedimento sigiloso

Visando conferir eficácia ao princípio da predominância do interesse público sobre o privado, um dos princípios norteadores do regime jurídico de Direito Administrativo, o delegado deve velar pelo sigilo do inquérito policial, para que as investigações sejam proveitosas (art. 20, *caput*, CPP).

Em virtude do princípio da presunção de inocência, as informações constantes do inquérito policial não ficam registradas na certidão de antecedentes criminais (art. 20, p.único, CPP).

Deve-se ressalvar aqui o direito inalienável do advogado ter acesso aos autos da investigação (art. 7º, XIV, Lei nº 8.906/1994), segundo o enunciado firmado na Súmula Vinculante nº 14, devendo ter acessos ao que já foi produzido e está documentado. Com a digitalização da investigação policial, entendo que basta um simples requerimento para se ter acesso a cópia digital.

Em seu mister, o advogado pode tomar apontamento e copiar os autos da investigação, independentemente de procuração, salvo nos procedimentos que tramitam em sigilo. Caso seja negado o acesso aos autos por parte do delegado, o advogado pode se valer dos remédios constitucionais (mandado de segurança e *habeas corpus*), ou ainda por mera petição dirigida ao juiz criminal competente.

Com fulcro a que não ocorra a revitimização do crime, o juiz poderá decretar o segredo de Justiça para preservar a vítima em sua intimidade, vida privada, honra e imagem (art. 201, §6º, CPP).

3.6.4 Procedimento escrito

A investigação será documentada em sua integralidade, ainda que realizados oralmente, os atos praticados deverão ser reduzidos a termo (art. 9º, CPP). A autoridade policial pode, usando os meios digitais, realizar a gravação de vídeos para ouvir testemunhas e investigados (art. 405, §1º, CPP), visando conferir maior veracidade às colheitas dos depoimentos, a gravação dos trechos principais das conversas de uma interceptação telefônica e até mesmo de uma gravação ambiental autorizada.

Hodiernamente, os procedimentos investigatórios são assinados digitalmente, e os laudos periciais também podem ser assim assinados.

3.6.5 Procedimento temporário

Esta me parece uma característica de primordial importância para uma boa investigação criminal, a fixação de um marco temporal, tal como vaticina o art. 10 do CPP. Na legislação extravagante existem outros prazos fixados em lei. Um inquérito policial não pode se prestar a exercer o papel de uma espada de Dâmocles, pairando sob a cabeça do suspeito do cometimento de um crime *ad eternum*.[48]

Aliás, muito bem-vinda a novidade trazida pelo Pacote Anticrime (Lei nº 13.964/2019), que em seu art. 3º-B, inciso VIIII, do CPP, aduzindo que o juiz de garantias é o responsável pelo controle da legalidade da investigação criminal e pela salvaguarda dos direitos individuais, competindo-lhe prorrogar o prazo de duração do inquérito, estando o investigado preso, em vista das razões apresentadas pela autoridade policial, uma única vez, a duração do inquérito pelo prazo de 15 dias, sob pena de relaxamento da prisão.

3.6.6 Procedimento indisponível

Em hipótese nenhuma o delegado poderá arquivar os autos do inquérito policial, é o que determina o art. 17 do CPP.

Em razão do que preconiza o artigo mencionado, toda investigação criminal será concluída e endereçada à autoridade competente.

3.6.7 Procedimento dispensável

Para a propositura da ação penal é dispensável o inquérito policial. É a lição que se extrai de uma simples leitura do art. 39, §5º, do CPP: "(...) O órgão do Ministério Público dispensará o inquérito,

---

[48] "(...) No caso, passados mais de 7 anos desde a instauração do Inquérito pela Polícia Federal do Maranhão, não houve o oferecimento de denúncia contra os pacientes. É certo que existe jurisprudência, inclusive desta Corte, que afirma inexistir constrangimento ilegal pela simples instauração de inquérito policial, mormente quando o investigado está solto, diante da ausência de constrição em sua liberdade de locomoção (HC 44.649/SP, Rel. Min. LAURITA VAZ, DJU 08.10.07); entretanto, não se pode admitir que alguém seja objeto de investigação eterna, porque essa situação, por si só, enseja evidente constrangimento, abalo moral e, muitas vezes, econômico e financeiro, principalmente quando se trata de grandes empresas e empresários e os fatos já foram objeto de inquérito policial arquivado a pedido do *parquet* Federal. Ordem concedida, para determinar o trancamento do inquérito policial 2001.37.00.005023-0 (IPL 521/2001), em que pese o parecer ministerial em sentido contrário (STJ, 5ª Turma, HC 96.666/MA, Rel. Min. Napoleão Nunes Maia Filho, j. 04/09/2008, DJe 22/09/2008)."

se com a representação forem oferecidos elementos que o habilitem a promover a ação penal, e, neste caso, oferecerá a denúncia no prazo de quinze dias".

Em reforço a tal entendimento o art. 46, §1º, do CPP, menciona: "(...) quando o Ministério Público dispensar o inquérito policial, o prazo para o oferecimento da denúncia contar-se-á da data em que tiver recebido as peças de informação ou a representação".

Existem outros inquéritos que são presididos por outras autoridades que não a policial. Podemos citar:

a) O inquérito parlamentar, elaborado pela Comissão Parlamento de Inquérito (CPI), cabendo ao Ministério Público promover a análise em caráter de urgência (art. 3º, Lei nº 10.001/2000);
b) O inquérito militar para apurar as infrações militares;
c) Quanto aos membros do Poder Judiciário, a investigação realizada pelo tribunal competente (art. 33, Lei Complementar nº 35/1979);
d) Quanto aos membros do Ministério Público, a investigação efetuada pela Procuradoria-Geral de Justiça (PGJ) (art. 18, p.único, da Lei Complementar nº 18/1993 e art. 41, p.único, da Lei nº 8.625/1993);
e) Outras autoridades com foro por prerrogativa de função, dependendo de prévia autorização do tribunal competente.[49]

---

[49] "REFERENDO DE MEDIDA LIMINAR EM RECLAMAÇÃO - MATÉRIA PENAL - ALEGADA USURPAÇÃO DA COMPETÊNCIA ORIGINÁRIA DESTA CORTE - INQUÉRITO INSTAURADO DE OFÍCIO PELA AUTORIDADE POLICIAL, SEM REMESSA AO SUPREMO TRIBUNAL FEDERAL, PARA INVESTIGAR PARLAMENTAR FEDERAL, POR FATOS SUPOSTAMENTE ILÍCITOS PRATICADOS DURANTE O EXERCÍCIO DA FUNÇÃO - ART. 102, I, "B", DA CONSTITUIÇÃO FEDERAL - COMPETÊNCIA DO SUPREMO TRIBUNAL FEDERAL PARA AFERIR SE ESTÁ CONFIGURADA SUA PRÓPRIA COMPETÊNCIA ORIGINÁRIA - PRECEDENTES - RISCO DE NULIDADE DAS INVESTIGAÇÕES - CARACTERIZAÇÃO DO *FUMUS BONI JURIS* E DO *PERICULUM IN MORA* - LIMINAR REFERENDADA - 1- A competência originária desta Corte para o processo e julgamento de parlamentares, em matéria penal, encontra-se plasmada no art. 102, I, "b", da Constituição Federal. 2- Compete ao Supremo Tribunal Federal, e não aos órgãos de persecução penal ou às instâncias jurisdicionais inferiores, a aferição da presença ou não dos elementos caracterizadores da competência originária regida pela Constituição, em casos de suspeita de prática delituosa por detentor de prerrogativa de foro. Precedentes (RCL 23.457-Ref-MC/PR, Rel. Min. Teori Zavascki, Plenário, j. 31.3.2016; HC 153.417, Rel. Min. Celso de Mello, j. 24.4.2018). 3- *In casu*, verifica-se que a autoridade reclamada determinou a instauração de inquérito, realizou investigações e promoveu o indiciamento de autoridade detentora de prerrogativa de foro, por delito supostamente praticado contemporaneamente ao exercício das funções. 4- Diante da aparente usurpação da competência originária desta Corte, encontram-se presentes os requisitos do *fumus boni juris* e do *periculum in* mora, que justificam o deferimento do pedido de liminar para determinar a suspensão da tramitação do inquérito de origem e a consequente sustação do ato de indiciamento, até o julgamento do mérito desta Reclamação. 5- Medida liminar referendada (STF - Rcl-Ref 74111 - 1ª T. - Rel. Luiz Fux - J. 07.02.2025)."

f) **Procedimento investigativo criminal (PIC):** Seguindo as diretrizes do STF, RE nº 593.727, o Ministério Público pode presidir investigação criminal. A Suprema Corte acolheu a tese da "teoria dos poderes implícitos" (STF, nº HC 91.661), uma vez que o *parquet* é o titular da ação de iniciativa pública, também poderá desempenhar as funções necessárias para que o seu papel constitucional seja cumprido (Caso McCulloch *vs*. Maryland, 1819). Entretanto, em se tratando de autoridade com prerrogativa de função, o Tribunal Excelso entende que é necessária autorização prévia e supervisão do respectivo tribunal.[50]

3.7 Formas de instauração do inquérito policial

3.7.1 Crimes de ação penal pública condicionada ou de ação penal de iniciativa privada

Mediante representação da vítima e requisição do ministro da Justiça nos casos de ação penal pública condicionada, ou requerimento do ofendido no caso de ação penal privada.

---

[50] "AGRAVOS REGIMENTAIS EM RECLAMAÇÃO - DIREITO PENAL E PROCESSUAL PENAL - Procedimento de investigação criminal instaurado pelo Ministério Público do Estado do Ceará. Apuração de supostas condutas ilícitas praticadas pela prefeita de Caridade/CE. Alegação de descumprimento das decisões proferidas nas ADI nºs 6.732/GO, 7.083/AP e 7.447/PA. Ocorrência. Realização de investigação sem o controle do Tribunal de Justiça. Decisão agravada em harmonia com entendimento consolidado pela Suprema Corte. Reiteração dos argumentos expostos na inicial, os quais não infirmam os fundamentos da decisão agravada. Manutenção da decisão por seus próprios fundamentos. Agravos ao quais se nega provimento. 1- A decisão ora atacada não merece reforma, uma vez que seus fundamentos se harmonizam estritamente com o entendimento consolidado pela Suprema Corte. 2- Procedimento de investigação criminal instaurado pelo Ministério Público do Estado do Ceará para apurar supostas condutas ilícitas praticadas pela prefeita de Caridade/CE. Realização de investigação sem o controle do Tribunal de Justiça, em desacordo com as decisões proferidas nas ADI nºs 6.732/GO, 7.083/AP e 7.447/PA. 3- A supervisão judicial de procedimentos investigativos envolvendo pessoa com foro por prerrogativa de função não se limita àqueles atinentes à atuação da Polícia Judiciária, abarcando também investigações promovidas pelo Ministério Público. Precedentes. 4- Reclamação constitucional procedente para se declarar a nulidade das diligências investigativas do MPCE promovidas sem autorização e supervisão do TJCE. 5- Os presentes recursos mostram-se inviáveis, na medida em que contêm apenas a reiteração dos argumentos anteriormente expostos, sem, no entanto, revelar quaisquer elementos capazes de afastar as razões expressas na decisão agravada, a qual deve ser mantida por seus próprios fundamentos. 6- Agravos ao quais se nega provimento (STF - Rcl-AgR-segundo 69171 - 2ª T. - Rel. Dias Toffoli - J. 26.02.2025)."

3.7.2 Crimes de ação penal pública incondicionada

a) De ofício: Mediante portaria, que é o ato administrativo que inaugura o inquérito policial, devendo indicar o fato a ser investigado, possíveis envolvidos com o evento criminoso, diligências que devem ser realizadas de imediato. Seria de bom alvitre que fosse indicado o tempo de duração da investigação criminal. Demonstraria o zelo do trabalho do delegado de Polícia. Sempre que escoado tal prazo, deveria o delegado requerer a prorrogação ao Ministério Público, ancorado no art. 10, §3º, do CPP, demonstrando, de forma razoável e motivada, a necessidade de continuidade da investigação penal. Seria uma forma eficaz do Ministério Público se desincumbir do seu encargo constitucional do exercício do controle externo da atividade policial (art. 129, inciso VII, CF; art. 3º, alínea "c", Lei Complementar nº 75/1993).
b) Requisição da autoridade judiciária ou do Ministério Público: Art. 5º, inciso II, do CPP. Com a consagração do sistema acusatório, o juiz não pode requisitar a instauração de inquérito policial, sob pena de se considerar impedido para julgar tal feito, caso resulte frutífera a investigação, devendo remeter o expediente ao Ministério Público, em respeito às disposições do art. 40 do CPP.
c) Requerimento do ofendido (ou de seu representante legal) (art. 5º, inciso II, CPP).
d) Notícia crime oferecida por qualquer do povo: Seria uma narração fática da ocorrência de uma infração penal, amparada num mínimo de prova, dirigida ao delegado com atribuição para atuar. Em tal caso, acolhida a notícia crime o delegado inaugura a investigação por meio de portaria.
e) Auto de prisão em flagrante delito.

3.8 Valor probatório do inquérito policial

De acordo com o entendimento pacífico tanto na jurisprudência quanto na doutrina, o inquérito policial tem valor probatório relativo, servindo de lastro à propositura da ação penal e da proposta de ANPP, além de arrimo para o pedido de medidas cautelares. Contudo, não pode servir de suporte único para um juízo condenatório, *ex vi legis* do art. 155 do CPP.

Ponto importante que merece ser mencionado diz respeito à diferenciação entre *elementos da investigação* e *elementos de prova*. Advirto que os elementos da investigação são reunidos na fase investigatória, e são utilizados para subsidiar a eventual ação penal ou o pedido de medidas cautelares. Por outro lado, os elementos de prova são obtidos na presença do juiz competente, sob a égide do contraditório e da ampla defesa, em estrita obediência ao devido processo legal, e, por óbvio, é a via necessária para um possível juízo condenatório. No entanto, para absolvição serão levados em consideração tanto os elementos de investigação e de prova.

3.9 Valor dos elementos migratórios

Os elementos migratórios são aqueles advindos da investigação policial, migrando para o processo e servindo validamente para uma sentença condenatória.

No art. 155 do CPP estão previstas hipóteses:
a) Provas cautelares – Estão amparadas pelo binômio necessidade e urgência. Exemplo: busca e apreensão;
b) Provas irrepetíveis – Dizem respeito àquelas de possível perecimento e que, provavelmente, não poderão ser refeitas durante a instrução probatória. Exemplo: provas periciais como o exame clínico para alcoolemia. Essas provas têm seu contraditório diferido
c) Incidentes de produção antecipada de provas – Instaurados perante o Poder Judiciário, com a participação das futuras partes do processo, respeitando-se o contraditório real e a ampla defesa. Exemplo: depoimento antecipado de uma testemunha (art. 225, CPP).

3.10 Vícios ou irregularidades do inquérito policial

Os defeitos e as irregularidades quanto ao descumprimento da lei e da Constituição da República no inquérito policial não contaminam a investigação criminal, segundo o entendimento pacífico da jurisprudência e da doutrina. Com o devido respeito, não comungo com tal ponto de vista, diante do princípio da inafastabilidade jurisdicional, porque o respeito mínimo aos direitos e garantias fundamentais é indispensável.

No entanto, tais vícios podem ensejar a avocatória, por despacho motivado do Chefe de Polícia, designando outro delegado para conduzir a investigação (art. 2º, §4º, Lei nº 12.830/2013, que pode ocorrer ainda por motivo de interesse público. Isso é possível diante da inexistência do princípio do delegado natural.

Os vícios verificados no inquérito policial não contaminam o processo penal futuro para a maioria dos tribunais superiores, em função da dispensabilidade do inquérito policial. Penso que, dependendo do grau, pode se verificar um prejuízo manifesto para o exercício de defesa, devendo ser submetido à sindicabilidade do Poder Judiciário, com a consequente anulação das provas produzidas ao arrepio da lei, de acordo com o princípio da prudente arbítrio do juiz natural.

Filio-me à corrente doutrinária que entende que alguns vícios podem comprometer a integralidade do inquérito policial, razão pela qual, em caso de oferecimento de denúncia, estará ela destituída de elementos mínimos de justa causa, o que acatará a rejeição da denúncia, na forma do art. 395, inciso III, do CPP. Em caso de recebimento da denúncia, a defesa pode manejar a impetração de *habeas corpus* para trancar o processo penal, nos precisos termos do art. 648, inciso I, do CPP.

Por fim, uma observação muito importante se faz necessária: O art. 12 do CPP preconiza que o inquérito policial acompanha a inicial, sempre que lhe servir de base. Com o advento do processo virtual, em sintonia com tal disposição legal, o Ministério Público que deve juntar os autos do inquérito policial, tendo em vista a previsão do art. 3º-C, §3º, do CPP, pois os autos que compõem matéria de competência do juiz de garantias ficarão acautelados na secretaria desse juízo, à disposição das partes, não acompanhando a inicial acusatória.

3.11 Prazos

3.11.1 Delegado estadual

a) Suspeito preso: 10 dias (art. 10, CPP). Exceção: o §2º do art. 3º-B do CPP, admite-se a prorrogação por até mais 15 dias, por provocação do delegado ao juiz das garantias, ouvindo-se o Ministério Público;
b) Suspeito solto: 30 dias prorrogáveis pelo tempo e pela quantidade de vezes que for necessária (art. 10, §3º, CPP).

3.11.2 Delegado federal

a) Suspeito preso: 15 mais 15 dias (art. 66, Lei nº 5.010/1966).
b) Suspeito solto: a regra é a mesma do delegado estadual (art. 10, §3º, CPP).

3.11.3 Tráfico de drogas (art. 51, p. único, Lei nº 11.343/2006)

a) Suspeito preso: 30 dias (mais 30);
b) Suspeito solto: 90 dias (mais 90).

3.11.4 Crimes contra a economia popular

Dez dias, estando preso ou solto o Inculpado (art. 10, §1º, Lei nº 1.521/1951). Registro que não há previsão na lei de prorrogação.

3.11.5 Crimes militares

a) Suspeito preso: 20 dias;
b) Suspeito solto: 40 dias + 20 dias, desde que não estejam concluídos exames ou perícias já iniciadas, ou haja necessidade de diligências indispensáveis à elucidação dos fatos (art. 20, *caput*, e §1º, CPPM).

3.11.6 Excesso de prazo

A consequência imediata da inobservância dos prazos anteriormente estabelecidos é a caracterização da ilegalidade da prisão, acarretando o relaxamento do encarceramento cautelar.

3.11.7 Em caso de decretação da prisão temporária

Não se pode deixar de frisar que a decretação da prisão temporária, nos termos da Lei nº 7.960/1989, interfere na contagem do prazo para a conclusão do inquérito policial, pois um dos requisitos para a decretação é a imprescindibilidade para a investigação criminal, contando-se como primeiro dia o dia em que for efetivada a prisão temporária, na forma do art. 10 do CP.

3.11.8 Contagem do prazo

a) Investigado solto: Sendo o prazo de natureza processual, a contagem é efetuada com base no art. 798 do CPP, isto é, excluindo-se o primeiro e incluindo-se o último dia.
b) Investigado preso: Será contabilizado nos exatos ditames do art. 10 do CP, com a inclusão do dia em que for efetuada a prisão.

3.12 Indiciamento

É o ato escrito e formal exarado pelo delegado, de forma fundamentada em uma análise técnica-jurídica do fato, por meio do qual concentra a investigação criminal em uma determinada pessoa ou pessoas, aumentando o juízo de probabilidade da(s) autoria(s) de um ou mais crimes específicos, a materialidade delitiva e as circunstâncias, suficientes para o oferecimento de denúncia ou queixa-crime em face desse(s) investigado(s).

Muito embora, deixo aqui registrado que o indiciamento não é condição *sine qua non* para a deflagração da ação penal, quero com isso dizer que o Ministério Público pode ajuizar uma ação penal com base em um inquérito policial, que é dispensável, ainda que não haja o indiciamento formal de um ou mais suspeitos, bem como determinar o arquivamento do inquérito policial, mesmo que o delegado tenha entendido pelo indiciamento.

Dessa maneira, a partir do indiciamento o delegado passa a ser a autoridade coatora em eventual *habeas corpus* impetrado, em tal hipótese, para atacar o indiciamento ou mesmo o próprio inquérito policial. Afirmo isso porque com o indiciamento se evidenciam efeitos danosos e drásticos à imagem pública do investigado, que não perde a condição de inocente, mas adquire uma alta probabilidade de ser processado criminalmente. Por essa razão, se houver abuso ou mesmo excesso no indiciamento, o agora indiciado pode fazer uso do remédio heroico constitucional (HC).

Somente o delegado de Polícia que é a autoridade incumbida de proceder ao indiciamento por ser ato privativo (art. 2º, §6º, Lei nº 12.830/2013). Para a maioria da doutrina, o momento adequado para se proceder ao indiciamento é logo após a oitiva do suspeito.

No que diz respeito às autoridades com foro por prerrogativa de função, não podem ser objeto de indiciamento por parte da autoridade policial (delegado), uma vez que as investigações são conduzidas por outros órgãos, como os membros do Ministério Público e os magistrados, e, em outras hipóteses, exige prévia deliberação do tribunal competente para que sejam investigadas tais autoridades.

3.13 Remessa dos autos ao órgão acusatório

Após o encadeamento de todas as diligências necessárias para a colheita das provas para comprovação da autoria e materialidade delitiva, o inquérito policial é finalizado com a lavratura de um relatório no qual o delegado deve descrever pormenorizadamente as diligências realizadas e justificar as que não foram efetivadas por alguma razão.

Entendo que com a confecção do relatório seria o momento mais oportuno para a realização do indiciamento do investigado, uma vez que o indiciamento prematuro prejudica sobremaneira o investigado. Com a conclusão da investigação, o delegado poderia realizar uma análise mais acurada das provas colhidas quanto à autoria, e chegar a uma conclusão com maior margem de segurança, evitando-se o cometimento de equívocos desnecessários em relação à pessoa do increpado.

Em seguida, os autos da investigação policialesca devem ser endereçados ao órgão do Ministério Público, via sistema, ou, no caso de ação penal privada, para o cartório criminal, por meio digital. O destinatário do inquérito policial é o titular da ação penal. No caso do Ministério Público, os autos serão encaminhados à Central de inquérito policial, que é o órgão responsável pela distribuição entre os membros do Ministério Público com atribuição para atuação em tais casos.

Quando se tratar de crime de ação penal privada, o inquérito policial será remetido para a secretaria da vara criminal, que fica aguardando a iniciativa do advogado do ofendido, para ter acesso à investigação criminal, e adotar as providências pertinentes, em conformidade com a vontade manifesta da vítima.

No âmbito federal, os autos da investigação da Polícia Federal são endereçados à Vara Federal respectiva, para o cadastramento sistêmico, que o encaminhará para o Ministério Público Federal (MPF), conforme Resolução nº 63 do Conselho da Justiça Federal (CJF).

Embora o Pretório Excelso já declarou a inconstitucionalidade de lei estadual que estabeleceu a tramitação entre a Polícia e o Ministério Público sem a intervenção do Poder Judiciário, seria salutar que houvesse uma alteração legislativa federal no art. 10 do CPP, autorizando tal tramitação imediata e direta, em nome do princípio da eficiência administrativa e de economia processual (interoperabilidade), e em consonância com as modificações realizadas com o advento do Pacote Anticrime.

Seguindo a mesma linha de intelecção, relativa à interoperabilidade, já há previsão legal (Lei nº 14.129/2021) conferindo tratamento à governança de dados e interoperabilidade no governo digital, sendo perfeitamente possível uma interpretação por analogia da citada lei, no âmbito do inquérito policial que tramita pelo sistema do processo judicial eletrônico (PJe), de forma direta entre Polícia e Ministério Público.

3.14 Manifestações possíveis do Ministério Público ao receber o inquérito policial em se tratando de crime de ação penal pública

a) Em primeiro lugar, pode deflagrar ação penal pública, com o oferecimento de denúncia, na dicção legal do art. 24 do CPP. Nesse caso, deve protocolar a denúncia acompanhada de cópia integral digital do inquérito policial, nos termos do art. 12 do CPP. Os instrumentos do crime e os objetos que interesse à prova deverão ser remetidos para o Poder Judiciário, numa interpretação do art. 11 do CPP.

Ponto importante é a Justiça Consensual e Restaurativa, com o advento da Lei nº 13.964/2019, com a possibilidade do ANPP. Nessa situação, que se verifica quando os crimes possuem a pena mínima em abstrato inferior a quatro anos, praticados sem violência ou grave ameaça contra a pessoa, afastada a possibilidade de aplicação no âmbito de crime de violência doméstica, o órgão acusatório deverá propor ao indiciado medida alternativa. Desde que aceite o acordo, o inculpado deverá confessar voluntariamente o delito de forma integral, na presença imprescindível de advogado.

Realizado o ANPP na forma da lei, será submetido à apreciação do Poder Judiciário para efeitos de homologação ou não (art. 28-A, CPP). Cumprido o quanto avençado, na Vara das Execuções Penais (VEP), ocorrerá a extinção da punibilidade, não ficando caracterizado para nenhum efeito ou qualquer mácula de índole criminal, exceto o de não poder fazer uso do mesmo instituto durante os próximos cinco anos.

Ponto crucial aqui é que, se no inquérito policial figurar vítima, esta deverá ser convidada a participar da audiência de ANPP, visando à recomposição integral dos danos sofridos.

Ademais, o increpado deve abrir mão de instrumentos, objetos e proveito do crime como condições indispensáveis à realização do ANPP. Por exemplo, abrir mão em nome do Estado de uma arma de fogo ilegal apreendida e/ou de um veículo apreendido como fruto do crime de receptação.

b) Em segundo lugar, em inexistindo lastro probatório suficiente para o oferecimento de denúncia, o Ministério Público pode *requisitar novas diligências investigatórias*, declinando os motivos pelos quais se fazem imprescindíveis, visando complementar as já produzidas, manejando as prerrogativas do art. 16 do CPP.[51]

---

[51] "AGRAVO REGIMENTAL - PROCESSO PENAL - INQUÉRITO - PEDIDO DE PRORROGAÇÃO DE PRAZO PARA CONTINUIDADE DE INVESTIGAÇÕES - EXCESSO DE

c) Em terceiro lugar, o estado esquálido das provas do inquérito policial, tanto dos indícios de autoria quanto da materialidade delitiva conduzem o Ministério Público a *determinar o arquivamento dos autos da investigação policial*, com amparo no art. 28 do CPP. O arquivamento dos autos pode se efetuar de maneira parcial, tanto subjetiva (número de denunciados) quanto objetivamente (número de crimes). O arquivamento pode ser baseado na ocorrência da extinção da punibilidade, seja pela morte, pela prescrição, decadência, peremção, perdão etc.

Não é despiciendo destacar que, após o Pacote Anticrime, com a nova redação conferida ao art. 28 do CPP, é da atribuição do membro do Ministério Público determinar o arquivamento, comunicando o fato ao delegado, ao ofendido e ao investigado. Após o cumprimento das notificações de todos, deve comunicar tal fato ao juízo.

Cabe lembrar que o ato será submetido à instância de revisão, para correspondente homologação, nos exatos termos do art. 28 do CPP.

Outrossim, a vítima tem o prazo de 30 dias da notificação para interpor recurso administrativo perante a instância revisional, consoante previsão do art. 28, §1º, do CPP.

Uma atenção especial merece os crimes contra a União, estados e municípios, e a revisão pode ser provocada pela chefia do órgão a quem compete a sua representação judicial.

d) Existe a hipótese em que o membro entende que não é da sua atribuição, motivo pelo qual declina da atribuição da atuação no inquérito policial para outro membro no mesmo órgão ou para órgão diverso, como o Ministério Público Federal (MPF) ou o Ministério Público Militar (MPM), por exemplo.

PRAZO CONFIGURADO - VIOLAÇÃO AO VALOR CONSTITUCIONAL DA RAZOÁVEL DURAÇÃO DO PROCESSO - ARQUIVAMENTO - AGRAVO NÃO PROVIDO - 1- O Poder Judiciário não está vinculado à compreensão do Ministério Público Federal a respeito da persistência, ou não, dos fundamentos que ensejaram a instauração de inquérito, podendo, em sendo o caso, arquivá-lo, ainda que por meio da concessão de *habeas corpus* de ofício. Precedentes. 2- O trancamento de inquérito, contra a manifestação do órgão acusador, é medida excepcionalíssima, somente se justificando em situações de evidente constrangimento ilegal, como o registrado no caso. Precedentes. 3- No caso, a Procuradoria-Geral da República não se desincumbiu de apontar justa causa para o prosseguimento das investigações que perduram por mais de 6 (seis) anos nesta Corte, sendo relativas a fatos que ocorreram no período compreendido entre os anos de 2006 a 2015. 4- As justificativas apresentadas para a dilação de prazo para as investigações não se compatibiliza com as balizas da duração razoável do processo previstas no art. 5º, LXXVII, da Constituição Federal de 1988. 5- Agravo regimental não provido (STF - Inq-AgR-quarto 4616 - 2ª T. - Rel. Edson Fachin - J. 25.03.2024)."

3.15 Esclarecimentos necessários

3.15.1 Relativos ao arquivamento do inquérito policial

Como é consabido, de acordo o Enunciado Sumulado nº 524 da Corte Máxima, o arquivamento do inquérito policial, em regra, não faz coisa julgada material. Em sendo assim, em aparecendo novas provas, antes de extinta a punibilidade do agente, é possível o oferecimento de denúncia. Isso posto, a prova nova tem o caráter de condição de procedibilidade, podendo ser substancialmente nova (prova inédita) ou formalmente nova (aquela que já era conhecida, mas ganhou uma nova roupagem) (art. 18, CPP).

Para mais desse argumento, podemos afirmar que está ínsito ao arquivamento a cláusula *rebus sic stantibus* [permanecendo assim as coisas]. Em face disso, chega-se à conclusão de que o arquivamento faz apenas coisa julgada formal.

Sob esse enfoque, o arquivamento fará coisa julgada material quando tiver por fundamento a atipicidade da conduta (formal ou material), assim quando se basear na certeza da extinção da punibilidade, salvo no caso da certidão de óbito falsa. Em consequência, não poderá ser oferecida denúncia no futuro, ainda que diante de novas provas.

Uma explicação é necessária. Se a razão do arquivamento for lastreada em excludente de ilicitude ou de culpabilidade não faz coisa julgada material (STF, HC nº 95.211). Outrossim, para o Superior Tribunal de Justiça (STJ), HC nº 46.66/MS (relator Sebastião Reis Júnior, julgado em 5 de fevereiro de 2015), o arquivamento do inquérito policial baseado em excludente de ilicitude produz coisa julgada material. Concordo com o último entendimento.

Se for determinado o arquivamento do inquérito policial pela extinção da punibilidade em função da morte do agente, ancorada na certidão de óbito falsa (art. 62, CPP), tal ato administrativo pode ser revisto enquanto não ocorrer a prescrição, não decorrendo efeito jurídico por se tratar de ato inexistente para o Supremo Tribunal Federal (STF) (HC nº 84.525).

No âmbito federal, a Câmara de Coordenação e Revisão do MPF é a instância revisional, responsável pela análise da pertinência ou não do arquivamento do inquérito policial, exceto nos casos de competência originária do procurador-geral (art. 62, inciso IV, Lei Complementar nº 75/1993).

Com a reforma do CPP promovida pelo Pacote Anticrime, pode-se afirmar que o arquivamento é um ato administrativo exarado pelo órgão acusatório, com algumas nuances, conforme passaremos a examinar.

De acordo com a jurisprudência iterativa do Supremo Tribunal Federal consignada no julgamento conjunto das ADIs nº 6.298, 6.299, 6.300 e 6.305:

> (...) conferiu-se interpretação conforme a Constituição ao artigo 28, *caput*, para assentar que, ao se manifestar pelo arquivamento do inquérito policial ou de quaisquer elementos informativos da mesma natureza, o *órgão do Ministério Público submeterá sua manifestação ao juiz competente e comunicará à vítima, ao investigado e à autoridade policial, podendo encaminhar os autos para o Procurador-Geral ou para a instância de revisão ministerial, quando houver, para fins de homologação, na forma da lei, vencido, em parte, o Ministro Alexandre de Moraes, que incluía a revisão automática em outras hipóteses...* Ao mesmo tempo, assentou-se a interpretação conforme do artigo 28, §1º, para assentar que, além da vítima ou de seu representante legal, a autoridade judicial competente também poderá submeter a matéria à revisão da instância competente do órgão ministerial, caso verifique patente ilegalidade ou teratologia no ato do arquivamento (grifos meus).

Dessa forma, de acordo com a decisão do Supremo Tribunal Federal, é necessário o arquivamento do inquérito policial com remessa ao Poder Judiciário, se houver recurso por parte da vítima.

Regulamentando o procedimento de arquivamento do inquérito policial, o Conselho Nacional do Ministério Público editou a Resolução nº 289, de 16 de abril de 2024, visando dar concretude ao quanto decidido pela Suprema Corte, e estabelecer um fluxo de rotinas administrativas para os membros do Ministério Público:

> Art. 6º O art. 19 da Resolução nº 181, de 7 de agosto de 2017, passa a vigorar com a seguinte redação: "Art. 19. Se o membro do Ministério Público responsável pelo inquérito policial, procedimento investigatório criminal ou quaisquer elementos informativos de natureza criminal, se convencer da inexistência de fundamento para a propositura de ação penal pública, nos termos do art. 17, decidirá fundamentadamente pelo arquivamento dos autos.
> §1º Decidido pelo arquivamento do inquérito policial, do procedimento investigatório criminal ou de quaisquer elementos informativos de natureza criminal, o membro do Ministério Público adotará as providências necessárias para comunicar ao juízo competente, à vítima, ao investigado e à autoridade policial.
> Art. 7º Acrescentem-se à Resolução nº 181, de 7 de agosto de 2017, os seguintes arts. 19-A a 19-L: "Art. 19-A. Após a comunicação ao juízo

competente, a decisão de arquivamento será comunicada, preferencialmente por meio eletrônico, às vítimas ou a seus representantes legais, conforme o art. 28, §1º, do Código de Processo Penal, bem como aos investigados e à autoridade policial, dentro do prazo de 5 (cinco) dias".
(...)
Art. 19-C. Rejeitada a homologação pelo órgão de revisão ministerial, será designado outro membro do Ministério Público para a adoção de uma das seguintes providências:
I - requisição de diligências úteis e necessárias para a instrução do caso;
II - propositura de acordo de não persecução penal;
III - ajuizamento da ação penal.

Na prática, em caso de discordância do Poder Judiciário quanto ao arquivamento, fará a remessa dos autos para a Procuradoria-Geral de Justiça (PGJ), exercendo função não mais prevista na lei, mas calcada nos precedentes vinculantes da Suprema Corte.

3.15.2 Desarquivamento

Grassa alguma controvérsia sobre a necessidade de prévio desarquivamento para que a Polícia possa realizar novas diligências para a colheita de provas novas. Nesse rumo, filio-me ao pensamento de Paulo Rangel pela necessidade de desarquivamento prévio, visando conferir segurança jurídica e controle administrativo aos procedimentos administrativos que tramitam na órbita do Ministério Público, enquanto fiscal da lei, muito embora não desconheça o respeitável posicionamento do jurista Rogério Sanches no sentido da desnecessidade.

3.16 Termo circunstanciado de ocorrência (TCO)

O termo circunstanciado de ocorrência (TCO) é uma forma de investigação criminal mais simplificada que o inquérito policial, regida pelos princípios da simplicidade, economia processual, celeridade e da informalidade, que almeja a colheita de elementos mínimos de autoria e da materialidade delitiva, aplicando-se para os delitos de menor potencial ofensivo, classificados em lei como crime cuja pena máxima cominada em abstrato é igual ou inferior a 2 anos, bem como para todas as contravenções penais (art. 61 da Lei nº 9.099/1995).

Independentemente da pena prevista, não se aplicam no âmbito da Justiça Militar (art. 90-A, Lei nº 9.099/1995) e aos crimes praticados com violência doméstica e familiar contra a mulher (art. 41, Lei nº 11340/2006).

3.17 Arquivamento originário

Nos crimes cometidos por quem goza de foro por prerrogativa de função, o procurador-geral de Justiça ou o procurador-geral da República, nos limites de suas atribuições criminais originárias, pode determinar o arquivamento dos autos, devendo comunicar tal fato ao tribunal correspondente após as notificações necessárias do investigado e eventual vítima.

Há a possibilidade de provocação do Colégio de Procuradores nos termos do art. 12, inciso IX, da Lei nº 8.625/1993, visando modificar a decisão de arquivamento.

3.18 Arquivamento implícito

Tese fundada no âmbito doutrinário, tendo como precursores Hélio Tornaghi e Afrânio Silva Jardim, visando regular as omissões do *parquet* na narrativa da denúncia de sujeitos ou crimes que foram objeto de apuração no inquérito policial.

Com o devido respeito, não concordo com tal ponto de vista, máxime que com a reforma promovida pela Lei nº 13964/2019, o Ministério Público arquiva *sponte propria* o inquérito policial, de cunho administrativo, devendo os erros serem corrigidos com um simples aditamento à denúncia, uma vez que não ocorre mais a chancela jurisdicional como dantes. Os tribunais pátrios já não aceitavam a tese do arquivamento implícito, e com maior razão depois da reforma se aplica tal entendimento em todos os seus matizes. Por todos, conferir a tese rejeitada pelo Pretório Excelso no julgamento do HC-AgR nº 233.325 nº (2ª Turma, relator André Mendonça, julgado em 26 de julho de 2024).

3.19 Investigação defensiva

Diante do cenário atual, o advogado promoveria uma investigação criminal paralela a investigação oficial, mas está condicionada à acolhida discricionária por parte da autoridade policial para sua juntada aos autos do inquérito policial.

Melhor seria conferir algum contraditório e ampla defesa na fase investigatória, advinda de *lege ferenda*, como defendido aqui anteriormente, mediante um controle jurisdicional, que já vem ocorrendo por conta da novidade trazida pela audiência de custódia, em cumprimento aos ditames da Convenção Interamericana de Direitos Humanos (CIDH), mas poderíamos avançar mais nessa seara. Uma investigação paralela e não oficial não é uma boa nova, visto que, embora o advogado seja indispensável ao funcionamento do sistema de Justiça, não se pode olvidar que possui um ministério privado.

AÇÃO PENAL

"É melhor vencermos a nós mesmos do que ao mundo."

(Jean-Paul Sartre)

4.1 Notas introdutórias

No sentido de sociedade política permanente, a denominação "Estado" surge pela primeira vez no século XVI na obra *O príncipe*, de Maquiavel, indicando as comunidades formadas pelas cidades-Estado.

Discutem os pensadores sobre o momento em que apareceu o Estado, ou seja, qual a precedência cronológica: o Estado ou a sociedade. Informa-nos Dalmo de Abreu Dallari, que para certa doutrina o Estado, como a sociedade, sempre existiu; ainda que mínima pudesse ser, teria havido uma organização social nos grupos humanos. Outra doutrina dá à sociedade em si precedência sobre a formação do Estado: este teria decorrido de necessidade ou conveniências de grupos sociais. Uma terceira corrente de pensamento ainda retarda o nascimento do Estado, instituição que só passaria a existir com características bem definidas.

O Estado de Direito surge em oposição ao Estado de Polícia. Sua concepção apenas se tornou possível após a teoria da separação dos Poderes, ou melhor, das funções estatais, esboçada e desenvolvida por Montesquieu em o *Espírito das leis*. Para que não se abuse do poder, é necessário que, pela disposição da coisa, o poder limite o poder. Aí está o germe da conhecida doutrina norte-americana do sistema de freios e contrapesos.

Em nosso regime federativo, por consequência, todos os componentes da Federação materializam o Estado, cada um deles atuando dentro dos limites de competência traçados pela Constituição.

A evolução da instituição acabou culminando no surgimento do *Estado de Direito*, noção que se baseia na regra de que, ao mesmo tempo que o Estado cria o Direito, deve sujeitar-se a ele. A fórmula do *rule of law* prosperou de tal forma que no mundo jurídico ocidental foi ela guindada a verdadeiro postulado fundamental.

4.2 Definição do direito de ação processual penal e o processo penal constitucional

Faz-se mister o exercício de um processo penal constitucional, dentro de uma filtragem constitucional, isto é, uma interpretação da lei processual penal em consonância com a Constituição Federal, por meio de uma interpretação sistemática e da utilização dessa via do processo como instrumento da Justiça, como garantidor da liberdade, enquanto direito de primeira geração. Usando o pensamento de Mauro Cappelletti, o processo deve refletir valores políticos e ideológicos de uma nação, espelhando, em determinado momento histórico, as diretrizes básicas do sistema político-constitucional do país.

Penso que essa orientação deve ser adotada, pois é do processo penal constitucional que brota da supremacia da Carta Política em relação às demais leis do ordenamento jurídico, além do fato da Constituição Federal ser, quanto ao conteúdo, um repositório mínimo das garantias fundamentais, individuais e coletivas, dos cidadãos e, no que diz respeito à forma, ser um conjunto de normas que rege todo o ordenamento jurídico do país e, por consequência, o Direito Processual Penal. Em resumo, a Constituição é o tronco de onde brotam todos os ramos do ordenamento jurídico, tal como afirmou o constitucionalista lusitano Jorge Miranda.

Pode-se definir ação penal como um direito público e subjetivo previsto na Constituição da República de demandar ao Estado-juiz que dirima os conflitos de interesses submetidos à sua apreciação, solucionando a pretensão punitiva estatal.

A pretensão acusatória é enquadrada como direito potestativo, por meio do qual se narra um fato com aparência de delito e se requer a atuação do órgão jurisdicional contra uma pessoa específica.

O direito de ação encontra seu fundamento constitucional no

art. 5º, inciso XXXV, que prevê que a lei não excluirá da apreciação do Poder Judiciário lesão ou ameaça a direito.

Nesse rumo de ideias, o processo é o instrumento utilizado para concretização da ação penal, cuja jurisdição é prestada dentro de uma duração razoável do processo e os meios que garantam a celeridade de sua tramitação. Com a prática da infração criminal, exsurge para o Estado o direito de punir (*jus puniendi*), mas sua aplicação só é válida com o respeito estrito ao devido processo legal.

Atento a essa circunstância, considero que a Carta Magna de 1988, arejada por ares democráticos, sedimenta uma nova roupagem a institutos como a investigação criminal, a prisão cautelar, a liberdade, a ação penal, à proteção, à intimidade e ao sigilo, ao juiz natural, ao promotor natural, à vítima e à reparação do dano, ao mesmo tempo que introduz, no sistema jurídico pátrio, institutos como o da composição de danos, da transação penal, o da suspensão condicional do processo e o ANPP, e permite a interferência de tratados e convenções, como, por exemplo, os da Convenção Americana Sobre Direitos Humanos (CADH) (Pacto de São José da Costa Rica, ratificado pelo Brasil em 25 de setembro de 1992) e do Pacto de Nova York (art. 5º, §2º, CF), além que os demais tratados de direitos humanos sejam incorporados ao ordenamento jurídico como norma constitucional, desde que aprovada em cada casa do Congresso Nacional, em dois turnos, com três quintos dos respectivos membros, após a entrada em vigor da emenda constitucional nº 45, de 30 de dezembro de 2004 (art. 5º, §3º, CF).

Chega de se encarar a Constituição Federal como uma carta de boas intenções, ela possui força normativa e deve ser aplicada aos casos concretos, usando-se a técnica da ponderação de interesses, superando a antinomia ou choque entre princípios conflitantes, próprios de uma sociedade democrática, que possui valores díspares encartados no texto constitucional. Como disse Konrad Hesse em passagem lapidar:

> A norma constitucional não tem existência autônoma em face da realidade. A sua essência reside na vigência, ou seja, a situação por ela regulada pretende ser concretizada na realidade. Essa pretensão de eficácia (*Geltungsanspruch*) não pode ser separada das condições históricas de sua realização, que estão de diferentes formas, numa relação de interdependência, criando regras próprias que não podem ser desconsideradas. Devem ser contempladas aqui as condições naturais, técnicas, econômicas e sociais. A pretensão de eficácia da norma jurídica somente será realizada se levar em conta essas condições. Há de ser, igualmente, contemplado o substrato espiritual que se consubstancia

num determinado povo, isto é, as concepções sociais concretas e baldrame axiológico que influenciam decisivamente a conformação, o entendimento e a autoridade das proposições normativas.[52]

4.3 Características do direito de ação

4.3.1 Direito público

A atividade judicial que será desenvolvida é de natureza pública. Dessa maneira, a fórmula acertada é afirmar que a ação penal privada é essencialmente uma ação pública, gozando apenas de iniciativa privada.

4.3.2 Direito subjetivo

Verifica-se do direito subjetivo que possui o titular em poder exigir do Estado a prestação jurisdicional que espera.

4.3.3 Direito autônomo

O direito processual de ação penal não se confunde com o direito material que se pretende tutelar. Ainda que o juiz, por exemplo, venha a absolver o condenado, não pode o titular dizer que o seu direito de ação não foi exercido.

4.3.4 Direito abstrato

O direito de ação está desvinculado (independe) da procedência ou da improcedência do pedido. O que importa é que na propositura da ação penal será necessária a reunião de elementos mínimos e concretos que a justifiquem.

4.4 Condições da ação penal

Condições sem as quais o poder jurisdicional não poderá analisar o mérito do julgamento. No processo penal existem também as condições de procedibilidade.

---

[52] HESSE, Konrad. *A força normativa da Constituição*. Tradução: Gilmar Ferreira Mendes. Porto Alegre: Sergio Antonio Fabris Editor, 1991. p. 14-15.

4.4.1 Condições genéricas da ação penal

a) Possibilidade jurídica do pedido;
b) Legitimidade para agir;
c) Interesse jurídico;
d) Justa causa.

4.4.2 Condições específicas da ação penal

a) Representação do ofendido;
b) Requisição do ministro da Justiça;
c) Laudo pericial nos crimes contra a propriedade imaterial;
d) Condição de militar no crime de deserção.

4.4.3 Prática de fato que é aparentemente criminoso

Se o juiz não verificar que o fato é dotado de tipicidade, ilicitude e culpabilidade, para ele existem duas possibilidades:

a) Se no momento do oferecimento da denúncia estiver demonstrado que o fato não é criminoso, deve *rejeitar a peça* acusatória, em virtude da ausência dessa condição da ação penal.
b) Se o convencimento do juiz ocorrer após a resposta à acusação, já tendo sido recebida a denúncia, sua decisão será de *absolvição* sumária (art. 397, CPP):
i) Punibilidade concreta: Quando o juiz perceber que não existe qualquer chance de punibilidade, já rejeitará de pronto a ação penal.
ii) Legitimidade de agir: Pertinência subjetiva da ação. A ação só pode ser proposta por quem goza de interesse legítimo para agir. Excepcionalmente, pode se postular em nome próprio a defesa de interesse alheio, nos casos previstos em lei, como na ação civil *ex delicto* (substituição processual) (art. 68, CPP), muito embora a Suprema Corte entenda que esse é um caso de inconstitucionalidade progressiva.
iii) Justa causa: suporte mínimo probatório para alicerçar uma ação penal, com indícios suficientes de autoria e a prova da materialidade delitiva. Tal entendimento tem sido acolhido pela Suprema Corte, como se vê do seguinte excerto:

AGRAVO REGIMENTAL EM *HABEAS CORPUS*- PENAL E PROCESSO PENAL- CONTRABANDO – JUSTA CAUSA NÃO

VERIFICADA - Denúncia que descreve prova da materialidade e indícios suficientes de autoria. Reconhecimento da atipicidade material. Reexame e valoração de fatos e provas. Incabível. Tema alusivo ao acordo de não persecução penal (ANPP). Questão não submetida ao crivo do Superior Tribunal de Justiça. Supressão de instância. Decisão agravada em harmonia com entendimento consolidado pela Suprema Corte. Reiteração dos argumentos expostos na inicial, os quais não infirmam os fundamentos da decisão agravada. Manutenção da decisão por seus próprios fundamentos. Agravo ao qual se nega provimento. 1- A decisão ora atacada não merece reforma, uma vez que seus fundamentos se harmonizam estritamente com o entendimento consolidado pela Suprema Corte. 2- O presente recurso mostra-se inviável, na medida em que contém apenas a reiteração dos argumentos de defesa anteriormente expostos, sem, no entanto, revelar quaisquer elementos capazes de afastar as razões expressas na decisão agravada, a qual deve ser mantida por seus próprios fundamentos. 3- Agravo ao qual se nega provimento (STF - HC-AgR 226710 - 1ª T. - Rel. Dias Toffoli - J. 29.06.2023).

4.5 Reflexos do CPC numa análise sistemática

Informa-nos o art. 17 do CPC/2015: "(...) Para postular em juízo é necessário ter interesse e legitimidade". Temos, portanto, que o interesse de agir e a legitimidade *ad causam* passaram a ser tratados como pressupostos processuais.

Verificando o juiz, ao receber a inicial, que se encontram ausentes interesse de agir ou legitimidade ad causam, indeferirá a petição inicial. Nesse sentido: "Art. 330 - A petição inicial será indeferida quando: II - a parte for manifestamente ilegítima; III - o autor carecer de interesse processual (CPC).

A possibilidade jurídica do pedido, por sua vez, passou a ser considerada questão de mérito. Essa ideia já era propugnada por Alfredo Buzaid após a entrada em vigor do CPC/1973. Quando a parte apresenta demanda de manifesta impossibilidade jurídica, por certo não se trataria de carência da ação, mas sim de uma verdadeira improcedência do pedido, resolvendo-se, assim, o mérito.

Art. 485 (...)
(...)
§3º
O juiz conhecerá de ofício da matéria constante dos incisos IV, V, VI e IX, em qualquer tempo e grau de jurisdição, enquanto não ocorrer o trânsito em julgado.

(...)
Art. 487. Haverá resolução de mérito quando o juiz:
I - acolher ou rejeitar o pedido formulado na ação ou na reconvenção;

Quanto às pessoas jurídicas pela prática de crime ambiental, o Superior Tribunal de Justiça tem decidido que é possível a condenação da pessoa jurídica, ainda que absolvidas as pessoas físicas responsáveis pelo evento criminoso:

> AGRAVO REGIMENTAL NO RECURSO EM HABEAS CORPUS - CRIME DO ART. 60 DA LEI Nº 9.605/98- TRANCAMENTO DA AÇÃO PENAL - AUSÊNCIA DE JUSTA CAUSA - INOCORRÊNCIA - EXAME APROFUNDADO DE PROVAS - SÓCIO-ADMINISTRADOR - ÚNICO GESTOR - RESPONDE PELA CONDUTA DA PESSOA JURÍDICA DE PEQUENO PORTE - AUSÊNCIA DE FLAGRANTE ILEGALIDADE - AGRAVO REGIMENTAL DESPROVIDO -1- O trancamento prematuro da ação penal somente é possível quando ficar manifesto, de plano e sem necessidade de dilação probatória, a total ausência de indícios de autoria e prova da materialidade delitiva, a atipicidade da conduta ou a existência de alguma causa de extinção da punibilidade, ou ainda quando se mostrar inepta a denúncia por não atender comando do art. 41 do Código de Processo Penal - CPP. 2- O julgado atacado reconheceu a existência de elementos probatórios para o início da persecução criminal, não se cogitando de afastar a justa causa. Assim, qualquer conclusão no sentido de inexistência de prova apta a embasar o ajuizamento da ação penal demanda o exame aprofundado de provas, providência incabível no âmbito do *habeas corpus*. 3- Ademais, o sócio-administrador, em tese, responde pela conduta da pessoa jurídica de pequeno porte, como no presente caso, em que as decisões concentram-se apenas em um único gestor. 4- Agravo regimental desprovido (STJ – AgRg-RHC 172613/SC - (2022/0334057-7) - 5ª T. - Rel. Min. Joel Ilan Paciornik - DJe 16.03.2023).

O Pretório Excelso firmou entendimento no Informativo nº 714, de 5 a 9 de agosto de 2013, no seguinte sentido:

> Crime ambiental: absolvição de pessoa física e responsabilidade penal de pessoa jurídica – 1 *É admissível a condenação de pessoa jurídica pela prática de crime ambiental, ainda que absolvidas as pessoas físicas ocupantes de cargo de presidência ou de direção do órgão responsável pela prática criminosa.* Com base nesse entendimento, a 1ª Turma, por maioria, conheceu, em parte, de recurso extraordinário e, nessa parte, deu-lhe provimento para cassar o acórdão recorrido. Neste, *a imputação aos dirigentes responsáveis pelas condutas incriminadas (Lei 9.605/98, art. 54) teria sido excluída e, por isso, trancada a ação penal relativamente à pessoa jurídica.* Em preliminar,

a Turma, por maioria, decidiu não apreciar a prescrição da ação penal, porquanto ausentes elementos para sua aferição. Pontuou-se que o presente recurso originara-se de mandado de segurança impetrado para trancar ação penal em face de responsabilização, por crime ambiental, de pessoa jurídica. Enfatizou-se que a problemática da prescrição não estaria em debate, e apenas fora aventada em razão da demora no julgamento. Assinalou-se que caberia ao magistrado, nos autos da ação penal, pronunciar-se sobre essa questão. Vencidos os Ministros Marco Aurélio e Luiz Fux, que reconheciam a prescrição. O Min. Marco Aurélio considerava a data do recebimento da denúncia como fator interruptivo da prescrição. Destacava que não poderia interpretar a norma de modo a prejudicar aquele a quem visaria beneficiar. Consignava que a lei não exigiria a publicação da denúncia, apenas o seu recebimento e, quer considerada a data de seu recebimento ou de sua devolução ao cartório, a prescrição já teria incidido. RE 548181/PR, rel. Min. Rosa Weber, 6.8.2013. (RE-548181)

(...)

Crime ambiental: absolvição de pessoa física e responsabilidade penal de pessoa jurídica – 2 No mérito, anotou-se que a tese do STJ, no sentido de que a persecução penal dos entes morais somente se poderia ocorrer se houvesse, concomitantemente, a descrição e imputação de uma ação humana individual, sem o que não seria admissível a responsabilização da pessoa jurídica, afrontaria o art. 225, §3º, da CF. Sublinhou-se que, *ao se condicionar a imputabilidade da pessoa jurídica à da pessoa humana, estar-se-ia quase que a subordinar a responsabilização jurídico-criminal do ente moral à efetiva condenação da pessoa física. Ressaltou-se que, ainda que se concluísse que o legislador ordinário não estabelecera por completo os critérios de imputação da pessoa jurídica por crimes ambientais, não haveria como pretender transpor o paradigma de imputação das pessoas físicas aos entes coletivos.* Vencidos os Ministros Marco Aurélio e Luiz Fux, que negavam provimento ao extraordinário. Afirmavam que o art. 225, §3º, da CF não teria criado a responsabilidade penal da pessoa jurídica. Para o Min. Luiz Fux, a mencionada regra constitucional, ao afirmar que os ilícitos ambientais sujeitariam "os infratores, pessoas físicas ou jurídicas, a sanções penais e administrativas", teria apenas imposto sanções administrativas às pessoas jurídicas. Discorria, ainda, que o art. 5º, XLV, da CF teria trazido o princípio da pessoalidade da pena, o que vedaria qualquer exegese a implicar a responsabilidade penal da pessoa jurídica. Por fim, reputava que a pena visaria à ressocialização, o que tornaria impossível o seu alcance em relação às pessoas jurídicas. RE 548181/PR, rel. Min. Rosa Weber, 6.8.2013 (RE-548181) (grifos meus).

4.6 Classificação das ações penais (art. 100, CP)

4.6.1 Ação penal pública

4.6.1.1 Titular e peça acusatória

É o representante do Ministério Público a parte legítima para ingressar com a Denúncia, cumprindo dever funcional - art. 129, I, CF. De acordo com Fernando Capez:

> É o direito de pedir ao Estado-juiz a aplicação do direito penal objetivo a um caso concreto. E também o direito público subjetivo do Estado-Administração, único titular do poder-dever de punir, de pleitear ao Estado-juiz a aplicação do direito penal objetivo, coma consequente satisfação da pretensão punitiva.[53]

4.6.2 Espécies de ação penal pública

a) Ação penal pública incondicionada

A propositura da ação pelo membro do Ministério Público não necessita de nenhuma condição para ser feita, em homenagem ao sistema acusatório, consagrado pelos arts. 129, I, da CF, e 257, I, do CPP. No sistema acusatório, as funções de autor, réu e juiz são distintas (art. 3º-A, CPP). Na persecução penal, o Ministério Público é o *dominus litis*[54] da ação (regra geral, art. 100, CP). Quando a lei não dispõe de forma contrária, a ação penal é de iniciativa pública incondicionada.

Ao propor a ação penal pública, o Ministério Público procede a um julgamento, não em caráter definitivo, mas não deixa de ser um julgamento provisório, pois não se acusa sem julgar, tal como advertiu Carnellutti:

> Cierto, también el ministerio público, lo mismo que el juez, juzga; no se acusa sin juzgar; no sólo cuando el ministerio público pide la condena del imputado tiene que haberlo juzgado culpable, sino que también cuando promueve, como suele decirse, la acción penal, tiene que formular un juicio, así sea provisional. También a la condena o a la absolución se procede por grados, que son propiamente como los peldaños de una escalera: cada cual representa un juicio menos

---

[53] CAPEZ, Fernando. *Código de Processo Penal comentado*. São Paulo: Saraiva, 2015. p. 153.
[54] "Costuma-se dizer que o promotor público é o dono da ação penal... dono vem de *dominus*, senhor, e não no sentido de proprietário (...)" (AZEVEDO *apud* MARQUES, 2000, v. 1, p. 307).

provisional que el anterior. También el ministerio público juzga, por consiguiente; pero ¿juzga, como la parte, para accionar, o acciona, como el juez, para juzgai?[55]

Para tornar clara a regra acima exposta, a peça inaugural na ação penal pública é a denúncia, e seus requisitos estão elencados no art. 41 do CPP.

b) Ação penal pública condicionada

O membro do Ministério Público dependerá do implemento de uma condição específica da ação (representação do ofendido, requisição do ministro da Justiça) para que possa exercer o direito de ação penal. Essa condição é conhecida na doutrina como condição de procedibilidade, sem a qual não podem ser adotadas providências nem mesmo investigatórias.

O fulcro da lei é evitar o *strepitus judicii* [escândalo do processo]. Porém, para que isso ocorra depende de expressa determinação legal (art. 100, §1º, CPP).

Destaco aqui que o §5º, do art. 171, do CP, que caracteriza o crime de estelionato, como regra, passa a ser de ação pública condicionada.

Seguindo os balizamentos da Lei nº 14.532/2023, a injúria racial passa a ter tratamento na Lei nº 7.716/89 em seu art. 2º-A. Logo, conclui-se que a ação penal é pública incondicionada.

A vítima ou seu representante legal endereça a representação ao delegado (art. 5º, §4º, CPP) ou ao Ministério Público (art. 39, *caput*, CPP).

Em caso de morte ou ausência da vítima, o direito de representação poderá ser exercido pelos cônjuges, companheiros, ascendentes, descendentes e irmãos, nessa ordem, pois se trata de rol taxativo e preferencial (arts. 31 e 36, CPP).

Esse direito de representação deve ser exercido no prazo de seis meses, sob pena da ocorrência do fenômeno da decadência, acarretando a extinção da punibilidade.

Tal prazo é contado de acordo com a regra do art. 10 do CP, incluindo-se o primeiro dia, não podendo ser suspenso, interrompido ou prorrogado. E começa a contar a partir do conhecimento da autoria do crime. Observo que a representação pode ser oral ou escrita a qualquer dos destinatários, entendendo-se que a simples ocorrência no âmbito policial já caracteriza o exercício do direito de representação.

---

[55] CARNELUTTI, Francesco. *Cuestiones sobre el proceso penal*. Tradução: Santiago Sentís Melendo. Buenos Aires: Librería El Foro, 1950. p. 36.

A retratação é possível desde que seja exercida até o oferecimento da denúncia, seguindo os ditames do art. 25 do CPP.

É possível a retratação da retração da representação até o oferecimento da denúncia, desde que dentro do prazo legal de 6 meses, que tem seu início com o conhecimento da autoria delitiva.

Cumpre ressalvar aqui alguns aspectos da Lei Maria da Penha. No crime de ameaça em contexto de violência doméstica, a vítima pode se retratar até o oferecimento da denúncia (art. 16, Lei nº 11.340/2006).

Todavia, quanto ao crime de lesão corporal leve no contexto de violência doméstica, não se aplica o art. 88 da Lei nº 9.099/1995, por força da vedação do art. 41 da Lei Maria da Penha) – no mesmo sentido o Entendimento Sumulado nº 542 do Superior Tribunal de Justiça.

No caso da representação, o membro do Ministério Público não fica vinculado à capitulação conferida pela vítima, pois a representação é do fato, o que engloba a possibilidade de inclusão de outros infratores e de outros crimes não elencados na peça de representação inaugural.

Em se tratando de requisição do ministro de Estado da Justiça, é uma autorização política sem a qual não se poderá iniciar uma investigação criminal ou uma ação penal.

Não está condicionada à requisição ao prazo de seis meses, podendo ser exercida até o advento da extinção da punibilidade pela prescrição ou outra causa.

Como se trata de ato político, na defesa do interesse público, entendo que não é possível a retratação por falta de previsão legal, e por entender que o ministro da Justiça só requisitou por estar convicto de que tal fato ocorreu, sendo o interesse público a partir desse momento indisponível.

Por óbvio, gozando os membros do *parquet* de independência funcional não estão vinculados ao quanto catalogado na requisição, podendo conferir outro enquadramento jurídico à matéria.

c) Ação penal pública subsidiária da pública

Dá-se nos casos de incidente de deslocamento da competência (IDC) da Justiça Estadual para a Justiça Federal. Foi inserido na Constituição Federal pela Emenda Constitucional nº 45/04 (art. 109, V-A, c/c o art. 109, §5º), estando o deslocamento da competência subordinado à presença de dois requisitos: 1) crime com grave violação aos direitos humanos; 2) risco de descumprimento de obrigações decorrentes de tratados internacionais de direitos humanos dos quais o Brasil seja parte, em virtude da inércia do Estado-membro em proceder à persecução criminal.

É também hipótese dessa modalidade o art. 357, §§3º e 4º, do Código Eleitoral, uma vez que o Ministério Público Estadual atua por delegação, não existindo subordinação hierárquica, podendo o MPF oferecer denúncia.

d) Ação penal privada

O titular da ação penal privada poderá ser o ofendido ou o seu representante legal na condição de substituto processual. A peça acusatória oferecida será a queixa-crime, que deve obedecer aos requisitos formais elencados no art. 41 do CPP.

É imperioso ressaltar que, nas infrações de menor potencial ofensivo, a composição civil dos danos provoca a renúncia ao exercício da ação privada ou ao direito de representar (art. 74, p. único, Lei nº 9.099/1995).

Vigora o princípio da disponibilidade no qual a vítima pode desistir da ação privada já ajuizada.

4.6.3 Espécies de ação penal privada

a) Ação penal privada personalíssima: Existiam dois crimes que davam ensejo à ação penal privada personalíssima, e um deles foi revogado, que era o crime de adultério. Somente o cônjuge que era ofendido poderia entrar com a ação penal. Se ele morresse, haveria extinção da punibilidade. Só restou o crime de induzimento a erro ou ocultação de impedimento ao casamento (art. 236, CP). Prazo de 6 meses do trânsito em julgado da sentença que invalidar o casamento.

b) Ação penal privada exclusiva: Somente pode ser proposta pelo ofendido ou seu representante legal. Diante da morte do ofendido pode ser manejada tal ação penal privada na ordem estabelecida pelo art. 31 do CPP – cônjuge, ascendentes, descendentes e irmãos. Prazo de 6 meses contados a partir do conhecimento da autoria.

c) Ação penal privada subsidiária da pública: Trata-se de ação penal pública proposta em decorrência da inércia do órgão acusatório em adotar as providências legais dentro do prazo previsto em lei (5 dias para investigado preso, e 15 dias para indiciado solto). Previsão legal no art. 5º, inciso LIX, da CF, e art. 29 do CPP. Prazo de 6 meses contados do esgotamento do prazo do Ministério Público para o oferecimento de denúncia. Em caso de promoção de arquivamento dos autos da investigação, oferecimento de denúncia ou declínio de atribuição, dentro do prazo acima mencionado, não é possível a propositura da ação penal privada subsidiária da pública. O Ministério Público atuará obrigatoriamente como fiscal, sob pena de nulidade, e, em caso de abandono ou desistência da parte, assume o polo ativo da ação penal. Como a ação penal não deixa de ser pública, não se aplicam aqui os institutos do perdão judicial, da renúncia ou da perempção.

4.6.4 Ação penal *ex officio*

Essa ação também era conhecida na doutrina como *processo judicialiforme*. O processo tinha início pelo auto de prisão em flagrante ou portaria da autoridade policial ou judiciária. "Art. 26 - A ação penal, nas contravenções, será iniciada com o auto de prisão em flagrante ou por meio de portaria expedida pela autoridade judiciária ou policial (CPP).

Esse tipo de ação penal não foi recepcionada pela Constituição da República de 1988, em homenagem ao sistema acusatório adotado, na forma do art. 129, inciso I, da Carta Política.

4.6.5 Ação penal popular

De acordo com os ensinamentos de Ada Pellegrini Grinover no ordenamento jurídico pátrio, há a previsão da ação penal popular, em duas hipóteses:

4.6.5.1 *Habeas corpus*

Trata-se de um remédio constitucional com pretensão libertária. É uma ação penal por excelência, muito embora não vise à condenação de determinado indivíduo.

4.6.5.2 Denúncia do cidadão por crime de responsabilidade

É a faculdade de qualquer cidadão oferecer denúncia por crime de responsabilidade. Exemplo: denúncia de qualquer do povo contra ato do presidente da República perante o Congresso Nacional.

Crítica: na verdade não é propriamente uma denúncia, mas uma *notitia criminis*. E também o "crime de responsabilidade" não é um crime propriamente dito, mas uma mera infração administrativa, sua referência como crime também desagrada a doutrina.

4.6.5.3 Ação penal preventiva

Para uma corrente da doutrina, que usa essa expressão para designar a ação penal proposta contra o inimputável do art. 26, *caput*, do CP. Nessa ação não será pedida a condenação do acusado, mas, na verdade, a aplicação da medida de segurança (absolvição imprópria).

Tem esse nome por a imposição da medida de segurança possui caráter preventivo, curativo e não sancionatório e penalizatório como as demais ações.

4.6.5.4 Ação penal adesiva

Para o professor Nestor Távora, a ação penal adesiva seria o litisconsórcio ativo entre o membro do Ministério Público (no crime de ação penal pública) e o querelante (nas hipóteses de ação penal privada).

Exemplo: crime de calúnia, de ação penal privada conexo a um crime de homicídio contra um policial. A vítima oferece queixa e o Ministério Público oferecerá sua denúncia.

Mas, para o professor Luiz Flávio Gomes, a ação penal adesiva só existe na Alemanha. O membro do Ministério Público ingressa com a ação penal; oportunidade em que a vítima ingressa de maneira adesiva, porém, não em litisconsórcio, mas com objetivos indenizatórios, buscando seu ressarcimento civilmente.

4.6.6 Ação penal nos crimes contra a honra de funcionário público (legitimidade concorrente)

Em tal caso, aplica-se o Enunciado Sumulado nº 714 do Supremo Tribunal Federal, restando às seguintes possibilidades:
    a) Representar ao Ministério Público ou à Polícia, porque se trata de delito de ação penal pública condicionada;
    b) Promover *sponte* sua uma ação penal privada.

Em se optando por uma das alternativas, não há a possibilidade do exercício da outra.

4.6.7 Ação penal com foro por prerrogativa de função

Nos casos previstos na Constituição Federal, a ação penal originária seguirá o rito estatuído na Lei nº 8.038/1990.

4.6.8 Ação Penal por extensão

A regra do art. 101 do CP é explícita no sentido de que se um dos crimes que constitui o crime complexo for de ação penal pública, o crime complexo também o será.

4.7 Princípios da ação penal

4.7.1 Princípio do *ne procedat iudex ex officio*

Próprio do sistema acusatório. O julgador só pode atuar quando provocado. Em sendo assim, deverá aguardar as manifestações das partes para poder decidir, não podendo existir ação penal de ofício, papel esse exercido pelo órgão do Ministério Público, ou pelo ofendido em caso de ação penal privada. Aplica-se tanto na ação penal pública quanto na ação penal privada.

4.7.2 Princípio da obrigatoriedade

Considerando que o manejo da ação penal de iniciativa pública é uma obrigação do Ministério Público, não há discricionariedade por se tratar de dever funcional. É a lição que se dessume do art. 24 do CPP.

Contudo, tal regra comporta exceções. No âmbito da Justiça Penal Consensual, concretizada por meio dos institutos despenalizadores da transação penal (art. 76, Lei nº 9.099/1995), da colaboração premiada (art. 4º, §4º, da Lei nº 12.850/2013) e do ANPP (art. 28-A, CPP), o órgão acusatório oficial pode deixar licitamente de ofertar denúncia, desde que atinjam os desideratos previstos em lei.

4.7.3 Princípio da indisponibilidade

Uma vez proposta a ação penal, o Ministério Público não pode desistir da ação, diante do caráter da indisponibilidade. É o que está encartado no art. 42 do CPP.

Muito embora o membro do Ministério Público possa pugnar pela absolvição do acusado em sede de alegações finais, diante da prova produzida nos autos, o que não se confunde com desistência da ação penal.

Ponto importante que merece destaque é que os tribunais superiores firmaram entendimento no sentido da possibilidade de o juiz condenar o increpado, ainda que o Ministério Público tenha requerido a absolvição, com base no art. 385 do CPP. Salvo melhor juízo, tal posicionamento não é consentâneo com o sistema acusatório; sendo a acusação retirada, o juiz não pode assumir tal papel.

Enquanto fiscal da ordem jurídica, o Ministério Público pode recorrer em benefício do condenado.

Julgo oportuno observar que os recursos interpostos pelo Ministério Público são essencialmente voluntários. Dessa forma, se o Ministério Público recorrer não caberá desistência, porque o recurso é um prolongamento do direito de ação penal (art. 576, CPP).

Tal princípio é mitigado pela Justiça Penal Consensual nas seguintes situações:

a) Suspensão condicional do processo (art. 89, Lei nº 9.099/1995);
b) Colaboração premiada (obtenção do perdão judicial, art. 4º, *caput*, Lei nº 12.850/2013);
c) No caso de ANPP, que se aplica aos processos em curso com o advento do Pacote Anticrime, até a prolação da sentença.

4.7.4 Princípio da divisibilidade

Em se tratando de ação penal de iniciativa pública, os tribunais superiores constituíram entendimento de que é divisível em função do seu eventual desmembramento (art. 80, CPP).

Sobremaneira importante é que a doutrina predominante entende que a ação de iniciativa pública é divisível, porque o princípio da indivisibilidade só aplica na ação penal privada, como se denota de uma simples leitura do art. 48 do CPP.[56]

---

[56] "AGRAVO REGIMENTAL NO *HABEAS CORPUS* - TRÁFICO INTERNACIONAL DE DROGAS - PRINCÍPIO DA INDIVISIBILIDADE - AÇÃO PENAL PÚBLICA - INAPLICABILIDADE - ARQUIVAMENTO IMPLÍCITO - AUSÊNCIA DE PREVISÃO LEGAL - PRINCÍPIO DA CORRELAÇÃO - OBSERVÂNCIA - CONSTRANGIMENTO ILEGAL - AUSÊNCIA - 1- A jurisprudência deste Supremo Tribunal há muito sedimentou que "o princípio da indivisibilidade da ação, expressamente previsto no art. 48 do Código de Processo Penal, prevendo a impossibilidade de fracionamento da ação penal, é restrito à ação penal privada" (RHC nº 111.211/MG, Rel. Luiz Fux, Primeira Turma, j. 30/10/2012, p. 20/11/2012). 2- Inexiste previsão legal de arquivamento implícito do inquérito quando o Ministério Público opta por desmembrar a propositura da ação, deixando de incluir algum réu na primeira denúncia, oferecendo, posteriormente nova acusação. 3- Não há que se

4.7.5 Princípio da intranscendência ou da pessoalidade

Decorrente do axioma que a pena não poderá ultrapassar a pessoa do condenado. Isso posto, a ação penal somente poderá atingir aqueles que figuraram no polo passivo da relação jurídico-processual, pois a esses foram assegurados o contraditório e a ampla defesa.

4.7.6 Princípio da autoritariedade

A ação penal pública somente poderá ser exercida por autoridade pública, *in casu*, o membro do Ministério Público com atribuição legal.

4.7.7 Princípio da oficialidade

A ação penal será manejada por um órgão oficial do Estado.

4.7.8 Princípio da oficiosidade

A ação penal pública será exercida, via de regra, sem provocação de quem quer que seja. Ocorrido o crime, a atividade investigativa e da ação penal será ex officio, diante da preponderância do interesse público sobre o privado.

4.7.9 Princípio da indivisibilidade

Em se tratando de ação penal de iniciativa privada, caso a vítima entenda que deve promover a ação penal, deverá ajuizar em desfavor de todos os sujeitos passivos, não tendo o direito de escolher contra quem desejar mover a ação penal.

Devo ressaltar aqui que é atribuição do Ministério Público atuar como fiscal da ordem jurídica, em respeito ao princípio da indivisibilidade.

Em homenagem ao que preconiza o art. 48 do CPP, se o querelante promover a queixa-crime em desfavor de apenas alguns coautores, deixando de fora outros, acarretará a consequência da extinção da

---

falar em contrariedade ao princípio da correlação quando os fatos imputados ao réu na denúncia guardam correspondência com aqueles reconhecidos pelo julgador ao proferir a condenação. 4- Agravo regimental ao qual se nega provimento (STF - HC-AgR 233325 - 2ª T. - Rel. André Mendonça - J. 26.07.2024)."

punibilidade em favor de todos, ocorrendo o fenômeno da renúncia tácita (art. 104, p.único, CP), nos exatos termos do art. 107, inciso V, do CP.

Em se constatando essa situação, o juiz deve proceder segundo determina o art. 46, §2º, do CPP, determinando que o querelante adite a queixa-crime, no prazo de três dias (por analogia), sob pena do reconhecimento da extinção da punibilidade, uma vez que o *parquet* não possui legitimidade para realizar o aditamento.

Ao contrário da renúncia (ato unilateral), o perdão requer a aceitação do querelado, uma vez que se trata de ato bilateral. Declinando da possibilidade, o querelado continuará respondendo ao processo, de acordo com o art. 51 do CPP.

4.8 Perempção

Visando evitar situação de inércia por parte do querelante (autor) na ação penal privada, a lei impõe uma punição ao autor desidioso na condução da queixa-crime já ajuizada, acarretando a extinção da punibilidade (art. 107, inciso IV, CP).

As hipóteses de ocorrência estão listadas no art. 60 do CPP: "I - Quando, iniciada esta, o querelante deixar de promover o andamento do processo durante 30 dias seguidos (...)".

Devo observar que o andamento processual sustado de forma justificada não acarreta a perempção.

> (...)
> II - Quando, falecendo o querelante, ou sobrevindo sua incapacidade, não comparecer em juízo, para prosseguir no processo, dentro do prazo de 60 (sessenta) dias, qualquer das pessoas a quem couber fazê-lo, ressalvado o disposto no art. 36;

Registro que o art. 31 do CPP aponta os legitimados à habilitação no processo, sendo que o prazo de 60 dias é contado da declaração de incapacidade ou da data do falecimento, não havendo intimação dos sucessores. "(...) III - Quando o querelante deixar de comparecer, sem motivo justificado, a qualquer ato do processo a que deva estar presente, ou deixar de formular o pedido de condenação nas alegações finais (...)".

Evidente que a ausência justificada por motivo de doença, falecimento de um parente ou cônjuge, ou outro motivo relevante, não é considerada.

Se o querelante requerer em alegações finais a condenação não haverá perempção. Em outro giro, se for evidentemente evasivo, e não requerer ao final a condenação, a perempção é cristalina e deve ser aplicada: "(...) IV - Quando, sendo o querelante pessoa jurídica, esta se extinguir sem deixar sucessor".

COMPETÊNCIA

"Quando a mente humana se abre a uma ideia, jamais volta ao seu tamanho original."
(Albert Einstein)

5.1 Conceito

Competência é o limite e a medida da jurisdição estabelecida em lei, dentro dos quais o órgão jurisdicional poderá dizer o direito, aplicando-o ao caso concreto submetido à sua apreciação.

A jurisdição é una, seguindo o princípio da unidade da jurisdição. Há repartição da jurisdição entre as diversas justiças, entre os diversos juízos, por isso se menciona a medida, o limite nesse conceito.

5.2 Espécies de competência

5.2.1 Competência *ratione materiae*

No processo penal, esta competência é estabelecida em razão da natureza da infração penal praticada. Exemplos: crimes eleitorais são julgados pela Justiça Eleitoral e crimes militares são julgados pela Justiça Militar.

Dessa forma, a Justiça Comum é constituída pela Justiça Comum Estadual que é uma competência residual, e a Justiça Comum Federal, prevista na CF nos arts. 108 (TRFs) e 109 (juízes federais de primeiro grau).

Na Justiça Especial (Eleitoral e Militar) a competência é estabelecida pelo Texto Supremo.

Compete à Justiça Eleitoral julgar as infrações criminais de índole eleitoral e as infrações comuns (estaduais ou federais) conexas ou continentes, aplicando os institutos despenalizados previstos na Lei nº 9.099/1995, bem como o ANPP, pois, na Petição nº 7.990/DF, o Supremo Tribunal Federal o homologou o ANPP do deputado federal Ônix Lorenzoni. Condição: pagamento de uma multa.

Por outro espectro, à Justiça Militar compete julgar os crimes militares definidos nos art. 9º e 10 do Código Penal Militar (CPM), não se aplicando a Lei dos Juizados Criminais por expressa vedação legal (art. 90-A, Lei nº 9.099/1995). Em relação ao ANPP, conforme noticiado pelo *site* do Supremo Tribunal Federal em 6 de maio de 2024, a Procuradoria-Geral da República (PGR) entendeu viável a aplicação aos crimes militares.

É importante frisar que a Justiça Militar Estadual compete julgar tão somente os crimes praticados por policiais militares e bombeiros militares.

Destarte, quanto à Justiça Militar Federal, é competente para o julgamento dos crimes praticados pelos membros das Forças Armadas e as pessoas comuns que incorram em crime militar federal.

Nesse segmento, o legislador erigiu os órgãos jurisdicionais competentes aptos a julgarem um determinado tipo de delito, tendo em consideração sua natureza.

Observo que a Justiça do Trabalho, embora seja uma Justiça Especial, não possui competência criminal, conforme restou pacificado no julgamento da ADI nº 3684, com eficácia contra todos e efeito vinculante em relação aos órgãos do Poder Judiciário e da Administração Pública em geral (art. 28, p.único, Lei nº 9.868/99). Qualquer desobediência é passível de reclamação diretamente na Suprema Corte, por força do art. 102, inciso I, alínea "l", da CF.

Algumas situações previstas na Constituição Federal merecem destaque:

   a) Os crimes dolosos contra a vida são julgados no Tribunal do Júri, conforme previsto no art. 5º, inciso XXXVIII, alínea "d", da Carta Política. Não é despiciendo se notar que os crimes dolosos contra a vida estão descritos nos arts. 121 a 128 do CP brasileiro.

   b) Os crimes de menor potencial ofensivo, por sua natureza, são julgados nos Juizados Especiais Criminais (art. 98, inciso I, CF), sendo aqueles cuja pena máxima cominada em abstrato não excede dois anos, bem como todas as contravenções penais, não importando a quantidade de pena prevista, seguindo os balizamentos do art. 61 da Lei nº 9.099/1995.

5.2.2 Competência ratione personae

É a competência estabelecida em razão da pessoa.

Na seara do processo penal é a competência chamada de competência por prerrogativa de função.

Observação: não há que se falar em privilégio, não é foro privilegiado. O que tenta se proteger é a função, o cargo da pessoa que o ocupa.

Aqui há algumas peculiaridades que precisam ser ressaltadas. No julgamento da AP nº 937, tendo como relator o ministro Luís Roberto Barroso, o foro por prerrogativa de função exige o preenchimento de duas condições:

a) Que o crime seja praticado durante o desempenho da função (condição temporal);
b) Que o crime tenha ligação com o desempenho do exercício da função (condição material).

Esse *leading case* (caso paradigmático) foi estabelecido para um caso envolvendo um parlamentar federal.

Só pode existir foro por prerrogativa de função no tribunal de Justiça com previsão expressa na Constituição Federal, não sendo suficiente apenas a previsão na Constituição Estadual, em homenagem ao princípio da simetria, como restou decidido nas ADIs nº 6.512 e 6.513.

Em caso de cometimento de ilícitos eleitorais, as autoridades com foro por prerrogativa no tribunal de Justiça (TJ) e no tribunal regional federal (TRF) devem ser julgadas pelo tribunal regional eleitoral (TRE).

Se o crime for praticado fora do Estado ou região respectiva dessas autoridades, devem ser julgadas pelo tribunal de origem, independentemente do local da prática do fato.

Se tais autoridades praticarem crimes dolosos contra a vida, a competência permanece no tribunal de origem, não sendo competente o Tribunal do Júri. Ao contrário, quando existe a previsão de competência por prerrogativa de foro somente na Constituição Estadual, então a competência seria do Tribunal do Júri.

Fundada na premissa da Súmula nº 704 do Superior Tribunal de Justiça, o cidadão que não goza do foro de prerrogativa de função, ao cometer a infração penal em concurso de pessoas com a autoridade que goza do foro por prerrogativa, deve responder ao processo perante o tribunal correspondente que possui a competência para julgar a autoridade infratora. Sem prejuízo dessa afirmação, existindo conveniência para a persecução penal, pode ser determinada a separação dos processos, em atenção aos ditames do art. 80 do CPP.

Prevalecia o entendimento no Supremo Tribunal Federal de que, finalizado o exercício no mandato ou o cargo, deixa de existir o foro por prerrogativa de função. Contudo, o Pretório Excelso firmou o entendimento recente de que subsiste a competência mesmo após o término do mandato.[57] O momento adequado para se reconhecer a renúncia do mandato ou cargo é até a fase de alegações finais, entendimento firmado pelo Pretório Excelso no julgamento da AP nº 937, sob pena da ocorrência do fenômeno da perpetuação da jurisdição. Todavia, com a adoção da nova posição, resta superado o entendimento anterior.

Quanto a improbidade administrativa é infração com sanção civil, não se aplica a regra do foro por prerrogativa de função.

---

[57] "DIREITO PENAL E PROCESSUAL PENAL - REFERENDO NA MEDIDA CAUTELAR NA RECLAMAÇÃO - SUSPENSÃO DE INQUÉRITO - PRERROGATIVA DE FORO - COMPETÊNCIA - I- CASO EM EXAME - 1- Trata-se de referendo em medida cautelar parcialmente concedida para determinar a suspensão da tramitação de inquérito instaurado em desfavor do reclamante até o julgamento definitivo da presente reclamação ou até decisão desta Corte em sentido contrário. 2- Alega-se ofensa à autoridade do entendimento sinalizado pela maioria no julgamento, ainda não finalizado, do HC 232.627/DF, segundo o qual a prerrogativa de foro para julgamento de crimes praticados no cargo e em razão das funções subsiste mesmo após o afastamento do cargo, ainda que o inquérito ou a ação penal sejam iniciados depois de cessado seu exercício. 3- O inquérito investiga supostas irregularidades praticadas pelo reclamante quando exercia o cargo de governador de Estado. II- Questão em discussão. 4- A questão em discussão consiste em saber se a expedição de mandados de busca e apreensão determinada por juiz de 1ª instância em face do paciente afronta a autoridade de deliberação desta Corte, ainda pendente de conclusão, mas com maioria já formada e já objeto de outras reclamações admitidas pela Corte (Rcl 71.856/AC, Rcl 73.492/DF), na qual assentada a subsistência da prerrogativa de foro por função, nos casos de crimes praticados no exercício do cargo e em razão dele, após a saída da autoridade do respectivo cargo. III- Razões de decidir. 5- Ainda que não concluído em definitivo o julgamento do HC 232.627/DF, o entendimento já indicado pela maioria dos Ministros desta Corte deve ser privilegiado, de modo a garantir a segurança jurídica na condução do processo penal e preservar a competência do STJ para apreciar e julgar a causa. A concessão de medida acautelatória para suspender a tramitação do inquérito se presta a tal fim. 6- Aplicação imediata da nova interpretação a que chegou a maioria no julgamento do HC 232.627/DF aos processos em curso, com a ressalva de todos os atos praticados pelo STF e pelos demais Juízos com base na jurisprudência anterior. 7- O preenchimento dos requisitos para a concessão da medida cautelar pleiteada restou demonstrado em face (i) da plausibilidade do direito do reclamante uma vez que a investigação versa sobre atos supostamente delituosos praticados pelo reclamante enquanto governador e em razão de suas funções; e (ii) da possível apresentação de denúncia por órgão oficiante indevido perante juízo incompetente. IV- Dispositivo. 8- Liminar referendada (STF - Rcl-MC-Ref 76096 - 2ª T. - Rel. Gilmar Mendes - J. 12.03.2025)."

Competência para o *desvio de verba pública por prefeito*:
a) Quando a verba é incorporada ao patrimônio municipal, diante do desvio, a competência é do tribunal de Justiça (Súmula nº 209, STJ). A prestação de contas é no tribunal de contas dos municípios (TCM) (onde houver), ou no tribunal de contas do estado (TCE).
b) Quando a verba desviada é sujeita a prestação de contas a órgão federal, a competência é do tribunal regional federal (Súmula nº 208, STJ). A prestação de contas das verbas é perante o Tribunal de Contas da União (TCU).

No caso da educação – Fundo de Manutenção e Desenvolvimento da Educação Básica e de Valorização dos Profissionais da Educação (FUNDEB) –, existe previsão expressa no art. 30, incisos II e III, da Lei nº 14.113/2020. E, no caso da saúde, de acordo com o art. 39, inciso V, da Lei Complementar nº 141/2012.

5.2.3 Competência *ratione loci*

No processo penal a competência territorial será estabelecida de acordo com o local da consumação do delito (arts. 69, inciso I, e 70, CPP).

Entretanto, alguns critérios devem ser levados em consideração, pois nem sempre se consegue precisar o exato local que foi praticado o delito.

a) Teoria do resultado: A competência é determinada pelo local da consumação da infração penal (art. 70, *caput*, CPP). Devo lembrar que a consumação do crime ocorre quando reunidos todos os elementos de sua definição legal (art. 14, I, CP). Essa é a regra geral.
b) Teoria da ação: A definição da competência é obtida de acordo com o último ato de execução, no caso da tentativa (art. 70, *caput, in fine*, CPP). Tal critério é também utilizado nos Juizados Especiais Criminais (art. 63, Lei nº 9.099/1995). O entendimento firmado pelo Superior Tribunal de Justiça é o de que a competência para julgamento pelo Tribunal do Júri é da comarca do local da ação, seja pela facilidade na colheita de provas, como para dar uma resposta à sociedade agredida pelo crime violento.
c) Teoria da ubiquidade (mista): A competência é gerada tanto pelo local da ação ou do resultado.

Num país continental como o Brasil, com uma imensa área de fronteiras, para que o crime seja punido no Brasil, a competência dos crimes cometidos à distância é brasileira quando a ação ocorre no Brasil e o resultado se evidencia no exterior ou vice-versa (art. 70, §§1º e 2º, CPP).

Se a investigação não conseguiu precisar o local exato da infração delituosa, não se aplicando a primeira regra do local do crime, a competência é firmada pelo domicílio ou residência do réu (art. 72, CPP).

Na hipótese do art. 70, §4º, do CPP, no caso de estelionato mediante cheque sem provisão de fundos (hipótese hoje em desuso), ou com pagamento frustrado ou mediante transferência de valores (pode-se aplicar ao Pix), a competência *ratione loci* é firmada pelo *domicílio da vítima*. Em existindo diversas vítimas, a competência se define pela prevenção.

Em sendo assim, estão superados os entendimentos constantes das súmulas nº 521 do Supremo Tribunal Federal e 244 do Superior Tribunal de Justiça, que estabeleciam a competência no estelionato mediante cheque sem provisão de fundos o local da recusa do pagamento.

Contudo, continua válido o Entendimento Sumulado nº 48 do Superior Tribunal de Justiça, que trata do estelionato mediante falsificação de cheque. Logo, a competência territorial é estabelecida pelo local da obtenção da vantagem ilícita.

A competência pode ser estabelecida de acordo com a prevenção. Juízo prevento é aquele que primeiro tem contato com o processo através de uma decisão, por exemplo, o recebimento da inicial ou que decide sobre medidas cautelares na fase investigatória, muito comum por conta da realização das audiências de custódia ou nas decisões oriundas do plantão Judiciário (art. 83, CPP), como a imposição de uma prisão preventiva/temporária ou medidas cautelares diversas cumuladas com liberdade provisória.

Com a reforma proveniente do Pacote Anticrime, foi instituída a figura do juiz de das garantias. Pela lei está claro que a adoção de medidas cautelares na fase de investigação e o juízo de admissibilidade da inicial devem integrar a sua competência (art. 3º-B, CPP).

Ponto importante e que quero frisar aqui é que o juiz das garantias estará impedido de conduzir a instrução e julgar a causa.

Questões específicas: o CPP, visando balizar elementos que possam facilitar a fixação da competência territorial, de maneira casuística, estabelece os seguintes critérios legais:

    a) Quando a infração está consumada na divisa entre comarcas ou quando incerto o limite entre elas, a competência territorial é firmada pela prevenção (art. 70, §3º, CPP).

b) Nas hipóteses de crime permanente ou continuidade delitiva com dilação por mais de uma comarca, a competência territorial é firmada pela prevenção (art. 71, CPP).
c) Se o réu tem mais de um domicílio ou residência, a competência territorial é fixada pela prevenção (art. 72, §1º, CPP).
d) Na ação penal privada, mesmo sabendo o local da consumação, o querelante pode optar pelo domicílio ou residência do réu (art. 73, CPP). Registro que não é possível se aplicar tal raciocínio na ação penal privada subsidiária da pública, porque ela não deixa de ser pública.
e) Competência territorial em crimes ocorridos em embarcações ou aeronaves.

Conceito de território nacional – abrange todas as fronteiras, o mar territorial (faixa no litoral de 12 milhas marítimas) e o espaço aéreo subjacente (a camada atmosférica), ou seja, o local onde a soberania do Brasil é exercida (art. 1º da Lei nº 8.61719/93).

Território nacional por equiparação – constituído por embarcações e aeronaves –, seguindo as seguintes regras:
a) Embarcações e aeronaves de natureza pública e de bandeira brasileira: São consideradas território brasileiro em qualquer lugar do mundo;
b) Embarcações e aeronaves de natureza pública e de bandeira estrangeira: Não são consideradas como extensão do território brasileiro;
c) Embarcações e aeronaves de natureza privada e de bandeira brasileira: São consideradas como extensão do território nacional quando estão transitando em nosso território ou em alto mar;
d) Embarcações e aeronaves de natureza privada e de bandeira estrangeira: São consideradas Brasil quando estiverem em nosso território.

Os crimes praticados a bordo de embarcações ou aeronaves é da competência da Justiça Federal, ressalvada a competência da Justiça Militar (art. 109, inciso IX, CF), da seguinte forma:
a) Viagens dentro do território nacional: A competência territorial é fixada pelo primeiro local de pouso ou atracagem após a prática da infração penal;
b) Viagens internacionais: A competência será firmada pelo local de saída, quando estiverem se afastando do Brasil, ou pelo local de chegada se estiverem se aproximando.

O direito de passagem inocente, que é aplicado por analogia às aeronaves, é regulamentado pelo art. 3º da Lei nº 8.617/1993:

> Art. 3º É reconhecido aos navios de todas as nacionalidades o direito de passagem inocente no mar territorial brasileiro.
> 1º A passagem será considerada inocente desde que não seja prejudicial à paz, à boa ordem ou à segurança do Brasil, devendo ser contínua e rápida.
> §2º A passagem inocente poderá compreender o parar e o fundear, mas apenas na medida em que tais procedimentos constituam incidentes comuns de navegação ou sejam impostos por motivos de força ou por dificuldade grave, ou tenham por fim prestar auxílio a pessoas a navios ou aeronaves em perigo ou em dificuldade grave.
> (...)

Por fim, a competência territorial brasileira para os crimes praticados no exterior segue a regra do art. 7º do CP, de acordo com o princípio da extraterritorialidade. No Brasil, seria competente territorialmente para julgar tal crime:
   a) A capital do estado onde tenha residido por último o sujeito ativo;
   b) O investigado será julgado em Brasília, se nunca residiu no Brasil (art. 88, CPP).

5.2.4 Competência funcional

Competência funcional é aquela estabelecida conforme a função que cada um dos órgãos jurisdicionais exerce dentro do processo. Esta competência funcional se divide em três espécies:

5.2.4.1 Por fase do processo

Segundo a fase do processo um órgão jurisdicional diferente exercerá a competência. Exemplo: procedimento bifásico do Júri.
É uma espécie de competência funcional horizontal.

5.2.4.2 Por objeto do juízo

Cada órgão jurisdicional exercerá a competência sobre determinadas questões a serem decididas no processo. Exemplo: Conselho de sentença que fará o julgamento dos acusados aos crimes dolosos contra

a vida. Os jurados votam os quesitos, avaliando os fatos. Já o juiz presidente exara a sentença vinculado aos quesitos votados e ao texto da lei.
Espécie de competência funcional horizontal.

5.2.4.3 Por grau de jurisdição

Na competência por grau de jurisdição há a tradução e a delimitação de competência recursal.

Por esse critério, dividem-se os órgãos jurisdicionais em superiores e inferiores.

É uma espécie de competência funcional vertical.

5.2.4.4 Competência absoluta e competência relativa

5.2.4.4.1 Fundamento

No caso da competência absoluta, é criada em razão do interesse público. Previsão na Constituição Federal. Já a competência relativa visa atender ao interesse das partes.

5.2.4.4.2 Não observância da regra de competência

A inobservância da regra de competência absoluta é passível do reconhecimento da nulidade absoluta. Ao passo que o não cumprimento das regras da competência relativa pode acarretar nulidade relativa, tendo que se demonstrar o prejuízo.

5.2.4.4.3 Declaração pelo juiz dentro do processo penal

A incompetência absoluta pode ser declarada pelo juiz de ofício. Ao contrário do que ocorre no processo civil, a incompetência relativa também pode ser decretada de ofício pelo magistrado no processo penal, nos precisos termos do art. 109 do CPP.

5.2.5.4.4 Espécies de competência

A competência absoluta se aplica no caso da matéria, por prerrogativa de função e funcional. Por seu turno, a competência relativa se verifica no caso da competência territorial, por prevenção (Súmula nº 706, STF), por distribuição e por conexão.

5.2.5 Observação sobre a nulidade absoluta

Existem dois pontos importantes, que são as características de uma *nulidade absoluta*: pode a ela ser arguida a qualquer momento, mesmo após o trânsito em julgado, porém desde que em favor do acusado (por meio de revisão criminal);

O prejuízo de uma nulidade absoluta é presumido, isto é, basta alegá-lo, sem que provas do desmerecimento sejam necessárias.

Há doutrina, como da professora Ada Pellegrini Grinover, que entende que a sentença dada por juiz incompetente seria na verdade uma não sentença, uma sentença inexistente, podendo ser o acusado julgado novamente. Mas esse não é o entendimento que prevalece.

> HC 86606 / MS - MATO GROSSO DO SUL *HABEAS CORPUS* Relator(a): Min. CÁRMEN LÚCIA Julgamento: 22/05/2007 Órgão Julgador: Primeira Turma EMENTA: *HABEAS CORPUS*. PROCESSUAL PENAL. PERSECUÇÃO PENAL NA JUSTIÇA MILITAR POR FATO JULGADO NO JUIZADO ESPECIAL DE PEQUENAS CAUSAS, COM TRÂNSITO EM JULGADO: IMPOSSIBILIDADE: CONSTRANGIMENTO ILEGAL CARACTERIZADO. ADOÇÃO DO PRINCÍPIO DO NE BIS IN IDEM. *HABEAS CORPUS* CONCEDIDO. 1. Configura constrangimento ilegal a continuidade da persecução penal militar por fato já julgado pelo juizado Especial de Pequenas Causas, com decisão penal definitiva. 2.. A decisão que declarou extinta a punibilidade em favor do Paciente, ainda que prolatada com suposto vício de incompetência de juízo, é susceptível de trânsito em julgado e produz efeitos da adoção do princípio do *ne bis in idem* pelo ordenamento jurídico penal complementa os direitos e as garantias individuais previstos pela Constituição da República, cuja interpretação sistemática leva à conclusão de que o direito à liberdade, com apoio em coisa julgada material, prevalece sobre o dever estatal de acusar. Precedentes. 3. *Habeas corpus* concedido.

5.2.6 Observação sobre a nulidade relativa

Devem ser observadas também duas características sobre a nulidade relativa dentro do processo penal:

A nulidade relativa deve ser arguida no momento oportuno, sob pena de preclusão.

Deve haver prova do prejuízo, que não será presumido de pronto.

> Art. 109 - Se em qualquer fase do processo o juiz reconhecer motivo que o torne incompetente (tanto relativa como absolutamente), declará-lo-á nos autos, haja ou não alegação da parte, prosseguindo-se na forma do artigo anterior (CPP).

Previsão na legislação infraconstitucional.

5.3 Até que momento o juiz poderá declarar de ofício a sua incompetência?

Agora no processo penal existe o princípio da identidade física do juiz:

> Art. 399, CPP - Recebida a denúncia ou queixa, o juiz designará dia e hora para a audiência, ordenando a intimação do acusado, de seu defensor, do Ministério Público e, se for o caso, do querelante e do assistente. (Redação dada pela Lei nº 11.719, de 2008).
> §1º O acusado preso será requisitado para comparecer ao interrogatório, devendo o poder público providenciar sua apresentação. (Incluído pela Lei nº 11.719, de 2008).
> §2º *O juiz que presidiu a instrução deverá proferir a sentença.* (Incluído pela Lei nº 11.719, de 2008).

Antes da Lei nº 11.719/2008, a incompetência relativa podia ser declarada de ofício até o momento da sentença. Com a adoção do princípio da identidade física do juiz, só pode declarar de ofício até o início da audiência una. Esse entendimento é sumulado pelo Supremo Tribunal Federal: "Súmula 706 - É relativa nulidade decorrente da inobservância da competência penal por prevenção".

5.4 Reconhecimento da incompetência do juízo – efeitos

Tendo por norte magnético o quanto previsto no art. 567 do CPP, em se reconhecendo a incompetência do juízo, os atos decisórios devem ser declarados nulos, e os atos instrutórios devem ser aproveitados, dependendo do grau de contaminação do ato decisório em relação aos atos instrutórios. Se estiverem amalgamados, outra saída não resta que não seja reconhecer a nulidade de todos os atos processuais, sob pena de macular o processo em sua inteireza, prejudicando sobremaneira o devido processo legal.

Em se verificando a incompetência relativa, o processo é remetido ao Juízo competente, que a partir desse momento, presidirá todos os atos processuais subsequentes, ratificando ou não todos atos anteriores (art. 108, §1º, CPP). Em caso de não ratificação dos atos processuais anteriores, obviamente que a decisão precisa ser fundamentada de forma suficiente para que sejam afastados os efeitos da decisão anterior, sob pena de nulidade.

5.5 Competência da Justiça Federal

Logo de saída, advirto que a competência da Justiça Federal (disposta nos arts. 108 e 109, CF) não pode ser confundida com as atribuições da Polícia Federal (elencadas no art. 144, CF); a última possui maior amplitude. Ou seja, alguns crimes são investigados pela Polícia Federal, mas não são da competência da Justiça Federal, a exemplo do crime eleitoral.

> Art. 144 (...)
> §1º A polícia federal, instituída por lei como órgão permanente, organizado e mantido pela União e estruturado em carreira, destina-se a:
> I - apurar infrações penais contra a ordem política e social ou em detrimento de bens, serviços e interesses da União ou de suas entidades autárquicas e empresas públicas, assim como *outras infrações cuja prática tenha repercussão interestadual ou internacional e exija repressão uniforme, segundo se dispuser em lei;*
> II - prevenir e reprimir o tráfico ilícito de entorpecentes e drogas afins, o contrabando e o descaminho, sem prejuízo da ação fazendária e de outros órgãos públicos nas respectivas áreas de competência;
> III - exercer as funções de polícia marítima, aeroportuária e de fronteiras;
> IV - exercer, com exclusividade, as funções de polícia judiciária da União (CF) (grifos meus).

A primeira parte refere-se aos crimes julgados pela Justiça Federal que são investigados pela Polícia Federal.

Entretanto, a parte grifada no inciso I menciona atribuições que ultrapassam a competência da Justiça Federal (Lei nº 10.446/2002 – lei que lista crimes de repercussão interestadual que são julgados pela Justiça Estadual – como o roubo de cargas, por exemplo).

A competência da Justiça Estadual é residual, pois o que não for crime eleitoral ou militar, nem estiver contida nas previsões do art. 109 da CF, a competência é da Justiça Estadual.

5.5.1 Análise dos incisos do art. 109 da CF

> Art. 109. Aos juízes federais compete processar e julgar:
> I - as causas em que a União, entidade autárquica ou empresa pública federal forem interessadas na condição de autoras, rés, assistentes ou oponentes, exceto as de falência, as de acidentes de trabalho e as sujeitas à Justiça Eleitoral e à Justiça do Trabalho;

II - as causas entre Estado estrangeiro ou organismo internacional e Município ou pessoa domiciliada ou residente no País;

III - as causas fundadas em tratado ou contrato da União com Estado estrangeiro ou organismo internacional;

IV - os crimes políticos e as infrações penais praticadas em detrimento de bens, serviços ou interesse da União ou de suas entidades autárquicas ou empresas públicas, excluídas as contravenções e ressalvada a competência da Justiça Militar e da Justiça Eleitoral (...).

Os crimes políticos estão previstos na Lei nº 14.197/2021, sendo revogada a Lei nº 7170/1983, que possuía nítido caráter autoritário, foram criados os crimes de atentado à soberania, atentado à integridade nacional, espionagem, abolição violenta do Estado Democrático de Direito,[58] entre outros, promovendo acréscimos no CP, visando proteger

---

[58] "PENAL E PROCESSUAL PENAL - A CONSTITUIÇÃO FEDERAL NÃO PERMITE A PROPAGAÇÃO DE IDEIAS CONTRÁRIAS À ORDEM CONSTITUCIONAL, AO ESTADO DEMOCRÁTICO (CF, ARTIGOS 5º, XLIV, E 34, III E IV) E DISCURSOS DE ÓDIO PROPAGANDO A HOMOFOFIA - CONFIGURAÇÃO DOS DELITOS DE ABOLIÇÃO VIOLENTA DO ESTADO DEMOCRÁTICO DE DIREITO (ART. 23, IV, C. C. ART. 18 DA LEI 7.170/83), CALÚNIA CONTRA O PRESIDENTE DO SENADO FEDERAL (CP, ART. 138C.C. ART. 141, II), INCITAÇÃO À PRATICA DE DANO QUALIFICADO (CP, ART. 286 C.C. ART. 163, PARÁGRAFO ÚNICO, INCISOS II E III) E HOMOFOBIA(ART. 20, §2º, DA LEI 7.716/1989) - DEMONSTRAÇÃO INEQUÍVOCA DA MATERIALIDADE E AUTORIA DELITIVAS - AÇÃO PENAL PROCEDENTE - 1- A competência deste SUPREMO TRIBUNAL FEDERAL para processamento e julgamento da presente ação penal, em face de evidente conexão entre as condutas denunciadas e aquelas investigadas no âmbito mais abrangente dos procedimentos envolvendo investigados com prerrogativa de foro. Preliminar rejeitada (QO na PET 9844, Rel. Min, ALEXANDRE DE MORAES, Plenário, j. 14.6.2024 a 21.6.2024). 2- Rejeitada a preliminar de cerceamento à ampla defesa. Rigorosa observância do devido processo legal e de seus princípios corolários - Contraditório e ampla defesa - Com observância do procedimento mais favorável ao réu. 3- Rejeitadas as preliminares de inépcia da inicial, falta de justa causa para a ação penal e cerceamento de defesa. Presentes os requisitos do artigo 41 do Código de Processo Penal e a necessária justa causa para a ação penal (CPP, art. 395, III), analisada a partir dos seus três componentes: tipicidade, punibilidade e viabilidade, de maneira a garantir a presença de um suporte probatório mínimo a indicar a legitimidade da imputação, sendo traduzida na existência, no inquérito, de elementos sérios e idôneos que demonstram a materialidade do crime e de indícios razoáveis de autoria. Pleno exercício do direito de defesa garantido. Precedentes. 4- Inexistência de *ABOLITIO* CRIMINIS, pois a evolução legislativa produzida pelo Congresso Nacional em defesa da Democracia e de suas Instituições efetuou o fenômeno jurídico conhecido como CONTINUIDADE NORMATIVO-TÍPICA, estabelecendo na nova lei as elementares dos tipos penais utilizados pelo Ministério Público no momento do oferecimento da denúncia; Mantendo, dessa forma, as condutas descritas no campo da ilicitude penal. Continuidade normativo-típica entre os crimes previstos no antigo art. 23, IV, c/c art. 18, da LSN e no atual art. 359-L, do Código Penal- IRRETROATIVIDADE *IN PEJUS*. Ultratividade da lei anterior no tocante ao preceito secundário do tipo penal (sanção) - E, também, entre o delito do antigo art. 26 da Lei nº 7.170/83 e o delito previsto no art. 138 c/c art. 141, II, ambos do Código Penal. 5- Os elementos dos autos comprovam que, através da divulgação dos vídeos publicados nos dias 24.5.2021, 23.7.2021 e 26.7.2021

o Estado Democrático de Direito, viga mestre de todo o ordenamento jurídico brasileiro.

Do ponto de vista recursal, prolatada a sentença pelo juízo federal de primeiro grau pelo crime político, pode ser interposto recurso ordinário, cuja competência é do Supremo Tribunal Federal e não do tribunal regional federal, por força do quanto disposto no art. 102, inciso II, alínea "b", da Constituição Federal.

Merece uma análise mais acurada aqui o conceito de bens,

> o réu tentou, com emprego de violência ou grave ameaça, a abolir o Estado Democrático de Direito, impedindo ou restringindo o exercício dos poderes constitucionais, ao atingir a honorabilidade e ameaçar ilegalmente o Poder Legislativo e seus parlamentares, em especial os integrantes da CPI da Pandemia. Autoria criminosa e Materialidade delitiva amplamente comprovadas pelas transcrições das intervenções proferidas pelo réu nas mídias digitais, cujo conteúdo foi extraído dos vídeos que foram publicados em plataformas digitais, sendo todos devidamente indicados na Informação Policial 1/2021. 6- Conduta dolosa do réu descrita pelo Ministério Público consistiu em sua vontade livre e consciente de caluniar, por meio de palavras proferidas durante entrevista e mediante postagem de vídeo em sua rede social, o Presidente do Senado Federal, Senador da República RODRIGO PACHECO, ao atribuir-lhe o crime de prevaricação. 7- Crime de incitação pública à prática de dano qualificado pela violência e grave ameaça, com emprego de substância inflamável, contra o patrimônio da União (art. 286, combinado com o art. 163, parágrafo único, II e III, ambos do Código Penal). Autoria e materialidade comprovadas. 8- Conduta homofóbica praticada pelo réu, consistente em (sic), dolosamente, com vontade livre e consciente praticar por meio de palavras proferidas durante entrevista e mediante postagem de vídeo em sua rede social, discurso de ódio discriminatório contra os integrantes do grupo LGBTQIAP+, na medida em expôs o seu ilícito e preconceituoso entendimento de que seus integrantes são seres humanos inferiores, nocivos, prejudiciais, conforme transcrição feita na denúncia e na Informação Policial nº 01/21. Homofobia. Autoria e materialidade do crime de homofobia comprovados (art. 20, §2º, da Lei nº 7.716/89, ADO 26/DF, Rel. Min. CELSO DE MELLO). 9- CONDENO O RÉU ROBERTO JEFFERSON MONTEIRO FRANCISCO à pena, a ser cumprida inicialmente em regime fechado, de 9 (nove) anos, 1 (um) mês e 5 (cinco) dias, sendo 7 (sete) anos, 7 (sete) meses e 20 (vinte) dias de reclusão; 1 (um) ano, 5 (cinco) meses e 15 (quinze) dias de detenção e 120 (cento e vinte) dias-multa, o valor do dia-multa equivalente a 5 (cinco) salários mínimos, considerado o patamar vigente à época do fato, que deve ser atualizado até a data do efetivo pagamento (arts. 49, §§1º e 2º; e 60, caput, do CP), pelas seguintes infrações penais: 9.1 Artigo 23, inciso IV c.c Artigo 18 da Lei 7.170/83, por 3 (três) vezes, na forma do art. 71 do Código Penal, em virtude da ultra-atividade da lei penal mais benéfica em relação ao artigo 359-L do Código Penal, à pena de 3 (três) anos e 9 (nove) meses de reclusão; 9.2 Artigo art. 138 c.c. Art. 141, II, ambos do Código Penal, em virtude da retroatividade da lei penal mais benéfica em relação ao art. 26 da Lei 7.170/83, à pena de 1 (um) ano, 1 (um) mês e 10 (dez) dias de detenção e 60 (sessenta) dias-multa; 9.3 Artigo 286 c.c. Art. 163, parágrafo único, incisos II e III, ambos do Código Penal, à pena de 4 (quatro) meses e 5(cinco) dias de detenção; e 9.4 pela prática do crime previsto no art. 20, §2º, da Lei 7.716/1989, por 2(duas) vezes, na forma do art. 71 do Código Penal, à pena de 3 (três) anos e 10 (dez) meses e 20 (vinte) dias de reclusão e 60(sessenta) dias-multa. 10- Condenação ao pagamento de indenização mínima (Art. 387, IV, do Código de Processo Penal) a título de ressarcimento dos danos materiais e danos morais coletivos. Valor mínimo indenizatório a título de danos morais coletivos de R$ 200.000,00 (duzentos mil reais), em favor do fundo a que alude o art. 13 da Lei 7.347/1985. Precedentes. 11- AÇÃO PENAL TOTALMENTE PROCEDENTE (STF - AP 2493 - TP - Rel. Alexandre de Moraes - J. 21.03.2025)."

serviços ou interesse da União, autarquias federais, empresas públicas e fundações públicas federais. Os bens da União se encontram arrolados no art. 20 do Diploma Maior.

Os serviços mencionados no inciso IV são ligados aos serviços públicos que são prestados por tais entes federados mencionados.

O interesse deverá também pertencer à União, à empresa pública federal e às autarquias e fundações públicas federais. De acordo com a jurisprudência, se esse interesse for direto de um desses entes federados, a competência será da Justiça Federal. Porém, se o interesse for indireto ou reflexo dos entes federais citados, a competência se fixa na Justiça Estadual.

5.5.2 Casuística

5.5.2.1 Crime de dano em consulado estrangeiro

Se o crime é cometido em desfavor de consulado estrangeiro, a competência para julgar tal crime é da Justiça Estadual. Isso porque não é bem da União a sede de qualquer consulado estrangeiro.

5.5.2.2 Bem tombado

Crime de dano cometido contra bem tombado é de competência da Justiça Federal se o bem for tombado pela União ou das entidades da Administração citadas no art. 109 da CF (há interesse da União nesse tombamento); mas se o bem foi tombado pelo estado-membro ou pelo município, a competência será da Justiça Estadual.

5.5.2.3 Contrabando ou descaminho

Seguindo a previsão do art. 334 do CP, no contrabando há o ingresso da mercadoria proibida no país, por exemplo, trazer para o Brasil uma caixa de vinho oriunda do Chile. Já no crime de descaminho, a conduta é carregar a mercadoria sem estar acobertada pela nota fiscal. Esses crimes, por ter a União interesse direto em coibi-los, são julgados pela Justiça Federal.

Em relação à competência territorial, é definida pelo local da apreensão do bem, consoante Enunciado nº 151 do Superior Tribunal de Justiça: "(...) A competência para o processo e julgamento por crime de contrabando ou descaminho define-se pela prevenção do Juízo Federal do lugar da apreensão dos bens".

5.5.2.4 Moeda falsa

O crime de moeda falsa, previsto no art. 289 do CP, é de competência da Justiça Federal, pois é um serviço que compete à União emitir moeda, tal como assevera o art. 21, inciso VII, da Lei das Leis. Em se tratando de moeda estrangeira, mesmo que a União não seja a responsável pela fabricação, é seu dever fiscalizar a circulação e zelar para essa espécie de moeda não seja falsificada.

No entanto, se a falsificação for grosseira, caracteriza o crime de estelionato, sendo a competência da Justiça Estadual, de acordo com a Súmula nº 73 do Superior Tribunal de Justiça: "(...) A utilização de papel moeda grosseiramente falsificado configura, em tese, o crime de estelionato, da competência da Justiça Estadual".

5.5.2.5 Crime praticado contra os Correios

Crimes que tenham por vítima a Empresa Brasileira de Correios e Telégrafos (EBCT) são de competência da Justiça Federal, sendo os serviços postais regulamentados pela Lei nº 6.538/1978. Segundo assevera o art. 21, inciso X, da CF, compete à União manter o serviço postal e o correio aéreo nacional.

5.5.2.6 Crime de funcionamento de rádio pirata art. 183 da Lei nº 9.472/97

Será julgado pela Justiça Federal, em obediência ao quanto disposto no art. 21, inciso XI, da Constituição Federal, que afirma competir à União explorar, diretamente ou mediante autorização, concessão ou permissão, os serviços de telecomunicações, nos termos da lei, que disporá sobre a organização dos serviços, a criação de um órgão regulador e outros aspectos institucionais. No caso de instalação clandestina de TV a cabo, o sujeito passivo do crime é a companhia de TV e não a União, razão pela qual a competência para julgar tais crimes é da Justiça Estadual.

5.5.2.7 Crime federal conexo com crime estadual

Prevalece a competência da Justiça Federal. É o que prevê a Súmula nº 122 do Superior Tribunal de Justiça: "(...) Compete à Justiça Federal o processo e julgamento unificado dos crimes conexos de competência federal e estadual, não se aplicando a regra do art. 78, II, 'a', do Código de Processo Penal".

5.5.2.8 Crimes contra a União, autarquias federais e empresas públicas federais

Nessa situação, a União é utilizada como referência enquanto pessoa jurídica da Administração Pública Federal Direta.

São exemplos de autarquias federais: Instituto Nacional do Seguro Social (INSS), Banco Central do Brasil (Bacen), Instituto Brasileiro do Meio Ambiente e dos Recursos Instituto Brasileiro do Meio Ambiente (Ibama) etc. São exemplos de empresas públicas federais: Caixa Econômica Federal, Empresa Brasileira de Correios e Telégrafos (EBCT), Banco Nacional de Desenvolvimento Econômico e Social (BNDES), Casa da Moeda do Brasil, entre outras.

5.5.2.9 Crimes cometidos contra entidades de fiscalização profissional

Alguns entes, como o Conselho Federal de Medicina (CRM), o Conselho Federal de Engenharia e Agronomia (Confea), dentre outras entidades de fiscalização profissional possuem natureza de autarquia federal. Crimes praticados contra tais entidades, a competência para julgar é da Justiça Federal.

Para o Pretório Excelso no julgamento da ADI nº 3.026, a Ordem dos Advogados do Brasil (OAB) é uma categoria *sui generis*. Os precedentes dos tribunais superiores são no sentido de que as infrações penais em detrimento da OAB continuam sob a responsabilidade da Justiça Federal.

5.5.2.10 Crimes praticados contra sociedade de economia mista

São pessoas jurídicas de direito privado, cujo capital não pertence integralmente à União, a exemplo da Petrobras e do Banco do Brasil, a competência é da Justiça Estadual. Em tais caso se aplica a Súmula nº 42 do Superior Tribunal de Justiça: "Compete à Justiça Comum Estadual processar e julgar as causas cíveis em que é parte sociedade de economia mista e os crimes praticados em seu detrimento".

5.5.2.11 Crime de falso testemunho competido na Justiça do Trabalho

Como a Justiça do Trabalho não possui competência criminal, o crime será julgado pela Justiça Federal. Eis o teor da Súmula nº 165 do Superior Tribunal de Justiça: "(...) Compete à Justiça Federal processar e julgar crime de falso testemunho cometido no processo trabalhista".

5.5.2.12 Crime de estelionato praticado mediante a falsificação das guias das contribuições previdenciárias

Como não há lesão ou prejuízo ao INSS, uma vez que a instituição bancária ressarcirá os valores à autarquia, a competência é da Justiça Estadual. É o que preconiza a Súmula nº 107 do Superior Tribunal de Justiça: "(...) Compete à Justiça Comum Estadual processar e julgar crime de estelionato praticado mediante falsificação das guias de recolhimento das contribuições previdenciárias, quando não ocorrente lesão à autarquia federal".

5.5.3 Conexão e continência

5.5.3.1 Conceito

Em homenagem ao princípio da economia processual e visando evitar o proferimento de decisões judiciais contraditórias, o que contribuiria para o desprestígio da Justiça, a lei processual penal possibilita, em determinadas hipóteses, a reunião de crimes e sujeitos, que poderiam ser julgados de maneira separada.

5.5.3.2 Conexão

É uma ligação entre duas ou mais infrações criminais, que, via de consequência, devem ser julgadas no mesmo processo.

5.5.3.2.1 Classificação das hipóteses de conexão (art. 76, CPP)

a) Conexão intersubjetiva: Evidencia-se quando duas ou mais infrações são cometidas por duas ou mais pessoas (art. 76, inciso I, CPP), da seguinte forma:

1) Conexão intersubjetiva por simultaneidade: Dois ou mais crimes cometidos por duas ou mais pessoas nas mesmas circunstâncias de tempo e espaço.
2) Conexão intersubjetiva em concurso: Há um acordo prévio entre as pessoas, um liame subjetivo entre elas.
3) Conexão intersubjetiva por reciprocidade: As pessoas atuam umas em desfavor das outras. Não é o caso de crime de rixa, pois se trata de crime único. Pode ser o caso das lesões corporais recíprocas.

b) Conexão lógica/teleológica/finalista: Um crime é praticado para se obter vantagem, ocultar ou criar impunidade em face de outra infração (art. 76, II, CPP).
c) Conexão instrumental ou probatória: A demonstração da existência de uma infração é essencial para revelar a ocorrência de outro delito (art. 76, III, CPP). Os crimes estão amalgamados, como o crime de recepção em relação ao crime de roubo/furto.

5.5.3.3 Continência

5.5.3.3.1 Conceito

O fator a ser observado aqui é a unidade, seja quando um só crime é praticado por duas ou mais pessoas, ou quando uma só conduta provoca dois ou mais resultados (art. 77, CPP).

5.5.3.3.2 Classificação

a) Continência por cumulação subjetiva: Um só crime é praticado por duas ou mais pessoas (art. 77, I, CPP).
b) Continência por cumulação objetiva: Uma só conduta provoca dois ou mais resultados (art. 77, II, CPP).

Sem dúvida, na continência, estamos diante das situações do concurso formal de infrações penais, tais como previstas nos arts. 70, 73 e 74 do CP. Em se tratando de concurso material de crimes, a hipótese é de conexão.

5.5.4 Regras incidentes na fixação do foro competente nos casos de conexão e continência

A competência é fixada por meio de lei. Para se identificar o juiz ou o tribunal que ficará responsável por processar e julgar tais infrações e/ou sujeitos em caso de conexão ou continência, é preciso seguir o caminho traçado pela lei processual penal. Assim vejamos.

5.5.4.1 Justiça Especial e Justiça Comum

Regra geral, a Justiça especializada prevalece em relação à Justiça Comum.

A Justiça Militar somente julga as infrações militares estatuídas nos arts. 9º e 10 do Código Penal Militar (CPM).

Por seu turno, a Justiça Eleitoral julga os delitos eleitorais e as infrações penais comuns conexas ou continentes, sem levar em consideração se a infração comum é da órbita federal ou estadual (art. 78, inciso IV, CPP).

5.5.4.2 Tribunal do Júri e demais órgãos da Justiça Comum

A previsão legal do art. 78, inciso I, do CPP, é de uma clareza meridiana, prevalece a competência do Tribunal do Júri. Nessa situação, o Tribunal do Júri é competente para julgar os crimes dolosos contra a vida e as demais infrações comuns nos casos de conexão e continência.

No que tange às infrações de menor potencial ofensivo, podem sofrer a *vis atractiva* da conexão ou continência, porém deve se respeitar a oferta da composição civil dos danos sofridos e da transação penal (art. 60, p.único, Lei nº 9.099/1995).

Se houver conexão entre o crime doloso contra a vida e o crime federal, o Júri prepondera na conexão, mas o Júri será realizado na Justiça Federal.

Em caso de crime doloso contra a vida em conexão com o delito eleitoral, como se trata de competência prevista na Constituição Federal, ocorrerá a separação dos processos e julgamentos.

5.5.4.3 Jurisdição de maior hierarquia e jurisdição de menor hierarquia

Ocorre a atração da competência para a jurisdição que possui maior hierarquia. Esses os termos da Súmula nº 704 do Supremo Tribunal Federal: "(...) Não viola as garantias do juiz natural, da ampla defesa e do devido processo legal a atração por continência ou conexão do processo do corréu ao foro por prerrogativa de função de um dos denunciados".

5.5.4.4 Órgãos que compõem a mesma Justiça e de igual hierarquia

1) Prevalece o juiz atuante no local da consumação do crime mais grave (pena máxima cominada abstratamente ao delito).
2) Quando os crimes possuem a mesma pena, prevalece o juiz atuante no local da consumação do maior número de infrações.
3) Se os crimes possuem a mesma pena máxima e idêntica quantidade por comarca, a prevalência é definida pela prevenção (art. 78, II, CPP).

5.5.5 Separação dos processos

Pode ocorrer a situação em que exista a conexão ou continência, todavia os processos podem tramitar de maneira separada por exigência normativa ou por conveniência da persecução penal.

5.5.5.1 Obrigatória

Por determinação da lei, consoante vaticina o art. 79 do CPP, bem como para que sejam preservadas as regras estabelecidas na Constituição Federal.

5.5.5.2 Facultativa

Fundamentada na conveniência da persecução penal. As hipóteses previstas no art. 80 do CPP, como os delitos perpetrados em circunstâncias de tempo e espaço diversas, parte dos imputados estão com prisão cautelar decretada e a outra parte não. Diante desse quadro, o juiz decidirá se existe motivo relevante para a separação no julgamento dos processos.

5.6 Perpetuação da jurisdição

Em caso de absolvição do réu pelo crime que tornou o juízo prevalente ou desclassificar essa infração, continuará competente para julgar as demais ações delituosas conexas (art. 81, CPP).

Essa regra tem tons diferenciados no rito do Tribunal do Júri. Em se verificando a desclassificação (art. 419, CPP), absolvição sumária (art. 415, CPP) ou impronúncia (art. 414, CPP), o crime conexo será remetido ao juízo competente (art. 81, p.único, CPP).

Em se verificando a desclassificação na fase plenária do júri, o crime desclassificado e os conexos devem ser julgados pelo juiz presidente. Na hipótese de os jurados absolverem o pronunciado pelo crime doloso contra a vida, devem julgar os crimes conexos.

CAPÍTULO 6

DA RESTITUIÇÃO DE COISAS APREENDIDAS

"Esse é o nosso mundo
O que é demais nunca é o bastante
E a primeira vez é sempre a última chance
Ninguém vê onde chegamos
Os assassinos estão livres, nós não estamos."

(Renato Russo)

6.1 Generalidades

A apreensão de objetos e instrumentos relacionados a um fato criminoso pode ser efetivada no momento da prisão em flagrante, ou no cumprimento do mandado de busca e apreensão, com o escopo de comprovar a materialidade delitiva, além de assegurar a preservação de indícios de autoria. Por isso, afirma-se que só serão objeto de apreensão as coisas que tenham relação direta com a infração penal, porquanto, caso sejam produto/proveito, serão objeto de outras medidas, como o sequestro, ressalvados os direitos de terceiros de boa-fé.

O pedido de restituição pode ser direcionado à autoridade policial, ou ao juiz, a depender da evidência do direito pleiteado. Isso porque, nos termos do art. 120, *caput*, do CPP, a restituição, quando cabível, poderá ser ordenada pela autoridade policial ou juiz, mediante termo nos autos, desde que não exista dúvida quanto ao direito do peticionário.

Dentro desse panorama, caso haja dúvida quanto ao direito, o pedido de restituição autuar-se-á em apartado, facultando-se ao requerente o prazo de cinco dias para a prova, e só o juiz criminal poderá decidir o incidente (art. 120 §1º, CPP). Outra hipótese que o CPP destaca é a reserva de jurisdição, ou seja, dado que somente pode ser decidida pelo juiz, e se dá quando a coisa for apreendida em poder de terceiro, o qual será intimado para alegar e provar o seu direito, em prazo igual e sucessivo ao do requerente, tendo um e outro dois dias para arrazoar (art. 120, §2º, CPP).

Destaca-se que o Ministério Público deve, obrigatoriamente, ser ouvido sobre o pedido de restituição, por força do art. 120, 3º, do CPP. E, em caso de dúvida, sobre quem seja o verdadeiro dono da coisa, o juiz criminal encaminhará as partes ao juízo cível competente, e determinará o depósito das coisas em mãos de depositário ou do próprio terceiro que as detinha, se for pessoa idônea (art. 120, §4º, CPP).

6.2 Coisas que podem ser apreendidas

Seguindo o balizamento legal, invoco o art. 240, §1º, alíneas "b", "c", "d", "e", "f" e "h", do CPP, que trata dos objetos que podem ser apreendidos pela autoridade policial:
   a) Coisas achadas ou obtidas por meios criminosos (os produtos do crime);
   b) Instrumentos de falsificação ou de contrafação e objetos falsificados ou contrafeitos;
   c) Armas e munições, instrumentos utilizados na prática do crime ou destinados a fim delituoso;
   d) Objetos destinados à prova da infração ou à defesa do réu;
   e) Cartas, abertas ou que o conhecimento do seu conteúdo possa ser útil à elucidação do fato;
   f) Quaisquer elementos de convicção.

Quanto às cartas, a Constituição Federal proíbe a violação do seu sigilo, tal como estatui o art. 5º, inciso XII.

6.3 Coisas que não podem ser apreendidas

Verifica-se ainda que as coisas ou valores que constituam proveito auferido pelo agente, decorrentes do produto do crime, não podem ser apreendidas. Em tais hipóteses, as coisas podem ser objeto de sequestro ou arresto, e não de busca e apreensão. É o entendimento predominante na doutrina.

6.4 Coisas não restituíveis

A digressão se faz necessária nesse ponto e se revelará profícua, porque o art. 119 do CPP veda a restituição das seguintes coisas objeto de busca e apreensão, mesmo depois de transitar em julgado a sentença final, salvo se pertencerem ao lesado ou a terceiro de boa-fé:
  a) Dos instrumentos do crime, desde que consistam em coisas cujo fabrico, alienação, uso, porte ou detenção constitua fato ilícito;
  b) Do produto do crime ou de qualquer bem ou valor que constitua proveito auferido pelo agente com a prática do fato criminoso.

Destarte, pode-se destacar uma exceção antes consignada, que se verifica se tais coisas pertencerem ao lesado ou a terceiro de boa-fé. Mesmo para as coisas previstas no item a, se houver permissão legal para o terceiro de boa-fé ou lesado tê-las em sua posse, é possível a restituição. Para deixar clara a ideia aqui consignada, caso exista proibição legal para o uso, porte ou detenção da coisa, ainda que a sentença seja absolutória, ocorra o arquivamento do inquérito policial, impronúncia, verificar-se-á a perda em favor da União, conforme dicção legal dos arts. 119, 122 e 124, todos do CPP.

6.5 Das coisas restituíveis

Por conclusão lógica, apontadas as coisas que não podem ser restituídas, chegamos àquelas que o CPP permite a restituição, quais sejam:
  a) As coisas que não constituam instrumento, objeto ou produto do delito, serão restituídas a quem de direito (réu ou terceiro de boa-fé);
  b) As coisas que se constituírem em instrumento, objeto, cujo fabrico, uso, alienação, porte ou detenção representa fato ilícito, também, podem ser restituídas a quem de direito;
  c) O produto do delito, em favor do lesado ou terceiro de boa-fé.

6.5.1 Legitimidade para reclamá-las

A legitimidade para se aferir a pertinência subjetiva do pedido é de quem seja o real proprietário, isto é, o lesado ou o terceiro de boa-fé. Se no curso do processo, bem como ao final, não houver sentença condenatória transitada em julgado, o acusado poderá reivindicar a restituição da coisa ou do instrumento de uso ilícito, se ele tiver autorização legal, e ainda, em caráter excepcional, para seu uso exclusivo.

6.5.2 Competência para o deferimento do pedido

A atribuição para apreciar o pedido é do delegado, durante a tramitação do inquérito policial, e do juiz, tanto na fase investigatória quanto na fase processual. Em ambas as hipóteses, devem sempre ouvir o Ministério Público antes de deferir o pedido de restituição.

6.5.3 Restituição pleiteada ao delegado

Em hipóteses específicas, o delegado pode examinar e deferir o pedido de restituição.

6.5.4 Requisitos

São três os requisitos:
a) Deve ser coisa restituível e não deve haver interesse em sua retenção;
b) Não deve haver dúvida quanto ao direito do reclamante;
c) Não ter sido feita a apreensão em poder de terceiro de boa-fé.

6.5.5 Procedimento

O procedimento trilhará as seguintes etapas: primeiro, o interessado deve apresentar um pedido por meio de petição, demonstrando, de imediato, que a coisa apreendida lhe pertence, ou seja, deve demonstrar a evidência do direito pleiteado. Em seguida, colhe-se o parecer do Ministério Público, nos termos do art. 120, §3º, do CPP. Na sequência, caso a autoridade policial decida pela devolução, emitirá um despacho nos autos do inquérito autorizando a restituição. Por fim, o escrivão lavrará o termo de restituição, que deverá ser assinado pelo interessado ou seu advogado, além de duas testemunhas.

6.6 Da restituição pleiteada ao juiz

Em qualquer caso o magistrado pode deferir o pedido, mesmo quando seja da atribuição do delegado. De acordo com o famoso adágio jurídico: "quem pode o mais, pode o menos".

6.6.1 Requisitos

a) Deve ser coisa restituível e não deve haver interesse em sua retenção;
b) Não deve haver dúvida quanto ao direito do reclamante;
c) Não ter sido feita a apreensão em poder de terceiro de boa-fé.

6.6.2 Procedimento

Para se determinar o procedimento a ser observado, deve-se analisar se a coisa foi encontrada em poder do investigado/indiciado/réu, ou em poder de terceiro de boa-fé. Temos as seguintes situações:

a) Coisa encontrada em poder do réu: Quando a coisa apreendida for encontrada em posse do réu, o procedimento será o seguinte: primeiro, o interessado peticionará em juízo, demonstrando, que o bem lhe pertence, notadamente nos casos em que houver dúvida sobre seu direito. Após a autuação, o juiz concederá um prazo de cinco dias para que o requerente comprove seu direito sobre o bem. Em seguida, o Ministério Público será novamente consultado, e o magistrado proferirá decisão. Caso a incerteza persista, por envolver questão de maior complexidade, o juiz poderá indeferir o pedido, sem prejuízo de reavaliá-lo posteriormente, após a definição do direito de propriedade no juízo cível, conforme previsto no art. 120, §4º, do CPP.

b) Coisa encontrada em poder de terceiro de boa-fé: De acordo com o disposto no art. 120, §2º, do CPP, se as coisas forem apreendidas em poder de terceiro de boa-fé, que será intimado para alegar e provar o seu direito, em prazo igual e sucessivo ao do reclamante, tendo um e outro dois dias para arrazoar. Em seguida, ouve-se o Ministério Público. E, assim como na hipótese de a coisa seja encontrada em poder do réu, em caso de dúvida sobre quem seja o verdadeiro dono, o juiz remeterá as partes para o juízo cível, ordenando o depósito das coisas em mãos de depositário ou do próprio terceiro que as detinha, se for pessoa idônea, consoante permissivo legal do art. 120, §4º, do CPP.

6.6.3 Do acautelamento da coisa, quando duvidoso o direito

O CPP apresenta duas hipóteses de acautelamento das coisas apreendidas. Em primeiro lugar, poderá ordenar o depósito das coisas em mãos de depositário ou do próprio terceiro que as detinha, se for pessoa idônea (art. 120, §4º, CPP). Em segundo lugar, tratando-se de coisas facilmente deterioráveis, serão avaliadas e levadas a leilão público, depositando-se o dinheiro apurado, ou entregues ao terceiro que as detinha, se este for pessoa idônea e assinar termo de responsabilidade (art. 120, §5º, CPP).

6.7 Do não cabimento do pedido de restituição

É imprescindível se atentar para a redação do art. 121 do CPP, quando determina a proibição da busca e apreensão, e do respectivo pedido de restituição de coisa adquirida com os proventos da infração. Nessa hipótese, a via adequada é o sequestro. Logo, caso Tício furte de Mévio um veículo, e, em seguida, proceda a venda e adquira uma motocicleta com o valor resultante da venda do carro, deverá haver o sequestro e não a busca e apreensão da motocicleta.

6.8 Da destinação das coisas apreendidas na ausência pedido de restituição

Verificando-se a ausência de interessados na restituição das coisas apreendidas, a solução legal está encartada nos arts. 122 a 124 do CPP, que tratam da destinação a ser dada às coisas apreendidas, caso não haja pedido de restituição por quem de direito.

6.8.1 Do leilão dos instrumentos ou produtos do crime (art. 122, CPP)

a) Sem prejuízo do disposto no art. 120, as coisas apreendidas serão alienadas nos termos do disposto no art. 133 do CPP;
b) Ordenará o leilão da coisa sequestrada ou apreendida;
c) Em caráter excepcional, o juiz poderá, ao invés de mandar leiloar a coisa, ordenar que os instrumentos do crime, cuja perda em favor da União for decretada, e as coisas confiscadas, sua inutilização ou enviar ao museu criminal, se houver interesse

na sua conservação (art. 124, CPP). A primeira hipótese (inutilização), ocorre quando a coisa é de inexpressivo valor.

Tratando-se de arma de fogo, será recolhida ao Ministério do Exército (art. 25, Lei nº 10.826/2003). Na hipótese de decretação de perdimento de obras de arte ou de outros bens de relevante valor cultural ou artístico, se o crime não tiver vítima determinada, poderá haver destinação dos bens a museus públicos, nos termos do art. 124-A do CPP.

6.8.2 Do leilão de outras coisas apreendidas (art. 123, CPP)

Se a coisa apreendida não for produto ou instrumento do crime, nem sequestrável ou arrestável, ou não pertencer ao réu, havendo sentença condenatória, no prazo de 90 dias, a contar desta, o juiz mandará vendê-la, em leilão, depositando-se o saldo à disposição do juízo de ausentes (arts. 744 e 745, CPC). O mesmo procedimento ocorrerá se houver arquivamento do inquérito, absolvição, extinção da punibilidade, salvo se o instrumento ou produto deva ser confiscado por ser ilícito (art. 779, CPP).

Constata-se que o acusado só pode ver restituída coisa de sua propriedade ou posse, que nem seja produto ou provento adquirido com a infração penal, depois do trânsito em julgado da sentença penal condenatória.

E se o interessado requerer a restituição do bem e o juiz não deferir a devolução, por ser de alta indagação o direito reclamado e o interessado não for ao juízo cível para ver reconhecido o direito à coisa? Terá, ainda, o prazo de 90 dias, a contar do trânsito em julgado da sentença condenatória, para provar que está discutindo o direito reclamado, no cível. Em tal situação, o juiz sustará o leilão da coisa.

6.9 Sistema recursal

Da decisão do juiz que defere a restituição, cabe apelação (art. 593, II, CPP). Da que indefere, sob o fundamento de que sua posse é ilícita, independentemente de condenação, cabe apelação (art. 593, II, CPP). Da que indefere, porque houve dúvida quanto ao direito de propriedade do requerente, não cabe qualquer recurso. Em tal hipótese, deverá a parte ajuizar no juízo civil visando à declaração de sua propriedade.

CAPÍTULO 7

DAS MEDIDAS ASSECURATÓRIAS
(ARTS. 125 A 144-A, CPP)

"Este lindo céu azul que todos vemos, nem é céu nem é azul. Lástima grande não seja verdade tanta beleza."

(Domenico Arcansuela)

7.1 Pontos cruciais

As medidas assecuratórias viabilizam a apreensão dos bens do acusado/investigado que tenham sido adquiridos com os frutos (proventos/produtos indiretos) da infração penal – ou seja, de origem ilícita – mesmo que tenham sido transferidos a terceiros, com a aplicação do instituto do sequestro, bem como daquelas de origem lícita, por meio do arresto ou da hipoteca legal.

Convém pontuar aqui que o objetivo das medidas assecuratórias é promover o confisco, o pagamento das custas do processo e das multas impostas ao condenado, além da reparação dos danos sofridos pelo ofendido em decorrência do crime.

Considerando a similitude com a medidas cautelares previstas no processo civil, para a sua decretação não se exige a presença do *periculum libertatis*, e sim do o *fumus comissi delicti*, sendo indispensável ao seu deferimento a existência de indícios suficientes de autoria e prova da materialidade.[59]

---

[59] "PENAL E PROCESSUAL PENAL - AGRAVO REGIMENTAL NO RECURSO ESPECIAL - CORRUPÇÃO ATIVA - LAVAGEM DE CAPITAIS - FALSIDADE IDEOLÓGICA - RECURSO

De acordo com o CPP, as medidas assecuratórias previstas são: a) o sequestro (art. 125, CPP); b) a hipoteca legal (art. 134, CPP) e c) o arresto (art. 137, CPP), sendo as medidas cautelares do processo penal de natureza pessoal, probatória e patrimonial.

Dentro desse prisma, as medidas assecuratórias possuem uma vertente de constrição patrimonial em procedimentos criminais incidentes, que visam conferir eficácia ao processo penal principal, impondo restrições à fruição do produto do crime ou qualquer ou proveito ou vantagem dele proveniente, assegurando o ressarcimento dos danos sofridos pela vítima em virtude do ilícito, além do pagamento de possíveis penalidades pecuniárias e despesas processuais (arts. 387, inciso IV, 686 e 805, CPP).

7.2 Sequestro

7.2.1 Noções propedêuticas

Seguindo a inspiração trazida do processo civil, o sequestro significa retenção de coisa litigiosa, com o fim de manter sua incolumidade até a decisão final, visando dar frutuosidade ao próprio processo. Entretanto, no processo penal se observa um outro viés, porque a coisa a ser retida não precisa ser litigiosa, porém auferida pelo investigado ou acusado com os proventos da infração. Via de consequência, o art. 125, do CPP, dispõe que caberá o sequestro dos

---

DO MINISTÉRIO PÚBLICO FEDERAL - MEDIDA CAUTELAR - ARRESTO - AUSÊNCIA DE INDÍCIOS DE AUTORIA - REVERSÃO DO JULGADO - IMPOSSIBILIDADE - REVISÃO DO CONTEÚDO FÁTICO-PROBATÓRIO - ÓBICE DA SÚMULA Nº 7/STJ - AGRAVO REGIMENTAL DESPROVIDO - 1- É firme a jurisprudência desta Corte Superior de que "as medidas assecuratórias previstas na legislação processual penal, das quais o sequestro, o arresto e a hipoteca legal são espécies, têm por finalidade assegurar a existência de patrimônio do réu para o pagamento tanto dos danos decorrentes do crime, quanto da multa pecuniária e das custas processuais eventualmente impostas, sendo indispensável, para o seu deferimento, a existência de indícios de autoria e prova da materialidade" (AgRg no REsp nº 1.931.372/MG, relator Ministro Reynaldo Soares da Fonseca, Quinta Turma, julgado em 22/6/2021, DJe 28/6/2021, grifos meus). 2- O Tribunal de origem concluiu que não há indícios suficientes de autoria delitiva a ensejar a medida de arresto e entendeu não estarem preenchidos os requisitos legais necessários à decretação da constrição, ressaltando que há "possibilidade de a investigação evoluir a tal ponto que possibilite novo pedido de indisponibilidade". 3- A aferição dos requisitos necessários à concessão do arresto, sobretudo no que se refere aos indícios de autoria delitiva, são dependentes de incursão do quadro probatório dos autos, providência obstada na seara do apelo nobre, nos termos da Súmula nº 7 /STJ. 4- Agravo regimental desprovido (STJ - AgRg-REsp 1974107/MT - (2021/0382534-4) - 6ª T. - Rel. Min. Antonio Saldanha Palheiro - DJe 03.05.2024)."

bens imóveis, adquiridos pelo indiciado com os proventos da infração, ainda que já tenham sido transferidos a terceiro.

7.2.2 Requisitos

De acordo com o delineamento normativo do art. 126 do CPP, é preciso se reunir os requisitos legais para o juiz decretar o sequestro:
a) Ser ou já ter sido o indiciado ou o acusado proprietário da coisa;
b) Haver indícios veementes no inquérito ou no processo de que o indiciado ou acusado adquiriu a coisa com os proventos da infração.

7.2.3 Legitimidade para postular

Seguindo as diretrizes do art. 127 do CPP, podem requerer o sequestro o Ministério Público e o ofendido. Em que pese exista previsão de o juiz poder decretá-lo de ofício, baixando a competente portaria, entendo que tal dispositivo legal não foi recepcionado pela Lei Suprema de 1988 que adotou o sistema acusatório. E a autoridade policial pode representar, desde que decline os motivos suficientes, pela decretação da medida assecuratória na fase investigatória.

7.2.4 Oportunidade

O tempo oportuno para que seja realizado o requerimento é tanto na fase inquisitorial quanto na fase processual pelos legitimados. Assim sendo, o juiz pode deferir ou não tal pedido, e, em face dessa decisão, caberá apelação (art. 593, II, CPP).

7.2.5 Procedimento legal

O rito a ser obedecido está esquadrinhado e segue a lógica aqui descrita:
1º) O requerimento é formulado em autos apartados (art. 129, CPP). Não há previsão legal da oitiva do indiciado ou do acusado, sendo o contraditório diferido, visando conferir eficácia a medida;
2º) Comprovada a propriedade do bem e indícios suficientes da aquisição do bem com proventos do delito, o juiz pode

deferir liminarmente a medida assecuratória, determinando a expedição do competente mandado, que conterá os mesmos requisitos do mandado de penhora, tal como previsto no CPC;

3º) Na sequência, o mandado será cumprido por dois oficiais de Justiça, fazendo-se, em seguida, se o bem for imóvel, a inscrição do sequestro no Registro de Imóveis, diante do princípio da publicidade, gerando efeitos contra terceiros.

7.2.6 Dos embargos de terceiro

Muito embora o contraditório no incidente de sequestro seja postergado, poderá o indiciado ou acusado impugnar tal medida assecuratória, por meio de embargos de terceiro, nos termos do art. 130, I, do CPP, medida essa prevista no CPC – arts. 674 e seguintes.

7.2.6.1 Dos embargos do terceiro senhor e possuidor

Considero oportuno mencionar que não só o indiciado ou acusado poderá fazê-lo, mas também o terceiro senhor, possuidor e o terceiro de boa-fé, que comprou das mãos do réu ou de terceiro o bem adquirido pelo primeiro com os proventos da infração penal. Dessa forma, são três os legitimados a desconstituir o sequestro, manejando os embargos de terceiro.

7.2.6.2 Dos embargos opostos pelo acusado e pelo terceiro de boa-fé

Tais hipóteses estão elencadas no art. 130 do CPP. Dessa forma, o acusado pode exercer o direito ao contraditório contra a medida de sequestro que lhe é desfavorável, em sede de embargos de terceiro. A motivação dos embargos será não ter sido o bem adquirido pelo acusado com os proventos oriundos da infração criminal.

Por seu turno, o terceiro que adquiriu o bem a título oneroso, como a compra e venda, por exemplo, poderá opor embargos, sob o baldrame jurídico de que adquiriu o bem imbuído de boa-fé objetiva (art. 422, Código Civil – CC). Nesse caso, diferente dos embargos do art. 129 do CPP, o bem realmente foi adquirido pelo investigado ou acusado com proventos da infração penal, antes de ser transferido ao terceiro de boa-fé.

É relevante registrar que tanto os embargos oponíveis pelo investigado/acusado ou pelo terceiro de boa-fé, diferentemente dos embargos do terceiro senhor e possuidor, só serão julgados após o trânsito em julgado da sentença condenatória, segundo a previsão normativa do parágrafo único do art. 130 do CPP.

7.2.7 Do levantamento do sequestro

São três as situações em que o sequestro será levantado, como se extrai da leitura do art. 131 do CPP, incisos I a III, do CPP:
a) "(...) se a ação penal não for intentada no prazo de sessenta dias, contado da data em que ficar concluída a diligência". Aqui, a princípio, aplica-se a qualquer ação penal. Na seara criminal, a lei prevê a eficácia da medida por 60 dias;
b) "(...) se o terceiro, a quem tiverem sido transferidos os bens, prestar caução que assegure a aplicação do disposto no art. 74, II, b, segunda parte, do CP": O "terceiro" a que se refere a legislação é o de boa-fé, legitimado a opor os embargos do art. 130, inciso II, do CPP. A caução pode ser real ou fidejussória, com a seguinte finalidade: se vencido nos embargos o terceiro, o valor reverterá para o lesado ou será confiscado, nos termos do art. 91, II, do CP, que revogou o art. 74, II, do CP; se vencedor, a caução será liberada, em favor do terceiro.
c) "(...) se for julgada extinta a punibilidade ou absolvido o réu, por sentença transitada em julgado". Se não houver sentença penal condenatória, resta claro que não subsistem motivos para a mantença do sequestro, porque o Direito Penal não preconiza o direito à indenização ou ao confisco dos bens. Diante dessa situação, deverá o interessado propor a tutela de urgência no juízo cível (art. 300, CPC), na hipótese de extinção da punibilidade ou se o fundamento da absolvição não vedar o direito à indenização civil.

7.2.7.1 Sequestro de bens móveis

O art. 132 do CPP autoriza o sequestro de bens móveis. De igual modo, aplicam-se todas as regras relativas ao sequestro de bens imóveis, exceto, por óbvio, o registro do cartório imobiliário. Em incidindo a medida restritiva sobre automóvel é recomendável a averbação do sequestro no Detran, visando conferir efeitos em relação a terceiros adquirentes de boa-fé.

É de bom alvitre rememorar que o sequestro em análise só possui incidência sobre proventos adquiridos com a infração criminal e não sobre o produto da infração penal. Em tais casos, a medida cautelar correta seria a busca e apreensão.

7.2.7.2 Do leilão dos bens sequestrados

Na trilha normativa do art. 133 do CPP, é permitido o leilão do bem apreendido judicialmente, após o trânsito em julgado da sentença penal condenatória. Nesse caso, "transitada em julgado a sentença condenatória, o juiz, de ofício ou a requerimento do interessado ou do Ministério Público, determinará a avaliação e a venda dos bens em leilão público cujo perdimento tenha sido decretado". (art. 133, *caput*, CPP). "Do dinheiro apurado, será recolhido aos cofres públicos o que não couber ao lesado ou a terceiro de boa-fé (art. 133, §1º, CPP)". Antes da Lei nº 13.964/2019, o dispositivo previa a destinação do recurso ao Tesouro Nacional.

O leilão só será permitido em dois casos: 1) se não houve oposição de embargos de terceiro; ou 2) mesmo havendo, se forem julgados improcedentes, quer tenham sido opostos pelo increpado ou pelo terceiro de boa-fé.

A destinação do valor apurado com o leilão deverá ser o recolhimento ao Fundo Penitenciário Nacional, exceto se houver previsão diversa em lei específica (art. 133, §2º, CPP).

Ademais, pode-se afirmar que o juízo competente para decretar a avaliação e venda dos bens é o juízo penal que decretou o sequestro. Inaplicável ao sequestro o que vaticina o art. 143 do CPP, que ordena a remessa dos autos da hipoteca e do arresto ao juízo cível.

7.2.7.3 Utilização do bem sequestrado, apreendido ou sujeito a outra medida assecuratória

Com o advento da Lei nº 13.964/2019, foi acrescentado o art. 133-A ao CPP, com a possibilidade da autorização judicial para fins de utilização, dado o interesse público, aos órgãos da segurança pública, do sistema prisional e sistema socioeducativo, reivindicação antiga, tal como já previa o art. 61 da Lei nº 11.343/06. Vejamos:

> Art. 133-A. O juiz poderá autorizar, constatado o interesse público, a utilização de bem sequestrado, apreendido ou sujeito a qualquer medida

assecuratória pelos órgãos de segurança pública previstos no art. 144 da Constituição Federal, do sistema prisional, do sistema socioeducativo, da Força Nacional de Segurança Pública e do Instituto Geral de Perícia, para o desempenho de suas atividades.

§1º O órgão de segurança pública participante das ações de investigação ou repressão da infração penal que ensejou a constrição do bem terá prioridade na sua utilização.

§2º Fora das hipóteses anteriores, demonstrado o interesse público, o juiz poderá autorizar o uso do bem pelos demais órgãos públicos.

§3º Se o bem a que se refere o *caput* deste artigo for veículo, embarcação ou aeronave, o juiz ordenará à autoridade de trânsito ou ao órgão de registro e controle a expedição de certificado provisório de registro e licenciamento em favor do órgão público beneficiário, o qual estará isento do pagamento de multas, encargos e tributos anteriores à disponibilização do bem para a sua utilização, que deverão ser cobrados de se responsável.

§4º Transitada em julgado a sentença penal condenatória com a decretação de perdimento dos bens, ressalvado o direito do lesado ou terceiro de boa-fé, o juiz poderá determinar a transferência definitiva da propriedade ao órgão público beneficiário ao qual foi custodiado o bem.

Os destinatários da utilização dos bens são:
a) Polícia Federal (PR);
b) Polícia Rodoviária Federal (PRF);
c) Polícia Ferroviária Federal (PFF);
d) Polícias civis;
e) Polícias militares e corpos de bombeiros militares;
f) Polícias penais federal, estadual e distrital;
g) Órgãos do sistema prisional;
h) Órgãos do sistema socioeducativo;
i) Força Nacional de Segurança Pública (FNSP);
j) Instituto Geral de Perícia (IGP).

7.3 Hipoteca legal

7.3.1 Conceito

A hipoteca é elencada com um dos direitos reais de garantia sobre coisa alheia, tal como previsto no CC. No processo penal é uma das modalidades possíveis de medida assecuratória, incidente sobre bens imóveis de propriedade do acusado, não adquiridos com os proventos do crime.

7.3.2 Objetivo

O fulcro é o de constringir bens do autor do delito, com o propósito de garantir a reparação do dano causado pelo delito (art. 1489, III, CC), bem como o pagamento das custas, despesas processuais e das penas pecuniárias, tendo preferências sobre estas a reparação do delito ao ofendido (art. 140, CPP).

7.3.3 Requisitos

O órgão julgador decretará a especialização de hipoteca legal sobre imóveis do acusado, em qualquer fase do processo, desde que:
a) Exista certeza da infração penal cometida;
b) Existam indícios suficientes da autoria;
c) Exista bem imóvel em nome do acusado que não seja de ilícita proveniência.

Devo mencionar que na fase inquisitorial não há que se falar em hipoteca legal.

7.3.4 Legitimidade para requerer

Podem requerer a especialização da hipoteca legal o ofendido, ou o seu representante legal, além dos herdeiros. De acordo com o art. 142, do CPP, caberá ao Ministério Público requerer as medidas e houver interesse da Fazenda Pública, ou se o ofendido for pobre e o requerer – ou seja, a legitimidade do *parquet* é excepcional.

Merece menção que a medida deve ser direcionada contra o acionado criminalmente. Se o interessado quiser propor a medida contra o responsável civil pela reparação civil (art. 93, CC), deverá promover a competente ação no juízo cível, conforme autoriza o art. 144 do CPP.

7.3.5 Procedimento

O procedimento está delineado nos arts. 135, 138, 139, 143 e 144-A do CPP.

a) Da postulação

O requerente da medida apresentará petição fundamentada, na qual estimará o valor da responsabilidade civil e do imóvel ou imóveis que terão que ficar especialmente hipotecados. A petição deve estar instruída com as provas ou indicação das provas em que o requerente se fundou para fixar do valor da responsabilidade, bem assim com a relação de todos os imóveis que tiver conhecimento e das respectivas certidões de registro de imóveis.

b) Da instrução

O juiz, ao receber a petição do requerente, mandará processá-la em autos apartados (art. 138, CPP).

c) Do julgamento

Segue o rito estabelecido no art. 144-A do CPP, acrescentado pela Lei nº 12.694/2012:

> (...) O juiz determinará a alienação antecipada para preservação do valor dos bens sempre que estiverem sujeitos a qualquer grau de deterioração ou depreciação, ou quando houver dificuldade para sua manutenção.
> §1º O leilão far-se-á preferencialmente por meio eletrônico.
> §2º Os bens deverão ser vendidos pelo valor fixado na avaliação judicial ou por valor maior. Não alcançado o valor estipulado pela administração judicial, será realizado novo leilão, em até 10 (dez) dias contados da realização do primeiro, podendo os bens ser alienados por valor não inferior a 80% (oitenta por cento) do estipulado na avaliação judicial.
> §3º O produto da alienação ficará depositado em conta vinculada ao juízo até a decisão final do processo, procedendo-se à sua conversão em renda para a União, Estado ou Distrito Federal, no caso de condenação, ou, no caso de absolvição, à sua devolução ao acusado.
> §4º Quando a indisponibilidade recair sobre dinheiro, inclusive moeda estrangeira, títulos, valores mobiliários ou cheques emitidos como ordem de pagamento, o juízo determinará a conversão do numerário apreendido em moeda nacional corrente e o depósito das correspondentes quantias em conta judicial.
> §5º No caso da alienação de veículos, embarcações ou aeronaves, o juiz ordenará à autoridade de trânsito ou ao equivalente órgão de registro e controle a expedição de certificado de registro e licenciamento em favor do arrematante, ficando este livre do pagamento de multas, encargos e tributos anteriores, sem prejuízo de execução fiscal em relação ao antigo proprietário.
> §6º O valor dos títulos da dívida pública, das ações das sociedades e dos títulos de crédito negociáveis em bolsa será o da cotação oficial do dia, provada por certidão ou publicação no órgão oficial.
> (...)

Em existindo interesse, o inculpado pode evitar a inscrição da hipoteca legal no registro do seu imóvel, devendo oferecer caução suficiente, em dinheiro ou em títulos de dívida pública, pelo valor de sua cotação em bolsa, visando alicerçar a garantia real.

d) Da fixação definitiva do valor da responsabilidade

Transitada em julgado a condenação, o magistrado deverá liquidar definitivamente o valor da responsabilidade, nos termos do art. 387, IV, do CPP, de acordo com o valor constante da petição inicial, que deve mensurar os cálculos dos danos sofridos. A impugnação poderá se estender à avaliação do imóvel, mas o valor deve ser proporcional ou razoável.[60]

---

[60] "AÇÃO PENAL ORIGINÁRIA - DESEMBARGADOR - PRELIMINAR - INCOMPETÊNCIA - CRIME SEM RELAÇÃO COM O CARGO - FORO POR PRERROGATIVA DE FUNÇÃO - COMPETÊNCIA DO STJ - MÉRITO - INDÍCIOS MÍNIMOS DE AUTORIA E MATERIALIDADE - JUSTA CAUSA - CRIME CONTRA A DIGNIDADE SEXUAL DE MENOR DE IDADE - PERSECUÇÃO CRIMINAL LASTREADA NA PALAVRA DA VÍTIMA - RECEBIMENTO DA DENÚNCIA - PRORROGAÇÃO DE MEDIDAS CAUTELARES DE AFASTAMENTO DO EXERCÍCIO DAS FUNÇÕES E DA PROIBIÇÃO DE ACESSO OU FREQUÊNCIA A DETERMINADOS LUGARES E PROIBIÇÃO DE MANTER CONTATO COM PESSOA DETERMINADA - MEDIDAS ASSECURATÓRIAS DE NATUREZA PATRIMONIAL - DISPENSA DA DEMONSTRAÇÃO DE ATOS CONCRETOS DE DILAPIDAÇÃO - SALVAGUARDA DOS EFEITOS DE EVENTUAL SENTENÇA PENAL CONDENATÓRIA - 1- Preliminar de incompetência sob fundamento de que o crime imputado ao réu não possui relação com o exercício do cargo de Desembargador. Não aplicação do precedente do STF no julgamento da QO na AP 937. Afronta à isenção e à independência que devem nortear a atividade jurisdicional na hipótese em que a autoridade com foro por prerrogativa de função é processada criminalmente perante juiz de Direito vinculado ao mesmo Tribunal. Competência do STJ. Precedentes. 2- O recebimento da denúncia deve examinar o preenchimento dos requisitos objetivos do art. 41 do CPP, bem como a ausência das circunstâncias previstas no art. 395 do mesmo diploma legal. Ausência de irregularidades formais, assim como descrição dos delitos com clareza e de modo individualizado permitindo a defesa do acusado. 3- Na fase de recebimento da denúncia, cabe ao julgador analisar se as provas produzidas são suficientes para demonstrar a existência de justa causa para a instauração do processo penal, o que é verificado pela presença de indícios veementes de autoria e prova de materialidade do alegado ilícito. Precedentes. 4- Na espécie, os depoimentos prestados extrajudicialmente e antecipadamente em juízo pelas vítimas e suas genitoras indicam a possível prática de delito, justificando a deflagração da ação penal. 5- Em se tratando de delitos sexuais, é assente na jurisprudência do Superior Tribunal de Justiça a extrema relevância da palavra da vítima. Pela própria peculiaridade da conduta, ao ser usualmente cometida na clandestinidade e por frequentemente não deixar vestígio, a palavra da vítima tem valor probante diferenciado. Precedentes. 6- Condutas delituosas atribuídas ao magistrado que se mostram absolutamente incompatíveis com o exercício do cargo com a consequente prorrogação, até o trânsito em julgado da ação penal, das medidas cautelares de: a) afastamento do cargo de Desembargador; B) proibição de acesso do denunciado às dependências da sede do Tribunal de Justiça do Estado de Pernambuco, bem como de comunicação com funcionários ou servidores e de utilização dos serviços colocados à disposição dos membros do Tribunal, exceto os relativos a

Após a fixação definitiva, o magistrado mandará remeter os autos do incidente ao juiz do cível, permanecendo no juízo penal apenas o processo penal (art. 143, CPP).

7.3.6 Do sequestro prévio

É cabível a medida preparatória da hipoteca legal: era conhecido em sede doutrinária, de maneira errônea, como sequestro prévio, estando previsto no art. 136 do CPP. É instituído como forma de trazer maiores garantias ao ofendido ou ao Ministério Público, com o intuito que o patrimônio seja dilapidado o arresto de bens imóveis. Se deferido o pedido, após a efetivação dele, o interessado terá 15 dias para requerer a especializada da hipoteca legal, sob pena de revogação do arresto.

O deferimento do arresto prévio é dever do juiz, desde que presentes os requisitos legais para o seu deferimento.

Todos os legitimados a requerer a hipoteca legal podem requerer o arresto de bens imóveis.

7.3.7 Do cancelamento do arresto ou da hipoteca legal

Se o réu for absolvido ou extinta a sua punibilidade, por sentença irrecorrível, a hipoteca será cancelada ou o arresto será levantado (art. 141, CPP).

7.4 Arresto

7.4.1 Conceito

O arresto significa a indisponibilidade de bens imóveis do acusado – que não sejam produto ou proveito do crime – decretada pelo juízo criminal competente, com a finalidade de garantir a indenização

---

serviços médicos e; C) proibição de o denunciado manter contato com a vítima A. A - S - F (excluída da restrição a vítima S. D. M. da S.), bem como com as respectivas genitoras, com outros parentes próximos das então menores e com as testemunhas. 7- *Para o deferimento das medidas assecuratórias de natureza patrimonial, basta atestar a existência de indícios suficientes da infração penal, sendo dispensável a demonstração de atos concretos de dilapidação patrimonial. Precedentes. 8- Determinação de bloqueio de bens, ativos, contas bancárias e investimentos mantidos em nome do denunciado até o limite de R$ 100.000,00 (cem mil reais), objetivando garantir o eventual ressarcimento de danos morais causados às vítimas. 9- Preliminar rejeitada. Denúncia recebida. Prorrogação de medidas cautelares e imposição de restrição patrimonial (STJ - Inq 1.587/DF - (2020/0335416-4) - C.Esp. - Rel. Min. Sebastião Reis Júnior - DJe 08.05.2024)"* (grifos meus).

cível do dano causado pelo delito e o pagamento da pena pecuniária e custas processuais. De acordo com o art. 137 do CPP, se o responsável não possuir bens imóveis ou os possuir de valor insuficiente, poderão ser arrestados bens móveis suscetíveis de penhora, nos termos em que é facultada a hipoteca legal dos imóveis.

7.4.2 Requisitos

Uma análise percuciente dos requisitos legais é necessária:
a) Existência de certeza da infração e indícios da sua autoria, no processo em curso;
b) Inexistência de bens imóveis ou insuficiência destes para garantir a reparação do dano (o bem especializado é de valor inferior à estimativa da responsabilidade civil);
c) Bens móveis em nome do acusado, salvo se impenhoráveis – o art. 833 do CPC lista os bens impenhoráveis.

Nesse segmento, a Lei nº 8.009/1990 trata da impenhorabilidade dos bens de família, porém tal argumento não pode ser utilizado afastar a medida assecuratória, devido a exceção entabulada no art. 3º, inciso VI, da citada lei, que inclui a hipótese do sequestro, podendo a hipoteca legal e o arresto recaírem sobre o único bem imóvel do investigado/acusado.

7.4.3 Legitimidade

Para requerer a medida de arresto são os mesmos legitimados que podem requerer a hipoteca legal. Rememore-se que, se o interessado quiser acionar imediatamente o responsável civil, deverá pleitear a medida no juízo cível (art. 144, CPP).

7.4.4 Procedimento

Quanto ao procedimento, aplicam-se as regras relativas ao procedimento da especialização da hipoteca legal, com algumas alterações. Não se procede à inscrição do arresto no registro imobiliário.

Registro algumas peculiaridades aplicáveis apenas ao arresto:
a) Se os bens arrestados forem fungíveis e de fácil deterioração, o juiz ordenará sua avaliação, venda em leilão e depósito do quantum em estabelecimento bancário, nos estritos termos do art. 120, §5º, do CPP;

b) Se o bem móvel for rentável, o juiz poderá arbitrar certa importância proveniente dos rendimentos do bem, com o fito de manter o réu e sua família (art. 137, §2º, CPP).

7.4.5 Levantamento do arresto

Se o réu for absolvido ou extinta a sua punibilidade, por sentença irrecorrível, o arresto será levantado (art. 141, CPP).

7.5 Recursos

Da decisão que defere ou indefere o sequestro (art. 125, CPP), a inscrição de hipoteca legal (art. 134, CPP), o sequestro prévio (art. 136, CPP) e o arresto (art. 137, CPP), caberá apelação supletiva (art. 593, II, CPP).

CAPÍTULO 8

INCIDENTE DE FALSIDADE

"Vós que vireis na crista da onda em que naufragamos, quando falardes de nossas fraquezas, pensai também no tempo sombrio a que haveis escapado."

(Bertold Brecht)

8.1 Peculiaridades

De acordo com o princípio da verdade processual, exige-se que os meios probatórios utilizados não sejam ilícitos. Dessa forma, verifica-se a possibilidade das partes ou o magistrado poderem suscitar dúvidas quanto à veracidade de determinado documento carreado aos autos, por intermédio da instauração do procedimento de incidente de falsidade. Nesse paradigma, o documento padece de falsidade material ou ideológica.

8.2 Conceito

O incidente de falsidade é uma das modalidades de procedimento incidental, por meio do qual o juiz julgará se específico documento, objeto de dúvida quanto à sua autenticidade da sua forma ou do seu conteúdo por ser falso ou não.

8.3 Legitimidade

O incidente pode ser suscitado por qualquer das partes, e, caso a arguição seja feita por procurador, exige poderes especiais (art. 146, CPP). Ademais, de acordo com o art. 147 do CPP, o juiz poderá, de ofício, proceder à verificação da falsidade.

8.4 Procedimento

a) Suscitada por escrito ou oralmente e reduzida a termo, ou mediante gravação em vídeo do requerimento, o juiz mandará autuar em apartado a impugnação;
b) Em ato contínuo, determinará a oitiva da parte contrária, para que, no prazo de 48 horas, ofereça-se resposta escrita;
c) Recebida a resposta escrita, será concedido prazo de 3 dias, sucessivamente, a cada uma das partes, para provar suas alegações;
d) Por fim, determina-se a conclusão dos autos, e o juiz decidirá o incidente, salvo se houver necessidade de diligências, para melhor instruir o feito;
e) Na sequência, acaso reconhecida a falsidade por decisão irrecorrível, o juiz mandará desentranhar o documento e remetê-lo, com os autos do incidente, ao Ministério Público. As folhas do documento falso serão todas rubricadas pelo juiz e escrivão, antes de enviá-lo para o Ministério Público (art. 15, Lei de Introdução ao CPP);
f) Ao receber o expediente, o Ministério Público poderá requerer diligência antes de formar sua opinião do delito, enquanto *dominus litis*, ou, se não vislumbrar a existência de crime, requererá o arquivamento das peças informativas pelo possível crime de falsidade documental ou ideológica.

8.5 Natureza jurídica da decisão

Na exata previsão do art. 148 do CPP, a decisão que julgar procedente ou improcedente o incidente de falsidade não faz coisa julgada, de maneira que não impede a propositura de ação cível competente – declaratória, nem a de índole penal por falsidade ideológica ou material. E as razões são evidentes: a instrução probatória instaurada no procedimento incidente é sumaríssima, demandando perícia (art. 158, *caput*, e 174, CPP). Some-se a isso que uma decisão interlocutória nunca poderia fazer coisa julgada, para impedir a discussão da matéria no bojo de outra relação processual.

8.6 Recursos

Da decisão que julgar procedente ou improcedente o incidente de falsidade, é cabível o RESE, dada a previsão do art. 581, XVIII, do CPP.

INSANIDADE METAL DO ACUSADO

> *"En este mundo, señor; no hay verdad ni mentira;*
> *pues todo tiene el color del cristal con que se mira."*
>
> (Ramón de Campoamor e Camposoorio)

9.1 Considerações preliminares

Procedendo-se a uma interpretação do art. 149, do CPP, quando houver dúvida sobre a integridade mental do acusado, o juiz ordenará, de ofício ou a requerimento do Ministério Público, do defensor, do curador, do ascendente, descendente, irmão ou cônjuge do acusado que seja este submetido a exame médico-legal. O exame pode ser ordenado, também, na fase inquisitorial, mediante representação da autoridade policial ao juiz competente, nos termos do art. 149, §1º, do CPP.

De modo a não deixar espaço a tergiversação, a sanidade mental do acusado pode ser questionada, nas situações elencadas no art. 26, *caput* e parágrafo único, do CP, isto é, quando for o acusado inimputável ou semi-imputável. É o acolhimento em nosso ordenamento jurídico do sistema biopsicológico quanto à imputabilidade. No que tange ao menor de 18 anos, filiou-se o ordenamento pátrio ao sistema biológico. Explicando melhor, a lei presume que ele possui desenvolvimento mental incompleto, sem admissão de prova em contrário, excluindo-o da legislação penal.

9.2 Conceito

O incidente de insanidade mental do acusado é o meio hábil de mensurar a imputabilidade do acusado/investigado, sempre que houver dúvida sobre sua higidez mental. É concretizado por intermédio da perícia médico-legal, subscrita por profissionais da psiquiatria.[61]

9.3 Legitimidade

A pertinência subjetiva para requerer tal exame é tanto do Ministério Público quanto do defensor, do curador, do ascendente, do irmão ou do cônjuge do acusado. O órgão julgador pode determinar *ex officio*. Ademais, o delegado poderá representar pela realização do exame. Ponto digno de nota é que essa é a única perícia cuja realização

---

[61] "PENAL - *HABEAS CORPUS* - ART. 217-A, *caput*, C/C ART. 226, II, AMBOS DO CÓDIGO PENAL(1) *WRIT* SUBSTITUTIVO DE RECURSO ESPECIAL - VIA INADEQUADA (2) PRELIMINAR - ALEGAÇÃO DE CERCEAMENTO DE DEFESA - REQUERIMENTO DE REALIZAÇÃO DE NOVA PERÍCIA - PRESCINDIBILIDADE - EXAME PERICIAL REALIZADO POR MÉDICO LEGISTA COM ESPECIALIZAÇÃO EM PSIQUIATRIA FORENSE - INDEFERIMENTO DE SOLICITAÇÃO DEFENSIVA - NULIDADE - NÃO OCORRÊNCIA (3) EXISTÊNCIA DE PRÉVIA ENFERMIDADE MENTAL - EPILEPSIA - PACIENTE APOSENTADO POR INVALIDEZ - RECONHECIMENTO DA IMPUTABILIDADE PENAL - POSSIBILIDADE - PARÂMETROS DISTINTOS (4) CAUSA DE AUMENTO DA PENA - PACIENTE - CONDUTOR DA VAN ESCOLAR QUE TRANSPORTAVA AS CRIANÇAS ATÉ A ESCOLA - OCORRÊNCIA - EXPURGO DA MAJORANTE - IMPOSSIBILIDADE (5) CONTINUIDADE DELITIVA – *QUANTUM* DE AUMENTO - NÚMERO DE INFRAÇÕES - POSSIBILIDADE (6) *WRIT* NÃO CONHECIDO - 1- Por se tratar de *habeas corpus* substitutivo de recurso especial, inviável o seu conhecimento, restando apenas a avaliação de flagrante ilegalidade. 2- *Não é o magistrado obrigado, se não provocado por fundamentos necessários, a realizar todo e qualquer tipo de prova para a averiguação da autoria e materialidade delitiva, em especial se os elementos carreados aos autos conduzem para a imputação tal como fora formulada, notadamente o laudo de perito oficial, médico legista com especialização em Psiquiatria Forense.* 3- Deve-se ressaltar que embora o paciente seja acometido de epilepsia, razão pela qual teria sido aposentado por invalidez pelo Instituto Nacional de Seguro Social (INSS), o Tribunal *a quo* enalteceu que tal fato não seria empecilho para o reconhecimento de sua imputabilidade, dada a distinção entre os parâmetros utilizados quanto a aferição da capacidade laboral e da responsabilização penal. 4- No caso em apreço, as instâncias de origem bem consignaram que o paciente se valeu da autoridade momentânea que exercia sobre as vítimas, crianças de tenra idade, no momento em que as tinha sob sua responsabilidade, ou seja, no trajeto de suas residências até a escola, para perpetrar as condutas delituosas pelas quais foi condenado. Assim, não se mostra cabível a negativa de aplicação da majorante. 5- É pacífica a jurisprudência deste Sodalício, em se tratando de aumento de pena referente à continuidade delitiva, aplicando-se a fração de aumento de 1/6 pela prática de 2 infrações; 1/5, para 3 infrações; 1/4, para 4 infrações; 1/3, para 5 infrações; 1/2, para 6 infrações; e 2/3, para 7 ou mais infrações. Na espécie, observando o universo de 7 (sete) vítimas, por lógica da operação dosimétrica, deve-se considerar o aumento de 2/3. 6- *Habeas corpus* não conhecido (STJ - HC 329.692 - (2015/0164333-9) - 6ª T. - Relª Minª Maria Thereza de Assis Moura - DJe 22.10.2015 - p. 1744)" (grifos meus).

de ofício a autoridade policial está proibida de ordenar, incluída na cláusula de reserva de jurisdição.

9.4 Procedimento

a) Da fase postulatória: Postulada a dúvida sobre a higidez mental do acusado, o magistrado que deferir o exame determinará a abertura do incidente em autos apartados, nomeará curador ao acusado/investigado e, se iniciada a ação penal, determinará seu sobrestamento, salvo quanto à realização de diligências urgentes, que, se não realizadas, poderão comprometer o julgamento da causa.

b) Da determinação e realização da perícia: Ao acolher o pedido do exame, o juiz nomeará dois peritos, técnicos em psiquiatria, os quais deverão entregar o laudo pericial, no prazo de 45 dias, exceto se demonstrarem a necessidade de realização da perícia em prazo mais alargado (art. 150, §1º, CPP).

Caso não exista prejuízo para o rito do processo, os autos principais poderão ser entregues aos peritos, conforme art. 150, §2º, do CPP. Com o advento do processo eletrônico, pode ser remetida cópia integral aos peritos em arquivo PDF. Os quesitos serão formulados pelo juiz ou pelo representante do Ministério Público, ou por ambos, entendo que para a defesa deve ser concedido o prazo comum com o do Ministério Público. Depois de apresentado o laudo, os autos do incidente serão apensados ao processo principal.

c) Da custódia do acusado: Com o intuito que seja realizado o exame, o acusado, se estiver preso, será transferido para manicômio judiciário, onde houver; se solto, poderão os peritos solicitar sua internação em estabelecimento adequado.

d) Conclusão da perícia: Inimputabilidade ao tempo da infração: se os peritos concluírem que, ao tempo da infração, que o investigado/denunciado era inimputável ou semi-imputável, o processo prosseguirá, com a presença do curador, consoante a previsão do art. 151 do CPP. Por conseguinte, se o juiz acolher o laudo pericial que o réu é inimputável, absolve-o e aplica, porém, medida de segurança; se entende que restou caracterizada a semi-imputabilidade, profere sentença condenatória, com a causa de diminuição de pena, e, se a perícia sinalizar a necessidade de especial tratamento curativo, substituirá a pena por medida de segurança.

De toda sorte, antes da aplicação da medida de segurança é imprescindível que se realize a instrução probatória, nos moldes da lei, bem como seja concedido o prazo de alegações finais para as partes, e, se possível, seja ouvido o acusado, antes de se aplicar a sentença absolutória imprópria, porque, se o acusado for inocente, é muito mais benéfico para o acusado a sentença absolutória própria. Ademais, seria injusto imputar uma medida de segurança, sanção penal gravíssima, que não possui tempo de cumprimento, para alguém que não tenha praticado a infração penal suscitada na exordial.

Pode acontecer que no curso do processo o acusado recupere sua imputabilidade penal; no caso dos fronteiriços, como proceder? Poderá se fazer presente em todos os atos processuais, sendo intimado de todos. Em tal caso, poderá requerer a reinquirição das testemunhas, de cujos depoimentos não houver participado. Sob a ótica legal, só é permitida ao acusado que só passou a ser inimputável ou semi-imputável após a prática da infração penal. Contudo, entendo que pode ser ampliada tal interpretação àquele que, na hipótese do art. 151 do CPP, no curso do processo, recuperou a sanidade mental. Pensar de outra maneira acarreta inevitável violação dos princípios da igualdade, da ampla defesa e do contraditório, gerando nulidade absoluta e deficiência na defesa pessoal.[62]

---

[62] "PENAL E PROCESSO PENAL- *HABEAS CORPUS* - 1- IMPETRAÇÃO SUBSTITUTIVA DO RECURSO PRÓPRIO - NÃO CABIMENTO - 2- CRIME DE FURTO QUALIFICADO - APLICAÇÃO DE MEDIDA DE SEGURANÇA - PRISÃO CAUTELAR EM ESTABELECIMENTO PENITENCIÁRIO COMUM - PRÉVIA PERÍCIA ANTES DA INTERNAÇÃO - IMPRESCINDIBILIDADE - DECURSO DE TEMPO - ALTERAÇÃO SUBSTANCIAL DA SITUAÇÃO PESSOAL DO RÉU - PRINCÍPIO DA DIGNIDADE DA PESSOA HUMANA – 3- *HABEAS CORPUS* NÃO CONHECIDO - ORDEM CONCEDIDA DE OFÍCIO - 1- A Primeira Turma do STF e as Turmas que compõem a Terceira Seção do STJ, diante da utilização crescente e sucessiva do *habeas corpus*, passaram a restringir sua admissibilidade quando o ato ilegal for passível de impugnação pela via recursal própria, sem olvidar a possibilidade de concessão da ordem, de ofício, nos casos de flagrante ilegalidade. 2- O paciente teve sua pena privativa de liberdade convertida em medida de segurança, porquanto reconhecida sua semi-imputabilidade, em virtude do uso abusivo de entorpecentes. Entretanto, encontra-se há mais de 3 (três) anos preso cautelarmente no sistema penitenciário comum, sem contato com drogas e realizando cursos, a revelar a substancial alteração da sua situação pessoal. Dessa forma, permitir o ingresso do paciente em hospital psiquiátrico sem perícia prévia, após o decurso de mais de 3 (três) anos, ofenderia sobremaneira os objetivos do sistema prisional, que se pauta pela recuperação e ressocialização do apenado, além de ir na contramão do princípio da dignidade da pessoa humana. 3- *Habeas corpus* não conhecido. Ordem concedida de ofício, confirmando a liminar, para determinar a realização de prévio exame de insanidade mental antes do eventual início do cumprimento da medida de segurança (STJ - HC 355.191 - (2016/0114446-5) - 5ª T. - Rel. Min. Reynaldo Soares da Fonseca - DJe 12.08.2016 - p. 2366)."

e) **Conclusão da perícia – inimputabilidade após a infração:** se os peritos concluírem que a enfermidade mental sobreveio à infração penal, o processo continuará suspenso até que o acusado se restabeleça. Contudo, tudo recomenda que as diligências urgentes sejam realizadas (art. 152, CPP).

Nota importante é que durante a suspensão do feito, o prazo prescricional continua a fluir normalmente, ocorrendo o que a doutrina denomina de crise de instância.[63]

Por fim, destaca-se o art. 152, §1º, do CPP, de acordo com o qual o juiz poderá ordenar a internação do acusado em manicômio judiciário ou em outro estabelecimento adequado.

9.5 Da insanidade mental durante o cumprimento da pena

Se a inimputabilidade ou semi-imputabilidade sobrevier no curso da execução da pena privativa de liberdade, o sentenciado a que sobrevier doença mental, verificada por perícia médica, será internado em manicômio judiciário, ou, à falta, em outro estabelecimento adequado, em que lhe seja assegurada a custódia. (art. 154, c/c o art. 682, CPP).

Sublinha-se, ainda, que quando, no curso da execução da pena privativa de liberdade, sobrevier doença mental ou perturbação da saúde mental, o juiz, de ofício, a requerimento do Ministério Público, da Defensoria Pública ou da autoridade administrativa, poderá determinar a substituição da pena por medida de segurança (art. 183, Lei de Execução Penal – LEP).[64]

---

[63] "Inexistindo previsão legal para o prosseguimento do feito enquanto persistir a doença mental superveniente, deve ser o processo mantido suspenso em relação ao paciente até que o réu se restabeleça, nos termos do art. 152 do Código de Processo Penal. Ainda que ocorra o que a doutrina denomina de crise de instância, deve o processo ficar suspenso em relação ao paciente até que ocorra o restabelecimento da sua saúde mental ou a ocorrência da prescrição, que segue seu regular transcurso por falta de previsão legal para sua interrupção. E em havendo corréu, deve o processo ser desmembrado para ter seu regular seguimento, nos termos do art. 79, §1º, do Código de Processo Penal. STJ. 5ª Turma. HC 468.011/RJ, Rel. Min. Joel Ilan Paciornik, julgado em 21/05/2019."

[64] "AGRAVO REGIMENTAL NO *HABEAS CORPUS* - PENAL E EXECUÇÃO PENAL - ROUBO MAJORADO - SENTENÇA CONDENATÓRIA - IMPOSIÇÃO DE PENA PRIVATIVA DE LIBERDADE - PLEITO DE SUBSTITUIÇÃO DA PENA POR MEDIDA DE SEGURANÇA - PATOLOGIAS PREEXISTENTES - ART. 183 DA LEP- LAUDO PERICIAL - AGRAVANTE PORTADORA DE RETARDO MENTAL LEVE E EPILEPSIA - DESNECESSIDADE DE INTERNAÇÃO - ANÁLISE DAS PARTICULARIDADES DO CASO - REEXAME DE PROVAS - IMPOSSIBILIDADE - AGRAVO REGIMENTAL DESPROVIDO - 1- No caso, a Defesa formulou pedido a instauração de incidente de insanidade mental a fim de identificar a ocorrência de doença mental superveniente ao cumprimento da pena, requerendo a conversão da pena privativa de liberdade em medida de segurança. O Juízo da Vara de

9.5.1 Prazo

A posição prevalente em sede doutrinária é a mesma prevista para o término da pena privativa de liberdade imposta na sentença.[65]

Execução indeferiu o pleito, o que foi mantido pelo Tribunal de origem. 2- *As instâncias ordinárias, embasadas principalmente no laudo pericial realizado nos autos da ação penal, entenderam que as patologias diagnosticadas na Agravante, preexistentes à prática dos delitos, são passíveis de tratamento ambulatorial, razão pela qual não incide o art. 183 da LEP.* 3- Rever a conclusão de que a substituição da pena por medida de segurança não é a mais adequada na espécie, demandaria, de forma inequívoca, o reexame do acervo fático-probatório dos autos, o que é inviável na via do *habeas corpus*. 4- Agravo regimental desprovido (STJ - AgRg-HC 717526/SP - (2022/0006774-0) - 6ª T. - Relª Minª Laurita Vaz - DJe 05.10.2023)."

[65] "AGRAVO REGIMENTAL NO *HABEAS CORPUS* - FURTO QUALIFICADO TENTADO - INIMPUTABILIDADE DO AGENTE - SUBSTITUIÇÃO DA PENA POR MEDIDA DE SEGURANÇA - DISCRICIONARIEDADE MOTIVADA DO JULGADOR - FUNDAMENTAÇÃO VÁLIDA - LAUDO PERICIAL - VINCULAÇÃO NÃO OBRIGATÓRIA DO JUIZ ÀS CONCLUSÕES DA PROVA TÉCNICA - PRESCRIÇÃO DA PRETENSÃO PUNITIVA - NÃO OCORRÊNCIA - REGULAÇÃO PELA PENA MÁXIMA ABSTRATAMENTE COMINADA PARA O DELITO - AGRAVO REGIMENTAL NÃO PROVIDO - 1- Entende esta Corte que, constatada a semi-imputabilidade do agente, a opção do julgador por reduzir a sanção do réu nos termos do art. 26, parágrafo único, do Código Penal, ou substituir o cumprimento de sua pena por internação ou tratamento ambulatorial, conforme disposição do art. 98 do referido codex, está no âmbito da discricionariedade motivada do julgador. Precedentes. 2- Segundo jurisprudência deste Superior Tribunal, "O instituto da prescrição é aplicável até mesmo às medidas de segurança impostas em sentença absolutória imprópria, devendo, no entanto, o lapso prescricional se regular pela pena máxima abstratamente cominada ao delito" (AgRg no REsp nº 1.667.508/MG, relator Ministro Nefi Cordeiro, Sexta Turma, julgado em 10/4/2018, DJe de 23/4/2018). 3- Ao fazer a opção pela aplicação de medida de segurança, o julgador não pode, cumulativamente, também reduzir a reprimenda nos termos do art. 26, parágrafo único, do Código Penal. O *quantum* a ser considerado para aferição da prescrição da medida de segurança é a pena máxima abstratamente cominada sem a redução decorrente da eventual semi-imputabilidade. 4- Na espécie, foi reconhecida a inimputabilidade do agente, rechaçada pela defesa, que pretende a declaração de sua semi-imputabilidade com base nas conclusões do laudo pericial. 5- Nos termos do art. 182 do CPP, o juiz, embora possa sopesar o laudo pericial como prova técnica, não está adstrito às conclusões dele e deve julgar a causa, dentro de seu âmbito de discricionariedade e de livre valoração das provas, à luz das peculiaridades do caso concreto. Precedentes. 6- Na hipótese, o furto qualificado ocorreu em 13/3/2018 (posterior à Lei nº 12.234/2010), a denúncia foi recebida em 12/4/2018 e a sentença foi publicada em 3/2/2023. Assim, não decorreu o prazo prescricional de 6 anos entre os marcos interruptivos, nos termos dos arts. 107, IV, e 109, III, c/c os arts. 14, II, 115 e 117, I e IV, todos do Código Penal. 7- Agravo regimental não provido (STJ - AgRg-HC 885405/SP - (2024/0012993-0) - 6ª T. - Rel. Min. Rogerio Schietti Cruz - DJe 01.05.2024)."

CAPÍTULO 10

PROCEDIMENTO COMUM ORDINÁRIO

"Uma calúnia na imprensa é como a relva num belo prado: cresce por si mesma."

(Victor Hugo)

10.1 Definição

Procedimento é a sucessão lógica e cronológica dos atos processuais de forma concatenada, seguindo uma trilha estabelecida em lei, que busca atingir uma finalidade, que vai desde a petição inicial (denúncia ou queixa-crime) até o ato mais importante do processo, que é a sentença, pondo fim ao procedimento. O recurso é o prolongamento da mesma relação processual.

Processo é a relação jurídica estabelecida entre os sujeitos processuais, obedecendo um procedimento com a possibilidade do contraditório e da ampla defesa, visando à prestação jurisdicional.

A palavra rito é oriunda do vocábulo ritmo, portanto, é o ritmo da sequência dos atos processuais, isto é, a amplitude assumida por um procedimento, que pode ser mais célere, quando teremos o rito sumaríssimo ou sumário, ou mais lento, assegurando um maior número de etapas quando teremos o rito comum ordinário, com maior formalidade e maior respeito aos direitos e garantias fundamentais.

Por sua vez, ação é um direito subjetivo e público de exigir do órgão julgador a subsunção da lei cominada em abstrato ao caso concreto submetido à sua apreciação, acolhendo ou não a pretensão punitiva estatal.

10.2 Modalidades dos procedimentos

10.2.1 Procedimento comum (art. 394, §1º, CPP)

Assumirá um dos seguintes ritos:

10.2.1.1 Procedimento ordinário

Quando tiver por objeto a sanção máxima cominada igual ou superior a 4 anos de pena privativa de liberdade (arts. 394 a 405, CPP). Não se leva em consideração se a pena é de reclusão ou de detenção.

10.2.1.2 Procedimento sumário

Quando tiver por objeto crime cuja sanção máxima cominada é inferior a quatro anos e superior a dois anos (arts. 531 a 538, CPP).

10.2.1.3 Procedimento sumaríssimo

Aplicado nas infrações de menor potencial ofensivo, na forma da lei. Infrações de menor potencial ofensivo são aquelas cujas penas máximas cominadas em abstrato são iguais ou inferiores a dois anos (art. 81, Lei nº 9.099/1995), abrangendo todas as contravenções penais.

Tem prevalecido o entendimento de que devem ser observadas as causas de aumento e diminuição de pena para a fixação do procedimento, bem como a soma das penas no caso de concurso material de crimes.

Quando a lei não especifica o procedimento a ser seguido, será empregado o procedimento ordinário (art. 394, §5º, CPP).

Para fixação da competência dos Juizados Especiais Criminais, além de levar em consideração a quantidade da pena máxima em abstrato, não pode se aplicar tal procedimento sumaríssimo quando couber a citação por edital (art. 66, p.único, Lei nº 9.099/1995), ou quando a complexidade ou circunstâncias do caso não permitirem a formulação de denúncia (art. 77, §2º, Lei nº 9.099/1995), exemplo, perícia complexa. Em tais hipóteses, aplica-se o rito sumário.

É preciso bem observar que há vedação à aplicação da Lei dos Juizados nos crimes de competência da Justiça Militar (art. 90-A, Lei nº 9.099/1995), regendo-se pelo rito estabelecido no Código de Processo Penal Militar (CPPM). Além disso, não se aplica a Lei do Juizados Especiais nas infrações praticadas no âmbito da violência doméstica (art. 41, Lei nº 11.340/2006), seguindo, via de regra, o rito sumário. Isso porque, em caso de concurso de crimes, a soma ou a exasperação será levada em consideração para a fixação do procedimento aplicável; alcançando as somas das penas o limite de quatro anos ou mais, o procedimento a ser aplicado é o ordinário.

10.2.2 Procedimentos especiais

A especialidade de um procedimento penal levará em consideração a natureza do delito ou o órgão jurisdicional responsável pela condução do procedimento. Podem-se elencar os seguintes ritos especiais:
  a) Tribunal do Júri (arts. 406 e ss., CPP);
  b) Lei de Drogas (Lei nº 11.343/2006);
  c) Ações originárias dos tribunais – autoridades com foro por prerrogativa de função (Lei nº 8.038/90);
  d) Crimes contra a honra (arts. 519 ao 523, CPP);
  e) Crimes de responsabilidade dos funcionários públicos (art. 513 ao 518, CPP);
  f) Crimes contra a propriedade imaterial que deixam vestígios (arts. 524 ao 530-I, CPP).

10.3 Procedimento comum ordinário

Com o advento do Pacote Anticrime, a primeira coisa a se saber é se é possível a aplicação do ANPP. Nos crimes em que a pena mínima for igual ou inferior a quatro anos, cometidos sem violência ou grave ameaça à pessoa, é possível a aplicação do acordo, desde que preenchidos os demais requisitos legais

Em não preenchendo os requisitos do art. 28-A do CPP, deve ocorrer o oferecimento de denúncia ou queixa-crime.

10.3.1 Fase postulatória

Para o juiz receber a denúncia ou queixa-crime, deverá observar se estão presentes os requisitos contidos no art. 41 do CPP: "Art. 41. A denúncia ou queixa conterá a exposição do fato criminoso, com todas as suas circunstâncias, a qualificação do acusado ou esclarecimentos pelos quais se possa identificá-lo, a classificação do crime e, quando necessário, o rol das testemunhas".

Deve-se lembrar que, no rito ordinário, podem ser arroladas até oito testemunhas para cada fato criminoso imputado, excluindo-se desse número as testemunhas que não prestarem compromisso e as referidas.

Em que pese a doutrina entender que se a peça vestibular de acusação estiver desacompanhada do rol de testemunhas ocorrerá a preclusão, tal posicionamento não está em sintonia com a jurisprudência da nossa Corte Máxima Federal, pois se não forem arroladas as testemunhas até a formação da relação processual (com a citação válida do denunciado ou querelado), nesse momento que se verificará a preclusão.[66]

10.3.1.1 A rejeição da denúncia ou queixa-crime

Nessa primeira etapa, cabe ao juiz proceder a um juízo de admissibilidade de recebimento ou não da denúncia ou da queixa-crime. Em se verificando um juízo de admissibilidade negativo, tem-se o ato decisório do juiz que nega início ao processo penal e se denomina rejeição da peça acusatória, pelo não atendimento aos correlatos requisitos legais.

Em caso de rejeição da denúncia ou queixa, quando o juiz entende que não foram preenchidos seus requisitos legais para o recebimento, deve ocorrer na forma do art. 395 do CPP: "Art. 395. A denúncia ou queixa será rejeitada quando: I - for manifestamente inepta; II - faltar pressuposto processual ou condição para o exercício da ação penal; ou III - faltar justa causa para o exercício da ação penal".

Em se verificando tal hipótese, o juiz deverá rejeitar a denúncia, e tal decisão é meramente terminativa, não produzindo os efeitos da coisa julgada material. Outra peça inaugural pode ser ofertada após suprida a falha inicialmente apontada como motivação para rejeição.

Em relação aos elementos fáticos em análise, a denúncia ou queixa-crime será considerada inepta quando decorrente da narrativa fática deficiente ou que padece de um defeito formal evidente, uma vez que é formulada de maneira mal-ajambrada, obscura ou contraditória, não se conseguindo deduzir conclusão lógica a possibilitar uma ação penal viável. Se os fatos não estão entabulados de maneira lógica pela acusação, decorrente de uma exordial defeituosa, o acionado não tem como exercer sua defesa de forma ampla. Cognominado tal fenômeno pela doutrina como criptoimputação.

---

[66] STJ, 5. Turma, RHC nº 201301244282, Relator: Min. Reynaldo Soares da Fonseca, *Dje* 23 fev. 2016. Entendeu a Corte Judicial que o Ministério Público pode fazer essa complementação quando não forem arroladas as testemunhas, antes da citação, sob o argumento de que não haveria prejuízo à defesa.

O interesse processual e a legitimidade são condições da ação penal. Não estando presentes na peça vestibular no processo penal, é motivo suficiente para a rejeição da inicial.

Chamo atenção ao último requisito: a ausência de justa causa é a falta de lastro probatório mínimo do inquérito policial ou das peças informativas, inapto a sustentar a deflagração de uma ação penal minimamente viável.

Para o doutrinador Afrânio da Silva Jardim, a ausência de justa causa é conformada pela ausência de narração de um fato típico, ilícito e culpável na petição inicial acusatória, razão pela qual deveria ser rejeitada. Lembra-se que tal posicionamento é minoritário no âmbito doutrinário.

Recomenda-se a adoção do posicionamento jurisprudencial predominante, para o qual a justa causa é o fenômeno observado quando a peça inicial está lastreada no manancial probatório mínimo visando à comprovação da autoria e da materialidade delitiva em questão, ancorada em depoimentos e declarações prestados que não sejam eminentemente genéricos e isolados, isto é, que possam ser corroboradas por outros elementos de provas substanciais como: perícias conclusivas, fotografias, vídeos oriundos de câmeras urbanas fixas ou privadas, obedecendo à cadeia de custódia, de preferência que possuam o recurso do reconhecimento facial, autorização judicial de quebra de dados - como conversas de WhatsApp, por exemplo, interceptações telefônicas, rastreamentos através de aplicativos autorizados judicialmente, confissões, buscas e apreensões e reconhecimentos de pessoas e coisas, realizados na forma prevista em lei. Importante dizer que a investigação criminal não deve se prolongar demasiadamente fora dos prazos legais, sem que se apresente qualquer perspectiva de conclusão útil, visto que deve ser observado o princípio constitucional da duração razoável do processo, e a investigação criminal possui prazos fixados em lei e devem ser respeitados, sob pena da espada de Dâmocles pairar por tempo indefinido sobre a cabeça do investigado, cabendo ao Poder Judiciário colocar limite a tal Poder do Estado investigador, que funciona como verdadeiro "Leviatã".[67]

---

[67] Nesse senda, assim decidiu o STF no Inquérito nº 4.456/DF, julgado em 16 de agosto de 2024 (Relator Min. Gilmar Mendes): "Karl Loewenstein escreve que *'dividir o Leviatã é da essência do governo constitucional, a liberdade é o desígnio ideológico da teoria da separação dos poderes'*... Este Tribunal precisa autorizar a abertura de inquérito, parece consequentemente lógico que possa controlar a legitimidade de sua continuidade, após o decurso de prazo razoável para as investigações. Deve-se frisar que *a jurisprudência afirma o dever do juiz de determinar o trancamento de inquéritos manifestamente incabíveis. Assim, em hipóteses em que se*

Em caso de rejeição da denúncia por atipicidade da conduta ou extinção da punibilidade, a rejeição sofre os efeitos da coisa julgada material, e a ação não poderá ser reproposta, em homenagem ao princípio da segurança jurídica.

O recurso cabível da decisão que rejeita a denúncia ou queixa-crime é o recurso em sentido estrito (RESE) (art. 581, inciso I, CPP), com a necessidade de se intimar o denunciado ou o querelado para o oferecimento de contrarrazões recursais. Nesse sentido os enunciados sumulados nº 707 e 709 do Supremo Tribunal Federal:

> (...)
> 707. Constitui nulidade a falta de intimação do denunciado para oferecer contra-razões ao recurso interposto da rejeição da denúncia, não a suprindo a nomeação de defensor dativo.
> (...)
> 709. Salvo quando nula a decisão de primeiro grau, o acórdão que provê o recurso contra a rejeição da denúncia vale, desde logo, pelo recebimento dela.

Um ponto que merece atenção especial: quando for o caso da decisão de reconhecimento da nulidade (nº 707, STF), o tribunal remeterá os autos para que o juízo a quo profira uma nova decisão.

Esclareço a ressalva que no JECrim a decisão que rejeita a denúncia ou queixa-crime é desafiada pelo recurso de apelação, dada a previsão do art. 82 da Lei nº 9.099/1995.

10.3.1.2 Recebimento da denúncia ou queixa-crime

Se a denúncia ou queixa-crime for recebida, o juiz determinará a citação do acusado para responder à acusação, por escrito, no prazo de 10 dias, é o que reza o art. 396, *caput*, do CPP. Essa decisão demarca o início do processo, convolando o denunciado ou querelado em acusado, interrompendo-se a prescrição (art. 117, I, CP), e se estabelece

---

verifica, desde logo, a extinção da punibilidade, a atipicidade do fato, a inexistência de justa causa, a retomada indevida de investigação arquivada, dentre outras situações semelhantes, o juiz deve determinar o trancamento do inquérito (...) também se autoriza tal conduta com o cabimento de concessão de habeas corpus de ofício (art. 654, §2º, CPP) (...) A justa causa para a ação penal consiste na exigência de suporte probatório mínimo a indicar a legitimidade da imputação e se traduz na existência, no inquérito policial ou nas peças de informação que instruem a denúncia, de elementos sérios e idôneos que demonstrem a materialidade do crime e de indícios razoáveis de autoria" (grifos meus).

a prevenção (art. 83, CPP). Contudo, em qualquer procedimento deve se observar a sequência dos atos processuais para se respeitar o contraditório. Um ato agindo e o outro sempre reagindo.

Nesse sentido, saliento que a decisão que recebe a denúncia ou queixa possui natureza jurídica de decisão interlocutória simples, exigindo-se a necessária fundamentação, que não precisa ser complexa, em consonância com a interpretação *a contrario sensu* do art. 395 do CPP. Não me filio à corrente que entende que se trata de mero despacho, pelas consequências jurídicas advindas de tal decisão, não entendo como possível o recebimento implícito da incoativa inaugural.

Atento a essa circunstância, a Excelsa Corte Constitucional conferiu interpretação conforme a Constituição Federal ao inciso XIV do art. 3º-B do CPP, com a redação promovida pelo Pacote Anticrime. Partindo dessa premissa, a competência do juiz das garantias se esgota com a oferta da peça exordial acusatória, cabendo o juízo de admissibilidade do recebimento da denúncia ou queixa ao juiz responsável pela instrução criminal.[68]

Em caso de recebimento da denúncia ou queixa-crime a decisão é irrecorrível, por absoluta falta de previsão legal no art. 581 do CPP. Todavia, a defesa pode manejar o *habeas corpus* (art. 648, inciso I, CPP), que não é recurso, mas uma ação autônoma de impugnação com o intento de trancar a ação penal.[69]

---

[68] STF, ADIs nº 6.298, 6.299, 6.300 e 6.305/DF (Relator Min. Luiz Fux, j. 24.08.2023: "*11*. Por maioria, declarar a inconstitucionalidade da expressão "recebimento da denúncia ou queixa na forma do art. 399 deste Código" contida na segunda parte do *caput* do art. 3º-C do CPP, incluído pela Lei nº 13.964/2019, e atribuir interpretação conformepara assentar que a competência do juiz das garantias cessa com o oferecimento da denúncia, vencido o Ministro Edson Fachin".

[69] "*HABEAS CORPUS* - TRÁFICO DE DROGAS - BUSCA PESSOAL - REQUISITOS DO ART. 244 DO CÓDIGO DE PROCESSO PENAL- AUSÊNCIA DE FUNDADA SUSPEITA - ILICITUDE DAS PROVAS OBTIDAS - TRANCAMENTO DA AÇÃO PENAL - 1- Não se justificam a abordagem policial e a busca pessoal na situação em que os policiais, com base em informações passadas pelo setor de inteligência sobre o tráfico realizado por duas mulheres em um condomínio, se dirigiram ao local e, de inopino, sem nenhuma investigação prévia, adentraram nas dependências e visualizaram um indivíduo, o ora paciente, com uma mochila e, saindo do apartamento, abordaram-no em seguida, sem demonstração factível de que estivesse na posse de corpo de delito. 2- Consoante a jurisprudência desta Corte, "verifica-se a inexistência de fundadas razões (justa causa) para a busca efetuada, haja vista que a medida invasiva ocorreu apenas em razão de impressões subjetivas dos agentes policiais, apenas relacionadas ao fato de o paciente estar em local conhecido como ponto de comércio de provas e ter empreendido fuga ao avistar a viatura policial, estando ausente a excepcionalidade da revista pessoal ocorrida em seguida". AgRg no HC nº 746.027/SP, relator Ministro Olindo Menezes (Desembargador convocado do TRF 1ª Região), Sexta Turma, julgado em 18/10/2022, DJe de 21/10/2022.). 3- *Habeas corpus* concedido para reconhecer a nulidade das provas obtidas mediante a busca pessoal realizada pelos policiais,

10.3.1.3 Da citação, intimação e notificação

Citação é o ato processual de comunicação da existência de um processo que foi ajuizado em desfavor do citado, determinando que o denunciado apresente resposta à acusação (defesa escrita) no prazo legal.

Outros meios de comunicação processual são a intimação e a notificação. O Códex Adjetivo Repressivo trata as expressões como se fossem sinônimas. Porém, a doutrina oferece uma diferenciação que passarei a analisar a seguir.

Visando esclarecer melhor a diferenciação, a intimação é o ato de comunicação processual visando informar o interessado de um fato pretérito, por exemplo, intimação da decisão que decretou medidas cautelares diversas da prisão em desfavor do intimado. Então, intima-se de alguma coisa.

De outro ângulo, temos a notificação, que é o ato de comunicação processual para informar ao interessado a prática de ato processual a se realizar no futuro; notificá-lo da necessidade de comparecimento à audiência de instrução e julgamento designada. Assim, notifica-se o interessado de alguma coisa.

Conforme se depreende da redação do art. 363 do CPP, o processo tem sua relação jurídico-processual angularizada, estabelecendo-se sua formação, com a realização da citação válida.

10.3.1.3.1 Espécies de citação

a) Citação pessoal (real): Realizada por intermédio do oficial de Justiça, que procede à leitura do mandado judicial e entrega a contrafé ao inculpado, certificando a respeito do aceite ou a recusa (arts. 351 a 360, CPP);
b) Citação por edital (ficta) (art. 361, CPP);
c) Citação por hora certa (ficta) (art. 362, CPP).

Não existe para o CPP a citação por carta com aviso de recebimento (AR) (Correios), tampouco a citação eletrônica.

Com as devidas adaptações, nossas cortes superiores aceitam a citação por mensagem de telefone, desde que preenchidos os requisitos

---

bem como as delas derivadas, com o consequente trancamento da ação penal e revogação da prisão preventiva do paciente, se por outro motivo não estiver preso (STJ - HC 872905/SC - (2023/0431619-3) - Rel. Min. Jesuíno Rissato - DJe 15.02.2024)."

para se preservar a segurança e a confiabilidade do ato processual.⁷⁰ Alguns requisitos são necessários para que o ato ocorra com segurança:
  a) O oficial de Justiça encaminhe o mandado citatório;
  b) O perfil do citado tem que possuir fotografia;
  c) O citado deve informar que recebeu o mandado citatório;
  d) O citado deve ter convicção de que o número de celular pertence ao denunciado;
  e) O citado deve apresentar cópia da carteira de identidade.

Em se tratando de crimes ambientais, catalogados na Lei nº 9.605/1998, o cometimento do crime pela pessoa jurídica é possível (art. 226, §3º, CF), devendo ser citada por meio de seu representante legal.

Por outro lado, aquele acusado acometido de doença mental, ao instaurar o incidente de insanidade mental (art. 149, §2º, CPP), o juiz deve baixar uma portaria nomeando curador. A citação do inimputável no processo penal se dará por intermédio do curador.

No que tange ao servidor público será citado pessoalmente, mas o chefe da repartição deve ser comunicado de tal fato, sendo essa formalidade essencial ao ato, porque se o servidor precisar se ausentar por conta da persecução penal, visando dar cumprimento ao princípio da continuidade do serviço público, o chefe da repartição deverá provê-la.

Já o militar é citado por meio do seu superior hierárquico, visando se prestigiarem a hierarquia e a inviolabilidade do quartel.

---

[70] "PROCESSUAL PENAL - AGRAVO REGIMENTAL NO *HABEAS CORPUS* - RECEPTAÇÃO - NULIDADE - CITAÇÃO POR WHATSAPP - NÃO OCORRÊNCIA - IDENTIFICAÇÃO DO RÉU - CIÊNCIA INEQUÍVOCA DO ATO PROCESSUAL - AUSÊNCIA DE FLAGRANTE ILEGALIDADE - AGRAVO DESPROVIDO - 1- A citação do acusado é o ato processual por meio do qual se perfectibiliza a relação jurídico-processual penal deflagradora do devido processo legal substancial. 2- O entendimento do Tribunal de origem consoa com o do Superior Tribunal de Justiça no sentido de que, "embora não haja óbice à citação por WhatsApp, é necessária a certeza de que o receptor das mensagens se trata do Citando(a)" (AgRg no RHC nº 143.990/PR, relatora Ministra Laurita Vaz, Sexta Turma, julgado em 6/3/2023, DJe de 20/3/2023). 3- Na hipótese, ficou consignado no acórdão recorrido que a Magistrada processante destacou a existência de todos os elementos necessários para a identificação do réu e asseverou a ciência inequívoca do ato processual pelo agravante. Ademais, a Defensoria Pública apresentou resposta à acusação em 25/1/2023 e foi designada audiência de instrução e julgamento. 4- O Código de Processo Penal, em seu art. 563, agasalha o princípio de que "nenhum ato será declarado nulo, se da nulidade não resultar prejuízo para a acusação ou para a defesa". 5- Agravo regimental desprovido (STJ - AgRg-HC 840886/ES - (2023/0259848-0) - 6ª T. - Rel. Min. Antonio Saldanha Palheiro - DJe 03.05.2024). No mesmo sentido, o *leading case* no STJ HC 652.068/DF, Rel. Min. Sebastião Reis Júnior, j. 24.08.21 – Para o STJ a citação por *Whatsapp* é válida, desde que o procedimento citatório seja apto a atestar, com suficiente grau de certeza, a identidade do citando e que sejam observados os requisitos do art. 357 do CPP, de modo a afastar a existência de prejuízo concreto à defesa."

Se o denunciado estiver em local incerto ou não sabido, deve-se proceder na forma do art. 361 do CPP, sendo determinada a citação editalícia. Se não comparecer no prazo de 15 dias, nem constituir defensor, o juiz determinará a suspensão do processo e do curso do prazo prescricional, podendo ocorrer a produção antecipada das provas consideradas urgentes e, se for o caso, decretar a prisão preventiva, nos lídimos termos do art. 366 do CPP. Não é possível a citação editalícia no JECrim.

Entretanto, é nula a citação por edital de réu preso que se encontra na mesma unidade da Federação que o juiz exerce a jurisdição (nº 366, STF). Acaso esteja preso em outra unidade federativa, a citação será pessoal, com a expedição de carta precatória para que o juízo deprecado determine a citação por meio de oficial de Justiça.[71]

Para aprofundar mais aquilo de que estou tratando, se o réu se encontra preso em outra unidade federativa e o juiz não tem conhecimento desse fato, e por isso foi citado por edital, a jurisprudência do Superior Tribunal de Justiça entende que é possível e lícito tal fato (HC nº 162.339).

Considero oportuno mencionar que a doutrina vem se insurgindo contra tal posicionamento pretoriano, porque se o Poder Judiciário conta com um Banco Nacional de Monitoramento das Prisões (BNMP 2.0), regulamentado pela Resolução nº 185/2013 do CNJ, para cadastramento

---

[71] "RECURSO ORDINÁRIO EM *HABEAS CORPUS* - TENTATIVA DE HOMICÍDIO - NÃO LOCALIZAÇÃO DO ACUSADO - CITAÇÃO POR EDITAL – ART. 366 DO CPP - PRISÃO PREVENTIVA - REVELIA - JUSTIFICATIVA INIDÔNEA - CONSTRANGIMENTO ILEGAL - RECURSO PROVIDO - 1- A constrição preventiva é compatível com a presunção de não culpabilidade do acusado desde que não assuma natureza de antecipação da pena e não decorra, automaticamente, da natureza abstrata do crime ou do ato processual praticado (art. 313, §2º, CPP). Além disso, a decisão judicial deve apoiar-se em motivos e fundamentos concretos, relativos a fatos novos ou contemporâneos, dos quais se possa extrair o perigo que a liberdade plena do investigado ou réu representa para os meios ou os fins do processo penal(arts. 312 e 315 do CPP). 2- Não se confunde evasão com não localização. A mera circunstância de o réu não haver sido encontrado para responder ao chamamento judicial - Vale dizer, a circunstância de ele se encontrar em local incerto e não sabido - Não constitui razão idônea, por si só, ao seu encarceramento provisório, caso dissociada de qualquer outro elemento real que indique a sua condição de foragido. 3- A simples oitiva do acusado durante o procedimento investigativo não é bastante para que se pressuponha a sua ciência inequívoca da acusação ou da ordem prisional. 4- Há manifesta incompatibilidade em se considerar foragido o denunciado, se ele estiver preso, à disposição da Justiça, ainda que em outra unidade da Federação. Mormente se, como na espécie, o recorrente estava aprisionado na própria comarca para onde se encaminhou a carta precatória para citação, desde o início do processo penal. 5- Recurso provido, com a confirmação da liminar, para tornar sem efeito o Decreto prisional, se por outro motivo não estiver o réu segregado (STJ - Rec-HC 128.996/DF - (2020/0147294-1) - Rel. Min. Rogerio Schietti Cruz - DJe 23.09.2020)."

da situação prisional em todo o país, não tem fundamento que um juiz criminal desconheça que o réu se encontra encarcerado em outra unidade prisional federativa, por mera desorganização ou falta de alimentação do banco de dados referido. Entendo que, em tais hipóteses, a citação padece de nulidade absoluta, nos termos da súmula do Supremo já citada.

Em suma, se o réu está preso, será o mesmo citado pessoalmente e não por meio do diretor do estabelecimento prisional, nos exatos termos do art. 360 do CPP.

Não se aplica o art. 366 do CPP aos crimes de lavagem de capitais, dada a expressa vedação legal consignada no art. 2º, §2º, da Lei nº 9.613/1998.

Não obstante a inexistência de regra expressa sobre o tema, o prazo prescricional fica suspenso de acordo com a disciplina do art. 109 do CP, considerando a pena máxima prevista abstratamente para o delito. Depois de transcorrido tal prazo, volta a correr a prescrição, embora o processo possa permanecer suspenso. Corrobora tal linha de entendimento, o teor do Enunciado nº 415 do Superior Tribunal de Justiça.

Por fim, a outra modalidade de citação é por hora certa, que é possível desde que presentes as hipóteses do art. 362 do CPP, citação inspirada na legislação processual civil, e se aplica ao imputado que está se escondendo para se furtar a aplicação da lei processual penal.[72]

---

[72] "AGRAVO REGIMENTAL EM RECURSO ESPECIAL - PENAL - PROCESSO PENAL- TRANSAÇÃO PENAL - QUESTÃO LEVANTADA EM SEDE DE APELAÇÃO - PRECLUSÃO - ANPP - ART. 28-A, DO CPP- REQUISITOS - EXISTÊNCIA DE CONDENAÇÃO RECORRÍVEL - IMPOSSIBILIDADE - PRECEDENTES DO STF E STJ - PRECLUSÃO - *CITAÇÃO POR HORA CERTA - VÍCIO - AUSÊNCIA DE COMUNICAÇÃO - MERA FORMALIDADE - PREJUÍZO NÃO DEMONSTRADO* - DELITO - ART. 2º, II, DA LEI Nº 8.137/1990- ATIPICIDADE - ABSOLVIÇÃO - IMPOSSIBILIDADE - CONTUMÁCIA - DOLO DE APROPRIAÇÃO - TIPICIDADE CARACTERIZADA - AGRAVO DESPROVIDO - 1- No curso do processo criminal a defesa não questionou a ausência de oferecimento de transação penal ao recorrente, o que só veio a ocorrer por ocasião da interposição de recurso de apelação contra a sentença condenatória, situação que revela a preclusão do exame do tema. 2- No que concerne ao ANPP, por sua vez, a teor do art. 28-a do Código de Processo Penal, não sendo caso de arquivamento e tendo o investigado confessado formal e circunstancialmente a prática de infração penal sem violência ou grave ameaça e com pena mínima inferior a 4 (quatro) anos, o Ministério Público poderá propor acordo de não persecução penal, desde que necessário e suficiente para reprovação e prevenção do crime, mediante condições ajustadas cumulativa e alternativamente. 3- O Supremo Tribunal Federal no julgamento do HC nº 191.464/SC, de relatoria do Ministro ROBERTO BARROSO (DJe 18/9/2020) - Que invocou os precedentes do HC nº 186.289/RS, Relatora Ministra CARMEN LÚCIA (DJe 1º/6/2020), e do ARE nº 1.171.894/RS, Relator Ministro MARCO AURÉLIO (DJe 21/2/2020) -, externou a impossibilidade de fazer-se incidir o ANPP quando já existente condenação, conquanto ela ainda esteja suscetível de impugnação. 4- Nesse sentido, o

Adota-se a regulamentação do CPP, em seu art. 252.

Superior Tribunal de Justiça firmou o entendimento de que a retroatividade do art. 28-A do CPP, introduzido pela Lei nº 13.964/2019, se revela incompatível com o propósito do instituto, quando já recebida a denúncia e já encerrada a prestação jurisdicional nas instâncias ordinárias. Precedentes: AgRg no REsp nº 2.011.688/SC, relator Ministro SEBASTIÃO REIS JÚNIOR, Sexta Turma, julgado em 24/4/2023, DJe de 2/5/2023; AgRg no REsp nº 2.001.522/SP, relatora Ministra LAURITA VAZ, Sexta Turma, julgado em 24/4/2023, DJe de 28/4/2023; AgRg no HC nº 797.322/SC, relator Ministro REYNALDO SOARES DA FONSECA, Quinta Turma, julgado em 25/4/2023, DJe de 28/4/2023; AgRg no REsp nº 2.050.499/SP, relator Ministro RIBEIRO DANTAS, Quinta Turma, julgado em 24/4/2023, DJe de 27/4/202; AgRg no RHC nº 167.973/MS, relator Ministro JESUÍNO RISSATO (Desembargador Convocado do TJDFT), Sexta Turma, julgado em 24/4/2023, DJe de 27/4/2023; AgRg no REsp nº 2.001.036/GO, relator Ministro ROGERIO SCHIETTI CRUZ, Sexta Turma, julgado em 24/4/2023, DJe de 26/4/2023; e AgRg no REsp nº 2.015.032/SC, relator Ministro JOEL ILAN PACIORNIK, Quinta Turma, julgado em 24/4/2023, DJe de 26/4/2023. 5- *In casu*, embora tenha sido recebida a denúncia em 27/03/2020, portanto em data posterior à entrada a Lei nº 13.964/2019, que se deu em 23/1/2020, há que se ponderar que a questão concernente ao ANPP somente restou suscitada em sede de apelação, quando já havia inclusive sentença condenatória prolatada, não se podendo falar na aplicação do art. 28-A do CPP, em face também de preclusão. 6- *No que concerne ao alegado vício da citação por hora certa, a "(...) jurisprudência desta Corte é no sentido de que o envio da correspondência mencionada no art. 229 do CPC, contendo a informação da citação por hora certa, é mera formalidade, não se constituindo como requisito para sua validade, que ocorreu de forma regular"* (AgRg no REsp nº 1.537.625/RJ, Rel. Ministro Moura Ribeiro, 3ª T., DJe 13/10/2015, destaquei). No mesmo entendimento, cito, ainda, o AgRg no REsp 1.430.255/MG e o REsp 1.084.030/MG. 7- Ademais, é cediço que, "não se logrando êxito na comprovação do alegado prejuízo, tendo somente sido suscitada genericamente a matéria, mostra-se inviável, pois, o reconhecimento de qualquer nulidade processual, em atenção ao princípio do *pas de nullité sans grief*" (RHC nº 71.493/RJ, Rel. Ministra Maria Thereza de Assis Moura, 6ª T., DJe 12/9/2016). 8- Em relação ao pleito de absolvição por suposta atipicidade da conduta o Supremo Tribunal Federal, em apreciação do RHC nº 163.334/SC, fixou a seguinte tese a respeito da tipicidade do delito previsto no art. 2º, II, da Lei nº 8.137/1990: "O contribuinte que, de forma contumaz e com dolo de apropriação, deixa de recolher o ICMS cobrado do adquirente da mercadoria ou serviço incide no tipo penal do art. 2º, II, da Lei nº 8.137/1990". 9- Na oportunidade, ficou assentado que "a caracterização do crime depende da demonstração do dolo de apropriação, a ser apurado a partir de circunstâncias objetivas factuais, tais como o inadimplemento prolongado sem tentativa de regularização dos débitos, a venda de produtos abaixo do preço de custo, a criação de obstáculos à fiscalização, a utilização de 'laranjas' no quadro societário, a falta de tentativa de regularização dos débitos, o encerramento irregular das suas atividades, a existência de débitos inscritos em dívida ativa em valor superior ao capital social integralizado etc." (RHC nº 163334, relator ROBERTO BARROSO, Tribunal Pleno, julgado em 18/12/2019, PROCESSO ELETRÔNICO DJe-271 DIVULG 12/11/2020 PUBLIC 13/11/2020). 10- Precedente da Suprema Corte que reforça a jurisprudência desta Corte a respeito da tipicidade do não recolhimento de ICMS cobrado do adquirente da mercadoria ou serviço, porém, acrescenta duas novas condições para a caracterização do delito: a) prática contumaz e b) dolo de apropriação. 11- Na hipótese vertente, o recorrente foi condenado à pena de 10 (dez) meses de detenção, em regime inicial aberto, por infração ao art. 2º, II, da Lei nº 8.137/90, c/c o art. 71, *caput*, do CP, porque, na qualidade de sócio e administrador da empresa Lucas Vieira Santiago ME., deixou de efetuar, no prazo legal, por 11 (onze) vezes, em crime continuado, no período compreendido entre fevereiro de 2018 e março de 2019, o recolhimento aos cofres públicos do Imposto sobre Circulação de Mercadorias e Serviços ICMS, no valor de R$ 141.125,78 (cento e quarenta e um mil e cento e vinte e cinco reais e setenta e oito centavos), referente à Inscrição em Dívida Ativa nº 19046351451 RUAN TRANSPORTES LTDA. 12- Diante do entendimento exarado pela Suprema Corte, entendo

Resultante dessa orientação, o oficial de Justiça deve se dirigir por duas vezes ao endereço do denunciado indicado na exordial acusatória. Ao constatar que o acionado está se escondendo, deve marcar dia e hora de retorno, informando tal fato a um parente ou a um vizinho. Ao retornar no dia marcado, não o encontrando, o oficial deve certificar tal fato e será tido por citado, ficando caracterizada a má-fé do inculpado, que está se escondendo para evitar a citação pessoal.

Em caso do acusado ser citado pessoalmente e não comparecer em juízo, será decretada sua revelia, com o único efeito de não ser notificado para os atos subsequentes do processo.

O prazo de resposta é de 10 dias a partir da citação, e, como se trata de prazo processual, exclui-se o dia do começo e se inclui o dia do vencimento, prorrogando-se até o dia útil imediato quando se findar em domingo ou de dia de feriado, seguindo as prescrições do art. 798 do CPP.

Em sendo citado regularmente, deve o inculpado constituir advogado ou se valer do serviço da assistência judiciária gratuita prestado pela Defensoria Pública, pois a resposta à acusação é indispensável ao exercício do contraditório e da ampla defesa.

Na defesa escrita poderá o citado arguir questões preliminares e sustentar tudo que possa interessar ao exercício do direito de defesa, juntar documentos que possam influir no livre convencimento do órgão julgador e que possam absolver o acusado de imediato, requerer diligências, especificar quais provas serão produzidas em juízo e arrolar as testemunhas, com suas respectivas qualificações e com pedido de intimações, com lastro nos arts. 396 e 396-A do CPP. A peça deve ser subscrita por advogado, sob pena de nulidade absoluta por falta de defesa técnica, consoante a Súmula nº 523 do Supremo Tribunal Federal.

Quando se alegam questões preliminares ou se fizer a juntada de documentos na resposta escrita, em respeito ao princípio do contraditório deve ser ouvido o Ministério Público.

---

que o razoável período de inadimplência fiscal (onze vezes) e o valor que deixou de ser recolhido (R$ 141.125,78 (cento e quarenta e um mil e cento e vinte e cinco reais e setenta e oito centavos)) é suficiente para comprovar a imputação da contumácia, que passou a ser exigida pelo STF, sendo típica a conduta do envolvido, impondo-se a manutenção de sua condenação. 13- Precedentes. 14- Agravo regimental desprovido (STJ - AgRg-REsp 2094085/SC - (2023/0292505-1) - Rel. Min. Reynaldo Soares da Fonseca - DJe 12.02.2024)" (grifos meus).

10.3.2 Absolvição sumária – julgamento antecipado da lide

No procedimento comum, cumprida a fase de defesa escrita, o juiz pode absolver sumariamente nas hipóteses do art. 397 do CPP:

> Art. 397. Após o cumprimento do disposto no art. 396-A, e parágrafos, deste Código, o juiz deverá absolver sumariamente o acusado quando verificar:
> I - a existência manifesta de causa excludente da ilicitude do fato;
> II - a existência manifesta de causa excludente da culpabilidade do agente, salvo inimputabilidade;
> III - que o fato narrado evidentemente não constitui crime; ou
> IV - extinta a punibilidade do agente.

Na hipótese de excludente da culpabilidade do agente por inimputabilidade, deve ser instaurado o incidente de insanidade mental, com a suspensão do processo (art. 152, CPP), porém não poderá haver absolvição sumária, pois a ele poderá em que pese a absolvição ser imposta uma medida de segurança (sanção penal), e, por esse motivo devem ser assegurados a ampla defesa e o contraditório, não cabendo julgamento antecipado da lide, o qual deve ser citado por meio de curador à lide.

Da decisão que absolver sumariamente o acusado, caberá o recurso de apelação (art. 593, inciso I, CPP).

Na sentença que reconhece a extinção da punibilidade, não subsiste qualquer efeito condenatório (Súmula nº 18, STJ), Inclusive, o juiz poderá fazê-lo de ofício, e a qualquer tempo, como autoriza o art. 61 do CPP.

10.3.3 Instrução processual

Não sendo o caso de julgamento antecipado da lide, com a absolvição sumária, o juiz designará audiência una de instrução e julgamento no prazo máximo de 60 dias.

As testemunhas de acusação são arroladas na denúncia ou queixa-crime. Se não forem encontradas, poderão ser substituídas, exceto se comprovada a má-fé da parte que as arrolou. Já as testemunhas de defesa são arroladas na resposta escrita.

No dia designado, será realizada a audiência de instrução e julgamento, em que serão colhidas as declarações do ofendido; inquiridas as testemunhas arroladas pela acusação e pela defesa, nessa ordem; colhidos os esclarecimentos dos peritos e reconhecidas pessoas e coisas; e, por fim, interrogado o acusado, seguindo-se a trilha normativa do art. 400 do CPP.

Encerrada a fase probatória, é possível o requerimento de diligências oriundas de circunstâncias ou fatos apurados na instrução criminal, sob pena de preclusão, tal como vaticina o art. 402 do CPP.

Em prestígio ao princípio da oralidade, serão abertos debates orais para as alegações finais, com o prazo de 20 minutos para cada parte, iniciando-se pela acusação, prorrogáveis por mais 10 minutos. Devo notar que tal tempo é estabelecido para cada acusado.

Os debates podem ser substituídos por alegações escritas pelo elevado número de acusados e a complexidade da causa, no prazo de 5 dias (art. 403, §3º, CPP).

Em nenhuma hipótese o juiz pode julgar sem as alegações finais do acusado, sendo motivo de nulidade absoluta do processo.

Encerrados os debates ou ofertados os memoriais, o juiz proferirá sentença na própria audiência ou por escrito no prazo de 10 dias.

O art. 394-A do CPP aduz que os processos que apurem a prática de crimes hediondos terão prioridade em todas as instâncias, com a redação conferida pela Lei nº 13.285/2016. Dada a gravidade da natureza do crime, reclama uma resposta mais eficaz. Numa interpretação analógica, é possível se aplicar a mesma razão aos crimes equiparados a hediondos.

10.4 Procedimento comum sumário

O procedimento sumário é muito parecido com o procedimento ordinário, cabível com a pena máxima maior que dois anos e menor que quatro. Contudo, com possui algumas peculiaridades:

a) Número de testemunhas: Serão inquiridas na audiência de instrução e julgamento cinco testemunhas arroladas por cada parte, em relação a cada fato delituoso (art. 532, CPP);

b) O prazo para a realização da audiência de instrução e julgamento é de 30 dias, contados do recebimento da denúncia (art. 531, CPP);

c) Não tem previsão do pedido de diligências previsto no art. 402 do CPP. Não impede que o requerimento exista e que o Juízo defira motivadamente;

d) As alegações finais são necessariamente orais. Entretanto, se o juiz permitir os memoriais não há nulidade, apenas mera irregularidade.

10.5 Procedimento sumaríssimo

Tal procedimento é iniciado com a remessa dos autos do termo circunstanciado de ocorrência (TCO) aos Juizados Especiais Criminais (JECrim), apurando-se indícios mínimos de autoria e materialidade dos delitos de menor potencial ofensivo, aqueles cuja pena máxima em abstrato é não superior a dois anos.

A tais crimes se aplicam os institutos despenalizadores da composição civil dos danos e da transação penal numa fase preliminar de conciliação, visando à aplicação de pena não privativa de liberdade, sendo designada audiência preliminar (arts. 72 e 76, Lei nº 9.099/1995).

Não preenchidos os requisitos ou recusada a possibilidade de conciliação, existindo elementos suficientes de materialidade e indícios de autoria, o Ministério Público ofertará denúncia oral, nos casos de ação penal de iniciativa pública ou declinará a necessidade de diligências imprescindíveis.

Oferecida a denúncia ou queixa-crime, será designada audiência de instrução e julgamento, sendo procedida a citação do denunciado ou querelado para comparecer em juízo.

Iniciada a audiência de instrução e julgamento, será concedida a palavra ao advogado do acionado para responder à acusação, e, após, o juiz deliberará se recebe ou não a peça acusatória (art. 81, Lei nº 9.099/1995).

Havendo recebimento, serão inquiridas a vítima, em primeiro lugar, depois as testemunhas de acusação e defesa, nessa ordem, interrogando-se, em seguida, o acusado, passando-se aos debates orais e à prolação de sentença, que dispensará o relatório.

Da sentença, caberá o recurso de apelação, a ser interposto no prazo de 10 dias, nos termos do art. 82, §1º, da Lei nº 9.099/1995.

CAPÍTULO 11

PROCEDIMENTO DO TRIBUNAL DO JÚRI

"Já sei que, se para ser o homem, escolher pudera, ninguém o papel quisera do sofrer e padecer; todos quiseram fazer o de mandar e reger, sem advertir e sem ver que, em ato tão singular, aquilo é representar mesmo ao pensar que é viver."

(Calderón de la Barca)

11.1 Noções preliminares

A inspiração para a criação do Tribunal do Júri foram os 12 apóstolos cristãos, para se inferir que os jurados são inspirados por Deus. A decisão dos jurados pode ser lastreada na sustentação oral em argumentos sociológicos, religiosos e políticos. Em nosso ordenamento jurídico, não são 12, mas 7, para evitar empate, e as decisões do órgão colegiado e heterogêneo, constituído pelo juiz togado e pelos 7 jurados, são tomadas por maioria, sem necessidade de deliberação à unanimidade de condenação ou absolvição, tal como ocorre no júri norte-americano.

Em 1822 o Tribunal do Júri foi instituído no Brasil para apreciar os crimes praticados por meio da imprensa, ganhando assento constitucional em 1824 na chamada Constituição Outorgada ou Imperial.

Durante o período republicano, somente deixou de existir com o advento da Constituição Polaca, em 1937, sendo que na Constituição Federal de 1988 ostenta o *status* de cláusula pétrea.

A instituição do júri está prevista na Constituição da República em seu art. 5º, inciso XXXVIII, integrando o Poder Judiciário, inserida dentro da Justiça Comum, tanto no âmbito estadual como federal, calcada nos seguintes princípios:

11.1.1 Plenitude da defesa

No Plenário do Júri, argumentos que não servem para convencer o juiz togado servem para poder convencer o juiz leigo.

Aqui não basta a ampla defesa com argumentos técnicos; a defesa é plena, podendo ser utilizados argumentos religiosos, políticos, sociológicos, morais e culturais.

Em posicionamento recente, o Tribunal Constitucional firmou entendimento de que a legítima defesa da honra não poderá ser invocada como tese defensiva para justificar o feminicídio. Se esse fato ocorrer, o júri é considerado nulo, por ferimento ao princípio da dignidade da pessoa humana.[73] É o que extrai da leitura da ementa da ADPF nº 779:

---

[73] "PENAL E PROCESSO PENAL - AGRAVO REGIMENTAL NO RECURSO EXTRAORDINÁRIO COM AGRAVO - HOMICÍDIO QUALIFICADO - TESE DA LEGÍTIMA DEFESA DA HONRA INVOCADA EM SESSÃO REALIZADA PERANTE O TRIBUNAL DO JÚRI - IMPOSSIBILIDADE - INOBSERVÂNCIA DAS PREMISSAS FIXADAS POR ESTA SUPREMA CORTE NO JULGAMENTO DA ADPF 779 - RECURSO PROVIDO - I- CASO EM EXAME - 1- Agravo Regimental interposto pelo Ministério Público contra decisão que negou provimento ao Recurso Extraordinário com Agravo, ao fundamento de que a análise da pretensão recursal requer o reexame do conjunto fático-probatório dos autos (Súmula 279 /STF). II- QUESTÃO EM DISCUSSÃO. 2- Impossibilidade de utilização da legítima defesa da honra durante sessão de julgamento realizada perante o Tribunal do Júri. 3- Inobservância das diretrizes fixadas por esta CORTE no julgamento da ADPF 779/DF, Rel. Min. DIAS TOFFOLI, Dje 06/10/2023. III- RAZÕES DE DECIDIR. 4- A tese da legítima defesa da honra foi declarada inconstitucional por esta CORTE SUPREMA no julgamento da Arguição de Descumprimento Fundamental nº 779/DF, de relatoria do Min. DIAS TOFFOLI, por contrariar os princípios constitucionais da dignidade da pessoa humana (art. 1º, inciso III, da CF), da proteção à vida e da igualdade de gênero (art. 5º, *caput*, da CF). Além disso, o Plenário do STF conferiu interpretação conforme à Constituição ao art. 483, §2º, do Código de Processo Penal, para assentar que não fere a soberania dos veredictos do tribunal do júri o provimento de apelação que anule a absolvição fundada em quesito genérico quando, de algum modo, ela possa implicar a repristinação da odiosa tese da legítima defesa da honra. 5- A plenitude de defesa nos julgamentos realizados perante o Tribunal do Júri não admite que a tese acerca da legítima defesa da honra seja arguida em socorro ao acusado como excludente de ilicitude, por se tratar de retórica que reforça uma cultura extremamente patriarcal, de desrespeito e objetificação da mulher. 6- A tentativa de convencer o julgador (jurados e magistrados) no sentido da existência de um suposto - E inexistente - Direito de legítima defesa da honra, tese que não pode ser invocada, ainda que indiretamente ou a pretexto de se referir a um "valor moral" da conduta, contraria a Orientação Jurisprudencial firmada por esta CORTE no julgamento da ADPF 779 e acarreta a nulidade do ato e do julgamento realizado perante o Tribunal do Júri. IV- DISPOSITIVO. 7- Agravo regimental provido para, desde logo, DAR PROVIMENTO ao Recurso Extraordinário. Atos normativos

ARGUIÇÃO DE DESCUMPRIMENTO DE PRECEITO FUNDAMENTAL - INTERPRETAÇÃO CONFORME À CONSTITUIÇÃO - Artigo 23, inciso II, e art. 25, *caput* e parágrafo único, do Código Penal e art. 65 do Código de Processo Penal. "Legítima defesa da honra". Não incidência de causa excludente de ilicitude. Recurso argumentativo dissonante da dignidade da pessoa humana (art. 1º, inciso III, da CF), da proteção à vida e da igualdade de gênero (art. 5º, *caput*, da CF). Procedência parcial da arguição. 1- A "legítima defesa da honra" é recurso argumentativo/retórico odioso, desumano e cruel utilizado pelas defesas de acusados de feminicídio ou agressões contra a mulher para imputar às vítimas a causa de suas próprias mortes ou lesões. Constitui-se em ranço, na retórica de alguns operadores do direito, de institucionalização da desigualdade entre homens e mulheres e de tolerância e naturalização da violência doméstica, as quais não têm guarida na Constituição de 1988. 2- Referido recurso viola a dignidade da pessoa humana e os direitos à vida e à igualdade entre homens e mulheres (art. 1º, inciso III , e art. 5º, *caput* e inciso I, da CF/88), pilares da ordem constitucional brasileira. A ofensa a esses direitos concretiza-se, sobretudo, no estímulo à perpetuação do feminicídio e da violência contra a mulher. O acolhimento da tese teria o potencial de estimular práticas violentas contra as mulheres ao exonerar seus perpetradores da devida sanção. 3- *A "legítima defesa da honra" não pode ser invocada como argumento inerente à plenitude de defesa própria do tribunal do júri, a qual não pode constituir instrumento de salvaguarda de práticas ilícitas.* Devem prevalecer a dignidade da pessoa humana, a vedação de todas as formas de discriminação, o direito à igualdade e o direito à vida, tendo em vista os riscos elevados e sistêmicos decorrentes da naturalização, da tolerância e do incentivo à cultura da violência doméstica e do feminicídio. 4- *Na hipótese de a defesa lançar mão, direta ou indiretamente, da tese da "legítima defesa da honra" (ou de qualquer argumento que a ela induza), seja na fase pré-processual, na fase processual ou no julgamento perante o tribunal do júri, caracterizada estará a nulidade da prova, do ato processual ou, caso não obstada pelo presidente do júri, dos debates por ocasião da sessão do júri, facultando-se ao titular da acusação apelar na forma do art. 593, inciso III, alínea a, do Código de Processo Penal.* 5- É inaceitável, diante do sublime direito à vida e à dignidade da pessoa humana, que o acusado de feminicídio seja absolvido, na forma do art. 483, inciso III, §2º, do Código de Processo Penal, com base na esdrúxula tese da "legítima defesa da honra". Há de se exigir um controle mínimo do pronunciamento do tribunal do júri quando a decisão de absolvição se der por quesito genérico, de forma a avaliar, à luz dos atos processuais praticados em juízo, se a conclusão dos jurados se deu a partir de argumentação discriminatória, indigna, esdrúxula e

---

citados: Constituição Federal, art. 1º, III; e art. 5º, *caput*, XXXVII e LV. Jurisprudência citada: ADPF 779, Rel. Min. DIAS TOFFOLI, Dje 06/10/2023 (STF - ARE-AgR 1529014 - 1ª T. - Rel. Luiz Fux - J. 28.02.2025)."

inconstitucional referente ao uso da tese da legítima defesa da honra. 6- Arguição de descumprimento de preceito fundamental julgada parcialmente procedente para (i) firmar o entendimento de que a tese da legítima defesa da honra é inconstitucional, por contrariar os princípios constitucionais da dignidade da pessoa humana (art. 1º, inciso III, da CF), da proteção da vida e da igualdade de gênero (art. 5º, *caput*, da CF); (ii) conferir interpretação conforme à Constituição ao art. 23, inciso II, ao art. 25, *caput* e parágrafo único, do Código Penal e ao art. 65 do Código de Processo Penal, de modo a excluir a legítima defesa da honra do âmbito do instituto da legítima defesa; (iii) obstar à defesa, à acusação, à autoridade policial e ao juízo que utilizem, direta ou indiretamente, a tese de legítima defesa da honra (ou qualquer argumento que induza à tese) nas fases pré-processual ou processual penais, bem como durante o julgamento perante o tribunal do júri, sob pena de nulidade do ato e do julgamento; e (iv) diante da impossibilidade de o acusado beneficiar-se da própria torpeza, fica vedado o reconhecimento da nulidade referida no item anterior na hipótese de a defesa ter-se utilizado da tese da legítima defesa da honra com essa finalidade. 7- Procedência do pedido sucessivo apresentado pelo requerente, conferindo-se interpretação conforme à Constituição ao art. 483, inciso III, §2º, do Código de Processo Penal, para entender que não fere a soberania dos vereditos do tribunal do júri o provimento de apelação que anule a absolvição fundada em quesito genérico, quando, de algum modo, possa implicar a repristinação da odiosa tese da legítima defesa da honra (STF - ADPF 779 - TP - Rel. Dias Toffoli - J. 06.10.2023) (grifos meus).

11.1.2 Sigilo das votações

Os jurados, quando tomam suas decisões, o fazem na sala secreta, sem a interferência e a presença de populares, dos parentes da vítima ou do acusado.

O princípio do sigilo das votações serve para proteger os juízes leigos, os juízes de fato, que não contam com as mesmas garantias de um juiz de carreira. Garantia para dar ao jurado a tranquilidade de julgar. Em sendo assim, embora o debate ocorra no Plenário do Tribunal do Júri, sendo público o julgamento, as votações são sigilosas, colhidas por meio de uma urna, sendo paralisada quando obtida a maioria de quatro votos, justamente para preservar o caráter sigiloso das votações.

11.1.3 Soberania dos vereditos

Somente os jurados, que representam a população em geral, têm o poder de decidir sobre a ocorrência ou não dos crimes dolosos contra a vida, tentados ou consumados, de modo que não pode o juiz de Direito se sobrepor à decisão do júri popular.

Em caso de recurso, o tribunal de Justiça ou o tribunal regional federal não podem reformar a decisão para absolver ou condenar o acusado, podendo apenas anular o júri e determinar a ocorrência de nova sessão plenária do júri. Não gozando tal princípio de poder absoluto acima de qualquer outro, tal soberania dos vereditos é relativa, e pode a decisão do júri ser anulada quando a decisão for manifestamente contrária à prova dos autos.

11.1.4 Competência mínima

A competência do Tribunal do Júri é decorrente da lei. Nada impede a criação de outros delitos que podem ser julgados pelo Júri. Mas a competência mínima é conferida pela Carta Política, com a competência para julgar os crimes dolosos contra a vida.

11.1.5 Princípio da plenitude da proteção da vida

A instituição do júri tutela a vida e os jurados são pessoas da comunidade, então é natural que exista um garantismo penal integral, proibindo o excesso, mas também proibindo a proteção deficiente do bem jurídico. Eis a lição de Andrey Borges de Mendonça, que explica a espinha dorsal do garantismo integral:

> Em um processo por crime doloso contra a vida, protege-se a vida, sendo certo que há um interesse da sociedade na apuração dessa conduta, para que se evitem novas violações a esse direito fundamental. Nesse sentido, o processo penal é um alongamento da proteção estabelecida pela própria norma penal, pois é na jurisdição penal que vai se efetivar a sanção penal necessariamente (princípio da necessidade). Há, por isso, uma confluência entre a finalidade de prevenção da pena com a finalidade do processo penal.[74]

A tutela plena da vida é um direito fundamental. O direito à vida integra a concepção de dignidade da pessoa humana (STF, HC

---

[74] MENDONÇA, Andrey Borges de; FISCHER, Douglas; PELELLA, Eduardo (org.). *Garantismo penal integral*: questões penais e processuais, criminalidade moderna e a aplicação do modelo garantista no Brasil. Salvador: Juspodivm, 2010. p. 176.

nº 1.104.410, relator ministro Gilmar Mendes, *Dje* 27 mar. 2012).[75]

---

[75] No mesmo sentido: *"HABEAS CORPUS* - PORTE ILEGAL DE ARMA DE FOGO DESMU-NICIADA (A)TIPICIDADE DA CON DUTA - CONTROLE DE CONSTITUCIONALIDA-DE DAS LEIS PENAIS - MANDATOS CONSTITUCIONAIS DE CRIMINALIZAÇÃO E MODELO EXIGENTE DE CONTROLE DE CONSTITUCIONALIDADE DAS LEIS EM M ATÉRIA PENAL - CRIMES DE PERIGO ABSTRATO EM FACE DO PRINCÍPIO DA PRO-PORCIONALIDADE - LEGITI MIDADE DA CRIMINALIZAÇÃO DO PORTE DE ARMA DESMUNICIADA - ORDEM DENEGADA - 1- CONTROLE DE CONSTITUCIONALIDA-DE DAS LEIS PENAIS - 1.1 - Mandatos constitucionais de criminalização: A Constituição de 1988 contém significativo elenco de norma s que, em princípio, não outorgam direitos, mas que, antes, determinam a criminalização de condutas (CF, art. 5º, XLI, XLII, XLIII, XLIV ; art. 7º, X ; art. 227, §4º). Em todas essas é possível identificar um mandato de crimi-nalização expresso, tendo em vista os bens e valores envolvidos. Os direitos fundamentais não podem ser considerados apenas proibições de intervenção (*Eingriffsverbote*), expres-sando também um postula do de proteção (*Schutzgebote*). Pode-se dizer que os direitos fundamentais expressa m não apenas uma proibição do excesso (*Übermassverbote*), como também podem ser traduzidos como proibições de proteção insuficiente ou imperativos de tutela (*Untermassverbote*). Os mandatos constitucionais de criminalização, portanto, im-põem ao legislador, para seu devido cumprimento, o dever de observância do princípio da proporcionalidade como proibição de excesso e como proibição de proteção insuficiente. 1.2. Modelo exigente de controle de constitucionalidade das leis em matéria penal, baseado em n íveis de intensidade: Podem ser distinguidos 3 (três) níveis ou graus de intensidade de do controle de constitucionalidade de leis penais, consoante as diretrizes elaboradas pela doutrina e jurisprudência constitucional alemã: a) controle de evidência (*Evidenzkontrol-le*); B) controle de sustentabilidade ou justificabilidade (*Vertretbarkeitskontrolle*); C) controle material de intensidade (*intensivierten in haltlichen Kontrolle*). *O Tribunal deve sempre levar em conta que a constituição confere ao legislador amplas margens de ação para eleger os bens ju-rídicos penais e avaliar as medidas adequadas e necessárias para a efetiva proteção desses bens.* Porém, uma vez que se ateste que as medidas legislativas adotadas transbordam os limites impostos pela constituição - O que poderá ser verificado com base no princípio da propor-cionalidade como proibição de excesso (*Übermassverbot*) e como proibição de proteção de-ficiente (*Untermassverbot*) -, deverá o Tribunal exercer um rígido controle sobre a atividade legislativa, declarando a inconstitucionalidade de leis penais transgressoras de princípios constitucionais. 2- CRIMES DE PERIGO ABSTRATO - PORTE DE ARMA - PRINCÍPIO DA PROPORCIONALIDADE - A Lei 10.826/2003 (Estatuto do Desarmamento) tipifica o porte de arma como crime de perigo abstrato. De acordo com a lei, constituem crimes as meras condutas de possuir, deter, portar, adquirir, fornecer, receber, ter em depósito, transpor-tar, ceder, emprestar, remeter, empregar, manter sob sua guarda ou ocultar arma de fogo. Nessa espécie de delito, o legislador penal não toma como pressuposto da criminalização a lesão ou o perigo de lesão concreta a determinado bem jurídico. Baseado em dados em-píricos, o legislador seleciona grupos ou classes de ações que geralmente levam consigo o indesejado perigo ao bem jurídico. A criação de crimes de perigo abstrato não representa, por si só, comportamento inconstitucional por parte do legislador pena l. A tipificação de condutas que geram perigo em abstrato, muitas vezes, acaba sendo a melhor alternativa ou a medida mais eficaz para a proteção de bens jurídico-penais supraindividuais ou de ca-ráter coletivo, como, por exemplo, o meio ambiente, a saúde etc. Portanto, *pode o legislador, dentro de suas amplas margens de avaliação e de decisão, definir quais as medidas mais adequadas e necessárias para a efetiva proteção de determinado bem jurídico, o que lhe permite escolher espécies de tipificação próprias de um direito penal preventivo. Apenas a atividade legislativa que, nessa hipótese, transborde os limites da proporcionalidade, poderá ser tachada de inconstitucional.* 3- LE-GITIMIDADE DA CRIMINALIZAÇÃO DO PORTE DE ARMA. Há, no contexto empírico legitimador da veiculação da norma, aparente lesividade da conduta, porquanto se tutela a segurança pública (art. 6º e 144, CF) e indiretamente a vida, a liberdade, a integridade física e psíquica do indivíduo etc. Há inequívoco interesse público e social na proscrição

11.2 Procedimento bifásico ou escalonado

O procedimento do júri é bifásico ou escalonado, uma vez que se divide em duas fases. A primeira fase conhecida *iudicium acusationes* ou sumário de culpa, que vai desde o recebimento da denúncia ou queixa-crime até o trânsito em julgado da decisão de pronúncia. E a segunda e última fase cognominada *iudicium causae*, começando com a fase de diligências do art. 422 do CPP até o Plenário do Júri.

11.2.1 Fases do sumário de culpa

1ª) Recebimento da denúncia ou queixa; 2ª) citação; 3ª) defesa escrita; 4ª) oitiva do Ministério Público (em caso de alegação de questões preliminares ou juntada de documentos); 5ª) instrução concentrada; 6ª) debates orais (ou conversão em memoriais); 7ª) decisão.

11.2.2 Procedimento da primeira fase – sumário da culpa

O procedimento decorre de previsão legal, que delineia o caminho a ser percorrido pelo magistrado do início até o final do procedimento na primeira fase do júri. A inobservância pode ou não acarretar nulidade, dependendo da ocorrência ou não do prejuízo, que deve ser comprovado pela parte que alega.

Fincadas essas premissas, temos o seguinte caminho a ser trilhado pelo juiz togado para a estrita obediência ao rito do júri:

> Art. 406. *O juiz, ao receber a denúncia ou a queixa, ordenará a citação do acusado para responder à acusação, por escrito, no prazo de 10 (dez) dias.*
> §1º O prazo previsto no *caput* deste artigo será contado a partir do efetivo cumprimento do mandado ou do comparecimento, em juízo, do acusado ou de defensor constituído, no caso de citação inválida ou por edital.
> §2º A acusação deverá arrolar testemunhas, até o máximo de 8 (oito), na denúncia ou na queixa.
> §3º Na resposta, o acusado poderá arguir preliminares e alegar tudo que interesse a sua defesa, oferecer documentos e justificações, especificar

---

da conduta. É que a arma de fogo, diferentemente de outros objetos e artefatos (faca, vidro etc.) tem, inerente à sua natureza, a característica da lesividade. A danosidade é intrínseca ao objeto. A questão, portanto, de possíveis injustiças pontuais, de absoluta ausência de significado lesivo deve ser aferida concretamente e não em linha diretiva de ilegitimidade normativa. 4- ORDEM DENEGADA (STF - HC 102087 - 2ª T. - Rel. Min. Celso de Mello - DJ 14.08.2012)" (grifos meus).

as provas pretendidas e arrolar testemunhas, até o máximo de 8 (oito), qualificando-as e requerendo sua intimação, quando necessário (grifos meus).

Questão que se coloca com proeminência aqui é se o juiz togado poderia antecipar a instrução probatória e aplicar a *emendatio libelli* no recebimento ou não da denúncia ou queixa-crime. A resposta negativa se impõe por motivos óbvios. É preciso aguardar a produção probatória em sua integralidade para se tecer um juízo de repulsa integral da denúncia ou queixa-crime. O rito deve ser obedecido, sob pena de violação ao devido processo legal, devendo ser corrigido via interposição do RESE, nos exatos termos do art. 581, inciso I, do CPP. Deve-se proceder à observância do rito do art. 406 do CPP, pois é na fase da decisão que o juiz pode adotar tal postura.

Outro ponto que merece destaque nesse procedimento é o que preconiza o art. 409 do CPP, uma vez que, existindo alegações preliminares na defesa escrita e/ou realizada a juntada de documentos, em homenagem ao princípio do contraditório, o juiz necessariamente deverá ouvir o Ministério Público ou o querelante, no prazo de cinco dias.

11.2.3 Audiência concentrada

Na audiência designada visando à instrução probatória, o juiz deve ouvir o ofendido, se possível, as testemunhas arroladas pela acusação e pela defesa, nessa ordem, bem como os esclarecimentos dos peritos, às acareações e ao reconhecimento de pessoas e coisas, interrogando-se o acusado e, em seguida, passar para os debates orais, em respeito ao que determina o art. 411 do CPP.

Esclareço que os debates orais devem ser realizados no prazo de 20 minutos, prorrogáveis por mais 10. Não há previsão legal de conversão dos debates orais em memoriais. Contudo, a jurisprudência tem abrandado tal rigor legal quando não há prejuízo e desde que haja concordância de ambas as partes, como se infere do seguinte excerto do Superior Tribunal de Justiça: "Inexiste nulidade, caso o Ministério Público e a defesa concordem em substituir as alegações orais por memorial" (RT nº 697/360).

Em reforço à argumentação aqui defendida, no art. 57 da Lei Antidrogas possui uma previsão dos debates orais a serem convertidos em memoriais. De igual modo, existe a previsão no procedimento comum ordinário de conversão dos debates em memoriais ou alegações escritas, no prazo de 5 dias de forma sucessiva. Verificada essa situação, o prazo é de 10 dias para o juiz proferir sentença.

Por fim, mais uma advertência da mais alta importância: não sendo ofertadas as alegações finais pela defesa que foi devidamente intimada, é motivo de nulidade absoluta ante a manifesta falta do exercício da ampla defesa e do contraditório, devendo ser aberto novo prazo para o advogado constituído ou para a Defensoria Pública para oferecer diante do abandono por parte do advogado de defesa, salvo se apresentar um motivo razoável para o não oferecimento das alegações finais, situação em que é possível ser renovado o prazo da defesa técnica.

De acordo com o art. 412 do CPP, o prazo para encerramento dessa fase do procedimento é de 90 dias, aplicando-se tanto no caso de réu preso ou solto. Em caso de réu preso, pode gerar constrangimento ilegal, o que dimensiona a possibilidade de ingresso do *habeas corpus* no tribunal de Justiça ou no tribunal regional federal, sem prejuízo do pedido de relaxamento da prisão preventiva ou temporária decretada em virtude do excesso de prazo, restando caracterizada a prisão ilegal, na forma do art. 5º, inciso LXV, da Carta da República.

Finalizados os debates orais ou ofertados os memoriais, dentro do prazo estabelecido pelo magistrado, o juízo pode adotar quatro decisões:
   a) Pronúncia;
   b) Impronúncia;
   c) Absolvição sumária ou
   d) Desclassificação.

11.2.4 Decisões possíveis no sumário da culpa

11.2.4.1 Pronúncia

Calha aqui analisar o quanto previsto no art. 413 do CPP, *in verbis*:

> Art. 413. O juiz, fundamentadamente, pronunciará o acusado, se convencido da materialidade do fato e da existência de indícios suficientes de autoria ou de participação.
> §1º A fundamentação da pronúncia limitar-se-á à indicação da materialidade do fato e da existência de indícios suficientes de autoria ou de participação, devendo o juiz declarar o dispositivo legal em que julgar incurso o acusado e especificar as circunstâncias qualificadoras e as causas de aumento de pena.
> (...)

Tendo em vista a previsão normativa, a decisão de pronúncia é a única que abre a porta para a segunda fase do procedimento bifásico do Tribunal do Júri. É possível sempre que o juiz reconhecer a existência do crime e indícios suficientes da autoria delitiva, sem adentrar o mérito da causa e baseando sua decisão tanto nas provas colhidas na investigação criminal quanto na instrução processual antes referida, reconhecendo a viabilidade da acusação, evitando-se constrangimento ao acusado, que, sem provas mínimas, é exposto a um julgamento público.

Aqui se efetiva um juízo de prelibação ou de viabilidade da acusação, razão pela qual o Poder Judiciário entende como suficientes indícios de autoria para que se possa proceder à pronúncia, e não um juízo exauriente de prova da autoria; não se verticaliza até o mérito, que compete aos jurados julgarem.

Nessa fase do procedimento, prevalece o princípio *in dubio pro societate*, de acordo com a maioria da doutrina. Nas decisões mais recentes da Suprema Corte, em caso de dúvida, não tem sido utilizado tal princípio, observando-se o lastro mínimo probatório. O juiz não pode fundamentar exclusivamente de elementos colhidos no inquérito policial, mas pode fundamentar nas provas colhidas na fase investigatória e na fase instrutória. É o que se verifica do seguinte excerto: "AGRAVO REGIMENTAL NO *HABEAS CORPUS* - 2- DECISÃO DE PRONÚNCIA - 3- A decisão de pronúncia não se fundamentou no suposto princípio do *in dubio pro societate*. 4- Agravo regimental desprovido (STF - HC--AgR 221956 - 2ª T. - Rel. Gilmar Mendes - J. 26.05.2023)".

O art. 7º da Lei de Introdução ao CPP diz que o juiz não poderá reconhecer causa especial de diminuição de pena. Portanto, não pode pronunciar crime de homicídio privilegiado.

A exclusão de qualificadoras da decisão de pronúncia, seguindo entendimento do Superior Tribunal de Justiça, somente é possível quando manifestamente improcedente. Em tal caso, pode-se excluir a qualificadora, não se aplicando nos demais casos, sob pena de usurpação da competência do Tribunal do Júri. Veja-se o excerto:

> PROCESSUAL PENAL - AGRAVO REGIMENTAL NO *HABEAS CORPUS* - HOMICÍDIO QUALIFICADO - PRONÚNCIA - DESCLASSIFICAÇÃO - IMPOSSIBILIDADE - QUALIFICADORAS - 1- Do conjunto probatório coligido, a materialidade foi comprovada e há suficientes indícios de autoria para a submissão do agravante ao Tribunal popular. Assim, presentes estão os requisitos do art. 413 do Código de Processo Penal, e dessume-se do acórdão que foram produzidas provas em juízo que indicam a autoria delitiva do agravante. Desse modo, havendo indícios da prática de crime doloso contra a vida, faz-se necessária a

pronúncia, para que o juiz natural da causa aprecie o mérito da imputação. 2- A alteração do entendimento das instâncias de origem, a fim de concluir que a dinâmica dos fatos teria ocorrido de forma diversa, de forma a desclassificar a conduta para a forma culposa, demandaria análise probatória, providência vedada na via eleita. 3- Por fim, vale consignar que esta Corte Superior entende que "a exclusão de qualificadoras somente é possível, na fase da pronúncia, se manifestamente improcedentes, sob pena de usurpação da competência dos jurados" (AgRg no AREsp nº 2.043.486/MT, relator Ministro Ribeiro Dantas, Quinta Turma, julgado em 2/8/2022, DJe de 10/8/2022). 4- Agravo regimental desprovido (STJ - AgRg-HC 893318/SP - (2024/0058782-0) - 6ª T. - Rel. Min. Antonio Saldanha Palheiro - DJe 03.05.2024).

Na existência de crime conexo, o juiz não pode pronunciar o crime doloso contra a vida e impronunciar o crime conexo, pois retiraria do Conselho de Sentença a competência constitucional do Tribunal do Júri.

O juiz não pode exagerar nas adjetivações contra o pronunciado na decisão de pronúncia, devendo se restringir a analisar a viabilidade da acusação ao mandar para o Tribunal do Júri o julgamento, para que com isso não exerça influência sobre os jurados.

Havendo eloquência acusatória na decisão de pronúncia, o acusado deve impugnar no RESE tal excesso de linguagem, sob pena de preclusão temporal. Para uma corrente, a decisão é manifestamente nula e deve ser proferida outra.

Predomina o entendimento de que o assistente da acusação não possui legitimidade recursal para pleitear em sede de recurso para alterar a capitulação dada pelo Ministério Público e ratificada pelo juiz na pronúncia, para ver reconhecida circunstância qualificadora não constante da denúncia.

O julgador, quando proferir decisão de pronúncia, deve analisar, de forma fundamentada, sobre a manutenção ou a revogação da prisão cautelar, bem como sobre medida restritiva de liberdade anteriormente decretada, em respeito ao art. 411, §3º, do CPP.

O recurso cabível para atacar a decisão de pronúncia é o RESE (art. 581, inciso IV, CPP), existindo a possibilidade do juízo de retratação (art. 589, CPP).

11.2.4.2 Impronúncia

Encontra amparo no art. 414 do CPP, que dispõe que, se o juiz não se convencer da materialidade do fato ou da existência de indícios suficientes de autoria ou participação, fundamentadamente, impronunciará o acusado. No entanto, enquanto não operar a extinção da punibilidade poderá ser ofertada nova denúncia ou queixa-crime, desde que exista prova nova.

Na hipótese de que o juiz não se convença da materialidade do fato ou da existência de indícios de autoria e participação, deverá proferir decisão de impronúncia, que possui natureza de decisão interlocutória mista terminativa. Portanto, o juiz não condena nem tampouco absolve o réu, extinguindo o processo sem julgamento do mérito.[76]

---

[76] "PENAL E PROCESSUAL PENAL - AGRAVO EM RECURSO ESPECIAL - HOMICÍDIO TENTADO - PRONÚNCIA - INEXISTÊNCIA, NO CASO CONCRETO, DE INDÍCIOS MÍNIMOS PARA CORROBORAR COM ALTO GRAU DE PROBABILIDADE A HIPÓTESE DA ACUSAÇÃO SOBRE A AUTORIA - INTELIGÊNCIA DOS ARTS. 155, 156, 413 E 414 DO CPP - AGRAVO CONHECIDO PARA DAR PROVIMENTO AO RECURSO ESPECIAL, A FIM DE RESTABELECER A DECISÃO DE IMPRONÚNCIA, COM COMUNICAÇÃO DOS FATOS À CORREGEDORIA DA POLÍCIA - 1- Pelo entendimento deste colegiado, vale na etapa da pronúncia o brocardo *in dubio pro societate*. Em minha visão pessoal, a rigor, o *in dubio pro societate* não existe. Quando nos referimos a ele como "princípio", o utilizamos na verdade como uma simples metáfora ou um atalho argumentativo, para expressar, em poucas palavras, que a pronúncia tem *standards* probatórios próprios, não se confundindo com uma sentença condenatória. 2- De todo modo, não proponho alterarmos o entendimento da Turma sobre a aplicação do *in dubio pro societate*. Apenas registro aqui minha visão particular a seu respeito, alinhada à nova orientação da Sexta Turma firmada no julgamento do REsp 2.091.647/DF, finalizado em 26/9/2023, quando aquele colegiado baniu de seu léxico o *in dubio pro societate*. 3- Não obstante essa breve ressalva, permanece na fase de pronúncia o ônus da acusação (art. 156 do CPP) de comprovar, com provas produzidas sob o crivo do contraditório (art. 155 do CPP), a hipótese por ela vertida na denúncia, com um nível de corroboração suficiente para aquela etapa processual (art. 413 do CPP). 4- Quanto à materialidade, o art. 413 do CPP exige da pronúncia e da sentença o mesmo nível de segurança, de modo que ambas devem seguir, nesse ponto, o mais alto *standard* do processo penal. A incerteza quanto à existência do fato em si torna inviável o julgamento popular, como decidiu esta Turma no recente julgamento do AgRg no AgRg no REsp nº 1.991.574/SP, relator Ministro João Batista Moreira, DJe de 8/11/2023, em que recebeu a adesão da maioria do colegiado a fundamentação do voto-vista do Ministro Joel Ilan Paciornik. 5- Em relação à autoria, o que diferencia pronúncia e sentença é o *standard* probatório exigido para se ter como provada a hipótese acusatória e a profundidade da cognição judicial a ser exercida em cada etapa processual. 6- A pronúncia é uma garantia do réu contra o risco de ocorrência de erros judiciários. Para que o acusado seja pronunciado, então, não basta à hipótese acusatória sobre autoria ser possível, coerente ou a melhor; Além de tudo isso, a pronúncia exige que a imputação esteja fortemente corroborada, com alto grau de probabilidade, por provas claras e convincentes, e que o conjunto probatório seja completo, sem a omissão de provas importantes para a elucidação dos fatos. Suspeitas, boatos e a mera possibilidade de que o réu tenha sido o autor do crime não bastam para a pronúncia. Inteligência dos arts. 155, 156, 413 e 414 do CPP. 7- Segundo a denúncia, os policiais militares supostamente seguiam dois indivíduos "suspeitos" em patrulhamento de rotina e foram surpreendidos com disparos de arma de fogo efetuados pelo réu, mas conseguiram antes disso alvejá-lo. Já o acusado conta que esteve no local dos fatos para comprar maconha e foi pego no tiroteio entre policiais e traficantes. 8- O réu foi baleado com um fuzil da polícia pelas costas - O que já torna em alguma medida inverossímeis as alegações dos policiais -, e nenhum dos cinco exames periciais realizados

A decisão de impronúncia possui o efeito de coisa julgada formal, mas não de coisa julgada material, tanto que, pela redação do parágrafo único do art. 414 do CPP, consegue-se vislumbrar a possibilidade de se ofertar nova denúncia ou queixa-crime, desde que surja prova nova.

Entende-se por prova nova apenas as substancialmente novas – são descobertas depois da decisão de impronúncia, pois estavam ocultas ou inexistentes –, o que vai deflagrar a possibilidade de retomada do processo. Outrossim, as provas formalmente novas, as existentes na época da produção probatória, mas que ganharam nova roupagem posteriormente, não se prestam para a deflagração do novo processo. Tem corrente doutrinária que defende que as duas versões da prova são possíveis na abertura do processo. Fico com a tese da prova substancialmente nova, que teria o condão de reabrir o processo.

O recurso cabível da decisão de impronúncia é o recurso de apelação, como se infere de uma simples leitura do art. 416 do CPP.

11.2.4.3 Absolvição sumária

Verifica-se a previsão legal no art. 415 do CPP:

> Art. 415. O juiz, fundamentadamente, absolverá desde logo o acusado, quando: I – provada a inexistência do fato; II – provado não ser ele

---

na origem conseguiu confirmar a hipótese acusatória. Não havia impressões digitais do acusado na suposta arma do crime, suas mãos não tinham resíduos de pólvora, não era sua a grafia das "anotações de tráfico" cuja autoria o MP/SP lhe imputa e não se sabe, até agora, como transcorreu o tiroteio, pois o laudo no local dos fatos foi inconclusivo. 9- Este colegiado entende que a palavra dos policiais pode, ainda que seja o único dado probatório de determinado fato, fundamentar o proferimento de decisões desfavoráveis ao réu. Fica ressalvada a compreensão pessoal deste relator, para quem a palavra da polícia exige sempre a corroboração por outros meios de prova, notadamente a gravação audiovisual por câmeras corporais. Compreensão firmada no julgamento do AREsp 1.936.393/RJ, em que fiquei parcialmente vencido. 10- De todo modo, esta Turma decidiu, naquela ocasião, que o testemunho do policial não é superior a outras provas, sendo dever do juiz confrontá-las (quando existentes) com a palavra do agente estatal, para aferir a compatibilidade entre elas. Foi exatamente isso que fez aqui o juízo de primeiro grau, ao detectar as profundas contradições entre o testemunho dos policiais (que, reitero, balearam o réu pelas costas) e as cinco provas periciais e, por isso, impronunciar o acusado. 11- O Tribunal local não examinou minimamente os dados probatórios técnicos valorados pelo juiz singular, nem explicou o porquê de estar equivocada sua valoração. Na verdade, a Corte estadual apenas invocou genericamente o *in dubio pro societate* para pronunciar o recorrente, mas não dedicou uma linha sequer à análise das provas periciais, tampouco às contradições entre elas e o testemunho dos policiais. 12- Agravo conhecido e recurso especial provido, a fim de restabelecer a decisão de impronúncia, com determinação de comunicação dos fatos à Corregedoria da PM/SP (STJ - AG-REsp. 2.236.994/SP - (2022/0334959-4) - 5ª T. - Rel. Min. Ribeiro Dantas - DJe 28.11.2023)."

autor ou partícipe do fato; III – o fato não constituir infração penal; IV – demonstrada causa de isenção de pena ou de exclusão do crime.
Parágrafo único. Não se aplica o disposto no inciso IV do *caput* deste artigo ao caso de inimputabilidade prevista no *caput* do art. 26 do Decreto-Lei no 2.848, de 7 de dezembro de 1940 – Código Penal, salvo quando esta for a única tese defensiva.

Nesse caso, tem-se uma decisão definitiva, pois se ingressa na discussão do mérito, pois o juiz togado inocenta o acusado.

Registro aqui o caráter de excepcionalidade da absolvição sumária, o juiz só pode absolver sumariamente quando resta indiscutível a inocência do acusado, não quando houver dúvida, a questão deve ser examinada pelos jurados. Em tal caso, constato a incidência da decisão de impronúncia. Trago à colação recente precedente nesse sentido:

PENAL E PROCESSUAL PENAL - RECURSO EM SENTIDO ESTRITO - RECURSO DA DEFESA - PRONÚNCIA - HOMICÍDIO QUALIFICADO - AMEAÇA - PEDIDO DE ABSOLVIÇÃO SUMÁRIA POR LEGÍTIMA DEFESA - IMPROCEDÊNCIA - AUSÊNCIA DE PROVA IRREFUTÁVEL - Materialidade e indícios de autoria demonstrados no conteúdo probatório produzido. Prevalência do princípio do "in dubio pro societate". Atribuição constitucional do tribunal do júri. Recurso conhecido e desprovido. Confirmada a decisão de pronúncia. 1- Trata-se de recurso em sentido estrito interposto por Ronaldo Silva dos Santos em face de sentença (PÁGS. 362/368) proferida pelo juízo da vara única da comarca de barreira, pela qual o pronunciou para se submeter a julgamento perante o tribunal do júri daquela comarca, como incurso nas penas do art. 121, §2º, I, e no art. 147, ambos do Código Penal. 2- Em suas razões, o recorrente alega que agiu em legítima defesa, razão pela qual requer o provimento do presente recurso de modo a impronunciá-lo. 3- No caso em tela, a materialidade delitiva é incontroversa e está demonstrada no auto de apresentação e apreensão de pág. 87, pela ficha de atendimento médico de pág. 103, pelo laudo cadavérico de págs. 150/153, tendo como conclusão de que a vítima teve "morte real por choque hipovolêmico hemorrágico, decorrente de feridas penetrantes toracoabdominais por instrumento perfurocortante, com lesões dos pulmões, fígado, de vasos sanguíneos do braço, do rim esquerdo e hemorragias consecutivas", bem como dos depoimentos das testemunhas. 4- Os indícios de autoria encontram-se consubstanciados na prova oral colhida, notadamente nos depoimentos e interrogatório constantes nos autos, depreendendo - Se que a motivação do crime teria se dado devido ao ciúme que o recorrente supostamente sentia em relação à ex-companheira que começou a ter um relacionamento com a vítima após o término da relação com o acusado. Com relação à prova oral, as testemunhas narraram, em resumo, que o recorrente teria esfaqueado a vítima pelas costas e, posteriormente, perseguido a vítima que teria corrido e a golpeou frontalmente com uma faca que seria sua. 5- Para que haja a absolvição sumária requerida pelo acusado, é imprescindível que exista demonstração irrefutável da existência da legítima defesa, de modo que o julgador se convença, indubitavelmente, acerca da excludente de ilicitude, haja vista tratar-se de decisão excepcional que exige ampla fundamentação. No caso dos autos, não há provas que tragam juízo de certeza do julgador acerca da existência da excludente de ilicitude da legítima defesa, a tese defensiva apresentada deverá ser avaliada pelo juízo natural, qual seja, o conselho de sentença do tribunal do júri. 6- Diante disso, por entender que não ficou demonstrado a prova inequívoca da legítima defesa, deverá o acusado ser submetido ao tribunal do júri, prevalecendo o princípio do in dubio pro societate..7. Recurso conhecido e desprovido. Decisão de pronúncia mantida (TJCE - RSE 0050316-08.2021.8.06.0044 - Rel. Andréa Mendes Bezerra Delfino - DJe 02.08.2024 - p. 384).

APELAÇÃO CRIMINAL - TENTATIVA DE HOMICÍDIO (ART. 121, *caput*, C/C ART. 14, INC. II, AMBOS, DO CÓDIGO PENAL) - SENTENÇA DE IMPRONÚNCIA PELO MAGISTRADO "A QUO" - INSURGÊNCIA DA DEFESA - PLEITO DE ABSOLVIÇÃO SUMÁRIA (ART. 415, CPP) - AVENTADA TESE DE LEGÍTIMA DEFESA - IMPOSSIBILIDADE - EXCLUDENTE DE ILICITUDE NÃO COMPROVADA - ÔNUS QUE INCUMBIA A DEFESA SATISFAZER (CPP, ART. 156) - Absolvição que se dá em caráter excepcional, quando a prova for indiscutível e não houver dúvidas - Sentença mantida por seus próprios fundamentos - Recurso conhecido e não provido (TJPR - Proc. 0003553-24.2019.8.16.0081 - 1ª C.Crim. - Rel. Subst. Benjamim Acacio de Moura e Costa - DJe 12.04.2024).

Uma vez pronunciado o acusado com trânsito em julgado, não pode o juiz togado alterar sua decisão em virtude da juntada do laudo superveniente, pois o Juízo competente para apreciar tal feito é o Tribunal do Júri. É o que se verifica da seguinte ementa da lavra do Superior Tribunal de Justiça:

HABEAS CORPUS - PENAL - PROCESSUAL PENAL - HOMICÍDIO QUALIFICADO - JÚRI - PEDIDO DE ABSOLVIÇÃO - MATÉRIA NOVA - SUPRESSÃO DE INSTÂNCIA - PEDIDO INADEQUADO NA VIA ESTREITA DO *HABEAS CORPUS* - INCURSÃO PROBATÓRIA - SEMI-IMPUTABILIDADE - TRANSTORNO DELIRANTE PERSISTENTE - INCIDENTE DE INSANIDADE MENTAL - CONTRADIÇÃO ENTRE OS LAUDOS PSIQUIÁTRICOS - CHAMAMENTO DO FEITO À ORDEM - REALIZAÇÃO DE NOVO EXAME - NULIDADE DOS QUESITOS - DECISÃO DO CONSELHO DE SENTENÇA CONTRÁRIA

À PROVA DOS AUTOS - NÃO OCORRÊNCIA - INCERTEZA ACERCA DA INCAPACIDADE DE COMPREENSÃO DOS ATOS PRATICADOS À ÉPOCA DOS FATOS - DECISÃO DOS JURADOS APOIADA EM OUTRAS PROVAS PRODUZIDAS EM JUÍZO - ORDEM DENEGADA - 1- O pedido de absolvição, formulado com fulcro no art. 386, V, do CPP, c/c o art. 26, *caput*, do CP não foi submetido a exame pelo Tribunal de origem. Trata-se, portanto, de matéria nova, somente ventilada neste *mandamus*, em que é incabível, dada a via estreita do *writ* e a necessidade de incursão fático-probatória. 2- À vista de laudos psiquiátricos antagônicos, a inimputabilidade do paciente à época dos fatos não ficou cabalmente demonstrada, de tal sorte que a Juíza Presidente do Tribunal do Júri chamou o feito à ordem para a realização de novo exame de sanidade mental, nos termos do art. 149 do CPP. 3- Embora o último exame realizado tenha atestado que, à época dos fatos (1995), o paciente estava sob o abrigo do *caput* do art. 26 do CP, por apresentar quadro de esquizofrenia paranoide, esse mesmo laudo também concluiu que "a evolução da doença é caracterizada por surtos com remissões", de tal sorte que não se pode ter certeza de que, após o primeiro diagnóstico da doença, o paciente fosse inteiramente incapaz de compreender o caráter ilícito dos atos delitivos praticados. 4- A decisão do Tribunal do Júri que, apoiada em outras provas - Depoimentos de testemunhas e interrogatório do acusado em Plenário - , além da prova pericial, decide pela condenação do réu, afastando a tese defensiva de sua inimputabilidade, não pode ser considerada manifestamente contrária à prova dos autos. 5- Ordem denegada (STJ - HC 139.513 - (2009/0116955-8) - 6ª T. - Rel. Min. Rogerio Schietti Cruz - DJe 19.05.2016 - p. 5127).

Para atacar a decisão que absolve sumariamente o acusado, cabe o recurso de apelação, na forma do art. 416 do CPP.

11.2.4.4 Desclassificação

Enfim, a última decisão possível que encerra a primeira fase do rito dos crimes de competência do Tribunal do Júri é a desclassificação, prevista no art. 419 do CPP:

> Art. 419. Quando o juiz se convencer, em discordância com a acusação, da existência de crime diverso dos referidos no §1º do art. 74 deste Código e não for competente para o julgamento, remeterá os autos ao juiz que o seja.
> Parágrafo único. Remetidos os autos do processo a outro juiz, à disposição deste ficará o acusado preso.

Aqui também se verifica uma decisão que é regida pelo princípio da excepcionalidade, o juiz somente pode desclassificar quando claramente não se está diante de um crime doloso contra a vida, sem apontar qual o outro crime, quem vai analisar é o juiz competente. É o que se colhe dos precedentes da Colenda Corte Superior de Justiça:

AGRAVO REGIMENTAL NO AGRAVO EM RECURSO ESPECIAL - HOMICÍDIO QUALIFICADO - PRONÚNCIA - INDICAÇÃO DA MATERIALIDADE E INDÍCIOS SUFICIENTES DE AUTORIA - FUNDAMENTAÇÃO ADEQUADA - UNIFICAÇÃO DAS CONDUTAS - DESISTÊNCIA VOLUNTÁRIA - LEGÍTIMA DEFESA - DESCLASSIFICAÇÃO - RECONHECIMENTO - IMPOSSIBILIDADE - INCIDÊNCIA DO ÓBICE DA SÚMULA 7 /STJ - EXISTÊNCIA DE DOLO - COMPETÊNCIA - JUIZ NATURAL - TRIBUNAL DO JÚRI - 1- Para a pronúncia, que encerra simples juízo de admissibilidade da acusação, exige o ordenamento jurídico somente o exame da ocorrência do crime e de indícios de sua autoria, não se demandando aqueles requisitos de certeza necessários à prolação de um édito condenatório. 2- Na espécie, da análise do material colhido ao longo da instrução criminal, a Corte Estadual concluiu acerca da materialidade do crime e da existência de indícios de que o primeiro agravante teria praticado duas condutas diversas em sequência, sendo que na primeira o animus necandi restou evidenciado pelo disparo de três tiros na direção da vítima, e na segunda conduta teria participado da ação do segundo acusado ao colocar sua caminhonete encostada na traseira do veículo do ofendido, a fim de impedir eventual fuga enquanto este era agredido por aquele. Quanto ao segundo agravante, observou que teria chutado o rosto da vítima já desfalecida no chão e, mesmo após contido, teria conseguido se desvencilhar e voltar a chutar a cabeça do ofendido, de modo a evidenciar que, no mínimo, assumiu o risco de causar a morte. 3- Desconstituir o entendimento do Tribunal de origem, reconhecendo a existência de conduta única, que a ação se deu em legítima defesa ou que houve desistência voluntária, ou ainda que não havia intenção de matar, como pretendem os agravantes, exigiria o reexame do conjunto fático-probatório dos autos, inviável na via eleita ante o óbice da Súmula nº 7/STJ. 4- Ademais, afirmar se o agente agiu com dolo ou não é tarefa que deve ser analisada pela Corte Popular, juiz natural da causa, de acordo com a narrativa dos fatos constantes da denúncia e com o auxílio do conjunto fático-probatório produzido no âmbito do devido processo legal, o que impede a análise do elemento subjetivo de sua conduta por este Sodalício. EXCLUSÃO DE QUALIFICADORA – EXCEPCIONALIDADE MANIFESTA IMPROCEDÊNCIA NÃO VERIFICADA - RECURSO IMPROVIDO - 1- Consoante a jurisprudência deste Sodalício, somente é possível o afastamento de qualificadora quando esta for manifestamente improcedente, o que não se evidenciou nos autos, porquanto a Corte de origem consignou que a ação delituosa teria sido motivada por acidente de trânsito. 2- Agravo regimental improvido (STJ - AgRg-AG-REsp. 1.188.384 - (2017/0266764-3) - 5ª T. - Rel. Min. Jorge Mussi - DJe 01.06.2018 - p. 1686).

O recurso que visa atacar a decisão de desclassificação, uma vez que não extingue o processo, é cabível RESE, em obediência ao art. 581, inciso II, do CPP.

11.2.5 Despronúncia

A despronúncia é a pronúncia reformada em grau de recurso para decisão de impronúncia pelo tribunal competente, ao dar provimento ao RESE.

11.3 Intimação da decisão de pronúncia

> Art. 420 - A intimação da decisão de pronúncia será feita:
> I - pessoalmente ao acusado, ao defensor nomeado e ao Ministério Público;
> II - ao defensor constituído, ao querelante e ao assistente do Ministério Público, na forma do disposto no §1º do art. 370 deste Código.
> Parágrafo único. Será intimado por edital o acusado solto que não for encontrado.
> (...) (CPP).

A intimação por edital não viola o princípio do contraditório e da ampla defesa. Não se abre mais a crise de instância. É o que se dessume do seguinte precedente do Superior Tribunal de Justiça:

> PENAL E PROCESSO PENAL - *HABEAS CORPUS* SUBSTITUTIVO DE RECURSO PRÓPRIO - INADEQUAÇÃO - PRONÚNCIA - INTIMAÇÃO POR EDITAL - IMPOSSIBILIDADE - CITAÇÃO ANTERIOR TAMBÉM POR EDITAL - PRISÃO PREVENTIVA - CONTEMPORANEIDADE - SUPRESSÃO DE INSTÂNCIA - DESCABIMENTO - INOVAÇÃO NA FUNDAMENTAÇÃO - NÃO OCORRÊNCIA - PEDIDO SEM FUNDAMENTAÇÃO - INVIABILIDADE – *WRIT* NÃO CONHECIDO - 1- Esta Corte - HC 535.063, Terceira Seção, Rel. Ministro Sebastião Reis Junior, julgado em 10/6/2020 - E o Supremo Tribunal Federal - AgRg no HC 180.365, Primeira Turma, Rel. Min. Rosa Weber, julgado em 27/3/2020; AgRg no HC 147.210, Segunda Turma, Rel. Min. Edson Fachin, julgado em 30/10/2018 -, pacificaram orientação no sentido de

que não cabe *habeas corpus* substitutivo do recurso legalmente previsto para a hipótese, impondo-se o não conhecimento da impetração, salvo quando constatada a existência de flagrante ilegalidade no ato judicial impugnado. 2- Apesar de o art. 420, parágrafo único, do CPP, introduzido pela Lei 11.689/08, ter aplicabilidade imediata, não incide nos casos em que a anterior citação do acusado foi realizada por edital, sem a sua ciência pessoal, uma vez que ele indica outra comunicação processual, agora da pronúncia, também realizada de forma ficta. Precedentes do STJ. 3- Não é possível apreciar a tese relativa à ausência de contemporaneidade dos fundamentos da prisão preventiva quando ela não foi submetida e apreciada pelo órgão jurisdicional de 2º grau, sob pena de indevida supressão de instância. 4- Não há que se falar em indevida alteração da fundamentação jurídica da prisão preventiva, efetuada pelo Tribunal de 2º grau, quando o acórdão impugnado se remete à decisão de 1ª instância que renovou a medida, ainda que o pronunciamento original tenha se baseado em razões diferentes. 5- Não se conhece de pedido formulado pela parte de forma solta, sem a correspondente fundamentação jurídica, ainda mais quando ele se refere a possível processamento de recurso em sentido estrito que não foi conhecido nas instâncias ordinárias por sua intempestividade. 6- *Writ* não conhecido (STJ - HC 607.602/PE - (2020/0212861-2) - 5ª T. - Rel. Min. Ribeiro Dantas - DJe 27.09.2021).

11.4 Segunda fase – *iudicium causae*

Esta segunda fase do procedimento escalonado do júri vai do trânsito em julgado da decisão de pronúncia até o julgamento no Plenário do Júri.

11.4.1 Fases do *iudicium causae*

a) Chamamento das partes para arrolar testemunhas e requerer diligências (art. 422, CPP).
b) Preparação do julgamento: 1º) O juiz saneará o feito; confeccionará relatório e marcará o dia para o julgamento; 2º) Serão sorteados os 25 jurados da lista geral, sendo que 7 comporão o Conselho de Sentença; 3º) Serão intimadas as partes e testemunhas; 4º) Haverá julgamento no Plenário do Júri.

Art. 421. Preclusa a decisão de pronúncia, os autos serão encaminhados ao juiz presidente do Tribunal do Júri.

§1º Ainda que preclusa a decisão de pronúncia, havendo circunstância superveniente que altere a classificação do crime, o juiz ordenará a remessa dos autos ao Ministério Público.
§2º Em seguida, os autos serão conclusos ao juiz para decisão.

Esclarecendo: a expressão "circunstância superveniente" se aplica quando é necessário alterar a capitulação do crime, que se verifica quando, por exemplo, a vítima falece no curso do processo ou após o trânsito em julgado da decisão de pronúncia. Nesse caso, é dever do Ministério Público oferecer aditamento à denúncia, deve ser remetido novamente o processo para a defesa, em cumprimento ao princípio do contraditório e ampla defesa.

O assistente de acusação pode arrolar testemunhas, embora goze de poderes bastante limitados no processo penal, e a lei silencie nesse sentido. Entretanto, a jurisprudência obtempera tal lacuna, desde que não se ultrapasse o limite de cinco testemunhas para a acusação.[77]

O juiz que pronunciou o acusado pode ser o mesmo que presidirá a sessão plenária do júri, dependendo do que dispuser a Lei Orgânica do Poder Judiciário de cada estado da Federação. Nas comarcas menores onde somente existe um magistrado, a resposta positiva se impõe, nas comarcas maiores, devido à divisão de competência prevista na Lei de Organização Judiciária, pode ser outro o juiz que presidirá a sessão plenária.

---

[77] "AGRAVO REGIMENTAL NO AGRAVO EM RECURSO ESPECIAL - JÚRI, TENTATIVA DE HOMICÍDIO - ASSISTENTE DE ACUSAÇÃO - LEGITIMIDADE PARA ARROLAR TESTEMUNHA - CERCEAMENTO DE DEFESA - INEXISTÊNCIA - ALEGAÇÃO DE DECISÃO CONTRÁRIA À PROVA DOS AUTOS E QUANTUM DE DIMINUIÇÃO PELO RECONHECIMENTO DA TENTATIVA – SÚMULA 7 /STJ - RECURSO DESPROVIDO -1- É possível o arrolamento de testemunhas pelo assistente de acusação, respeitando-se o limite de 5 (cinco) previsto no art. 422 do CPP, visto que a legislação de regência lhe faculta propor meios de prova (art. 271 do CPP), notadamente quando já inseridos os nomes daquelas no rol da denúncia (ut, REsp 1503640/PB, Rel. Ministro GURGEL DE FARIA, Quinta Turma, DJe 13/08/2015). 2- A jurisprudência desta Corte é firme no sentido de que não se acolhe alegação de nulidade por cerceamento de defesa, em função do indeferimento de diligências requeridas pela defesa, porquanto o magistrado é o destinatário final da prova, logo, compete a ele, de maneira fundamentada e com base no arcabouço probatório, analisar a pertinência, relevância e necessidade da realização da atividade probatória pleiteada. 3- In casu, o magistrado sentenciante indeferiu o pedido de levantamento topográfico diante do longo tempo decorrido entre o fato (2008) e o pedido (2013), momento em que já produzida considerável parcela da prova. 4- Reconhecer que a decisão do Tribunal do Júri está em desacordo com as provas dos autos constitui providência inadmissível em recurso especial ante a necessidade de reexame do conjunto fático-probatório. Incidência da Súmula 7 /STJ. 5- Analisar o iter criminis percorrido pelo agravante, para que seja aplicado o grau máximo da fração pela tentativa, enseja o revolvimento do material fático-probatório vedado na via do recurso especial. Incidência da Súmula nº 7 do STJ. 6- Agravo regimental não provido (STJ - AgRg-AG-REsp. 988.640 - (2016/0252307-1) - 5ª T. - Rel. Min. Reynaldo Soares da Fonseca - DJe 16.08.2017 - p. 1980)."

O rol de testemunhas deve ser juntado pelo Ministério Público ou querelante no prazo de cinco dias, até o máximo de cinco oportunidade em que poderão juntar documentos e requerer diligências. Aqui se concretiza um juízo de delibação, sendo as testemunhas já ouvidas na primeira fase ou cinco testemunhas novas, que nunca foram ouvidas anteriormente, sendo que no número não se conta a vítima.

Embora ultrapassada a fase do art. 422 do CPP, as partes podem apresentar documentos em qualquer fase do processo (art. 231, CPP), salvo nos casos expressos em lei. Um desses casos excepcionais é o procedimento do Júri, podendo juntar documentos, desde que o faça com antecedência mínima de três dias úteis da sessão plenária, dando-se ciência à parte ex adversa, exceção essa prevista no art. 479 do CPP. Compreende-se na proibição do artigo a leitura de jornais ou qualquer outro escrito, bem como a exibição de vídeos, gravações, fotografias, laudos, croquis ou qualquer outro meio assemelhado, cujo conteúdo versar sobre a matéria de fato por ele alegado.

No relatório do processo, o juiz deve ser claro, preciso, imparcial e sintético, destacando-se os principais pontos do julgamento, evitando-se detalhes inúteis e que possam influenciar os jurados.

11.4.2 Desaforamento

É possível o desaforamento somente nessa fase do procedimento. Portanto, um dos seus requisitos é que a decisão de pronúncia tenha transitado em julgado. O desaforamento é o pedido para que a sessão plenária do Tribunal do Júri seja realizada em local diverso do local em que se realizou a infração criminal, presente um dos motivos legais autorizadores. Afasta-se, assim, a competência pelo lugar da infração de acordo com o art. 70 do CPP.

É o que *ex vi* dispõe o art. 427 do CPP:

> Art. 427. Se o interesse da ordem pública o reclamar ou houver dúvida sobre a imparcialidade do júri ou a segurança pessoal do acusado, o Tribunal, a requerimento do Ministério Público, do assistente, do querelante ou do acusado ou mediante representação do juiz competente, poderá determinar o desaforamento do julgamento para outra comarca da mesma região, onde não existam aqueles motivos, preferindo-se as mais próximas.
> §1º O pedido de desaforamento será distribuído imediatamente e terá preferência de julgamento na Câmara ou Turma competente.
> §2º Sendo relevantes os motivos alegados, o relator poderá determinar, fundamentadamente, a suspensão do julgamento pelo júri.

§3º Será ouvido o juiz presidente, quando a medida não tiver sido por ele solicitada.

§4º Na pendência de recurso contra a decisão de pronúncia ou quando efetivado o julgamento, não se admitirá o pedido de desaforamento, salvo, nesta última hipótese, quanto a fato ocorrido durante ou após a realização de julgamento anulado.

A disposição transcrita determina a remessa dos autos para que a instância superior delibere sobre a modificação ou não da competência territorial no julgamento dos crimes dolosos contra a vida. Por meio do desaforamento, nos termos elencados em lei, o acusado é julgado em foro distinto daquele em que foi cometido o crime, não se aplicando no caso concreto a regra do art. 70 do CPP, que disciplina a competência *ratione loci*.

Em suma, desaforar é retirar o processo da competência foro da execução do delito, e deslocar o julgamento para que se processe em outro foro que não subsistam os motivos ensejadores do desaforamento.

De forma objetiva, os requisitos ensejadores do desaforamento são:
a) Quando há interesse da ordem pública;
b) Quando pairar dúvida sobre a imparcialidade do júri;
c) Quando houver risco à segurança pessoa do acuado;
d) Quando injustificadamente o júri não se realizar no prazo de seis meses contado do trânsito em julgado da decisão de pronúncia (art. 428, CPP).

No que tange à imparcialidade dos jurados, tem-se uma tendência natural a se pensar que o desaforamento seria em virtude do caráter hediondo e desumano do crime praticado, que seria capaz de retirar o equilíbrio emocional necessário dos jurados. Ocorre que a parcialidade pode ser em favor da defesa também, quando, por exemplo, os jurados podem ter sido ameaçados pelo pronunciado.

São partes legítimas para postularem o pedido de desaforamento:
a) O Ministério Público;
b) O assistente de acusação;
c) O querelante;
d) O pronunciado;
e) A representação do juiz de ofício, salvo no último caso, na hipótese do art. 428 do CPP. Suscitando as razões do pedido de desaforamento perante o tribunal de Justiça ou o tribunal regional federal, pode a Corte Superior determinar a suspensão do julgamento pelo júri fundamentalmente.

Sobremaneira importante é a oitiva da defesa para contraditar os argumentos que alicerçam o pedido de desaforamento. Tanto isso é verdade, que o entendimento foi sumulado pelo STF: "Súmula 712 - É nula a decisão que determina o desaforamento de processo da competência do Júri sem audiência da defesa".

Quando o pedido de desaforamento for provocado pela defesa, o Ministério Público deve ser ouvido em respeito ao princípio do contraditório.

O reaforamento, entendido como o retorno do processo para o foro no qual foi praticado o crime, não é admitido em nosso ordenamento jurídico, ainda que desapareçam os motivos que ensejarem o desaforamento. Todavia, existe precedente na jurisprudência no sentido de que, se na comarca para a qual houve o desaforamento do julgamento surgirem motivos que fundamentem novo pedido de desaforamento, e desaparecerem os motivos que embasarem o desaforamento na comarca originária (desaforada), o julgamento pode ser retomado na comarca de origem.[78]

11.4.3 Os jurados (arts. 436 a 446, CPP)

Os jurados são os juízes de fato e de direito, num sistema democrático, de caráter representativo, fruto do exercício da soberania popular, de forma direta, escolhidos dentre os cidadãos com notória idoneidade moral (art. 439, CPP), maiores de 18 anos, responsáveis por julgar se o pronunciado é culpado ou inocente pelo cometimento dos crimes dolosos contra a vida e que residam na comarca em que foi praticado o delito.

É a lição que se extrai de uma simples leitura do CPP:

> Art. 436. O serviço do júri é obrigatório. O alistamento compreenderá os cidadãos maiores de 18 (dezoito) anos de notória idoneidade.
> §1º Nenhum cidadão poderá ser excluído dos trabalhos do júri ou deixar de ser alistado em razão de cor ou etnia, raça, credo, sexo, profissão, classe social ou econômica, origem ou grau de instrução.

---

[78] "REAFORAMENTO - DESAFORAMENTO ANTERIOR - Implementação de medidas que regularizaram a pauta de julgamento, inexistindo as razões que motivaram o desaforamento - Possibilidade de reaforamento. Pedido deferido (TJSP - DJ 0039180-96.2018.8.26.0000 - Cubatão - 9ª CDCrim. - Rel. Sérgio Coelho - DJe 21.10.2020)." O STF já concedeu liminar em *habeas corpus* com a findlidade de suspender o julgamento em plenário do júri até que fosse apreciado o mérito do *writ*.

§2º A recusa injustificada ao serviço do júri acarretará multa no valor de 1 (um) a 10 (dez) salários-mínimos, a critério do juiz, de acordo com a condição econômica do jurado.

O serviço efetivo do júri traz direitos para o cidadão (art. 439, CPP). Por seu turno, art. 581, inciso XIV, do CPP, prevê a possibilidade de RESE como uma forma de irresignação daqueles que se sentiram prejudicados com a exclusão da lista de jurados.

A função de jurado é um misto de dever (arts. 436, 438 e 442, CPP) e direito. O analfabeto não pode ser jurado por uma incompatibilidade técnica. O art. 437 do CPP enumera o rol das pessoas que estão isentas de servir no júri.

> Art. 437. Estão isentos do serviço do júri:
> I - o Presidente da República e os Ministros de Estado;
> II - os Governadores e seus respectivos Secretários;
> III - os membros do Congresso Nacional, das Assembleias Legislativas e das Câmaras Distrital e Municipais;
> IV - os Prefeitos Municipais;
> V - os Magistrados e membros do Ministério Público e da Defensoria Pública;
> VI - os servidores do Poder Judiciário, do Ministério Público e da Defensoria Pública;
> VII - as autoridades e os servidores da polícia e da segurança pública;
> VIII - os militares em serviço ativo;
> X - os cidadãos maiores de 70 (setenta) anos que requeiram sua dispensa;
> XI - aqueles que o requererem, demonstrando justo impedimento.
> Art. 438. A recusa ao serviço do júri fundada em convicção religiosa, filosófica ou política importará no dever de prestar serviço alternativo, sob pena de suspensão dos direitos políticos, enquanto não prestar o serviço imposto.
> §1º Entende-se por serviço alternativo o exercício de atividades de caráter administrativo, assistencial, filantrópico ou mesmo produtivo, no Poder Judiciário, na Defensoria Pública, no Ministério Público ou em entidade conveniada para esses fins.
> §2º O juiz fixará o serviço alternativo atendendo aos princípios da proporcionalidade e da razoabilidade.

O art. 438 do CPP traz a escusa de consciência. Por sua vez, o art. 15 da Constituição da República comina a suspensão dos direitos políticos a quem se recusar a cumprir obrigação a todos imposta, a exemplo da função de jurado ou serviço militar obrigatório.

Em tais hipóteses, àquele que se recusa é possível o cumprimento de prestação alternativa, fixada em lei, na forma do art. 5º, inciso VIII, da Constituição da República.

> Art. 440. Constitui também direito do jurado, na condição do art. 439 deste Código, preferência, em igualdade de condições, nas licitações públicas e no provimento, mediante concurso, de cargo ou função pública, bem como nos casos de promoção funcional ou remoção voluntária.

Ocorre que são convocados 25 jurados no dia do julgamento, e escolhidos 7 para comporem o Conselho de Sentença, os direitos estampados nos arts. 439 e 440 do CPP são aplicados aos que prestarem exercício efetivo da função de jurados, restringindo-se aos 7 jurados que comporão o Conselho de Sentença.

Quem já foi jurado tem prerrogativa de prisão processual especial? A primeira corrente é contrária à prisão especial para o jurado, pois com a reforma advinda da Lei nº 12.403/2011 foi alterada a redação do art. 439 do CPP, que previa prisão especial ao jurado. Para a segunda corrente, à qual nos filiamos, o art. 295, inciso X, do CPP, permanece a prisão especial para os jurados.[79] Vejamos os deveres e as prerrogativas dos jurados.

---

[79] Nesse sentido: "*HABEAS CORPUS* - PENAL - PROCESSUAL PENAL - Homicídio simples e homicídio qualificado em continuidade delitiva. Prisão especial. Efetivo exercício da função de jurado. Art. 295, x, do CPP. Efetiva comprovação. Plausibilidade do benefício pretendido. Pedido não apreciado pelo juízo de origem. Supressão de instância. Ordem não conhecida, com determinação ao juízo de piso para análise, no prazo de 10 (DEZ) dias, acerca da possibilidade de concessão do benefício. 1- Paciente condenado por infração aos crimes previstos nos arts. 121, *caput*, e art. 121, §2º, IV, c/c art. 71, todos do Código Penal, à pena total de 14 (CATORZE) anos de reclusão, apontando como autoridade coatora o juiz de direito da 2ª vara de execução penal da comarca de Fortaleza-CE, de modo que a presente ação constitucional objetiva cessar constrangimento ilegal, em virtude de se encontrar cumprimento pena com os presos comuns na unidade prisional de Caucaia, apesar de ter exercido efetivamente a função de jurado, na comarca de Acopiara. 2- A prisão especial consiste no recolhimento em lugar distinto da prisão comum, e, no caso de inexistir estabelecimento específico, será o preso especial recolhido em cela distinta do mesmo estabelecimento, direitos garantidos até o trânsito em julgado da sentença penal condenatória. Nesse contexto, *diante da relevância constitucional do papel do jurado para o sistema de justiça, conforme estabelece o art. 439, do CPP, não há como se negar vigência ao benefício previsto no art. 295, inciso x do CPP* . 3- In casu, constatou-se que o paciente participou do conselho de sentença de sessão de julgamento ocorrida na data de 24 de maio de 2006, nos autos da ação penal de nº 2000.0165.5050-2 (0447/02), na vara única criminal da comarca de Acopiara, conforme documentação acostada às fls. 47. Além disso, conforme se extraiu da ata da sessão do júri contida às fls. 48/49, o conselho de sentença restou formado pelo paciente Jonas Pessoa de Lima e outros seis jurados. 4- Contudo, da análise dos autos originários (Nº 8004178-05.2023.8.06.0001), constatou-se que o pleito requerido não foi apreciado pelo juízo de origem (VIDE FLS. 50/51), de modo que, inexistindo manifestação prévia do juízo de piso, não há como o referido pleito ser analisado por esta corte de justiça, sob pena de indevida supressão de instância. 5- No entanto, tendo em vista a plausibilidade do

Art. 441. Nenhum desconto será feito nos vencimentos ou salário do jurado sorteado que comparecer à sessão do júri.

Art. 442. Ao jurado que, sem causa legítima, deixar de comparecer no dia marcado para a sessão ou retirar-se antes de ser dispensado pelo presidente será aplicada multa de 1 (um) a 10 (dez) salários mínimos, a critério do juiz, de acordo com a sua condição econômica.

Art. 443. Somente será aceita escusa fundada em motivo relevante devidamente comprovado e apresentada, ressalvadas as hipóteses de força maior, até o momento da chamada dos jurados.

Art. 444. O jurado somente será dispensado por decisão motivada do juiz presidente, consignada na ata dos trabalhos.

Art. 445. O jurado, no exercício da função ou a pretexto de exercê-la, será responsável criminalmente nos mesmos termos em que o são os juízes togados.

11.4.4 Da composição do Tribunal do Júri e do Conselho de Sentença

Art. 447. O Tribunal do Júri é composto por 1 (um) juiz togado, seu presidente e por 25 (vinte e cinco) jurados que serão sorteados dentre os alistados, 7 (sete) dos quais constituirão o Conselho de Sentença em cada sessão de julgamento.

Nessa acepção, o Tribunal do Júri é um órgão colegiado (plural de juízes) e heterogêneo (um juiz togado e sete juízes leigos).

11.4.4.1 Impedimentos dos jurados

Art. 448. São impedidos de servir no mesmo Conselho:
I - marido e mulher;
II - ascendente e descendente;
III - sogro e genro ou nora;
V - irmãos e cunhados, durante o cunhadio;

---

benefício aqui pretendido, notadamente em razão da documentação acostada às fls. 47 e 48/49, determino que o juízo de origem analise, no prazo de 10 (DEZ) dias, da ciência desta determinação, acerca da possibilidade concessão da prisão especial ao paciente. 6- Ordem não conhecida, com determinação ao juízo de origem, para que analise, no prazo de 10 (DEZ) dias, acerca da possibilidade de concessão da prisão especial ao paciente (TJCE - HC 0620036-35.2024.8.06.0000 - Rel. Francisco Carneiro Lima - DJe 05.03.2024 - p. 183)" (grifos meus).

V - tio e sobrinho;
VI - padrasto, madrasta ou enteado.
§1º O mesmo impedimento ocorrerá em relação às pessoas que mantenham união estável reconhecida como entidade familiar.
§2º Aplicar-se-á aos jurados o disposto sobre os impedimentos, a suspeição e as incompatibilidades dos juízes togados.
Art. 449. Não poderá servir o jurado que:
I - tiver funcionado em julgamento anterior do mesmo processo, independentemente da causa determinante do julgamento posterior;
II - no caso do concurso de pessoas, houver integrado o Conselho de Sentença que julgou o outro acusado;
III - tiver manifestado prévia disposição para condenar ou absolver o acusado.
Art. 450. Dos impedidos entre si por parentesco ou relação de convivência, servirá o que houver sido sorteado em primeiro lugar.
Art. 451. Os jurados excluídos por impedimento, suspeição ou incompatibilidade serão considerados para a constituição do número legal exigível para a realização da sessão.

Nesse caso, são convocados 25 jurados, ao menos 15 devem comparecer, sob pena da ocorrência do fenômeno conhecido como "estouro de urna". Essa exigência está expressa no art. 463 do CPP. "Art. 452. O mesmo Conselho de Sentença poderá conhecer de mais de um processo, no mesmo dia, se as partes o aceitarem, hipótese em que seus integrantes deverão prestar novo compromisso".

11.4.4.2 Dia do julgamento. Ausências e adiamentos

11.4.4.2.1 Ausência do Ministério Público

Nessa hipótese, o juiz presidente adiará o julgamento. Se a ausência não for justificada, o fato será imediatamente comunicado ao procurador-geral de Justiça e à Corregedoria para as providências correcionais cabíveis (art. 455, CPP). Não existe mais a possibilidade do promotor *ad doc*.

11.4.4.2.2 Ausência do advogado

Se o advogado não comparecer, o juiz presidente adiará o julgamento. Se a ausência for injustificada, o fato será comunicado imediatamente à OAB e o acusado será assistido pela Defensoria Pública (art. 456, CPP).

Se o defensor constituído comparecer no segundo julgamento e o acusado declarar que deseja que sua defesa seja exercida pelo advogado constituído, a defesa será patrocinada pelo defensor constituído que se ausentou no primeiro julgamento.

11.4.4.2.3 Ausência do réu solto

De acordo com o art. 457 do CPP, a ausência de réu solto, qualquer que seja o motivo, não determinará o adiamento do júri.

Essa regra deve obtemperada com um grão de sal. Em caso de ausência justificada e com pedido de redesignação da sessão plenária do júri subscrito por ele e seu defensor, a ausência pode acarretar o adiamento. Só não acarretará adiamento se a ausência for injustificada.

No caso de réu preso, a ausência acarreta adiamento, salvo se o preso que não compareceu pediu dispensa.

11.4.4.2.4 Ausência do advogado do assistente de acusação

A ausência do advogado do assistente de acusação, seja qual for o motivo, não é causa de adiamento da sessão (art. 457, CPP), desde que regularmente intimado do julgamento. Em caso de ausência justificada, procedendo-se a um juízo de ponderação e razoabilidade, é recomendável que o júri seja adiado.

11.4.4.2.5 Ausência do advogado do querelante

Não é causa de adiamento do júri. Em caso de ação penal privada subsidiária da pública, hipótese que o Ministério Público assume o polo ativo da ação. Em se tratando de ação penal privada, a ausência injustificada acarretará a incidência do fenômeno da perempção (art. 60, inciso III, Pergaminho Adjetivo Repressivo).

11.4.4.2.4.6 Ausência da testemunha

Ausente a testemunha, arrolada com cláusula de imprescindibilidade, cumpre ao juiz determinar sua condução coercitiva (na forma do art. 461, CPP), podendo adiar o julgamento para o primeiro dia desimpedido, ordenando a sua condução.

A testemunha que mora fora da terra do julgamento não é obrigada a comparecer, não pode ser determinada condução coercitiva, pois está fora da jurisdição do magistrado. Configurada essa situação, havendo concordância das partes, em homenagem aos princípios da eficiência e da celeridade, pode ser ouvida a testemunha por videoconferência, por meio dos aplicativos como: WhatsApp, Teams e Zoom, devendo ser o depoimento gravado e juntado aos autos.

11.4.5 Formação do Conselho de Sentença

> Art. 467. Verificando que se encontram na urna as cédulas relativas aos jurados presentes, o juiz presidente sorteará 7 (sete) dentre eles para a formação do Conselho de Sentença.
>
> Art. 468. À medida que as cédulas forem sendo retiradas da urna, o juiz presidente as lerá, e a defesa e, depois dela, o Ministério Público poderão recusar os jurados sorteados, até 3 (três) cada parte, sem motivar a recusa.
>
> Parágrafo único. O jurado recusado imotivadamente por qualquer das partes será excluído daquela sessão de instrução e julgamento, prosseguindo-se o sorteio para a composição do Conselho de Sentença com os jurados remanescentes.
>
> Observação aqui interessante é que motivamente podem ser recusados todos os jurados. Não se concede ao assistente da acusação a possibilidade de recusar, podendo sugerir ao Ministério Público, desde que não haja prejuízo.
>
> Art. 469. Se forem 2 (dois) ou mais os acusados, as recusas poderão ser feitas por um só defensor.
>
> §1º A separação dos julgamentos somente ocorrerá se, em razão das recusas, não for obtido o número mínimo de 7 (sete) jurados para compor o Conselho de Sentença.
>
> §2º Determinada a separação dos julgamentos, será julgado em primeiro lugar o acusado a quem foi atribuída a autoria do fato ou, em caso de co-autoria, aplicar-se-á o critério de preferência disposto no art. 429 deste Código.

É muito relevante enfatizar, que sendo um único defensor para vários réus, o número de recusas não se aumenta, ou seja, o defensor só poderá recusar, sem motivo expresso, três jurados.

Outrossim, em se tratando de acusados que são defendidos por advogados distintos, é possível, mediante prévio acordo entre eles, que apenas um tenha a incumbência de realizá-las, quando será mantido o número máximo de três recusas.[80]

---

[80] "AGRAVO REGIMENTAL EM RECURSO ESPECIAL - JÚRI - VIOLAÇÃO DOS ARTS. 468 E 483, §5º, DO CPP- SUPOSTA NULIDADE NO INDEFERIMENTO DE SEIS RECUSAS

Eventuais irregularidades ocorridas no ato do sorteio e de convocação dos suplentes devem ser concebidas como nulidades relativas, que merecem ser levantadas no momento oportuno, qual seja, antes da sessão de julgamento pelo Tribunal do Júri, sob pena de preclusão, entendimento sufragado pelo Superior Tribunal de Justiça.[81]

> Art. 472. Formado o Conselho de Sentença, o presidente, levantando-se, e, com ele, todos os presentes, fará aos jurados a seguinte exortação:
> Em nome da lei, concito-vos a examinar esta causa com imparcialidade e a proferir a vossa decisão de acordo com a vossa consciência e os ditames da justiça.
> Os jurados, nominalmente chamados pelo presidente, responderão:
> Assim o prometo.
> Parágrafo único. O jurado, em seguida, receberá cópias da pronúncia ou, se for o caso, das decisões posteriores que julgaram admissível a acusação e do relatório do processo.

11.4.6 Audiência na sessão de julgamento do Plenário do Júri

> Art. 473. Prestado o compromisso pelos jurados, será iniciada a instrução plenária quando o juiz presidente, o Ministério Público, o assistente, o querelante e o defensor do acusado tomarão, sucessiva e diretamente,

---

IMOTIVADAS DE JURADOS E NA AUSÊNCIA DE QUESITO - QUESTÕES QUE NÃO FORAM CIRCUNSTANCIADAS EM ATA - PRECLUSÃO - ENTENDIMENTO QUE GUARDA HARMONIA COM A ORIENTAÇÃO JURISPRUDENCIAL DESTA CORTE E DO STF - Agravo regimental improvido (STJ - AgRg-REsp 1789328/RS - 6ª T. - Rel. Min. Sebastião Reis Júnior - DJe 21.02.2020)." No mesmo sentido o Resp nº 1540151-MT, Rel. Sebastião Salgado Júnior, julgado em 8 de setembro de 2015, *Dje* 29 set. 2015.

[81] *"HABEAS CORPUS - WRIT* SUBSTITUTIVO DE RECURSO PRÓPRIO - IMPOSSIBILIDADE - TRIBUNAL DO JÚRI - RECUSA - JURADOS - ACUSAÇÃO - NULIDADE RELATIVA - PREJUÍZO NÃO DEMONSTRADO - 1- À luz do disposto no art. 105, I, II e III, da Constituição Federal, esta Corte de Justiça e o Supremo Tribunal Federal não vêm mais admitindo a utilização do *habeas corpus* como substituto de recurso ordinário, tampouco de recurso especial, nem como sucedâneo da revisão criminal, sob pena de se frustrar a celeridade e desvirtuar a essência desse instrumento constitucional. 2- Entretanto, uma vez constatada a existência de ilegalidade flagrante, nada impede a atuação desta Corte, deferindo ordem de ofício, como forma de coarctar o constrangimento ilegal, situação inocorrente na espécie. 3- Instaurada a sessão plenária com o número de jurados legalmente exigido, é desinfluente a posterior dispensa de jurados em quantidade que não impede o direito de recusa das partes e a correta formação do Conselho de Sentença. 4- Possíveis irregularidades havidas no sorteio dos jurados, por constituírem nulidade relativa, devem ser arguidas em momento oportuno, sob pena de preclusão. 5- Em tema de nulidades, vige o princípio *pas de nullité sans grief* (art. 563 do CPP), cabendo ao interessado demonstrar objetivamente o prejuízo suportado pelo ato que aponta como processualmente inválido, o que não ocorreu na hipótese. 6- *Habeas corpus* não conhecido (STJ - HC 217.542 - (2011/0209270-8) - 6ª T. - Rel. Min. Og Fernandes - DJe 06.09.2013 - p. 2518)."

as declarações do ofendido, se possível, e inquirirão as testemunhas arroladas pela acusação.

§1º Para a inquirição das testemunhas arroladas pela defesa, o defensor do acusado formulará as perguntas antes do Ministério Público e do assistente, mantidos no mais a ordem e os critérios estabelecidos neste artigo.

§2º Os jurados poderão formular perguntas ao ofendido e às testemunhas, por intermédio do juiz presidente.

§3º As partes e os jurados poderão requerer acareações, reconhecimento de pessoas e coisas e esclarecimento dos peritos, bem como a leitura de peças que se refiram, exclusivamente, às provas colhidas por carta precatória e às provas cautelares, antecipadas ou não repetíveis.

Considero conveniente frisar que o cometimento do crime de falso testemunho em plenário, em que pese não exista previsão expressa legal a respeito, a doutrina entende que deve ser objeto de um quesito especial a ser apreciado pelos jurados. Há uma corrente que entende que o delito independe que a declaração de falsidade seja realizada perante o Conselho de Sentença.

Entendo que o delito de falso testemunho não é da alçada do Tribunal do Júri, deve ser investigado e processado em autos apartados e julgado pelo juízo singular, ainda que o falso testemunho seja prestado no Tribunal do Júri, uma vez que falso testemunho não é crime doloso contra a vida e não há hipótese de conexão ainda que probatória nessa circunstância, pois se o depoimento for falso, em nada contribuirá para o deslinde da causa.

> Art. 474. A seguir será o acusado interrogado, se estiver presente, na forma estabelecida no Capítulo III do Título VII do Livro I deste Código, com as alterações introduzidas nesta Seção.
> (...)
> §1º O Ministério Público, o assistente, o querelante e o defensor, nessa ordem, poderão formular, diretamente, perguntas ao acusado.
> (...)
> §2º Os jurados formularão perguntas por intermédio do juiz presidente.
> (...)
> *§3º Não se permitirá o uso de algemas no acusado durante o período em que permanecer no plenário do júri, salvo se absolutamente necessário à ordem dos trabalhos, à segurança das testemunhas ou à garantia da integridade física dos presentes* (grifos meus).[82]

---

[82] "PROCESSUAL PENAL - AGRAVO REGIMENTAL EM *HABEAS CORPUS* - HOMICÍDIO QUALIFICADO - TRIBUNAL DO JÚRI - USO DE ALGEMAS - ALEGAÇÃO DE NULIDADE -

Novidade importante que vale a pena destacar aqui é o art. 474-A do CPP, visando resguardar a dignidade e a memória da vítima dos crimes dolosos contra vida, *ex vi* assim dispõe:

> Art. 474-A. Durante a instrução em plenário, todas as partes e demais sujeitos processuais presentes no ato deverão respeitar a dignidade da vítima, sob pena de responsabilização civil, penal e administrativa, cabendo ao juiz presidente garantir o cumprimento do disposto neste artigo, vedadas: *(Incluído pela Lei nº 14.245, de 2021)*
> I - a manifestação sobre circunstâncias ou elementos alheios aos fatos objeto de apuração nos autos; (Incluído pela Lei nº 14.245, de 2021)
> II - a utilização de linguagem, de informações ou de material que ofendam a dignidade da vítima ou de testemunhas.

11.4.7 Debates

> Art. 476. Encerrada a instrução, será concedida a palavra ao Ministério Público, que fará a acusação, nos limites da pronúncia ou das decisões posteriores que julgaram admissível a acusação, sustentando, se for o caso, a existência de circunstância agravante.
> §1º O assistente falará depois do Ministério Público.
> §2º Tratando-se de ação penal de iniciativa privada, falará em primeiro

---

PREJUÍZO - DEMONSTRAÇÃO - NECESSIDADE - JURISPRUDÊNCIA DO SUPREMO TRIBUNAL FEDERAL - 1- O entendimento do Supremo Tribunal Federal (STF) é de que "[i]nexiste desrespeito ao Enunciado da Súmula Vinculante nº 11 /STF (que permite, excepcionalmente, o uso de algemas) quando a autoridade judiciária reclamada indicar, de maneira clara e objetiva, as razões justificadoras da necessidade da utilização de algemas" (Rcl 8.628-AgR/SP, Rel. Min. Celso de Mello). 2- A jurisprudência do STF é no sentido de que "a demonstração de prejuízo, de acordo com o art. 563 do CPP, é essencial à alegação de nulidade, seja ela relativa ou absoluta" (RHC 122.467, Rel. Min. Ricardo Lewandowski). 3- Agravo regimental a que se nega provimento (STF - HC-AgR 208122 - 1ª T. - Rel. Roberto Barroso - J. 07.02.2022)."
"AGRAVO REGIMENTAL NA RECLAMAÇÃO - DIREITO CONSTITUCIONAL E PROCESSUAL PENAL - SÚMULA VINCULANTE - 11- USO DE ALGEMAS EM SESSÃO PLENÁRIA DO TRIBUNAL DO JÚRI PLENAMENTE JUSTIFICADO, POR ESCRITO E PREVIAMENTE, PELO JUÍZO RECLAMADO - AGRAVO IMPROVIDO - I- A necessidade do uso de algemas durante a Sessão Plenária do Tribunal do Júri foi justificada, visando à segurança de todos os presentes, levando-se em conta a alta periculosidade do reclamante, considerado o seu histórico criminal, com diversas anotações em sua folha de antecedentes, destacando-se, inclusive, reincidências e homicídios. Ressaltou-se, ainda, o diminuto número de policiais que estarão presentes à audiência. II- As razões evocadas pela autoridade reclamada justificam a excepcional necessidade do uso de algemas pelo reclamante durante a audiência, de forma que inexiste violação à Súmula Vinculante. 11- Outros julgados do STF no mesmo sentido. III- Agravo regimental improvido (STF - Rcl-AgR 66445 - 1ª T. - Rel. Cristiano Zanin - J. 15.05.2024)."

lugar o querelante e, em seguida, o Ministério Público, salvo se este houver retomado a titularidade da ação, na forma do art. 29 deste Código.

§3º Finda a acusação, terá a palavra a defesa.

§4º A acusação poderá replicar e a defesa treplicar, sendo admitida a reinquirição de testemunha já ouvida em plenário.

Art. 477. O tempo destinado à acusação e à defesa será de uma hora e meia para cada, e de uma hora para a réplica e outro tanto para a tréplica.

§1º Havendo mais de um acusador ou mais de um defensor, combinarão entre si a distribuição do tempo, que, na falta de acordo, será dividido pelo juiz presidente, de forma a não exceder o determinado neste artigo.

§2º Havendo mais de 1 (um) acusado, o tempo para a acusação e a defesa será acrescido de 1 (uma) hora e elevado ao dobro o da réplica e da tréplica, observado o disposto no §1º deste artigo.

Finda a sustentação oral por parte da defesa, cabe ao juiz indagar ao Ministério Público se pretender exercer seu direito de réplica. Cuida-se de uma faculdade, que será utilizada como estratégia acusatória, podendo o membro do *parquet* exercê-la de forma livre. Acaso seja exercido o direito da réplica, abre-se espaço para a defesa poder fazer uso da tréplica, pois sem réplica não há tréplica.

Um ponto, a nossa ótica, que merece melhor detalhamento e reflexão é que não pode existir inovação de tese defensiva na fase da tréplica, no Tribunal do Júri, por frontal violação ao princípio do contraditório, porquanto impossibilita a argumentação em sentido contraditório sobre a questão, uma vez que a acusação não pode mais fazer uso da palavra para contraditar.[83]

---

[83] "RECURSO ESPECIAL - HOMICÍDIO QUALIFICADO - SENTENÇA ABSOLUTÓRIA - NULIDADE EM PLENÁRIO - INOVAÇÃO DE TESE NA FASE DE TRÉPLICA - NÃO CONFIGURAÇÃO - RECURSO ESPECIAL CONHECIDO E NÃO PROVIDO - 1- A inovação de conteúdo na tréplica viola o princípio do contraditório, pois, embora seja assegurada ao defensor a palavra por último - Como expressão inexorável da ampla e plena defesa - Tal faculdade, expressa no art.477 do CPP, não pode implicar a possibilidade de inovação em momento que não mais permita ao titular da ação penal refutar seus argumentos. Tal entendimento, todavia, não se aplica à tese de clemência, uma vez que o quesito previsto no art. 483, III, do Código de Processo Penal é obrigatório, independentemente do sustentado em plenário, em razão da garantia constitucional da plenitude de defesa, cuja ausência de formulação acarreta nulidade absoluta. 2- Na hipótese, embora haja sido pugnada a absolvição genérica sem conteúdo na tréplica, não identifico a ocorrência de nenhum prejuízo à acusação, nem mesmo violação do contraditório. Isso porque não se pode aceitar haver sido o Ministério Público surpreendido pela defesa - Razão de ser da norma processual inserta no art. 482, parágrafo único, do CPP -, especialmente porquanto, pela ata de julgamento, a defesa apenas sustentou a tese absolutória sem conteúdo, ou seja, aquela prevista obrigatoriamente em lei. 3- Recurso especial conhecido e não provido (STJ - REsp 1.451.538 - (2014/0103173-7) - 6ª T. - Rel. Min. Rogerio Schietti Cruz - DJe 23.11.2018 - p. 1765)."

Em caso de feminicídio, não mais se admite a sustentação em plenário da tese da legítima defesa da honra perante os jurados. Esse é o entendimento sufragado na Suprema Corte, como já transcrita a ementa da ADPF no início deste capítulo. É uma tese de lesa-humanidade.

> Art. 478. Durante os debates as partes não poderão, sob pena de nulidade, fazer referências:
> I - à decisão de pronúncia, às decisões posteriores que julgaram admissível a acusação ou à determinação do uso de algemas como argumento de autoridade que beneficiem ou prejudiquem o acusado;
> II - ao silêncio do acusado ou à ausência de interrogatório por falta de requerimento, em seu prejuízo.

Essas vedações têm o sentido de serem calcadas para se evitar o argumento de autoridade, que é aquele que pretende se passar por irrefutável.

> Art. 479. Durante o julgamento não será permitida a leitura de documento ou a exibição de objeto que não tiver sido juntado aos autos com a antecedência mínima de 3 (três) dias úteis, dando-se ciência à outra parte.
> Parágrafo único. Compreende-se na proibição deste artigo a leitura de jornais ou qualquer outro escrito, bem como a exibição de vídeos, gravações, fotografias, laudos, quadros, croqui ou qualquer outro meio assemelhado, cujo conteúdo versar sobre a matéria de fato submetida à apreciação e julgamento dos jurados.

A exibição proibida aqui é aquela, sem prévio conhecimento da parte *ex adversa*, do documento que guarda relação com a causa.

O tríduo legal foi instituído para que a parte contrária tome conhecimento e possa estabelecer um contraditório mínimo que seja sobre o documento juntado. Se a defesa não é intimada ou é intimada fora dos três dias úteis antes do julgamento, resta evidente a impossibilidade de se utilizar a prova em Plenário.

No mesmo sentido: "AGRAVO REGIMENTAL NO RECURSO ESPECIAL - HOMICÍDIO - JÚRI - NULIDADE - AUSÊNCIA DE FORMULAÇÃO DE QUESITO DEFENSIVO - MATÉRIA SUSCITADA SOMENTE DURANTE A TRÉPLICA - CERCEAMENTO DE DEFESA - AUSÊNCIA - 1- A "inovação de tese defensiva na fase de tréplica, no Tribunal do Júri, viola o princípio do contraditório, porquanto impossibilita a manifestação da parte contrária acerca da quaestio (AgRg no REsp nº 1.306.838/AP, relator Ministro SEBASTIÃO REIS JÚNIOR, SEXTA TURMA, julgado em 28/8/2012, DJe 12/9/2012). Incidência do óbice previsto no Enunciado nº 83/STJ. 2- Agravo regimental desprovido (STJ - AgRg-REsp 1.359.840/RS - (2012/0266604-1) - 6ª T. - Rel. Min. Antonio Saldanha Palheiro - DJe 18.03.2022)."

Na hipótese de uso dessa prova fora do prazo legal, os pretórios têm decidido que há evidente nulidade relativa, arguida no momento oportuno e com a respectiva e devida demonstração do prejuízo.

> Art. 480. A acusação, a defesa e os jurados poderão, a qualquer momento e por intermédio do juiz presidente, pedir ao orador que indique a folha dos autos onde se encontra a peça por ele lida ou citada, facultando-se, ainda, aos jurados solicitar-lhe, pelo mesmo meio, o esclarecimento de fato por ele alegado.
> §1º Concluídos os debates, o presidente indagará dos jurados se estão habilitados a julgar ou se necessitam de outros esclarecimentos.
> §2º Se houver dúvida sobre questão de fato, o presidente prestará esclarecimentos à vista dos autos.
> §3º Os jurados, nesta fase do procedimento, terão acesso aos autos e aos instrumentos do crime se solicitarem ao juiz presidente.

1.4.8 Questionário e votação

Nesta última etapa, o juiz elabora os quesitos que serão respondidos pelos jurados com sim e não, e, em decorrência dessa série de perguntas e respostas, chega-se ao veredito condenatório ou absolutório, incumbindo ao juiz presidente, em caso de condenação, estabelecer a dosimetria da pena de forma fundamentada, com base nos quesitos respondidos pelos jurados.

A lei estabelece os quesitos necessários e na ordem:

> Art. 483. Os quesitos serão formulados na seguinte ordem, indagando sobre:
> I - a materialidade do fato;
> II - a autoria ou participação;
> III - se o acusado deve ser absolvido;
> IV - se existe causa de diminuição de pena alegada pela defesa;
> V - se existe circunstância qualificadora ou causa de aumento de pena reconhecidas na pronúncia ou em decisões posteriores que julgaram admissível a acusação.
> §1º A resposta negativa, de mais de 3 (três) jurados, a qualquer dos quesitos referidos nos incisos I e II do *caput* deste artigo encerra a votação e implica a absolvição do acusado.
> §2º Respondidos afirmativamente por mais de 3 (três) jurados os quesitos relativos aos incisos I e II do *caput* deste artigo será formulado quesito com a seguinte redação:
> O jurado absolve o acusado?

§3º Decidindo os jurados pela condenação, o julgamento prossegue, devendo ser formulados quesitos sobre:
I - causa de diminuição de pena alegada pela defesa;
II - circunstância qualificadora ou causa de aumento de pena, reconhecidas na pronúncia ou em decisões posteriores que julgaram admissível a acusação.
§4º Sustentada a desclassificação da infração para outra de competência do juiz singular, será formulado quesito a respeito, para ser respondido após o 2º (segundo) ou 3º (terceiro) quesito, conforme o caso.
§5º Sustentada a tese de ocorrência do crime na sua forma tentada ou havendo divergência sobre a tipificação do delito, sendo este da competência do Tribunal do Júri, o juiz formulará quesito acerca destas questões, para ser respondido após o segundo quesito.
§6º Havendo mais de um crime ou mais de um acusado, os quesitos serão formulados em séries distintas.
(...)

No caso das causas de aumento e diminuição são os jurados que decidem. Porém, não compete aos jurados julgar agravantes e atenuantes. Consigno que o Ministério Público tem que requerer nos debates as agravantes e atenuantes (fiscal da lei) e a defesa postulando atenuantes, sob pena do juiz presidente não poder apreciar as circunstâncias agravantes e atenuantes (art. 492, inciso I, alínea "b", CPP). Todavia, pode o magistrado reconhecer atenuantes *factauis* de ofício em homenagem ao princípio favor rei, fazendo prevalecer os valores justiça e liberdade em detrimento da pretensão acusatória.

Julgando os jurados improcedente a pretensão acusatória, com a absolvição do acusado, o juiz presidente proferirá sentença mandando colocar em liberdade o acusado, salvo se por outro motivo estiver preso. Ademais, revogará as medidas restritivas diversas da prisão cautelarmente decretadas, e imporá, se for o caso, a medida de segurança cabível, no caso de absolvição imprópria.

Caso o magistrado reconheça a inimputabilidade do pronunciado, pois no momento da prática criminosa não compreendeu o acusado o caráter ilícito da conduta, em virtude de doença mental ou desenvolvimento mental incompleto, devidamente comprovado tal estado de incapacidade penal por perícia, na forma estabelecida em lei, deve absolvê-lo impropriamente, aplicando-lhe a medida de segurança adequada. Isso é o que prevê o art. 492 do CPP.

Com rigorosa clareza, bem define o regramento jurídico o caminho que o juiz presidente deverá seguir em caso de condenação. Assim, o órgão julgador fará a reapreciação da prisão preventiva, declinando os motivos que autorizam a manutenção ou a decretação da segregação cautelar, em caráter de contemporaneidade, ou decidir que o condenado poderá ter o direito de recorrer em liberdade, salvo no caso de condenação igual ou superior a 15 anos de reclusão, quando poderá determinar a execução provisória da pena, em respeito ao princípio da soberania dos vereditos – advirto que nas ADCs nº 43, 44 e 54 houve ratificação plenária do Pretório Excelso da constitucionalidade da execução provisória da pena no caso do júri.

Evoluindo no seu entendimento, a Suprema Corte, ao apreciar o RE nº 1235340, relator ministro Luís Roberto Barroso, decidiu, em 11 de setembro de 2024,: "A soberania dos vereditos do Tribunal do Júri autoriza a imediata execução de condenação imposta pelo corpo de jurados, independentemente do total da pena aplicada". Na oportunidade, foi declarada a inconstitucionalidade da nova redação conferida ao art. 492, inciso I, alínea "e", do CPP, com a redação conferida pela Lei nº 13.964/2019, com eficácia *erga omnes* e efeito vinculante a todos os demais órgãos do Judiciário, uma vez atribuída repercussão geral ao recurso extraordinário, por envolver o exame de questões constitucionais relativas ao direito à vida.

PRISÃO

"Vivemos num mundo onde há cada vez mais informação e cada vez menos significado."
(Jean Baudrillard)

12.1 Conceito

É a segregação da liberdade ambulatorial, com o recolhimento do indivíduo ao ergástulo, que pode ser em razão de flagrante delito, por ordem escrita e fundamentada da autoridade judiciária competente, ou em virtude de transgressão militar ou crime propriamente militar.

O fundamento normativo está na Constituição da República, no art. 5º, inciso LVII, e no art. 283 do Pergaminho Instrumental de Iras.

12.2 Prisões extraprocessuais penais

12.2.1 Prisão civil

Em regra, não haverá prisão civil, a exceção é a hipótese de inadimplemento voluntário e inescusável de obrigação alimentícia e a do depositário infiel (art. 5º, inciso LXVII, CF).

Contudo, é preciso uma análise mais acurada. Tal dispositivo constitucional não é autoaplicável, dependendo da regulamentação da legislação infraconstitucional, que é conferida pela CADH, de que o Brasil é signatário desde novembro de 1992, e só prevê a prisão civil por dívida alimentícia. É o que disciplina o art. 7º, item 7, da CADH:

"(...) Ninguém deve ser detido por dívida. Este princípio não limita os mandados de autoridade judiciária competente expedidos em virtude de inadimplemento de obrigação alimentar".

No julgamento do Recurso Extraordinário nº 466.343, a Corte Constitucional atribui à CADH o status de norma supralegal. O tribunal entendeu que, apesar de a CADH não ter sido submetida ao quórum qualificado estabelecido pela Constituição, ela está abaixo da Constituição Federal, porém acima da legislação infraconstitucional. Obviamente, o Supremo Tribunal Federal não declarou que a CADH revogou a Constituição, mas que ela tornou inaplicáveis os dispositivos infraconstitucionais que disciplinavam a prisão do depositário infiel. Em suma, com base nessa orientação, subsiste tão somente a prisão civil do devedor de alimentos, sendo elaborada Súmula Vinculante nº 25, que pacificou a *vexata quaestio*: "(...) É ilícita a prisão civil de depositário infiel, qualquer que seja a modalidade do depósito".

12.2.2 Prisão do falido

Antes da entrada em vigor da Constituição Federal de 1988, era possível a prisão do falido. É o que rezava o art. 35 do Decreto-Lei nº 7.661/1945 (revogada Lei de Falência):

> (...)
> Faltando ao cumprimento de qualquer dos deveres que a presente lei lhe impõe, poderá o falido ser preso por ordem do juiz, de ofício ou a requerimento do representante do Ministério Público, do síndico ou de qualquer credor.
> Parágrafo único. A prisão não pode exceder de sessenta dias, e do despacho que a decretar cabe agravo de instrumento, que não suspende a execução da ordem.

Entrementes, tal prisão era considerada pela doutrina como uma prisão civil, pois o seu objetivo precípuo era obrigar o falido ao cumprimento de seus deveres.

A prisão do falido não encontrava previsão na Texto Supremo de 1988 e, portanto, não era considerada recepcionada pela doutrina e pela jurisprudência. O Superior Tribunal de Justiça emitiu a Súmula nº 280 nesse sentido: "(...) O art. 35 do Decreto-Lei nº 7.661/45, que estabelece a prisão administrativa, foi revogado pelos incisos LXI e LXVII do art. 5º da Constituição Federal de 1988".

Na Lei de Falência (Lei nº 11.101/2005) em vigor não há a repetição de tal fórmula da prisão civil, podendo ser decretada a prisão preventiva do falido ou de seus administradores, desde que calcada nos requisitos dos arts. 312 e 313 do CPP. Confira-se:

> Art. 99 A sentença que decretar a falência do devedor, dentre outras determinações:
> (...)
> VII - determinará as diligências necessárias para salvaguardar os interesses das partes envolvidas, podendo ordenar a prisão preventiva do falido ou de seus administradores quando requerida com fundamento em provas da prática de crime definido nesta Lei".
> (...)

12.2.3 Prisão administrativa

Dentro de uma perspectiva de normalidade democrática não é possível a decretação de prisão administrativa, seja de que índole for, por autoridade administrativa, que tenha como objetivo compelir alguém ao cumprimento de alguma obrigação legal.

Porém, nos estados de exceção (estado de defesa e estado de sítio), é possível a decretação da prisão administrativa, que deve ser comunicada imediatamente à autoridade judiciária, que deverá deliberar se a mantém ou não. É o que se extrai da leitura do art. 136, §3º, inciso I, do Diploma Maior:

> (...)
> §3º - Na vigência do estado de defesa:
> I - a prisão por crime contra o Estado, determinada pelo executor da medida, será por este comunicada imediatamente ao juiz competente, que a relaxará, se não for legal, facultado ao preso requerer exame de corpo de delito à autoridade policial.
> (...)

12.2.4 Prisão preventiva do estrangeiro para fins de extradição

A antiga lei que tratava do assunto (Estatuto do Estrangeiro) dizia que as prisões seriam decretadas pelo ministro da Justiça, ou seja, uma autoridade não judiciária seria responsável pela decretação da segregação.

Foi revogada a Lei nº 6.815/1980 pela Lei de Migração (Lei nº 13.445/2017), que, em art. 81, sustenta a seguinte redação: "O Ministério das Relações Exteriores remeterá o pedido ao Ministério da Justiça, que ordenará a prisão do extraditando colocando-o à disposição do Supremo Tribunal Federal". De acordo com a Constituição Federal, somente a autoridade judicial é que pode decretar a prisão cautelar. Assim, o artigo não foi recepcionado pela Carta Política de 1988, sendo apenas um resquício da prisão administrativa.

Em seguida, foi promovida uma alteração do dispositivo pela Lei nº 12.878/2013, conferindo nova roupagem ao art. 81 da Lei nº 6.815/1980: "(...) O pedido, após exame da presença dos pressupostos formais de admissibilidade exigidos nesta Lei ou em tratado, *será encaminhado pelo Ministério da Justiça ao Supremo Tribunal Federal*" (grifos meus).

De qualquer sorte, era considerada uma prisão automática – trata-se de uma visão anacrônica da prisão cautelar. O Supremo Tribunal Federal aplica à prisão do estrangeiro para fins de extradição o mesmo tratamento dado à prisão preventiva, inclusive a denomina de prisão preventiva para extradição (PPE).

No art. 84 da Lei nº 13.445/2017 (Lei de Migração), o tratamento conferido à matéria é do seguinte teor:

> Em caso de urgência, o Estado interessado na extradição poderá, previamente ou conjuntamente com a formalização do pedido extradicional, requerer, por via diplomática ou por meio de autoridade central do Poder Executivo, prisão cautelar com o objetivo de assegurar a executoriedade da medida de extradição que, após exame da presença dos pressupostos formais de admissibilidade exigidos nesta Lei ou em tratado, deverá representar à autoridade judicial competente, ouvido previamente o Ministério Público Federal.
>
> §1º - O pedido de prisão cautelar deverá conter informação sobre o crime cometido e deverá ser fundamentado, podendo ser apresentado por correio, fax, mensagem eletrônica ou qualquer outro meio que assegure a comunicação por escrito.

Eis o entendimento que se extrai dos seguintes excertos da Corte Suprema:

> PRISÃO PREVENTIVA PARA EXTRADIÇÃO - PEDIDO DE REVOGAÇÃO - IMPOSSIBILIDADE - INAPLICABILIDADE DO ART. 86 13.445/17 - CONDIÇÕES PESSOAIS DO EXTRADITANDO QUE NÃO EVIDENCIAM EXCEPCIONALIDADE APTA A AFASTAR A NECESSIDADE DA PRISÃO PREVENTIVA PARA EXTRADIÇÃO - 1- A regra é a prisão cautelar do extraditando para se viabilizar a execução da ordem extradicional, garantindo-se, assim, a efetiva entrega do custodiado

ao Estado estrangeiro requerente. 2- Conquanto esta CORTE já tenha flexibilizado, em casos excepcionalíssimos, a regra da indispensabilidade da prisão do súdito estrangeiro como pressuposto ao regular processamento da ação de extradição passiva (Extradição 791, Rel. Min. CELSO DE MELLO; Extradição 974, Rel. Min. RICARDO LEWANDOWSKI), no presente caso, não é possível depreender-se dos documentos apresentados pela defesa a imperativa necessidade de afastar a prisão decretada. 3- As condições pessoais do extraditando não evidenciam excepcionalidade apta a afastar a necessidade da prisão preventiva para a extradição. 4- Agravo Regimental a que se nega provimento (STF - PPE-AgR 1017 - 1ª T. - Rel. Alexandre de Moraes - J. 20.04.2022).

AGRAVO REGIMENTAL NA PRISÃO PREVENTIVA PARA EXTRADIÇÃO - PRORROGAÇÃO DO PRAZO DE PERMANÊNCIA NO SISTEMA PENITENCIÁRIO FEDERAL - TRANFERÊNCIA PARA O SISTEMA ESTADUAL - PEDIDO INDEFERIDO - 1- Segundo informações dos autos, o extraditando integra organização criminosa no exterior e possui elevado grau de periculosidade, além de potencial de desestabilizar o Sistema Penitenciário Estadual. 2- É alta a probabilidade de que o cidadão estrangeiro em questão deixe o país em período razoável, visto que o pedido de extradição já foi deferido, pendendo de julgamento apenas embargos de declaração, reforçando-se a necessidade de todas as cautelas para manutenção da prisão e posterior executoriedade da medida de extradição. 3- O extraditando deve ser mantido em estabelecimento penal federal, seja pelo elevado grau de periculosidade, seja pela necessidade de assegurar executoriedade à medida de extradição e garantir o cumprimento dos compromissos internacionais firmados pelo Estado brasileiro. 3- Agravo Regimental não provido (STF – PPE – AgR segundo 822 – 2ª T. Rel. Nunes Marques – J. 09.04.2021).

12.2.5 Prisão militar

A Constituição Federal autoriza a prisão do militar quando se tratar de crime propriamente militar ou transgressão disciplinar, no art. 5º, inciso LXI: "Ninguém será preso senão em flagrante delito ou por ordem escrita e fundamentada da autoridade judiciária competente, salvo nos casos de transgressão militar ou crime propriamente militar, definidos em lei".

A prisão do militar não depende de situação de flagrância e de prévia autorização judicial. Seu escopo é preservar a hierarquia e a disciplina militar.

Considerações complementares: "I - Não caberá *habeas corpus* contra as punições disciplinares militares (art. 142, §2º, CF); II - a prisão disciplinar tem duração máxima de 30 dias".

Essa regra da impossibilidade de *habeas corpus* tem que ser interpretada *cum grano salis*, isto é, deve ser obtemperada no caso concreto. Explico melhor tal situação: numa interpretação sistemática e conforme a Constituição Federal, não é possível a utilização do remédio heroico visando atacar o mérito da punição disciplinar militar, diante do princípio da separação dos Poderes. Contudo, aspectos de legalidade podem ser questionados em função do princípio da inafastabilidade da jurisdição, como a questão da competência da autoridade coatora e do prazo de duração da prisão disciplinar.

12.2.6 Prisão penal

A prisão penal é aquela resultante da condenação criminal, com respeito irrestrito ao devido processo legal, e que deriva do trânsito em julgado da sentença penal condenatória.

Num primeiro olhar desavisado, num ordenamento jurídico que consagra o princípio da presunção de não culpabilidade e da regra de tratamento daí advinda, é patente que a prisão penal deveria ser a única existente. Entretanto, a prisão penal é insuficiente, sendo imprescindível a prisão cautelar nos casos previstos em lei.

12.3 Prisão cautelar, processual ou provisória

Visando assegurar a eficácia do processo, a prisão cautelar é aquela decretada pelo Juízo competente e de forma fundamentada antes do trânsito em julgado da sentença penal condenatória.

Tal segregação provisória não afronta o texto constitucional, desde que preservada a reserva de jurisdição e a sindicabilidade de tal decisão pelos demais órgãos do Poder Judiciário.

12.3.1 Espécies de prisão cautelar

12.3.1.1 Prisão em flagrante (art. 301 e 302, CPP)

A palavra flagrante provém do latim *flagare* [queimar], o que está queimando, brilhando, ardendo. Algo notório, evidente, manifesto, que se pode ver. É o crime cuja ocorrência está queimando, acontecendo ou acabou de acontecer, não existindo dúvida diante de um fato constatado de maneira visual.

Há controvérsia quanto à natureza jurídica da prisão em flagrante:
a) Espécie de prisão cautelar;
b) Medida pré-cautelar.

É uma medida de autodefesa da sociedade, caracterizada pela privação da liberdade de locomoção daquele que é surpreendido em situação de flagrância, a ser executada independentemente de prévia autorização judicial.

Observações:

Os incisos do art. 302 do CPP elencam as situações de flagrância (espécies de flagrantes). O controle jurisdicional da prisão em flagrante é diferido.

Previsão constitucional: "Art. 5º (...) LXI - ninguém será preso senão em flagrante delito ou por ordem escrita e fundamentada de autoridade judiciária competente, salvo nos casos de transgressão militar ou crime propriamente militar, definidos em lei".

Tem uma redação bastante similar o art. 283 do CPP.

Qualquer pessoa poderá ser presa em flagrante delito. Todavia, existem exceções que devem ser consideradas:

a) Presidente da República: Não está sujeito a qualquer tipo de prisão cautelar, vedação expressa do art. 86, §3º, da CF;
b) Governadores dos estados: Existe a possibilidade da prisão cautelar, ainda que exista vedação na Constituição do Estado. Na ADI nº 1026, a Corte Máxima declarou a inconstitucionalidade da Constituição do Estado de Sergipe, que estendia a imunidade para os governadores;
c) Chefes de autoridades de governos estrangeiros e os embaixadores, com suas famílias: Não poderão ser presos em flagrante (previsão na Convenção de Viena, de 1961). Já os agentes consulares têm a sua imunidade com limitação somente aos crimes funcionais que praticarem, no exercício da função;
d) Magistrados e membros do Ministério Público: Somente poderão ser presos em caso de flagrante de crime inafiançável, por prisão preventiva ou temporária. Em caso de prisão em flagrante de qualquer dessas autoridades, comunica-se o ocorrido ao tribunal de Justiça/procuradoria-geral de Justiça (PGJ) a que o membro está vinculado.
e) Senadores, deputados federais, estaduais ou distritais: Vedações expressas na Constituição Federal. Vereadores não estão incluídos nesse rol de imunidades;
f) Advogados, no exercício da profissão: Somente podem ser presos em virtude de flagrante delito de crime inafiançável, assegurada a presença de representante da OAB (art. 7º, IV, Lei nº 8.906/1994).

12.3.1.2 Espécies de prisão em flagrante

a) Flagrante obrigatório/coercitivo

Está intrinsecamente ligado ao flagrante efetuado pelas autoridades policiais.

É obrigatório em tais circunstâncias porque as autoridades policiais funcionam como *garantes* (art. 13, §2º, alínea "a", CP) e têm o dever de agir, sob pena de responderem criminalmente em razão de sua inércia. Não obstante, é necessário analisar o poder de agir da autoridade.

Em relação ao dever de agir, predomina o entendimento de que será válido durante as 24 horas do dia.

Ao efetuarem a prisão em flagrante, as autoridades policiais atuam acobertadas pela excludente da ilicitude do estrito cumprimento do dever legal.

b) Flagrante facultativo

O flagrante facultativo se contrapõe ao obrigatório, pois é levado adiante por qualquer pessoa do povo, a qual não tem a obrigação de realizá-lo. Caso efetuado, a pessoa estará acobertada pela excludente da ilicitude do exercício regular de direito.

No caso de membro do Ministério Público e de membro do Poder Judiciário, encaixam-se nessa espécie de flagrante, pois o flagrante obrigatório é destinado somente às autoridades policiais.

Previsão legal: CPP, art. 301: "Qualquer do povo poderá [facultativo] e as autoridades policiais e seus agentes deverão [obrigatório] prender quem quer que seja encontrado em flagrante delito".

c) Flagrante próprio, perfeito, real ou verdadeiro

Evidencia-se quando o crime está ocorrendo e é possível ver ou ouvir o crime sendo cometido. Hipóteses dos incisos I e II do art. 302 do CPP.

> Art. 302. Considera-se em flagrante delito quem:
> I - está cometendo a infração penal; [fogo ardendo]
> II - acaba de cometê-la; [diminuição das chamas]
> III - é perseguido, *logo após, pela* autoridade, pelo ofendido ou por qualquer pessoa, em situação que faça presumir ser autor da infração; [fumaça]
> IV - é encontrado, *logo depois, com instrumentos, armas, objetos ou papéis que fa*çam presumir ser ele autor da infração. [cinzas] (grifos meus).

Visando melhor compreender o texto legal, pode-se afirmar que o inciso I depende do exame do *iter criminis*.

Em sendo assim, há possibilidade de efetuar a prisão em flagrante quando há atos preparatórios, desde que o ato preparatório já seja um crime definido na legislação, como, por exemplo, uma associação criminosa, o crime de petrechos para falsificação de moeda; crime da Lei nº 13.260/2016 (atos preparatórios de terrorismo). São crimes cuja consumação ocorre nesse momento.

Em regra, a prisão em flagrante é possível a partir dos atos executórios, pois é nesse instante que se configura a hipótese de que "está cometendo a infração penal", bem como quando da consumação dos crimes, isto é, quando "acaba de cometê-la".

d) Flagrante impróprio, irreal, imperfeito ou quase flagrante

Aqui não se pode constatar sensorialmente a prática do crime, porém há indícios de que o crime foi cometido, existindo uma presunção de autoria da prática criminal.

Considerações do art. 302, incisos III e IV, do CPP:

> (...)
> I - Logo após: é o lapso de tempo necessário entre o acionamento da polícia, seu deslocamento até o local, recolhimento de informações mais precisas quanto ao suspeito e o início efetivo da perseguição.
> II - Perseguição": Necessita do requisito busca ininterrupta.
> (...)
> Art. 290. Se o réu, sendo perseguido, passar ao território de outro município ou comarca, o executor poderá efetuar-lhe a prisão no lugar onde o alcançar, apresentando-o imediatamente à autoridade local, que, depois de lavrado, se for o caso, o auto de flagrante, providenciará para a remoção do preso.
> §1º - Entender-se-á que o executor vai em perseguição do réu, quando:
> a) tendo-o avistado, for perseguindo-o sem interrupção, embora depois o tenha perdido de vista;
> b) sabendo, por indícios ou informações fidedignas, que o réu tenha passado, há pouco tempo, em tal ou qual direção, pelo lugar em que o procure, for no seu encalço.

Desmistificando essa questão, registro que a prisão flagrante pode durar mais de 24 horas, desde que a perseguição seja ininterrupta.

O "logo após" deve ser analisado com certo temperamento porque não é exigível que a um idoso de 80 anos ou a um incapaz qualquer, por exemplo, se inicie uma perseguição, após ser vítima de um crime imediatamente, por exemplo. Assim, o representante legal ao tomar conhecimento do crime, pode e deve, de imediato, acionar a Polícia, porque a prisão em flagrante seria cabível e perfeitamente legal.

e) Flagrante ficto, assimilado ou presumido

Aqui a presunção da prática do crime ocorre pela suspeita que o indivíduo é encontrado com instrumentos, armas, objetos ou papéis que façam presumir ser ele o autor da infração. Trata-se de um encontro de tais objetos de maneira fortuita, por conta disso não precisa existir a perseguição anteriormente. É a hipótese do art. 302, inciso IV, do CPP.

Muito embora parte da doutrina entenda que na expressão "logo depois" comporte um lapso temporal maior que "logo após", filio-me ao entendimento de que se trata de expressões sinônimas, seguindo regra de hermenêutica de que, onde o legislador não distingue, não cabe ao intérprete fazê-lo.

f) Flagrante preparado, provocado, crime de ensaio ou delito putativo por obra do agente provocador

O flagrante preparado resulta da fusão de dois elementos:
- Indução à prática do delito (agente provocador: policial ou particular);
- Adoção de precauções para que o delito não se consume.

Ancorado nos elementos descritos, chega-se à fatal conclusão de que há crime impossível (tentativa inidônea) em razão da ineficácia absoluta do meio, pois em hipótese alguma seria possível ao agente lograr êxito na consumação do delito.

Por consequência, trata-se de prisão ilegal, a qual deve relaxada, na forma do art. 5º, inciso LXV, da CF. Esse entendimento foi pacificado por meio da Súmula nº 145 do Supremo Tribunal Federal: "(...) Não há crime quando a preparação do flagrante pela polícia [por particulares] torna impossível a sua consumação".

g) Flagrante esperado

Nesse tipo de prisão em flagrante, as autoridades tomam conhecimento de que o crime será cometido por meio das investigações policialescas regulares. Em sendo assim, a prisão em flagrante é realizada de forma lícita e válida, porque não há nenhum participante capaz de induzir o agente à prática delituosa.

h) Flagrante retardado, diferido ou de ação controlada

Ainda na análise das modalidades da prisão em flagrante, a lei permite o retardamento da intervenção policial, em determinadas situações, para que ela se efetive num momento posterior e mais oportuno da perspectiva da colheita de provas, visando alicerçar os autos do inquérito policial. Só é permitido esse tipo de prisão em flagrante na forma e nas hipóteses listadas em lei. É exceção, e não a regra geral.

Algumas hipóteses legais:

Lei de Lavagem de Capitais (Lei nº 9.613/98):

> (...)
> Art. 4º-B. A ordem de prisão de pessoas ou as medidas assecuratórias de bens, direitos ou valores poderão ser suspensas pelo juiz, ouvido o Ministério Público, quando a sua execução imediata puder comprometer as investigações. (artigo acrescentado pela Lei n. 12.683/12).

Nessa lei, a ação controlada depende de autorização do juiz e poderá ser retardada não apenas quanto à prisão, mas também em relação às medidas cautelares patrimoniais.

Outra hipótese é a Lei de Drogas (Lei nº 11.343/2006), que em seu art. 53, assim dispõe:

> (...) Em qualquer fase da persecução criminal relativa aos crimes previstos nesta Lei, são permitidos, além dos previstos em lei, mediante autorização judicial e ouvido o Ministério Público, os seguintes procedimentos investigatórios:
> (...)
> II - a não atuação policial sobre os portadores de drogas, seus precursores químicos ou outros produtos utilizados em sua produção, que se encontrem no território brasileiro, com a finalidade de identificar e responsabilizar maior número de integrantes de operações de tráfico e distribuição, sem prejuízo da ação penal cabível.
> Parágrafo único. Na hipótese do inciso II deste artigo, a autorização será concedida desde que sejam conhecidos o itinerário provável e a identificação dos agentes do delito ou de colaboradores.

Outro diploma legal em que é possível esse tipo de prisão em flagrante, está na Lei de Organizações Criminosas (Lei nº 12.850/2013), que no art. 8º admite como possível essa modalidade de segregação:

> (...) Consiste a ação controlada [não depende de autorização judicial prévia] em retardar a intervenção policial ou administrativa [ex.: MP]

relativa à ação praticada por organização criminosa ou a ela vinculada, desde que mantida sob observação e acompanhamento para que a medida legal se concretize no momento mais eficaz à formação de provas e obtenção de informações.

§1º O retardamento da intervenção policial ou administrativa será previamente comunicado ao juiz competente que, se for o caso, estabelecerá os seus limites e comunicará ao Ministério Público.

§2º A comunicação será sigilosamente distribuída de forma a não conter informações que possam indicar a operação a ser efetuada.

§3º Até o encerramento da diligência, o acesso aos autos será restrito ao juiz, ao Ministério Público e ao delegado de polícia, como forma de garantir o êxito das investigações.

§4º Ao término da diligência, elaborar-se-á auto circunstanciado acerca da ação controlada.

Esse instituto é conhecido como entrega vigiada. A corrente majoritária da doutrina entende que a entrega vigiada é uma espécie de ação controlada. Na entrega vigiada é permitido que determinada mercadoria ilícita siga seu itinerário normalmente para que a apreensão se dê no momento mais oportuno, usando-se aqui o exemplo do tráfico internacional de drogas.

O conceito de entrega vigiada foi erigido pela Convenção de Palermo, na Itália. O Brasil é signatário da Convenção de Palermo, incorporada ao Direito brasileiro em 12 de março de 2004, por meio do Decreto nº 5.015/2004, que a define da seguinte maneira, art. 2º, alínea "i":

> (...)
> (...) Entrega vigiada – a técnica que consiste em permitir que remessas ilícitas ou suspeitas saiam do território de um ou mais Estados, os atravessem ou neles entrem, com o conhecimento e sob o controle das suas autoridades competentes, com a finalidade de investigar infrações e identificar as pessoas envolvidas na sua prática.

i) Flagrante forjado, fabricado, urdido ou maquinado

Se a prisão em flagrante for fabricada ou forjada, não há que se falar em crime, muito menos de legalidade da prisão efetuada. O juiz deve relaxá-la imediatamente (art. 310, I, CPP).

Seguramente, poderá caracterizar o crime de abuso de autoridade (art. 9º, *caput*, Lei nº 13.869/2019), uma vez que o flagrante é realizado para incriminar alguém manifestamente inocente e que não agiu com dolo ou culpa, na hipótese do delito seja realizado pelo infrator em razão de suas funções. Se o particular praticar o flagrante forjado pode responder pelo crime de denunciação caluniosa (art. 339, CP).

g) Flagrante nas várias espécies de crime

i) Crimes permanentes

Crime permanente é aquele que a consumação se prolonga no tempo e sobre o qual o agente continua detendo o poder de fazer cessar a execução.

Densifica tal conceito doutrinário, para efeitos de prisão em flagrante delito, o art. 303 do CPP: "(...) Nas infrações permanentes, entende-se o agente em flagrante delito enquanto não cessar a permanência".

Quando há flagrante delito, é possível, inclusive, o ingresso em domicílio sem prévia autorização judicial. Todavia, a Constituição Federal e a jurisprudência (do Supremo Tribunal Federal e do Superior Tribunal de Justiça) exigem causa provável.

ii) Crimes habituais

Crime habitual é aquele que demanda a prática reiterada de determinada conduta, ou seja, um ato isolado não caracteriza o delito. A doutrina elenca como exemplos o crime de exercício ilegal da medicina, arte dentária ou farmacêutica, tal como consta no art. 282 do CP: "(...) Exercer, ainda que a título gratuito, a profissão de médico, dentista ou farmacêutico, sem autorização legal ou excedendo-lhe os limites: Pena - detenção, de seis meses a dois anos".

Possibilidade de prisão em flagrante – duas correntes divergem sobre o tema.
- Corrente majoritária: para essa corrente, não é cabível a prisão em flagrante. A razão é que não seria possível reunir no momento da prisão em flagrante elementos que demonstrassem a prática reiterada da conduta.
- Corrente minoritária: de acordo com tal entendimento, é cabível a prisão em flagrante, a depender do caso concreto.

iii) Crimes de ação penal privada/ação penal pública condicionada à representação

A prisão em flagrante é cabível, mas, para tanto é necessária na lavratura do auto de prisão em flagrante à aquiescência da vítima, devendo ser reduzida a termo sua manifestação de vontade e assinada, dado que a representação é condição de procedibilidade para a abertura da investigação criminal, sob pena de rejeição da denúncia ou queixa, nos termos do art. 395, inciso II, do CPP.

iv) Crimes formais

Crime formal é aquele que prevê um resultado, o qual não precisa ocorrer para fins de consumação do delito. Temos o crime de concussão como exemplo, previsto no art. 316 do CP.

Diante dessa configuração, a prisão em flagrante é cabível por ocasião da execução do delito (consumação), mas não no momento do seu exaurimento. Por exemplo, no caso da concussão, a prisão deve ser efetuada no momento em que o agente exigir a vantagem indevida, pois, em tese, não será possível efetuá-la no momento do exaurimento, quando é realizada a entrega da vantagem ilícita.

v) Crime continuado

A prisão em flagrante é cabível. No caso de crime continuado (art. 71, CP), o que ocorre é um concurso de crimes, mas que, por ficção legal, considera-se como se fosse apenas um crime em continuidade de execução – com a exasperação da pena, sendo os demais crimes considerados continuidade do primeiro, podendo a prisão em flagrante ocorrer de forma fracionada. Nessa situação, entendo a prisão em flagrante como lícita e possível.

12.3.1.3 Fases da prisão em flagrante

a) Captura

Considerações sobre a captura na prisão em flagrante:

(...)
I - É possível o emprego da força, desde que moderadamente. É o que prevê o art. 292 do CPP: "Se houver, ainda que por parte de terceiros, resistência à prisão em flagrante ou à determinada por autoridade competente, o executor e as pessoas que o auxiliarem poderão usar dos meios necessários para defender-se ou para vencer a resistência, do que tudo se lavrará auto [*auto de resistência*] subscrito também por duas testemunhas";

II - De igual maneira, é permitida a utilização de instrumentos de menor potencial ofensivo, que são instrumentos não letais, os quais devem ser empregados prioritariamente pelos órgãos responsáveis pela segurança pública.

Nessa seara, a Lei nº 13.060/2014, em seu art. 4º, elenca os instrumentos de menor potencial ofensivo:

(...)
Para os efeitos desta Lei, consideram-se instrumentos de menor potencial ofensivo aqueles projetados especificamente para, com baixa probabilidade de causar mortes ou lesões permanentes, conter, debilitar ou incapacitar temporariamente pessoas.
(...)
III - No que tange ao uso de algemas, existe entendimento pretoriano consignado na Súmula Vinculante nº 11 - "Só é lícito o uso de algemas em casos de resistência e de fundado receio de fuga ou de perigo à integridade física própria ou alheia, por parte do preso ou de terceiros, justificada a excepcionalidade por escrito, sob pena de responsabilidade disciplinar, civil e penal do agente ou da autoridade e de nulidade da prisão ou do ato processual a que se refere, sem prejuízo da responsabilidade civil do Estado".

Em reforço ao entendimento jurisprudencial, foi conferida nova redação ao art. 292, parágrafo único, do CPP, pela Lei nº 13.434/2017, vedando o uso de algemas em mulheres grávidas durante os atos médico-hospitalares:

(...)
É vedado o uso de algemas em mulheres grávidas durante os atos médico-hospitalares preparatórios para a realização do parto e durante o trabalho de parto, bem como em mulheres durante o período de puerpério imediato.

b) Condução coercitiva

Nessa segunda etapa da realização da prisão em flagrante, coercitivamente o preso em flagrante será conduzido à Delegacia de Polícia.

Devo frisar que há dispositivos em leis específicas que tratam do tema. Em se tratando de delito de menor potencial ofensivo, não se imporá prisão em flagrante, o que decorre da expressa previsão legal estampada no art. 69, parágrafo único, da Lei nº 9.099/1995. No mesmo sentido é a previsão do art. 48, §2º, da Lei nº 11.343/06 (Lei de Drogas), e do art. 301 da Lei nº 9.503/97 (Código de Trânsito Brasileiro).

c) Lavratura do auto de prisão em flagrante

Conduzido o suspeito à Delegacia de Polícia, o delegado lavrará o auto de prisão em flagrante, segundo determina a lei. Ao ser lavrado, não necessariamente o indivíduo permanecerá preso, pois o delegado poderá arbitrar fiança, nas hipóteses dos crimes englobados pelo art. 322 do CPP:

> (...)
> A autoridade policial somente poderá conceder fiança nos casos de infração cuja pena privativa de liberdade máxima não seja superior a 4 (quatro) anos. (Redação dada pela Lei nº 12.403, de 2011).
> Parágrafo único. Nos demais casos, a fiança será requerida ao juiz, que decidirá em 48 (quarenta e oito) horas.

Existe exceção à previsão do art. 322 do CPP. Está contida na Lei nº 11340/2006, também conhecida como "Lei Maria da Penha", afastando tal prerrogativa da autoridade policial no art. 24, §2º:

> Art. 24-A - Descumprir decisão judicial que defere medidas protetivas de urgência previstas nesta Lei:
> Pena – detenção, de 3 (três) meses a 2 (dois) anos.
> (...)
> §2º Na hipótese de prisão em flagrante, apenas a autoridade judicial poderá conceder fiança.

d) Recolhimento à prisão

No momento seguinte ao recolhimento ao cárcere, a prisão em flagrante vai se judicializar quando comunicada ao juiz competente, ao Ministério Público e à Defensoria Pública. É o que determina o art. 306 do CPP:

> Art. 306 - A prisão de qualquer pessoa e o local onde se encontre serão comunicados imediatamente ao juiz competente, ao Ministério Público e à família do preso ou à pessoa por ele indicada. (Redação dada pela Lei nº 12.403, de 2011).
> §1º Em até 24 (vinte e quatro) horas após a realização da prisão, será encaminhado ao juiz competente o auto de prisão em flagrante e, caso o autuado não informe o nome de seu advogado, cópia integral para a Defensoria Pública. (Redação dada pela Lei nº 12.403, de 2011).

§2º No mesmo prazo, será entregue ao preso, mediante recibo, a nota de culpa, assinada pela autoridade, com o motivo da prisão, o nome do condutor e os das testemunhas. (Redação dada pela Lei nº 12.403, de 2011).

Conceito de nota de culpa: é o instrumento pelo qual se entrega ao preso a identificação dos *responsáveis e os motivos de sua prisão*, concretizando o disposto no art. 5º, LXIV, da Constituição Federal. Hodiernamente, ao invés da consagrada expressão "nota de culpa" vem sendo utilizada a expressão "termo de ciência das garantias constitucionais". A nosso juízo mais apropriada, porque a nota de culpa não é uma afirmação incontroversa do fato.

12.3.1.4 Apreciação judicial da prisão em flagrante

A apreciação judicial da prisão em flagrante é o procedimento a ser observado pelo juiz ao receber o auto de prisão em flagrante, tal como está catalogado no art. 310 do CPP:

> Art. 310. Ao receber o auto de prisão em flagrante, o juiz deverá fundamentadamente:
> I - relaxar a prisão ilegal; ou
> II - converter a prisão em flagrante em preventiva (ou temporária), quando presentes os requisitos constantes do art. 312 deste Código, e se revelarem inadequadas ou insuficientes as medidas cautelares diversas da prisão; ou
> III - conceder liberdade provisória, com ou sem fiança.
> Parágrafo único. Se o juiz verificar, pelo auto de prisão em flagrante, que o agente praticou o fato nas condições constantes dos incisos I a III do *caput* do art. 23 do Código Penal, poderá, fundamentadamente, conceder ao acusado liberdade provisória, mediante termo de comparecimento a todos os atos processuais, sob pena de revogação.

Com o advento da audiência de custódia, os autos da prisão em flagrante (APF), devem ser remetidos ao juiz competente, que promoverá audiência de custódia no prazo de 24 horas.

12.3.1.4.1 Relaxamento da prisão em flagrante ilegal

O art. 5º, inciso LXV, da Constituição Federal, é uma consagração do Estado Democrático de Direito, asseverando que: "a prisão ilegal será imediatamente relaxada pela autoridade judiciária". Não há Estado de Direito compatível com o arbítrio, muito menos sem liberdade ambulatorial.

Outrossim, devo rememorar que o relaxamento da prisão não impede a decretação da prisão preventiva ou temporária, desde que presentes seus pressupostos legais.

Hipóteses em que deve ser reconhecida a ilegalidade da prisão em flagrante:
  a) Inocorrência da hipótese de flagrância (art. 302, CPP);
  b) Inobservância das formalidades constitucionais e/ou legais (as formalidades constitucionais estão contidas no art. 5º da CF).

Vejamos as formalidades que devem ser observadas:

(...)
LXII - a prisão de qualquer pessoa e o local onde se encontre serão comunicados imediatamente ao juiz competente e à família do preso ou à pessoa por ele indicada;
LXIII - o preso será informado de seus direitos, entre os quais o de permanecer calado, sendo-lhe assegurada a assistência da família e de advogado;
LXIV - o preso tem direito à identificação dos responsáveis por sua prisão ou por seu interrogatório policial.

12.3.2 Conversão da prisão em flagrante em prisão preventiva

Faz-se oportuno observar que a prisão preventiva é possível durante a investigação ou no curso do processo, desde que presentes os requisitos elencados em lei.

De acordo com o art. 310, inciso II, do CPP, a conversão da prisão em flagrante em preventiva ocorre quando presentes os requisitos constantes do art. 312 do Pergaminho Repressivo de Ritos, e se revelarem inadequadas ou insuficientes as medidas cautelares diversas da prisão.

De início, algumas considerações são necessárias:
  a) A doutrina entende que a conversão também poderá ser realizada em prisão temporária, demonstrada a presença dos requisitos da respectiva Lei nº 7.960/1989.
  b) A conversão da prisão em flagrante em preventiva ou temporária deve ser fundamentada (princípio da motivação da prisão cautelar).

c) A possibilidade ou não de conversão em preventiva de ofício pelo juiz, para a doutrina, não é possível. O fundamento é a conversão é efetuada durante a fase investigatória, na qual ao juiz não é dado o poder de decretar nenhuma prisão cautelar *ex officio*, sob pena de colisão com o sistema acusatório e o princípio da imparcialidade. Para a jurisprudência: é possível. A motivação é que, ao receber o auto de prisão em flagrante, o juiz já estaria sendo provocado pela autoridade policial, posição com a qual não concordo. Deve haver pedido expresso da Polícia ou do Ministério Público. Em que pese meu entendimento, confiram-se as seguintes ementas das cortes superiores:

PROCESSO PENAL - *HABEAS CORPUS* - TRÁFICO DE ENTORPECENTES - PRISÃO PREVENTIVA - GARANTIA DA ORDEM PÚBLICA - GRAVIDADE CONCRETA - REITERAÇÃO DELITIVA - PRISÃO DECRETADA DE OFÍCIO - SUPRESSÃO DE INSTÂNCIA - 1- A validade da segregação cautelar está condicionada à observância, em decisão devidamente fundamentada, aos requisitos insertos no art. 312 do Código de Processo Penal, revelando-se indispensável a demonstração de em que consiste o *periculum libertatis*. 2- Conforme pacífica jurisprudência desta Corte, a preservação da ordem pública justifica a imposição da prisão preventiva quando o agente possuir maus antecedentes, reincidência, atos infracionais pretéritos, inquéritos ou mesmo ações penais em curso, porquanto tais circunstâncias denotam sua contumácia delitiva e, por via de consequência, sua periculosidade. 3- No caso, a sentença condenatória Decretou a prisão preventiva destacando a reiteração delitiva do paciente. Constata-se que o réu possui outras duas condenações por delitos de tráfico de drogas, cometidos posteriormente. Assim, faz-se necessária a segregação provisória como forma de acautelar a ordem pública. 4- Destaco que a alegação defensiva de que a prisão preventiva foi decretada de ofício não foi analisada pelo Tribunal de origem, sendo, portanto, inviável o debate diretamente por esta Corte Superior, sob pena de incorrer em indevida supressão de instância. 5- Ordem parcialmente conhecida e, nessa extensão, denegada a ordem (STJ - HC 703.916/PR - (2021/0350999-8) - 6ª T. - Rel. Min. Antonio Saldanha Palheiro - DJe 16.05.2022).

PROCESSUAL PENAL - AGRAVO REGIMENTAL NO HABEAS CORPUS - LESÃO CORPORAL - AMEAÇA - LEI MARIA DA PENHA - DECRETAÇÃO DA PRISÃO DE OFÍCIO - NÃO OCORRÊNCIA - PRISÃO PREVENTIVA - DESPROPORCIONALIDADE - GRAVIDADE CONCRETA DA CONDUTA - MODUS OPERANDI

- REITERAÇÃO DELITIVA - CAUTELARES ALTERNATIVAS - INSUFICIÊNCIA - AGRAVO REGIMENTAL IMPROVIDO - 1- Mesmo que, na audiência de custódia, o Ministério Público tenha requerido a substituição da prisão por medidas cautelares diversas, nesses casos não há falar em decretação da prisão de ofício, haja vista que "é possível ao magistrado decretar medida cautelar diversa daquela requerida pelo Ministério Público, no caso, a cautelar máxima de prisão preventiva, o que não representa atuação *ex officio*, inexistindo, portanto, constrangimento ilegal" (AgRg no HC nº 764.022/SC, relatora Ministra Laurita Vaz, Sexta Turma, julgado em 27/3/2023, DJe de 31/3/2023). 2- Ambos os órgãos julgadores que compõem a Terceira Seção do Superior Tribunal de Justiça passaram a entender que a posterior manifestação do Ministério Público em sentido favorável à imposição da prisão preventiva supre o vício decorrente da anterior decretação da segregação cautelar de ofício, tal como ocorreu no presente caso. 3- Em relação à alegada desproporcionalidade da prisão cautelar, "trata-se de prognóstico que somente será confirmado após a conclusão do julgamento da ação penal, não sendo possível inferir, nesse momento processual e na estreita via ora adotada, o eventual regime prisional a ser fixado em caso de condenação (e consequente violação do princípio da homogeneidade)" (AgRg no RHC nº 144.385/MG, relator Ministro Reynaldo Soares da Fonseca, Quinta Turma, julgado em 13/4/2021, DJe de 19/4/2021). 4- No caso, a leitura do Decreto prisional revela que a custódia cautelar está suficientemente fundamentada na necessidade de garantir a ordem pública, considerando a gravidade da conduta delituosa, pois foi apontado que o paciente desferiu socos na sua então companheira, quebrou o celular dela e diversos itens da casa, bem como ameaçou de morte a família da ofendida, tendo empurrado também outra vítima, a qual havia tentado cessar a agressão. 5- A custódia cautelar também está suficientemente fundamentada na necessidade de garantir a ordem pública, em razão do risco concreto de reiteração delitiva, pois, segundo consignado pelo Juízo de primeiro grau, o paciente ostenta outras passagens envolvendo violência doméstica, tendo o magistrado mencionado ocorrências em dezembro de 2022 e março de 2023. 6- Havendo a indicação de fundamentos concretos para justificar a custódia cautelar, não se revela cabível a aplicação de medidas cautelares alternativas à prisão, visto que insuficientes para resguardar a ordem pública. 7- Agravo regimental improvido (STJ - AgRg-HC 956632/RS - (2024/0408898-0) - 6ª T. - Rel. Min. Og Fernandes - DJe 17.02.2025).

AGRAVO REGIMENTAL EM *HABEAS CORPUS* - PRISÃO PREVENTIVA DECRETADA DE OFÍCIO - NÃO OCORRÊNCIA - AGRAVO AO QUAL SE NEGA PROVIMENTO - I- Houve a revogação das medidas cautelares anteriormente aplicadas.

Vê-se que o paciente descumpriu a obrigatoriedade de sua permanência no distrito da culpa, ausentando-se sem a devida autorização judicial. Nem sequer compareceu ao seu julgamento pelo Tribunal do Júri, em nítido intuito de furtar-se à aplicação da lei penal. II- Agravo ao qual se nega provimento (STF - HC-AgR 223221 - 2ª T. - Rel. Ricardo Lewandowski - J. 06.03.2023).

12.3.2.1 Requisitos

Para fins de conversão da prisão em flagrante em prisão preventiva, o melhor entendimento é que a conversão deve ser calcada tanto na presença das hipóteses do art. 312 do CPP quanto do quanto previsto no art. 313 do mesmo diploma legal.

É de se fulcrar importância a análise pormenorizada dos fundamentos legais. Assim, temos o art. 312 do CPP: "(...) A prisão preventiva poderá ser decretada como garantia da ordem pública, da ordem econômica, por conveniência da instrução criminal, ou para assegurar a aplicação da lei penal, quando houver prova da existência do crime e indício suficiente de autoria".

Dois são os requisitos para a decretação da prisão preventiva: *periculum libertatis* [perigo representado pela permanência do investigado em liberdade] e *fumus comissi delicti* [fumaça da aparência do delito].

Os fundamentos são:
a) Garantia da ordem pública;
b) Garantia da ordem econômica;
c) Conveniência da instrução criminal;
d) Asseguração da aplicação da lei penal.

O primeiro fundamento é a garantia da ordem pública está embasada no risco de reiteração delituosa.[84] Nessa situação, é

---

[84] "DIREITO PROCESSUAL PENAL - AGRAVO REGIMENTAL EM *HABEAS CORPUS* - PRISÃO PREVENTIVA - ORGANIZAÇÃO CRIMINOSA - TRÁFICO DE DROGAS - FUNDAMENTAÇÃO IDÔNEA - GARANTIA DA ORDEM PÚBLICA - RECURSO DESPROVIDO - I- CASO EM EXAME - 1- Agravo regimental interposto contra decisão monocrática que negou seguimento ao *habeas corpus*, por ausência de flagrante ilegalidade na decretação da prisão preventiva do agravante. A agravante sustenta a falta de fundamentação idônea para a custódia cautelar, alegando ausência dos requisitos do art. 312 do CPP e viabilidade de medidas cautelares diversas. II- QUESTÃO EM DISCUSSÃO. 2- A questão em discussão consiste em verificar se a prisão preventiva do agravante encontra-se devidamente fundamentada e se há flagrante ilegalidade que justifique sua revogação. III- RAZÕES DE DECIDIR. 3- A prisão preventiva do agravante fundamenta-se em elementos concretos extraídos das investigações, que indicam sua participação em organização criminosa armada voltada para o tráfico de drogas, estando evidenciado o risco à ordem pública. 4- A análise

imprescindível a comprovação dos antecedentes criminais do suspeito (juízo de periculosidade), ainda que fosse tecnicamente primário e bons antecedentes.[85]

Ainda nessa toada, a garantia da ordem econômica é representada pelo risco de reiteração da conduta delituosa, sobretudo, em relação aos crimes contra a ordem econômico-financeira. Exemplos: Lei nº 9.613/1998; Lei nº 8.137/1990; Lei nº 7.492/1986, Lei nº 1.521/1951.

Focando nossas atenções na Lei nº 7.492, em seu art. 30: "Sem prejuízo do disposto no art. 312 do CPP, a prisão preventiva do acusado da prática de crime previsto nesta Lei poderá ser decretada em razão da magnitude da lesão causada".

Dessa forma, a magnitude da lesão causada é elementar dos crimes financeiros. Segundo os tribunais superiores, além da magnitude,

---

de fatos e provas é incompatível com a via do *habeas corpus*, sendo inviável reavaliar o juízo das instâncias ordinárias quanto à materialidade e autoria delitiva. 5- A necessidade de interromper ou diminuir a atuação da organização criminosa configura fundamento idôneo para a custódia cautelar, conforme a jurisprudência consolidada do Supremo Tribunal Federal. 6- Na esteira da jurisprudência do Supremo Tribunal Federal, 'Condições pessoais favoráveis, tais como primariedade, ocupação lícita e residência fixa, não têm o condão de, por si sós, garantirem a revogação da prisão preventiva se há nos autos elementos hábeis a recomendar a manutenção de sua custódia cautelar, o que ocorre na hipótese' (HC 161960 AgR, Relator(a): Min. Gilmar Mendes, Segunda Turma, julgado em 05.04.2019). IV- DISPOSITIVO. 7- Recurso desprovido. Dispositivos relevantes citados: CF/1988, art. 93, IX; CPP, arts. 282, 312 e 319. Jurisprudência relevante citada: STF, HC 95.024, Rel. Min. Cármen Lúcia, Primeira Turma, DJe 20.02.2009; STF, HC 161.960 AgR, Rel. Min. Gilmar Mendes, Segunda Turma, julgado em 05.04.2019; STF, HC 188.527, Rel. Min. Luiz Fux, Primeira Turma, DJe 23.09.2020 (STF - HC-AgR 250414 - 2ª T. - Rel. Edson Fachin - J. 11.03.2025)."

[85] "DIREITO PROCESSUAL PENAL - AGRAVO INTERNO EM *HABEAS CORPUS* - PRISÃO PREVENTIVA - GARANTIA DA ORDEM PÚBLICA - GRAVIDADE CONCRETA DA CONDUTA - RISCO DE REITERAÇÃO DELITIVA - RECURSO DESPROVIDO - I- CASO EM EXAME - 1- Agravo interno interposto contra decisão que negou seguimento a *habeas corpus* impetrado em favor de acusado de duplo homicídio qualificado cuja prisão preventiva foi decretada em razão da gravidade concreta da conduta e da periculosidade do agente. 2- O agravante pretende a revogação da prisão preventiva, com fundamento na ausência de contemporaneidade e na suficiência de medidas cautelares alternativas. II- QUESTÃO EM DISCUSSÃO. 3- Há duas questões em discussão: (i) saber se a prisão preventiva foi adequadamente fundamentada, consideradas a gravidade concreta do delito e a periculosidade do agente; e (ii) saber se a alegada ausência de contemporaneidade ou a possibilidade de aplicação de medidas cautelares diversas tornariam inadequada a prisão preventiva. III- RAZÕES DE DECIDIR. 4- A prisão preventiva foi fundamentada na gravidade concreta do crime, evidenciada pelo *modus operandi* - Duplo homicídio cometido na presença de crianças e familiares -, a demonstrar a periculosidade do agente. 5- As instâncias ordinárias indicaram a reiteração delitiva do acusado, que, mesmo submetido a medidas cautelares, foi novamente preso por outros crimes, o que reforçaria a necessidade de segregação cautelar para resguardo da ordem pública. 6- A alegação de ausência de contemporaneidade foi rejeitada, considerados os fundamentos concretos apresentados e a demonstração de continuidade delitiva. IV- DISPOSITIVO. 7- Agravo interno desprovido (STF - HC-AgR 248724 - 2ª T. - Rel. Nunes Marques - J. 26.02.2025)."

é necessária a demonstração de um dos pressupostos do CPP, art. 312, para a decretação da prisão preventiva. Cito o seguinte excerto oriundo da Suprema Corte:

> (...)
> Verificados os pressupostos estabelecidos pela norma processual (CPP, art. 312), coadjuvando-os ao disposto no art. 30 da Lei nº 7.492/86, que reforça os motivos de decretação da prisão preventiva em razão da magnitude da lesão causada, não há falar em revogação da medida acautelatória. A necessidade de se resguardar a ordem pública revela-se em conseqüência dos graves prejuízos causados à credibilidade das instituições públicas. 5. *Habeas corpus* indeferido (STF, Pleno, HC 80.717/SP, Rel. Min. Ellen Gracie, DJ 05/03/2004).

O outro fundamento que é a garantia da aplicação da lei penal. Para a decretação da custódia cautelar devem existir elementos concretos que o inculpado pretende foragir, inviabilizando uma futura e possível execução penal.[86]

---

[86] "AGRAVO REGIMENTAL EM RECURSO ORDINÁRIO EM - REVOGAÇÃO DA MEDIDA CAUTELAR DE *HABEAS CORPUS* MONITORAMENTO ELETRÔNICO - IMPOSSIBILIDADE - PROVIDÊNCIA MENOS GRAVOSA QUE A PRISÃO - DECRETADA MEDIANTE FUNDAMENTÇÃO CONCRETA E CONTEMPORÂNEA - MEDIDA RAZOÁVEL E PROPORCIONAL - GRAVIDADE CONCRETA DA CONDUTA - ORGANIZAÇÃO CRIMINOSA DESTINADA À LAVAGEM DE CAPITAIS - FUNDAMENTAÇÃO IDÔNEA - AUSÊNCIA DE CONSTRANGIMENTO ILEGAL - AGRAVO DESPROVIDO - Sobre a solicitação acerca da revogação da medida cautelar de1. Monitoração eletrônica, a Lei nº 12.403/2011 estabeleceu a possibilidade de imposição de medidas alternativas à prisão cautelar, no intuito de permitir ao magistrado, diante das peculiaridades de cada caso concreto e dentro dos critérios de razoabilidade e proporcionalidade, resguardar a ordem pública, a ordem econômica, a instrução criminal ou a aplicação da lei penal. Não obstante menos grave do que a prisão preventiva, a aplicação de2. Alguma medida cautelar do art. 319 do CPP, por ser restritiva, também depende de decisão fundamentada adequada, que demonstre sua adequação, razoabilidade e imprescindibilidade. Ademais, dada sua natureza cautelar, sua manutenção somente se justifica enquanto presentes fundamentos concretos que demonstrem sua necessidade. Nesse sentido estabelece o art. 282, §5º, do Código de Processo Penal, que "[o] juiz poderá, de ofício ou a pedido das partes, revogar a medida cautelar ou substituí-la quando verificar a falta de motivo para que subsista, bem como voltar a decretá-la, se sobrevierem razões que a justifiquem". O Tribunal de origem manteve as medidas cautelares fixadas para o 3. Ora recorrente, em especial a de monitoramento eletrônico, tendo em vista consistir em providência menos gravosas que a prisão, a qual foi decretada com esteio na existência de fundamentos concretos e contemporâneos aos fatos imputados, destacando, ainda, que, além de atender aos princípios da razoabilidade e da proporcionalidade, a medida imposta não causa prejuízo algum ou impede o recorrente de trabalhar ou seguir sua rotina normalmente. *É levar em conta que mister permanece a necessidade de manutenção das medidas cautelares para garantia da ordem pública e para assegurar a aplicação da lei penal, considerando a gravidade concreta da conduta imputada ao denunciado, destacando, ainda, que este, em tese, faria parte de organização criminosa destinada à lavagem de capitais* (e-STJ fl. 273). A defesa não logrou demonstrar, por intermédio de prova pré-4.

Por fim, a necessidade de preservação da futura instrução criminal, evitando-se ameaças de testemunhas, destruição de fontes de provas com a permanência da liberdade do investigado, baseado em dados concretos que evidenciem que a liberdade representa um obstáculo à constituição e ao desenvolvimento regular do processo penal.[87]

Impende notar que os fundamentos e requisitos legais devem ser interpretados conjuntamente com as exigências do art. 313 do CPP, que assim disciplina a matéria:

> (...) Nos termos do art. 312 deste Código, será admitida a decretação da prisão preventiva:
> I - nos crimes dolosos punidos com pena privativa de liberdade máxima superior a 4 (quatro) anos;
> II - se tiver sido condenado por outro crime doloso, em sentença transitada em julgado, ressalvado o disposto no inciso I do *caput* do art. 64 do Decreto-Lei no 2.848, de 7 de dezembro de 1940 - Código Penal;
> III - se o crime envolver violência doméstica e familiar contra a mulher, criança, adolescente, idoso, enfermo ou pessoa com deficiência, para garantir a execução das medidas protetivas de urgência;
> Parágrafo único. Também será admitida a prisão preventiva quando houver dúvida sobre a identidade civil da pessoa ou quando esta não fornecer elementos suficientes para esclarecê-la, devendo o preso ser

---

Constituída, a desnecessidade de manutenção da medida cautelar estipulada. Dessarte, a imposição do monitoramento eletrônico está embasada em fundamentação idônea e não foram evidenciados fatos supervenientes aptos a autorizar o afastamento da cautelar de natureza pessoal.. Agravo regimental a que se nega provimento (...) (STJ - AgRg-RHC 209081/MT - (2024/0477906-4) - Rel. Min. Reynaldo Soares da Fonseca - DJe 15.04.2025)" (grifos meus).

[87] "DIREITO PROCESSUAL PENAL - AGRAVO REGIMENTAL NO RECURSO EM *HABEAS CORPUS* - ESTUPRO DE VULNERÁVEL - PRISÃO PREVENTIVA FUNDAMENTADA - AMEAÇA À VÍTIMA - REQUISITOS LEGAIS - AGRAVO REGIMENTAL DESPROVIDO - I- CASO EM EXAME - 1- Agravo regimental interposto contra decisão que negou provimento ao recurso em *habeas corpus*, mantendo a prisão preventiva decretada em desfavor do paciente, acusado de constranger e intimidar a vítima e seus familiares, além de denegrir a imagem da ofendida, menor de 12 anos, no ambiente comunitário. II- QUESTÃO EM DISCUSSÃO. 2- A questão em discussão consiste em saber se a prisão preventiva do paciente está devidamente fundamentada nos requisitos do art. 312 do Código de Processo Penal, considerando a alegação de ausência de fundamentação e a possibilidade de aplicação de medidas cautelares diversas da prisão. III- RAZÕES DE DECIDIR. 3- A decisão de primeiro grau fundamentou a prisão preventiva com base em elementos concretos, indicando que o paciente estaria pressionando a vítima e seus familiares, justificando a necessidade de garantir a ordem pública. 4- A jurisprudência do STJ reconhece que a prisão preventiva é cabível quando há ameaças dirigidas às testemunhas ou às vítimas, e que a aplicação de medidas cautelares alternativas é insuficiente para resguardar a ordem pública. IV- AGRAVO REGIMENTAL DESPROVIDO (STJ - AgRg-RHC 204911/PA - (2024/0363390- 1) - Rel. Min. Carlos Cini Marchionatti - DJe 26.03.2025)."

colocado imediatamente em liberdade após a identificação, salvo se outra hipótese recomendar a manutenção da medida.
(...)

A prisão preventiva não tem prazo fixado em lei, mas os processos devem ter uma tramitação rápida e eficaz, de acordo com o princípio constitucional da razoável duração do processo, não podendo a prisão preventiva se perpetuar no tempo.

Transcrevo as lições do douto Ministro Rogério Schiette, pela lucidez e clareza:

> Vale, por derradeiro, recordar que o descumprimento, pelo acusado, de medida aplicada poderá melhor resultar na decretação da prisão preventiva, como uma espécie de sanção processual ao comportamento de quem não soube merecer o benefício da medida menos gravosa. Insista-se, como já dito, que, ressalvados os casos de urgência ou perigo de ineficácia da medida, o juiz, ao receber o pedido de medida cautelar, deverá atentar para o disposto no art. 282, §3º, do CPP, de sorte a promover o contraditório prévio à decisão.[88]

Há a possibilidade de *revogação da prisão preventiva a qual*quer tempo, desde que não estejam presentes os fundamentos que serviram de lastro para a decretação da medida extrema, bem como ser novamente decretada em caso da existência de novo fundamento. É o que a doutrina entende pelo caráter *rebus sic stantibus* das medidas cautelares, na forma do art. 316 do CPP.[89]

---

[88] CRUZ, Rogério Schietti. *Prisão cautelar*. Dramas, princípios e alternativas. 3. ed. Salvador: Juspodivm, 2017. p. 187.

[89] "PENAL E PROCESSUAL PENAL - PETIÇÃO EM RECURSO ESPECIAL - PRISÃO PREVENTIVA - DESCUMPRIMENTO DE MEDIDAS CAUTELARES ANTERIORMENTE IMPOSTAS - CABIMENTO - FUGA - RISCO À INSTRUÇÃO CRIMINAL - VIABILIDADE DA SEGREGAÇÃO CAUTELAR - PEDIDO ACOLHIDO - 1- A substituição da prisão preventiva por medidas cautelares diversas da prisão é feita em caráter "rebus sic stantibus", estando permanentemente submetida à autoridade judicial que as Decretou, a quem cabe a realização do controle da permanência dos elementos que formaram seu convencimento sobre o tema. 2- Nos termos dos artigos 282, §4º, e 312, §1º, ambos do Código de Processo Penal, o descumprimento das medidas cautelares diversas da prisão é fundamento idôneo à decretação da prisão preventiva do paciente. 3- "A fuga do distrito da culpa reforça a imprescindibilidade da prisão preventiva para garantia da aplicação da lei penal" (AgRg no RECURSO EM *HABEAS CORPUS* Nº 150680 / PE, RELATOR MINISTRO JOÃO OTÁVIO DE NORONHA, QUINTA TURMA, DATA DO JULGAMENTO 08/02/2022). 4- Pedido de decretação de prisão preventiva que se acolhe (STJ - PET-AG-REsp. 2501975/SP - (2023/0401485-7) - Relª Minª Daniela Teixeira - DJe 24.06.2024)."

Em qualquer caso, deverá o órgão emissor da decisão revisar a necessidade de sua manutenção a cada 90 dias, em decisão fundamentada, de ofício, sob pena de tornar a prisão ilegal, é o que determina o parágrafo único do art. 316 do CPP. Entretanto, caso se encontre foragido, o acusado não configura constrangimento ilegal, pois a condição de foragido impede a revisão periódica.[90]

12.3.3 Concessão da liberdade provisória com ou sem fiança

A liberdade é a regra é nosso ordenamento jurídico pátrio, sendo o encarceramento cautelar a exceção. Necessário se faz tecer considerações sobre a liberdade provisória:

a) "A liberdade provisória poderá ser cumulada (ou não) com as cautelares diversas da prisão" (arts. 319 e 320, CPP).
b) Liberdade provisória proibida: Atualmente, os tribunais entendem que ela não é compatível com a regra de tratamento que deriva da presunção de inocência. Em tese, portanto, todo e qualquer crime admite liberdade provisória.

---

[90] "DIREITO PROCESSUAL PENAL - AGRAVO REGIMENTAL - *HABEAS CORPUS* - PRISÃO PREVENTIVA - REQUISITOS LEGAIS - AGRAVO REGIMENTAL NÃO PROVIDO - I- Caso em exame. 1- Agravo regimental interposto contra a decisão que denegou ordem de, mantendo a prisão preventiva do agravante. *Habeas corpus* acusado de estupro de vulnerável, com base na gravidade concreta dos fatos e na condição de foragido. 2- A prisão preventiva foi decretada em 21 de março de 2018, e o agravante permanece foragido, o que motivou a manutenção da medida cautelar. 3- A Defesa alega excesso de prazo e ausência de revisão do Decreto prisional a cada 90 (noventa) dias, conforme o art. 316, parágrafo único, do CPP, além de absolvição em processo diverso com fatos semelhantes. II- Questão em discussão. 4- A discussão consiste em saber se a manutenção da prisão preventiva do agravante, foragido desde 2018, configura constrangimento ilegal por excesso de prazo e ausência de revisão periódica do Decreto prisional. 5- Outro ponto é verificar se a absolvição do agravante em processo diverso com fatos semelhantes impacta na legalidade da prisão preventiva atual. III- Razões de decidir. 6- *A condição de foragido do agravante justifica a manutenção da prisão preventiva para assegurar a aplicação da lei penal, conforme entendimento pacificado na jurisprudência. 7- A ausência de revisão do Decreto prisional a cada 90 (noventa) dias não configura constrangimento ilegal, uma vez que a condição de foragido impede a revisão periódica.* 8- A absolvição em processo diverso não afeta a prisão preventiva atual, pois as alegações de inocência demandam dilação probatória, inviável em *habeas corpus*. IV- Dispositivo e tese. 9- Agravo regimental não provido. 1- A condição de foragido justifica a manutenção. Tese de julgamento: da prisão preventiva para assegurar a aplicação da lei penal. 2- A ausência de revisão do Decreto prisional a cada 90 (noventa) dias não configura constrangimento ilegal quando o réu está foragido. 3- A absolvição em processo diverso não afeta a legalidade da prisão preventiva atual, pois questões de mérito demandam dilação probatória. CPP, arts. 312, 313, 316.Dispositivos relevantes citados: STF, HC 215663 AgR, Rel. Min. Jurisprudência relevante citada: Rosa Weber, Primeira Turma, julgado em ; STJ, AgRg no04/07/2022 HC 737.815/GO, Rel. Min. Ribeiro Dantas, Quinta Turma, julgado em .14/06/2022 (STJ - AgRg-HC 960209/MG - (2024/0428944-0) - 6ª T. - Rel. Min. Otávio de Almeida Toledo - DJe 07.04.2025)" (grifos meus).

Sob o enfoque da sistemática dos crimes hediondos e equiparados, é cabível a liberdade provisória sem fiança, podendo ser cumulada com cautelares diversas da prisão.

A liberdade provisória é a regra (art. 5º, inciso LXVI, CF), sendo a medida segregadora da liberdade a última razão, somente quando não for possível a adoção pelas demais hipóteses das medidas cautelares diversas. É o que reza o art. 282, §6º, do CPP.

12.3.4 Audiência de custódia

A audiência de custódia é prevista na Convenção Americana Sobre Direitos Humanos (CADH). No Brasil foi implantada, inicialmente, pelo estado do Maranhão.

12.3.4.1 Conceito

Consiste na realização de uma audiência de apresentação sem demora (usando a expressão da CADH após a prisão, permitindo o contato imediato do preso com o juiz, com um defensor (público, dativo ou constituído) e com o Ministério Público, devendo o Poder Judiciário deliberar se é caso de soltura ou manutenção da prisão de forma fundamentada.

No início, a audiência de custódia era realizada apenas em caso de prisão em flagrante. Todavia, no tratamento dado pelo CNJ à matéria, não há restrição da audiência de custódia exclusivamente à prisão em flagrante. Portanto, em tese, deverá ser realizada nos casos de prisão preventiva e temporária – e há doutrinadores que entendem que ela também deveria ser realizada na hipótese de prisão não penal (art. 13, Resolução nº 213/2015 CNJ).

12.3.4.2 Finalidades

Em primeiro lugar, visa evitar a prática de tortura e maus-tratos policial contra o preso – assegurando o respeito aos direitos e garantias fundamentais da presa encarcerada. Desse modo, reitera-se o entendimento de que a audiência de custódia deve ser empregada em todas as espécies de prisão porque a tortura poderá ocorrer em qualquer uma das modalidades.

Em segundo lugar, permitir uma análise mais acurada pelo juiz para fins de convalidação da segregação. Em outras palavras, possibilita aumentar o grau de sensibilidade do magistrado quanto ao preso e a situação subjacente ocorrida, evitando-se o crime de abuso de autoridade. Em caso de constatação do abuso, cópia dos autos deve ser remetida para o Ministério Público, na forma do art. 40 do CPP.

12.3.4.3 Fundamento normativo

Segundo o entendimento esposado pela doutrina e pelos tribunais superiores, o fundamento da audiência de custódia é extraído tanto da CADH (explícita) quanto do CPP (implícita). É o entendimento que se extrai da norma:

CADH, art. 7º, §5º:

> (...)
> Toda pessoa detida ou retida deve ser conduzida, sem demora, à presença de um juiz ou outra autoridade autorizada pela lei a exercer funções judiciais e tem direito a ser julgada dentro de um prazo razoável ou a ser posta em liberdade, sem prejuízo de que prossiga o processo. Sua liberdade pode ser condicionada a garantias que assegurem o seu comparecimento em juízo.

Vaticina a convenção, que possui *status* de norma supralegal, que a audiência de custódia é presidida pelo juiz ou "outra autoridade autorizada pela lei a exercer funções judiciais". Há doutrinadores que entendem que a "outra autoridade" poderia ser o delegado de polícia. No entanto, é uma posição incorreta, pois o delegado não pode presidir uma audiência de custódia – a própria CADH é expressa quanto à necessidade de autorização legislativa para o exercício de funções judiciais. Em suma, no ordenamento jurídico brasileiro, a única autoridade autorizada a presidir uma audiência de custódia é o juiz.

No CPP, quando do julgamento do *habeas corpus* preconiza de forma expressa a possibilidade do juiz determinar a apresentação do paciente, em obediência aos ditames do art. 656 do CPP.

Não existe lei que regulamente o tema, apenas um Projeto de Lei nº 554/2011, que tramita no Senado Federal. Grosso modo, tal projeto de lei visa alterar o art. 306 do CPP.

12.3.4.4 Legalidade dos provimentos e resoluções acerca da audiência de custódia

Alguns doutrinadores entendem que a audiência de custódia é um tema diretamente ligado ao processo penal e, portanto, deveria estar regulamentado por lei ordinária. Consequentemente, as resoluções seriam ilegais porque não teriam fundamento normativo. No entanto, o Supremo Tribunal Federal entendeu que não era necessária a edição de lei federal para regular o tema, pois a CADH é autoaplicável e o próprio CPP traz a previsão, ainda que implícita. Na ADI nº 5.240/SP (20 de agosto de 2015), o Supremo julgou improcedente pedido formulado em Ação Direta ajuizada pela Associação dos delegados de Polícia do Brasil (ADEPOL) em face do Provimento Conjunto nº 3/2015 do TJ/SP. Para a Suprema Corte, os princípios da legalidade (art. 5º, II, CF) e da reserva de lei federal em matéria processual penal (art. 22, I, CF) teriam sido observados pelo ato normativo impugnado, que não extrapolou aquilo que já consta do Pacto de São José da Costa Rica, dotado de *status* normativo supralegal, e do próprio CPP, numa interpretação teleológica dos seus dispositivos, como o citado art. 656 do CPP.

Visando pacificar a situação, foi editada pelo CNJ a Resolução nº 213/2015, que determina o prazo de realização de até 24 horas em seu art. 1º.

Atualmente, foi editada a Resolução do CNJ nº 487, de 15 de fevereiro de 2023, que em seu art. 4º instituiu a audiência de custódia para pessoas com indícios de transtorno mental ou qualquer forma de deficiência psicossocial.

12.3.4.5 Consequências decorrentes da não realização da audiência de custódia em até 24 horas após a prisão

Para a doutrina há prisão ilegal, a qual deve ser objeto de relaxamento. Contudo, a jurisprudência não tem encampado essa tese, não existindo apenas em virtude desse fato constrangimento ilegal.

12.3.4.6 Oitiva do preso durante a audiência de custódia

O preso é ouvido durante a audiência de custódia. Todavia, sobretudo nos casos de prisão em flagrante, preventiva ou temporária – o preso não deve ser ouvido quanto à imputação penal, pois não é o momento adequado para se exercer o direito de defesa. A audiência de custódia não pode ser transformada em um interrogatório judicial antecipado, o qual deve ser realizado ao final da instrução processual penal. Assim, o preso deve ser ouvido exclusivamente sobre as circunstâncias em que se efetuou a prisão, bem como seja ouvido se sofreu crime de tortura ou de maus-tratos.

12.3.4.7 Fixação da competência por prevenção

O juízo não se tornará prevento por realizar a audiência de custódia, até mesmo porque existe impedimento legal a que o juiz de garantias que praticar qualquer ato incluído nas competências dos arts. 4º e 5º do CPP funcione no processo (art. 3º-D, CPP).

12.3.4.8 Procedimento a ser observado na realização da audiência de custódia

O auto de prisão em flagrante é enviado virtualmente pelo sistema pela autoridade policial. Ao receber os autos de prisão em flagrante (APF):

1º) O juiz deve determinar a designação da audiência dentro do prazo de 24 horas.

2º) Intimar o advogado indicado pelo custodiado, ou, na sua inexistência, intimar Defensoria Pública, bem como o órgão do Ministério Público.

3º) O defensor deve ter uma entrevista reservada com o preso antes do início da audiência (art. 6º da Resolução nº 213/2015 do CNJ).

4º) O preso deve ser ouvido antes de iniciada a audiência de custódia, inquirido pelo magistrado sobre as circunstâncias da prisão, verificando-se se houve a realização do exame de corpo de delito. Cabe o direito de reperguntas às partes.

5º) Será concedida a palavra ao Ministério Público e à defesa técnica, nessa ordem, para requerimentos. Ao final, o juiz decidirá por uma das medidas previstas no art. 310 do CPP, de forma fundamentada, e será lavrada, em seguida, a respectiva ata.

12.4 Prisão temporária (Lei nº 7.960/1989)

A Lei nº 7.960/1989 foi criada e concebida para pôr fim à famigerada prisão para averiguações. Parte da doutrina sustenta que a Lei seria formalmente inconstitucional, pois se originou da Medida Provisória nº 111/1989 – inadmissibilidade de tratamento do processo penal via Ministério Público. No entanto, não é a posição do Supremo Tribunal Federal (ADI nº 162) que entendeu não existir conversão e a declarou constitucional.

Nessa linha de entendimento, a prisão temporária foi concebida exclusivamente para a fase investigatória, somente sendo possível para os crimes previstos no art. 1º, inciso III, da Lei nº 7.960/1989.

O prazo de duração da prisão temporária é de até 5 dias, prorrogável por igual período. Para os crimes considerados hediondos e com o regime jurídico equiparado (tortura, por exemplo), a prisão temporária terá o prazo de 30 dias, prorrogável por igual período em caso de extrema e comprovada necessidade.

12.4.1 Fundamentos

Fumus comissi delicti: fumaça do cometimento do delito, ou seja, a plausibilidade do direito de punir evidenciado pela prova da existência do crime e por indícios de autoria: Lei nº 7.960/1989, art. 1º, III: "(...) quando houver fundadas razões, de acordo com qualquer prova admitida na legislação penal, de autoria ou participação do indiciado nos seguintes crimes".

Periculum libertatis: Lei nº 7.960/1989, art. 1º, inciso I: "(...) quando imprescindível para as investigações do inquérito policial"; Lei nº 7.960/89, art. 1º, inciso II: "(...) quando o indicado não tiver residência fixa ou não fornecer elementos necessários ao esclarecimento de sua identidade".

Para a decretação da prisão temporária, é necessário sempre a presença do inciso III do art. 1º da Lei da Prisão Temporária, e que seja combinado ou com o inciso I ou com o inciso II do mesmo dispositivo legal.

Decorrido o prazo estipulado para a prisão temporária, o indivíduo é posto automaticamente em liberdade (independentemente da expedição de alvará de soltura), salvo se a temporária for convertida em prisão preventiva.

12.5 Prisão domiciliar

Nos casos previstos em lei, é possível ao magistrado conceder a prisão domiciliar, desde que presentes os fundamentos autorizadores da substituição da privação de liberdade na cadeia ou no presídio para cumprimento no domicílio do preso.

12.5.1 De natureza penal (LEP)

Nesse caso se trata de preso condenado, cujas hipóteses legais estão listadas na Lei nº 7.210/84 (LEP), em seu art. 117:

(...) - Somente se admitirá o recolhimento do beneficiário de regime aberto em residência particular quando se tratar de:
I - condenado maior de 70 (setenta) anos;
II - condenado acometido de doença grave;
III - condenada com filho menor ou deficiente físico ou mental;
IV - condenada gestante.

12.5.2 De natureza cautelar (arts. 317 e 318, CPP) – como alternativa a prisão cautelar (prisão preventiva ou temporária)

É possível a aplicação da prisão domiciliar em substituição a prisão cautelar, quando:
a) Art. 317, CPP: "A prisão domiciliar consiste no recolhimento do indiciado ou acusado em sua residência, só podendo dela ausentar-se com autorização judicial. (Redação dada pela Lei nº 12.403, de 2011)".
b) Art. 318, CPP:

(...)
Poderá o juiz substituir a prisão preventiva pela domiciliar quando o agente for: (Redação dada pela Lei nº 12.403, de 2011).
I - maior de 80 (oitenta) anos; (Incluído pela Lei nº 12.403, de 2011).
II - extremamente debilitado por motivo de doença grave [também é necessário que o estabelecimento prisional não disponha de condições para o tratamento da doença grave]; (Incluído pela Lei nº 12.403, de 2011).
III - imprescindível aos cuidados especiais de pessoa menor de 6 (seis) anos de idade ou com deficiência; (Incluído pela Lei nº 12.403, de 2011).
IV gestante (redação dada pela Lei n. 13.257/16);
V - mulher com filho de até 12 (doze) anos de idade incompletos; (incluído pela Lei nº 13.257/16).
(...)

12.5.3 Prisão preventiva imposta à mulher gestão ou que for mãe ou responsável por crianças ou pessoas com deficiência será substituída por prisão domiciliar

Outra hipótese de substituição da prisão processual pela domiciliar veio para proteger às crianças ou às pessoas com deficiência, está consignada no art. 318-A do CPP:

(...)
A prisão preventiva imposta à mulher gestante ou que for mãe ou responsável por crianças ou pessoas com deficiência será substituída por prisão domiciliar, desde que:
I - não tenha cometido crime com violência ou grave ameaça a pessoa;
II - não tenha cometido o crime contra seu filho ou dependente.
(...)

Aduz o art. 318-B do CPP: "A substituição de que tratam os arts. 318 e 318-A poderá ser efetuada sem prejuízo da aplicação concomitante das medidas alternativas previstas no art. 319 deste Código".

Nessa última situação, é indispensável que se possa comprovar que não há nenhuma outra pessoa disponível para cuidar da criança.

Não existe previsão da substituição no caso da prisão temporária, muito embora entenda que possa existir a substituição pelo uso da interpretação analógica.

12.6 Prisão especial

A lei processual penal prevê a possibilidade da prisão especial, antes do trânsito em julgado da sentença penal condenatória, nos exatos ditames do art. 295 do CPP:

> Art. 295 - Serão recolhidos a quartéis ou a prisão especial, à disposição da autoridade competente, quando sujeitos a prisão antes de condenação definitiva:
> I - os ministros de Estado;
> II - os governadores ou interventores de Estados ou Territórios, o prefeito do Distrito Federal, seus respectivos secretários, os prefeitos municipais, os vereadores e os chefes de Polícia;
> III - os membros do Parlamento Nacional, do Conselho de Economia Nacional e das Assembléias Legislativas dos Estados;
> IV - os cidadãos inscritos no "Livro de Mérito";
> V - os oficiais das Forças Armadas e os militares dos Estados, do Distrito Federal e dos Territórios;
> VI - os magistrados;
> VII - os diplomados por qualquer das faculdades superiores da República;
> VIII - os ministros de confissão religiosa;
> IX - os ministros do Tribunal de Contas;
> X - os cidadãos que já tiverem exercido efetivamente a função de jurado, salvo quando excluídos da lista por motivo de incapacidade para o exercício daquela função;

XI - os delegados de polícia e os guardas-civis dos Estados e Territórios, ativos e inativos.
(...)

Contudo, com o trânsito em julgado finda o direito à prisão especial, sendo o condenado submetido ao regime jurídico de cumprimento de pena, salvo na hipótese prevista no art. 84, §2º, da LEP.

O rol é exaustivo, não comportando interpretação extensiva para a Suprema Corte.

A sala de Estado-Maior é uma sala reservada dentro de um prédio militar, garantindo-se uma dignidade mínima ao preso provisório, das seguintes corporações: a) membro do Ministério Público (Lei nº 8.625/93); b) membros da Magistratura (Lei Complementar nº 35/79); c) membros da Defensoria Pública (Lei Complementar nº 80/1994); d) advogados públicos federais (Lei nº 13.327/2016) e 5) advogados (Lei nº 8.906/1994).

12.7 Medidas cautelares diversas

Uma verdadeira revolução foi provocada com a entrada em vigor da Lei nº 12.403/2011, foram criadas diversas medidas cautelares diversa da prisão preventiva. Apenas o instituto da fiança se apresentava como medida cautelar diversa da prisão.

Com a redação conferida ao art. 319 do CPP pela citada lei, foram criadas as seguintes medidas cautelares:

(...)
I - comparecimento periódico em juízo;
II - proibição de acesso ou frequência a determinados lugares;
III - proibição de manter contato com pessoa determinada;
IV - proibição de ausentar-se da Comarca;
V - recolhimento domiciliar no período noturno e nos dias de folga quando o investigado ou acusado tenha residência e trabalho fixos;
VI - suspensão do exercício de função pública ou de atividade de natureza econômica ou financeira quando houver justo receio de sua utilização para a prática de infrações penais;
VII - internação provisória do acusado nas hipóteses de crimes praticados com violência ou grave ameaça, quando os peritos concluírem ser inimputável ou semi-imputável e houver risco de reiteração;
VIII - fiança;
IX - monitoração eletrônica.

Ponto de crucial importância é a vedação da concessão de medidas cautelares diversas nas situações previstas no art. 310, §2º, do CPP, acrescentado pela Lei nº 13.964/2019. Determina que o juiz negue a liberdade provisória, com ou sem medidas cautelares, ao agente reincidente, ou que integra organização criminosa armada ou milícia ou que porta arma de fogo de uso restrito.

Os requisitos para a aplicação das medidas cautelares diversas estão arrolados no art. 282, incisos I e II, do CPP, estão em sintonia com os fins colimados pela lei.

Tais medidas cautelares podem ser decretadas pelo juiz a requerimento das partes, ou no curso da investigação criminal, por representação da autoridade policial ou mediante requerimento do Ministério Público.

Pode ser cumulada mais de uma medida cautelar, devendo o juiz adequar a realidade do crime em apreciação, visando utilizar a medida mais pertinente.

Não é possível a aplicação das medidas cautelares diversas nas infrações penais punidas apenas com multa (contravenções), em função do que determina o art. 282, §1º, do CPP.

Outra medida cautelar diversa de grande utilidade é a proibição de se ausentar do país, que deverá comunicadas pelo juiz às autoridades encarregadas de fiscalizar as saídas do território nacional, intimando-se o indiciado ou acusado para apresentar o passaporte, no prazo de 24 horas, constante do art. 320 do CPP.

No caso de crime praticado com violência doméstica, aplicam-se as medidas protetivas de urgência constantes do microssistema da Lei nº 11340/2006, especialmente as constantes do art. 22:

> Art. 22. Constatada a prática de violência doméstica e familiar contra a mulher, nos termos desta Lei, o juiz poderá aplicar, de imediato, ao agressor, em conjunto ou separadamente, as seguintes medidas protetivas de urgência, entre outras:
> I - suspensão da posse ou restrição do porte de armas, com comunicação ao órgão competente, nos termos da Lei nº 10.826, 22 de dezembro de 2003;
> II - afastamento do lar, domicílio ou local de convivência com a ofendida;
> III - proibição de determinadas condutas, entre as quais:
> a) aproximação da ofendida, de seus familiares e das testemunhas, fixando o limite mínimo de distância entre estes e o agressor;
> b) contato com a ofendida, seus familiares e testemunhas por qualquer meio de comunicação;

c) frequentação de determinados lugares a fim de preservar a integridade física e psicológica da ofendida;

IV - restrição ou suspensão de visitas aos dependentes menores, ouvida a equipe de atendimento multidisciplinar ou serviço similar;

V - prestação de alimentos provisionais ou provisórios.

VI - comparecimento do agressor a programas de recuperação e reeducação; e

VII - acompanhamento psicossocial do agressor, por meio de atendimento individual e/ou em grupo de apoio.

§1º As medidas referidas neste artigo não impedem a aplicação de outras previstas na legislação em vigor, sempre que a segurança da ofendida ou as circunstâncias o exigirem, devendo a providência ser comunicada ao Ministério Público.

§2º Na hipótese de aplicação do inciso I, encontrando-se o agressor nas condições mencionadas no *caput* e incisos do art. 6º da Lei nº 10.826, de 22 de dezembro de 2003, o juiz comunicará ao respectivo órgão, corporação ou instituição as medidas protetivas de urgência concedidas e determinará a restrição do porte de armas, ficando o superior imediato do agressor responsável pelo cumprimento da determinação judicial, sob pena de incorrer nos crimes de prevaricação ou de desobediência, conforme o caso.

§3º Para garantir a efetividade das medidas protetivas de urgência, poderá o juiz requisitar, a qualquer momento, auxílio da força policial.

CAPÍTULO 13

PROVAS

"No século XXI, o poder é mais fácil de obter, mais difícil de utilizar e mais fácil de perder. Das salas de diretoria e zonas de combate ao ciberespaço, as lutas pelo poder são tão intensas quanto antes, mas estão produzindo cada vez menos resultados. A ferocidade dessas batalhas mascara o caráter cada vez mais evanescente do poder. A degradação do poder está mudando o mundo."

(Moisés Naím, *O fim do poder*)

13.1 Noções conceituais

A linguagem humana tem por função a comunicação, o entendimento sobre o mundo que nos cerca e o poder de convencimento dos demais seres humanos depende do uso da linguagem, para que possamos viver em sociedade. Nesse rumo, tomar consciência da realidade que nos cerca é de fundamental importância para entender a vida. A única verdadeira função do direito é tornar o mundo um lugar melhor para se viver.

Visando dar suporte à argumentação desenvolvida pelo orador, forte aliado do convencimento é o lastro probatório produzido pelas partes dentro de um processo penal democrático, com o direito de contradição da prova carreada aos autos pela parte *ex adversa*, com o intuito de influenciar o livre convencimento do julgador quanto à interpretação dos fatos deduzidos na pretensão punitiva.

Especificamente, no que toca ao processo penal, com a violação no mundo da vida da norma penal incriminadora cominada em abstrato na lei, havendo coincidência entre o que está descrito no preceito primário da norma penal incriminadora e o fato praticado pelo ser humano, há a ocorrência do fenômeno caracterizado pela tipicidade penal, surgindo para o Estado a possibilidade da dedução da pretensão punitiva em juízo, que deve ser objeto de uma prévia e minuciosa investigação policial, para colheita de elementos mínimos e suficientes de prova aptos a comprovação dos indícios de autoria(s) e a prova cabal da materialidade(s) delitiva(s), suporte mínimo esse necessário para a deflagração de um processo penal.

Em sentido estrito, a expressão prova quer dizer que: "os elementos produzidos pelas partes e pelo próprio juiz, visando estabelecer, dentro do processo, a verdade sobre certos fatos" usando as palavras de Fernando Tourinho Filho. De toda sorte, possui tríplice entendimento:

> (...)
> a) prova como atividade probatória: ato ou complexo de atos que tendem a formar a convicção do juiz sobre a existência ou inexistência de determinada situação factual; b) prova como *resultado*: a convicção do juiz formada no processo sobre a existência ou não de uma dada situação de fato; e c) prova como meio: o instrumento probatório para formar aquela convicção.[91]

Toda prova será produzida em contraditório judicial, não podendo o juiz formar sua convicção em elementos informativos exclusivamente produzidos na fase investigatória, ressalvadas as provas cautelares, não repetíveis e antecipadas (art. 155, *caput*, CPP).

Somente ultrapassadas todas as fases procedimentais estabelecidas em lei, obedecendo-se a todas as etapas do rito processual, sob o crivo do contraditório, é que se pode aplicar ou não o preceito secundário da norma penal incriminadora, condenando ou absolvendo o acusado, o que consiste na aplicação da pena ou medida de segurança cominada abstratamente em lei para cada crime especificamente. A quantidade da pena aplicada deve ser mensurada de acordo com o

---

[91] SILVA *apud* TOURINHO FILHO, Fernando da Costa. *Comentários ao Código de Processo Penal*. 5. ed. São Paulo, Saraiva, 1999. v. 1. p. 346.

princípio da proporcionalidade ou razoabilidade, observando-se que cada aumento ou diminuição da pena deve ser objeto de consistente fundamentação judicial, sob pena de nulidade.

De imediato, deixo clara a importância da gestão da prova no processo penal ser conduzida pelas partes; não pode o juiz ter poderes instrutórios fora das hipóteses estritamente elencadas em lei, e, mesmo nesses casos, ele deve usar parcimônia e comedimento para não ferir a estratégia do advogado ou defensor em sua ampla defesa, sob pena de ferimento do princípio da imparcialidade. Ou seja, a produção de provas de ofício somente é legítima quando existe previsão legal nesse sentido e em caráter de excepcionalidade.

Em suma, não há possibilidade de aplicação de pena ou medida de segurança sem o respeito estrito ao princípio do devido processo legal, calcado em provas consistentes e colhidas de forma legítima e legal. Nesse sentido, as provas são imprescindíveis para a caracterização do devido processo legal, pois com as provas carreadas ao processo se verifica a indiscutível comprovação que o fato ilícito ocorreu ou não, bem como sua respectiva autoria.

Constata-se que toda a força do processo penal está na prova. O ponto de maior luminosidade do processo penal, isto é, a pedra fundacional do processo penal está na prova judicial colhida sob o manto do contraditório e da ampla defesa. Não se pode jamais assumir uma posição relativista calcada na máxima: "Para quem crê, nenhuma prova é necessária. Para quem não crê, nenhuma prova é suficiente".

13.2 Fonte de prova, meios de prova e meios de obtenção de prova

As fontes de prova são as pessoas ou objetos que podem carrear algum conhecimento sobre o fato considerado delituoso. São fontes de prova as manchas de sangue deixadas na prática de um homicídio, as impressões digitais, pessoas e documentos (anotação dos clientes no crime de tráfico de drogas com os respectivos valores a serem cobrados). Tudo isso visa demonstrar a autoria e materialidade do crime.

Por sua vez, os meios de prova são os instrumentos manejados pelas partes para as fontes chegaram até o conhecimento do órgão julgador, influindo no convencimento do magistrado. Podem-se citar aqui a prova pessoal (interrogatório do acusado, declarações da vítima e depoimentos das testemunhas), documental (escrito e digital) e pericial. Os meios de prova podem ser nominados ou inominados, desde que não sejam ilícitos ou ilegítimos.

Seguindo a lógica do CPP, temos como meios de prova:
a) Perícias (art. 158 a 184);
b) Interrogatório do réu (arts. 185 a 196);
c) Confissão (arts. 197 a 200);
d) Perguntas ao ofendido (art. 201);
e) Testemunhas (arts. 202 a 225);
f) Reconhecimento de pessoas ou coisas (arts. 226 a 228);
g) Acareação (arts. 229 e 230);
h) Documentos (arts. 231 a 238);
i) Indícios e presunções (art. 239);
j) Busca e apreensão (arts. 240 a 250 e págs.).

Consigno que o rol não possui o caráter taxativo, sendo meramente exemplificativo.

No que é pertinente ao nosso direito legislado, admitem-se todos os meios de prova, desde que não atentem contra a moralidade ou a dignidade humana. Percebo a necessidade de colmatar tal lacuna no processo penal com a aplicação subsidiária do disposto no art. 369 do Estatuto Instrumental Civil: "As partes têm o direito de empregar todos os meios legais, bem como os moralmente legítimos, ainda que não especificados neste Código, para provar a verdade dos fatos em que se funda o pedido ou a defesa e influir eficazmente na convicção do juiz".

Por fim, os meios de obtenção de prova têm por fulcro adquirir a prova em si, delineando e pavimentando o caminho para se chegar até a prova. Por exemplo, a expedição do mandado judicial de busca e apreensão e do mandado de interceptação telefônica.

13.3 A prova não se confunde com os indícios

Esclareço que indícios não são sinônimo de prova. Indícios são presunções baseadas em conhecimento de um fato que por meio da indução lógica conduz a suposta ocorrência de um fato ou circunstâncias não conhecidas, que pode se confirmar a ocorrência ou não no curso da instrução processual sob o crivo do contraditório. É o que preceitua o art. 239 do CPP.

Em sendo assim, é uma prova indireta, com menor relevância processual. Portanto, com um grau de persuasão de menor relevância, que pode servir de base para a concessão de medidas cautelares, indispensáveis à consecução de outras provas ou para a manutenção da higidez do processo, mas não podem servir de suporte único para uma condenação, pois possui um juízo de probabilidade e não de certeza. Com isso, está se autorizando de forma legítima a decretação judicial de medidas cautelares que podem se lastrear em indícios de autoria, como a decretação de uma prisão preventiva e a autorização judicial de acesso a informações no aparelho celular no dispositivo eletrônico (WhatsApp), visando à comprovação da formação de uma organização criminosa.

13.4 A finalidade e objeto da prova no processo penal

A finalidade da prova é conduzir ao convencimento judicial da ocorrência do fato que dá suporte ao evento criminoso, transplantando-se o fato para o processo. Com isso, a prova deve demonstrar a veracidade das afirmações sobre o fato, embora a coincidência exata entre o que aconteceu e os elementos instrutórios do processo seja impossível. Em tais casos, o princípio que prevalece é o princípio da verdade processual e não da verdade real.

Sem embargo de tal afirmação, não há a necessidade de se provarem os fatos notórios – a qual integra a cultura normal –; sabe-se que o Dia da Justiça é 8 de dezembro, dispensa a produção de prova.

Nessa mesma linha de raciocínio, pode-se afirmar que os fatos axiomáticos são aqueles cuja evidência é incontestes, como quando a pessoa foi morta por disparos de arma de fogo. De igual modo, os fatos inúteis ou irrelevantes que são aqueles que nenhuma influência possuem na resolução da causa. Também não precisam ser demonstradas as presunções *juris et de jure*, como ocorre nos casos de crime de perigo abstrato, os quais são os exemplos mais nítidos os crimes de embriaguez ao volante e porte ilegal de arma de fogo, além dos fatos impossíveis e do Direito Federal. Vale ressaltar que as máximas da experiência podem ser alteradas com o passar do tempo.

Contudo, há a indispensabilidade se alegada a comprovação da vigência do Direito Internacional, do Direito Estadual (se alegado em unidade federativa diversa onde o magistrado exerce a jurisdição) e do Direito Municipal (em caso de unidade federativa diversa do exercício do magistrado).

O objeto da prova são todos os fatos que demandem comprovação em juízo, podendo incidir, por exemplo, sobre uma arma de fogo utilizada no crime – impressões digitais encontradas na arma, a insanidade mental do acusado, ou determinada circunstância que agrave ou diminua e pena a ser imputada.

13.5 Sistemas de apreciação das provas processuais

13.5.1 Sistema da prova legal (ou tarifado ou certeza moral do legislador)

Segundo esse entendimento, a cada prova é conferido um peso predeterminado em lei, que o juiz deveria seguir, não restando qualquer juízo de discricionariedade por parte do magistrado, não existindo livre convencimento. O juiz era apenas *la bouche de la loi* [a boca da lei].

Não se pode negar que tais perspectivas merecem comentários adicionais. O juiz apenas fazia um cálculo matemático para a obtenção do *quantum* da pena a ser aplicada, sem qualquer liberdade de apreciação da reprovabilidade da conduta em caso concreto sujeito à sua apreciação. Era a lei que destacava quais são as provas capazes de conduzir a uma convicção condenatória e quais são imprestáveis para tanto, existindo hierarquia entre as provas, sendo a confissão considerada a rainha das provas e a testemunha única não teria qualquer validade – *testis unus testis nullus*.

13.5.2 Sistema da íntima convicção (ou certeza moral do julgador)

Constatando-se a manifesta impropriedade do sistema tarifado em lei, adotou-se o entendimento radicalmente oposto, em que o juiz teria irrestrita liberdade ou da prova livre ou da certeza moral do juiz.

O legislador, demonstrando total confiança no órgão julgador, conferiu total liberdade ao juiz no ato de julgar. Com isso, conferiu-se o poder soberano ao magistrado no julgamento da causa, segundo critérios discricionários de íntima convicção, sem necessidade de fundamentação racional sobre as razões que conduziram o magistrado à conclusão.

13.5.3 Sistema da livre convicção (ou da persuasão racional do juiz)

Este é o sistema adotado pelo CPP brasileiro.

Na Exposição de Motivos do CPP, considerada método de interpretação doutrinária autêntica, é explícita a sua adoção:

> Todas as provas são relativas; nenhuma delas terá, *ex vi legis*, valor decisivo, ou necessariamente maior prestígio que outra. Se é certo que o juiz

fica adstrito às provas constantes dos autos, não é menos certo que não fica subordinado a nenhum critério apriorístico no apurar, através delas, a verdade material. O juiz criminal é, assim, restituído a sua própria consciência. Nunca é demais, porém, advertir que livre convencimento não quer dizer puro capricho de opinião ou mero arbítrio na apreciação das provas. O juiz está livre de preconceitos legais na aferição das provas, mas não pode abstrair-se ou alhear-se ao seu conteúdo. Não estará ele dispensado de motivar a sua sentença. E precisamente nisto reside a suficiente garantia do direito das partes e do interesse social.

Adotando-se uma posição intermediária, que, segundo Aristóteles, é a solução mais justa, tal sistema é o que confere ao juiz a livre apreciação da prova, mediante fundamentação de sua decisão. Essa liberdade não se confunde com arbítrio; cria o legislador algumas restrições.

No sistema do Tribunal o Júri, na decisão tomada pelos jurados, houve filiação ao sistema da íntima convicção, em que os jurados não precisam fundamentar suas decisões.

Por outro ângulo de análise, a prova do estado das pessoas será regida pelo princípio da prova legal, na forma do art. 155, parágrafo único, do CPP. Para acusado menor de 18 anos no dia prática do fato criminoso, a prova da menoridade será feita por meio de documento idôneo, por exemplo, carteira de identidade ou registro de nascimento (Súmula nº 74, STJ). Da mesma forma, a confissão não pode suprir exame de corpo de delito, nos termos do art. 158 do CPP.

Embora possa parecer óbvio, deixo claro que no sistema processual brasileiro não existe hierarquia entre as provas, sendo que o grau de convencimento do juiz pode variar de acordo com a espécie de decisão a ser adotada. Para a condenação é preciso que a prova seja inequívoca da ocorrência do fato criminoso e a da respectiva autoria. Ao revés, para o recebimento da denúncia ou queixa-crime é suficiente indícios de autoria e prova da materialidade.

Ponto importante a se frisar é que o Superior Tribunal de Justiça entende que a decisão de pronúncia (rito do júri) não pode estar calcada exclusivamente em elementos contidos no inquérito policial, devendo haver elementos informativos conjugados. Observe-se o seguinte excerto:

PROCESSUAL PENAL - AGRAVO REGIMENTAL NO AGRAVO EM RECURSO ESPECIAL - PRONÚNCIA BASEADA APENAS EM ELEMENTOS CONTIDOS NO INQUÉRITO POLICIAL - NÃO CABIMENTO - PRECEDENTES - AGRAVO IMPROVIDO - 1 - Consoante

Orientação Jurisprudencial, relativamente à decisão de pronúncia, o magistrado não pode formar sua convicção com base "exclusivamente nos elementos informativos colhidos na investigação", não havendo qualquer empecilho, no entanto, à utilização dos mencionados elementos em conjunto com as demais provas judicializadas. 2- Tendo a sentença de pronúncia se baseado apenas em elementos inquisitoriais, não ratificados em juízo sob o crivo do contraditório, ausentes, inclusive, testemunhas presenciais no local do fato, não há como se afastar a apontada ofensa ao art. 155, *caput*, do Código de Processo Penal. 3- Agravo regimental improvido (STJ - AgRg-AG-REsp. 2347026/TO - (2023/0142911-0) - Rel. Min. Reynaldo Soares da Fonseca - DJe 21.03.2024).

Seguindo os parâmetros da Resolução nº 484/2022 do CNJ, em seu art. 2º, §1º, o reconhecimento de pessoas, por sua natureza, consiste em prova irrepetível, realizada uma única vez.

13.6 Ônus da prova

O ônus da prova é uma faculdade imputada ao sujeito processual que alega de produzir a prova no tempo e na forma estabelecida em lei, sob pena de presunção de não veracidade dos fatos por ele alegados.

Seguindo a trilha descritiva aqui proposta, o art. 156 do CPP assim disciplina a matéria:

> Art. 156. A prova da alegação incumbirá a quem a fizer, sendo, porém, facultado ao juiz de ofício:
> I - ordenar, mesmo antes de iniciada a ação penal, a produção antecipada de provas consideradas urgentes e relevantes, observando a necessidade, adequação e proporcionalidade da medida;
> II - determinar, no curso da instrução, ou antes de proferir sentença, a realização de diligências para dirimir dúvida sobre ponto relevante.
> (...)

Cumpre a acusação a prova da tipicidade e de sua autoria delitiva, fatos esses constitutivos. Ao acusado compete a prova dos fatos extintivos (prescrição, decadência), dos fatos impeditivos (exclusão da culpabilidade) e dos fatos modificativos (excludente da ilicitude).

Descortinando mais um ponto obscuro, em caso da inexistência de prova, quando houver fundada dúvida sobre a existência das circunstâncias que excluam o crime ou isentem o acusado de pena, o juiz absolverá o réu, mencionando a causa na parte dispositiva, conforme assevera o art. 386, inciso VI, do CPP.

Acusação baseada apenas em reconhecimento fotográfico, com ausência de outros elementos de prova, a Suprema Corte entende ser caso de absolvição *ex vi* da ementa a seguir:

> AGRAVO REGIMENTAL NO RECURSO ORDINÁRIO EM HABEAS CORPUS - MATÉRIA CRIMINAL - ROUBO MAJORADO - AUTORIA DELITIVA - CONDENAÇÃO LASTREADA UNICAMENTE EM RECONHECIMENTO FOTOGRÁFICO - AUSÊNCIA DE OUTROS ELEMENTOS DE PROVA - INOBSERVÂNCIA DO ART. 226 DO CÓDIGO DE PROCESSO PENAL - ORDEM CONCEDIDA, DE OFÍCIO, PARA ABSOLVER O PACIENTE - MANUTENÇÃO DA DECISÃO AGRAVADA - AGRAVO REGIMENTAL DESPROVIDO - 1- O princípio da presunção de inocência, que tem sua origem no direito romano pela regra do in dubio pro reo, foi consagrado no art. 5º, inciso LVII, da Constituição Federal, de modo que uma condenação não prescinde de provas concretas e objetivas de que o agente tenha praticado ou concorrido para o crime. 2- No caso concreto, a condenação do paciente deu-se fundamentalmente pelo reconhecimento fotográfico realizado na fase policial por uma das vítimas. Não há, nem na sentença condenatória, nem no acórdão da apelação criminal, indicação de outros elementos de prova minimamente seguros, como testemunhas, laudo de exame de imagens, perícias, exames datiloscópicos, dentre outros. 3- O Supremo Tribunal Federal possui entendimento no sentido da impossibilidade de condenação penal com base exclusivamente no reconhecimento fotográfico, como ocorreu no caso dos autos. Precedentes. 4- Não bastasse o contexto probatório extremamente frágil e insuficiente a corroborar o veredito condenatório, o reconhecimento por fotografia não observou o regramento do art. 226 do CPP, o que também não encontra respaldo na jurisprudência desta Corte Suprema. Precedentes. 5- A correspondência entre a descrição levada a efeito por aquele que reconhece e os atributos físicos daquele que é reconhecido é de essencial relevância para o valor probante do reconhecimento. Precedente. 6- Agravo regimental desprovido (STF - RHC-AgR-AgR 228580 - 2ª T. - Rel. Edson Fachin - J. 09.11.2023).

13.7 Produção da prova pelo juiz de ofício

Defendo o sistema acusatório, em que as funções de julgar, acusar e defender são distintas. Portanto, embora previsto no art. 156 do CPP, o poder do juiz de produzir provas de ofício é mesmo inconstitucional, pois viola frontalmente o sistema acusatório.

Some-se a isso que a Lei nº 13.964/2019, em reforço ao quanto aqui propugnado, adicionou o art. 3º-A ao CPP, e, de forma indubitável, atribui estrutura acusatória ao processo penal, vedando qualquer iniciativa probatória ao órgão judicial na fase investigatória, o que substituiria o papel do órgão de acusação.

Conferindo uma interpretação conforme a Constituição Federal no julgamento a hipótese submetida à sua apreciação, o Pretório Egrégio entendeu, com efeito *erga omnis* e em caráter vinculante, que o juiz possui poderes probatórios na fase judicial, de maneira supletiva, jamais substituindo as partes, o que encerra uma faculdade do julgador, que pode ou não a exercer.

O citado entendimento foi sufragado no julgamento pelo Supremo Tribunal Federal das ADIs nº 6.298, 6.299, 6.300 e 6.305, questionando diversas regras do Pacote Anticrime (Lei nº 13.964/2019):

> (...)
> (e) Deriva do princípio acusatório a vedação, *a priori*, à iniciativa do juiz na fase de investigação e a substituição da atuação probatória das partes. A posição do juiz no processo é regida pelos princípios da imparcialidade e da equidistância, porquanto "(...) *A separação entre as funções de acusar defender e julgar é o signo essencial do sistema acusatório de processo penal (Art. 129, I, CRFB), tornando a atuação do Judiciário na fase pré-processual somente admissível com o propósito de proteger as garantias fundamentais dos investigados*" (ADI 4414, Rel. Min. Luiz Fux, Tribunal Pleno, julgado em 31/05/2012). (f) A legítima vedação à substituição da atuação probatória do órgão de acusação significa que o juiz não pode, em hipótese alguma, tornar-se protagonista do processo. Simultaneamente, remanesce a possibilidade de o juiz, de ofício: (a) "determinar, no curso da instrução, ou antes de proferir sentença, a realização de diligências para dirimir dúvida sobre ponto relevante" (art. 156, II); (b) determinar a oitiva de uma testemunha (artigo 209); (c) complementar a sua inquirição (art. 212) (grifos meus).

13.8 Provas obtidas por meio ilícito

A Constituição Federal considera como inadmissíveis as provas obtidas por meios ilícitos no processo penal, consoante a dicção do art. 5º, inciso LVI.

Em harmonia com o comando constitucional, o CPP, em seu art. 157, assevera que são inadmissíveis, devendo ser desentranhadas do processo, as provas ilícitas, assim entendidas as obtidas com violação às normas constitucionais ou legais.

Chega-se à constatação com clareza meridiana de que o direito fundamental à obtenção da prova no processo penal não é de índole absoluta, e, como os demais direitos e garantias fundamentais, não pode ser exercido em desrespeito aos direitos e garantias de terceiros protegidos pelo ordenamento jurídico.

Partindo-se dessa premissa, conclui-se que a prova obtida por meio ilegal é gênero, tendo como espécies a prova ilícita e a prova ilegítima, a primeira sendo a obtida com violação da proibição de direito material, e a segunda obtida com violação a proibição da regra de direito processual. As provas obtidas por meios ilegítimos estão catalogadas no art. 564 do CPP, no capítulo que trata das nulidades, como as cartas particulares, interceptadas ou obtidas por meios criminosos, não serão admitidas em juízo, vedação estampada no art. 233 do mesmo diploma. De igual modo, tal proibição se aplica para os e-mails ou mensagens de WhatsApp interceptados ou obtidos por meios ilícitos. Contudo, tais cartas, *e-mails* ou mensagens poderão ser exibidos em juízo pelo respectivo destinatário para a defesa de seu direito, ainda que não haja consentimento do signatário.

Em consequência disso, a prova ilícita não deve ser admitida a ingressar no processo, a exemplo de uma confissão obtida mediante tortura. Havendo a inserção da prova ilícita nos autos, deve ser declarada a ilicitude e determinado o desentranhamento dos autos e inutilizada, tal como preconiza o art. 157, §3º, do CPP.

Todavia, existem exceções a inutilização da prova ilícita:
a) Quando se tratar de objeto ilícito pertencente a terceiro de boa-fé;
b) Quando servir como prova do crime cometido por quem produziu a prova.

Em se tratando de prova ilegítima, colhida ao arrepio das exigências da lei processual penal, o juízo deve declarar o vício, podendo ser realizada novamente, desde que obedeça a forma prevista em lei, contornando-se o defeito constatado. Como exemplo, temos o laudo subscrito por apenas um perito não oficial (art. 159, §1º, CPP).

13.9 Teorias sobre a utilização ou não da prova ilícita e suas consequências

13.9.1 Teoria da proporcionalidade ou da razoabilidade ou do sacrifício

Tendo em vista o conflito entre bens jurídicos relevantes, a interpretação deve ser realizada visando prestigiar o bem jurídico de maior relevância.

Nesse cenário, predomina o posicionamento que a prova ilícita deve ser empregada em favor do acusado.

Não comungo da opinião dos que defendem que a prova ilícita deve ser utilizada em favor da acusação, mesmo em casos envolvendo a apuração do crime organizado, a exceção da prova colhida mediante tortura, porque o comando constitucional não autoriza tal interpretação extensiva, pois segundo a regra de hermenêutica ao intérprete não cabe distinguir se o legislador não o fez.

Essa doutrina teve seu advento Alemanha logo após a Segunda Guerra Mundial, ganhou força nos Estados Unidos com o tempero da teoria da razoabilidade, e chegou ao Brasil com os precedentes da Suprema Corte.

13.9.2 Teoria dos frutos da árvore envenenada, ou *fruits of the poisonous tree*, ou teoria da prova ilícita por derivação

Foi inserida no Brasil pela jurisprudência do Tribunal Excelso. As provas que derivam de uma prova ilícita estão também contaminadas pela ilicitude pela sua contaminação lógica.

Com a reforma promovida no CPP pela Lei nº 11.690/2008 foi acolhida tal teoria no art. 157, §1º, reconhecendo que as provas derivadas de uma prova ilícita estão contaminadas.

13.9.3 Teoria da descoberta inevitável

Essa teoria também é desenvolvida pela Suprema Corte americana, adotada no Brasil por força do art. 157, §1º, do CPP, *in fine*, na medida que uma prova derivada de uma prova ilícita não necessariamente é ilícita e estaria contaminada irremediavelmente, caso reste demonstrado que sua descoberta inevitavelmente por outra fonte de prova independente.

Dessa maneira, a prova reconhecida como ilícita seria retirada dos autos e inutilizada, na presença facultativa das partes (art. 157, §3º, CPP).

É preciso deixar claro que deve existir um nexo de causalidade entre a prova ilícita e a prova derivada. Inexistindo esse nexo de causalidade haverá a licitude da prova derivada, em virtude da independência da fonte, entendida como aquela que por si só seria capaz de conduzir ao fato objeto da prova.

Ponto relevante é que o juiz que tem contato com a prova ilícita não está impedido de julgar a causa, embora possa fazê-lo caso entenda que foi atingida sua imparcialidade, uma vez que possui independência funcional. O §5º do art. 157 do CPP, que previa o impedimento do juiz para a causa, foi suspenso por força da decisão da Corte Constitucional.

É possível a utilização da prova ilícita somente quando favorável ao acusado. É a aplicação do princípio da proporcionalidade, de origem tedesca, é uma consequência lógica do princípio *favor rei*. Nesse sentido é o posicionamento de escol de Ada Pellegrini Grinover, que em obra clássica sobre o tema assim se manifesta:

> Embora reconhecendo que o subjetivismo ínsito no princípio da proporcionalidade pode acarretar sérios riscos, alguns autores têm admitido que sua utilização poderia transformar-se no instrumento necessário para a salvaguarda e manutenção de valores conflitantes, desde que aplicado única e exclusivamente em situação tão extraordinárias que levariam a resultados desproporcionais, inusitados e repugnantes se inadmitida a prova ilicitamente colhida.[92]

Corrobora tal intelecção o parágrafo único do art. 25 da Lei nº 13.869/2019 (Lei de Abuso de Autoridade):

> Art. 25. Proceder à obtenção de prova, em procedimento de investigação ou fiscalização, por meio manifestamente ilícito:
> Pena - detenção, de 1 (um) a 4 (quatro) anos, e multa.
> Parágrafo único. Incorre na mesma pena quem *faz uso de prova, em desfavor do investigado ou fiscalizado, com prévio conhecimento de sua ilicitude* (grifos meus).

Essa proibição de uso das provas ilícitas atinge as provas ilícitas por derivação, aplicando-se a teoria dos frutos da árvore envenenada.

É imperioso atentar que a teoria da descoberta inevitável não pode ser aplicada com base em hipóteses abstratas. Sua aplicação requer a incidência de dados concretos, que demonstrem a independência da fonte da prova e que a inevitabilidade de sua descoberta. A descoberta que está legitimada por meios jurídicos, lícitos e válidos.

---

[92] GRINOVER, Ada Pellegrini; GOMES FILHO, Antônio Magalhães; FERNANDES, Antonio Scarance. *As nulidades no processo penal*. 11. ed. São Paulo: Revista dos Tribunais, 2011. p. 127.

13.9.4 Teoria do nexo causal atenuado (teoria da tinta diluída ou mancha purgada – *purged taint doctrine*)

Para essa teoria a prova secundária é derivada de uma ilícita, porém, subsequentemente, será purificada.

Numa prisão de duas pessoas, a primeira confessa e delata a segunda pessoa. A Suprema Corte americana firmou entendimento de que, a princípio, a prisão seria ilícita da segunda pessoa. Contudo, após a confissão e delação, em caráter superveniente, a prova se torna lícita. Parte da doutrina entende que está contemplada no art. 157, §1º, do CPP.

Para a ministra do Superior Tribunal de Justiça, Maria Thereza de Assis Moura, no HC nº 278.274/MG: "A teoria dos frutos da árvore envenenada tem sua incidência delimitada pela exigência de que seja direto e imediato o nexo causal entre a obtenção ilícita de uma prova primária e a aquisição da prova secundária".

Segundo restou consignado no acórdão mencionado:

> Para a teoria do nexo causal atenuado ou da mancha purgada são pontos a serem observados: i) o lapso temporal decorrido entre a prova primária e a secundária; ii) as circunstâncias intervenientes na cadeia probatória; iii) a menor relevância da ilegalidade; ou iv) a vontade do agente em colaborar com a persecução criminal, entre outros elementos, atenuam a ilicitude originária, expurgando qualquer vício que possa recair sobre a prova secundária e afastando a inadmissibilidade de referida prova.

13.10 Sistema de valoração da prova – livre convencimento motivado

De acordo com o ordenamento jurídico pátrio, o julgador tem ampla liberdade para valorar o manancial probatório, desde que exponha as razões pelas quais adota tal posicionamento, calcado no princípio do livre convencimento motivado.

Primeiro, a Constituição Federal no art. 93, inciso IX, quando determina que todos os julgamentos do Poder Judiciário serão públicos, e fundamentadas todas as decisões, sob pena de nulidade.

Segundo, tal princípio encontra guarida no art. 155, *caput*, do CPP, e no item VII da Exposição de Motivos do CPP. Ademais, procedendo-se a uma interpretação sistemática, os arts. 371 e 372 do Código de Processo Civil (CPC) delineiam a condução do juiz na valoração das provas.

Nessa linha de intelecção, invoco o art. 489, §1º, do CPC, e o art. 315, §2º, do CPP, que indicam quais as hipóteses que se consideram as decisões judiciais como não motivadas.

13.11 Prova emprestada

De modo a não deixar espaço a tergiversação, a prova emprestada é aquela que foi elaborada num processo e transportada para outro processo. Nesse rumo de ideias, qualquer meio de prova pode ser transferido de um processo para outro (prova testemunhal, prova pericial, dentre outras). Contudo, invoco aqui um requisito que deve ser observado em caráter de imprescindibilidade: A prova trasladada tem que passar pelo crivo do contraditório, sob pena de se transformar numa prova ilícita.

Elenco os seguintes requisitos para se admitir como possível a prova emprestada:
a) Que seja colhida em processos que possuam as mesmas partes;
b) Que sejam irrestritamente observadas, no processo anterior, as formalidades listadas em lei durante a produção da prova;
c) Que o fato objeto da prova seja o mesmo;
d) Que tenha existido o contraditório no processo penal do qual a prova será transferida, sob pena de nulidade absoluta diante de um prejuízo evidente.

13.12 Procedimento probatório

Em suma-síntese, o procedimento probatório se constitui por quatro etapas: 1ª) proposição ou indicação das provas; 2ª) admissão das provas; 3ª) produção e 4ª) valoração conferida pelo juízo de forma livre, mas motivada.

Em princípio, a proposição é feita pelas partes nos prazos dispostos em lei (arts. 41 e 402, CPP). Por seu turno, a admissão é feita pelo órgão julgador, ao designar a possibilidade da sua produção. A produção é, via de regra, realizada no curso do processo ou na audiência de instrução e julgamento. E, por fim, a sua valoração é feita pelo juiz na sentença ou em qualquer decisão interlocutória, sempre declinando os fundamentos pelos quais se chegou a tal conclusão.

13.13 Restrições à prova

O art. 155, parágrafo único, do CPP somente permite as restrições estabelecidas pela lei civil quanto ao estado das pessoas. Assim, a prova do casamento, por exemplo, apenas pode ser feita através da respectiva certidão do registro civil (art. 1543, CC). Dessa maneira, quanto ao estado da pessoa de casado a lei civil restringe a prova: só a prova documental pode comprovar o fato. Fincadas tais premissas, no espectro do processo penal não é possível se provar o casamento através da prova testemunhal, da confissão etc.

Observando o panorama sob outra perspectiva, com exceção da restrição da prova quanto ao estado das pessoas, pode-se admitir qualquer prova, desde que não atente contra a moral e a dignidade humana. De forma excepcional, o ordenamento jurídico, seja de índole material ou constitucional, limita algumas provas. Listo alguns situações:

a) Não se admite que o réu faça prova contra si mesmo, em respeito ao Pacto de São José da Costa Rica (art. 8, 2, alínea "g");
b) Não é possível a quebra do sigilo da correspondência, inclusive virtual, e das comunicações telegráficas, salvo com autorização judicial;
c) Só pode ser efetivada a quebra do sigilo dos dados e das comunicações telefônicas com a autorização do juízo criminal competente (cláusula de reserva de jurisdição);
d) Só se pode provar o reconhecimento da extinção da punibilidade pela morte com a certidão de óbito, nos lídimos termos do art. 62 do CPP.

Verifico que a reincidência se prova com a certidão cartorária da sentença condenatória, desde que constatada a data do trânsito em julgado, na forma do art. 63 do CP. Outrossim, numa ponderação de interesses, a jurisprudência do Superior Tribunal de Justiça tem abrandado tal rigor técnico, entendendo com acerto que é prescindível a certidão cartorária ou a folha de antecedentes criminais quando a reincidência puder ser comprovada por outros meios.[93]

---

[93] "AGRAVO REGIMENTAL NO RECURSO ESPECIAL - REINCIDÊNCIA - COMPROVAÇÃO - JUNTADA DE CERTIDÃO DE ANTECEDENTES CRIMINAIS - DESNECESSIDADE - PRECEDENTES - AGRAVO NÃO PROVIDO - 1- De acordo com o entendimento desta Corte Superior, a folha de antecedentes criminais do réu constitui documento hábil e suficiente a comprovar os maus antecedentes e a reincidência, não sendo, pois, obrigatória a apresentação de certidão cartorária. 2- Agravo regimental desprovido (STJ - AgRg--REsp 1.988.127/MS - (2022/0058153-3) - 5ª T. - Rel. Min. Ribeiro Dantas - DJe 15.09.2022). No mesmo sentido, AGRAVO REGIMENTAL NO RECURSO ESPECIAL - JUNTADA DE CERTIDÃO DE ANTECEDENTES CRIMINAIS - PROVA DA REINCIDÊNCIA - DESNECESSIDADE - JURISPRUDÊNCIA DO STJ - SÚMULA Nº 83 DO STJ - AGRAVO REGIMENTAL DESPROVIDO - 1- Desnecessária a prova de certidão cartorária visando atestar a reincidência, sendo possível referida comprovação por intermédio de consulta ao sítio

CAPÍTULO 14

PROVAS EM ESPÉCIE

"Todas as nossas tentativas de se antecipar à vida são vãs, restaria se jogar...e tentar aprender a dançar enquanto cai no abismo sem fundo. Faça-se a vida, morra a verdade."

(Friedrich Nietzsche)

Os vários instrumentos de produção para a obtenção da prova estão previstos no CPP. Passemos a analisá-los um a um.

14.1 Do exame do corpo de delito e das perícias em geral

Buscando extrair o preciso conteúdo e alcance da norma do art. 158 do CPP, o exame de corpo de delito é caracterizado como uma das espécies de perícia médico-legal. De acordo com o escólio abalizado de Tourinho Filho:

> Perícia é o exame procedido pessoa que tenha certos conhecimentos técnicos, científicos, artísticos ou práticos acerca de fatos, circunstâncias ou condições pessoais. Além da perícia médico-legal, uma das mais

---

eletrônico adotado pelo Tribunal (ut, AgRg no AREsp nº 1.902.790/MG, relator Ministro João Otávio de Noronha, Quinta Turma, DJe de 14/2/2022. 2- Agravo regimental desprovido (STJ - AgRg-REsp 2056710/MG - (2023/0062837-2) - Rel. Min. Reynaldo Soares da Fonseca - DJe 18.09.2023)."

importantes, há uma variedade imensa de perícias sobre as pessoas para determinar idade, sexo, altura, sanidade mental, doenças venéreas etc. Há perícias para constatar, por exemplo, se o projétil foi disparado por esta ou aquela arma, para saber se uma arma foi disparada recentemente, se determinada mancha foi determinada por sangue e se este sangue é humano. O número é enorme, e tudo varia de conformidade com o que se deseja provas.[94]

Nesse rumo, pode-se afirmar: "Perito é a pessoa que, por sua especial aptidão, realiza a perícia, acerca de pessoas, fatos e coisas".[95]

Por sua vez, o corpo de delito não se confunde com o corpo da vítima. Precisamente, corpo de delito é o conjunto de vestígios materiais (em pessoa ou coisa) deixados pelo fato criminoso, sendo a materialidade delitiva aquilo de que vê, se apalpa, sente e se examina por meio dos sentidos. E, nos delitos que deixam vestígios (*delicta de fatis permanentis*) o exame de corpo de delito é indispensável, *ex vi legis* do art. 158 do CPP:

> Art. 158. Quando a infração deixar vestígios, será indispensável o exame de corpo de delito, direto ou indireto, não podendo supri-lo a confissão do acusado.
> Parágrafo único. Dar-se-á prioridade à realização do exame de corpo de delito quando se tratar de crime que envolva:
> I - violência doméstica e familiar contra mulher;
> II - violência contra criança, adolescente, idoso ou pessoa com deficiência.

Parte da doutrina entende que a exigência do exame de corpo de delito como prova da materialidade da infração, sob pena de nulidade (art. 564, inciso III, alínea "b", CPP), culminaria em verdadeiro retrocesso, remetendo-se ao sistema da prova tarifada, em desprestígio ao princípio do livre convencimento motivado, corrente abraçada pelo nosso sistema.

Salvo melhor juízo, tal posicionamento se mostra equivocado, pois o juiz criminal não está proibido de valorar a prova, podendo repudiar o laudo, desde que o faça motivadamente (art. 182, CPP). Conclui-se que não há hierarquia entre as provas.

---

[94] TOURINHO FILHO, 1999, v. 1, p. 364.
[95] *Ibidem*.

14.1.1 Definição

Exame de corpo de delito é uma espécie de perícia, por meio da qual se escrutina os vestígios deixados pela infração penal, com o fulcro de se comprovar sua materialidade. Até aí, nenhuma novidade, nenhum problema. As complicações começam a surgir a partir do momento em que se afirma toda perícia é exame de corpo de delito, pois nem toda perícia é exame de corpo de delito; por exemplo, o exame de insanidade mental para se aferir a (in)imputabilidade do acusado e o exame de alcoolemia, no caso do crime de embriaguez ao volante.

14.1.2 Finalidade

O exame de corpo de delito é utilizado para se constatar a certeza da infração criminal.

14.1.3 Espécies

O exame de corpo de delito pode ser direto e indireto. O primeiro é o confeccionado por meio de peritos, analisando-se os vestígios deixados pela infração. De outra banda, o exame indireto é colhido através dos depoimentos de testemunhas, que depõem em juízo sobre os fatos objeto da infração criminal. O último caso somente pode ser realizado diante da impossibilidade da realização do exame direito, quando desaparecidos os vestígios deixados pelas infrações penais, que, via de regra, exigem a realização de tal exame, como nos denominados delitos não transeuntes. Com isso, nas infrações que não deixam vestígios, não se exige quer o exame de corpo de direto, quer o indireto.

Digno de nota que nem mesmo a confissão do acusado pode suprir o exame de corpo de delito, quando a lei o exigir.

Novidade em nosso sistema de perícia é a prioridade na realização do exame de corpo de delito quando se tratar de crime de violência doméstica e contra criança, adolescente, idoso ou pessoa com deficiência, dispositivo que deve ser interpretado em conjuminância com a Lei nº 14.344/2022 (Lei Henry Borel), que disciplina o microssistema de proteção de criança e adolescente. No âmbito da violência doméstica, não se pode olvidar das leis nº 13.979/2020 e 14.022/2020 que tratam da prioridade da confecção do laudo durante a pandemia.

14.1.4 Objeto da perícia

Sem dúvida, o objeto crucial da perícia, é a comprovação da materialidade do delito e, em algumas hipóteses, da respectiva autoria. Por oportuno, a lei exige a perícia:
   a) Dos instrumentos empregados para a prática da infração, a fim de se lhes verificar a natureza e a eficiência, os peritos juntarão ao laudo do exame provas fotográficas, esquemas ou desenhos, que podem ser assinados digitalmente (art. 165, CPP). Nesse diapasão, a perícia pode mesmo influenciar na prova da tipicidade ou não da infração, como na questão do crime impossível, por ineficácia do meio, bem como na sua autoria.
   b) Das coisas destruídas, deterioradas ou quem constituam produto do crime, as quais deverão ser avaliadas (art. 172, CPP).

A digressão se faz necessária e revelar-se-á profícua. O procedimento é de suma importância para avaliar se o delito foi de insignificância; se o sujeito ativo terá direito ou não a uma causa de diminuição de pena, nos crimes de furto ou de estelionato; na dosimetria da pena-base tal mensuração deve ser considerada; e para a vítima, na situação de ressarcimento dos danos sofridos em decorrência do crime (art. 387, inciso IV, CPP), porque deverá o perito proceder à avaliação de coisas destruídas, deterioradas ou produto do crime.

14.1.5 Natureza jurídica da perícia

Diante dessas nuances, duas correntes se digladiam sobre o assunto. A primeira parte da premissa que a perícia é meio de prova. É uma opinião abalizada de uma pessoa que possui conhecimentos técnicos e especializados sobre determinada questão submetida a perícia. É como se fosse uma testemunha qualificada. De acordo com a segunda vertente, a perícia possui um feição dúplice, sendo caracterizada como um meio de prova, além de ser caracterizada como um meio de valoração da prova. Nessa quadratura, o perito não se limita a catalogar o fato como se fosse uma testemunha, mas declina um juízo de valor sobre a situação fática.

14.1.6 Perícias de laboratório

De relevância ímpar é o disposto no art. 170 do CPP, que trata da matéria. Segundo a regra citada, as perícias de laboratório só ocorrem quando há necessidade de averiguar a natureza de determinada substância apreendida ou recolhida do corpo da vítima, a exemplo de entorpecente, sangue e veneno. Aliás, sobre a questão, podemos afirmar que os peritos deverão guardar material suficiente para a eventualidade de nova perícia (contraprova), a ser designada pela autoridade judiciária a requerimento das partes, e, sempre que possível, os laudos serão ilustrados com provas fotográficas, ou microfotográficas, desenhos ou esquemas. Esclareço que tais fotografias ajudam muito no poder de convencimento de uma prova, como a fotografia de um corpo vítima de homicídio, bem como a fotografia das drogas embaladas, prontas para o consumo, apreendidas com balança de precisão, e a anotação em caderneta ou arquivo de dados dos valores clientela do tráfico de drogas e das armas apreendidas.

14.1.7 Do laudo pericial

14.1.7.1 Legitimidade para elaboração do laudo

De acordo com o art. 159 do CPP, o exame de corpo de delito e outras perícias deverão ser realizadas por perito oficial.

Pode acontecer de não existir perito oficial no lugar onde ocorreu a infração. Com esse cenário, deverá a autoridade nomear duas pessoas idôneas, portadoras de diploma de curso superior, preferencialmente na área específica, dentre as que tiverem habilitação técnica relacionada à natureza do exame (art. 159, §1º). Consigno que essas duas pessoas idôneas devem prestar o compromisso. Por outro lado, a falta do compromisso constitui mera irregularidade, incapaz de acarretar a nulidade da perícia, salvo se se provar o prejuízo (nulidade relativa).[96]

---

[96] "AGRAVO REGIMENTAL NO *HABEAS CORPUS* - NULIDADE - BUSCA E APREENSÃO DOMICILIAR MEDIANTE ORDEM JUDICIAL - DENÚNCIA ANÔNIMA - CORROBORADA POR DILIGÊNCIAS POLICIAIS PRÉVIAS - ORDEM JUDICIAL FUNDAMENTADA E PAUTADA EM ELEMENTOS CONCRETOS - NULIDADE DA PROVA PERICIAL - QUEBRA DA CADEIA DE CUSTÓDIA - INOCORRÊNCIA - EXTRAÇÃO DOS DADOS POR CORPO TÉCNICO POLICIAL - NOS TERMOS DO MANDADO AUTORIZADOR – SÚMULA 182 /STJ - PRINCÍPIO DA COLEGIALIDADE - OFENSA NÃO CONFIGURADA - AGRAVO DESPROVIDO - I- O RISTJ, no seu art. 34, XX, dispõe que o Relator pode decidir monocraticamente não conhecer de *habeas corpus* quando contrário à jurisprudência dominante acerca do tema. II- A Corte Especial deste eg. Superior Tribunal de Justiça editou a Súmula nº 568, segundo a qual 'O relator, monocraticamente e no Superior Tribunal de Justiça, poderá dar ou negar provimento ao recurso quando houver entendimento dominante acerca do tema'. III- A decisão monocrática proferida por Relator não afronta o princípio da colegialidade, sendo certo que a possibilidade de interposição de agravo regimental contra a respectiva decisão, como ocorre na espécie, permite que a matéria seja

Cumpre ainda salientar, que se os peritos forem oficiais, o laudo é encaminhado pelo Diretor da sua repartição à Delegacia, bastando juntá-lo aos autos do inquérito ou do processo (art. 178, CPP). Contudo, se não forem oficiais, deverão ir à Delegacia, para que suas conclusões sejam consignadas, no competente auto que será lavrado pelo escrivão. Na sequência, todos subscrevem o citado laudo, especificamente o escrivão e os peritos.

---

apreciada pela Turma, afastando eventual vício. IV- No mais, nos termos da jurisprudência consolidada nesta eg. Corte, cumpre ao agravante impugnar especificamente os fundamentos estabelecidos na decisão agravada. V- Conforme assentado na decisão recorrida, a expedição de ordem judicial de busca e apreensão se deu mediante denúncia anônima e diligências complementares policiais prévias no local, inclusive, com a oitiva de vizinhos que confirmaram os fatos. Não há, pois, falar em invasão de domicílio ou em qualquer outra ilegalidade. VI- *In casu*, como se observou, a apreensão de material ilícito no domicílio do corréu (que trouxe os indícios de autoria contra o ora agravante) ocorreu com esteio em uma ordem judicial de busca e apreensão, e não de forma aleatória. Ademais, o mandado foi expedido sob fundamentação concreta e cumprido em horário forense, como relatado pela origem. VII- Com efeito, a jurisprudência desta Corte Superior firmou-se no sentido de que a cadeia de custódia consiste no caminho idôneo a ser percorrido pela prova até sua análise pelo *expert*, de modo que a ocorrência de qualquer interferência indevida durante sua tramitação probatória pode resultar em sua imprestabilidade para o processo de referência. VIII- No caso concreto, não houve comprovação pela d. Defesa de qualquer circunstância capaz de sugerir a adulteração da prova, ou mesmo a interferência indevida em seu caminho, capaz de invalidá-la. De qualquer forma, mesmo que assim o fosse, 'Não se trata (...) de nulidade processual, senão de uma questão relacionada à eficácia da prova, a ser vista em cada caso. Não é o que se tem no caso dos autos, em que não houve comprovação por parte da defesa acerca de qualquer adulteração no *iter* probatório' (AgRg no HC 665.948/MS, Sexta Turma, Rel. Min. Olindo Menezes, Des. Convocado do TRF da 1ª Região, DJe de 30/8/2021). IX- Ainda, a eg. Corte de origem explicou que a prova foi efetivamente extraída e analisada por corpo técnico policial: '(...) as imagens capturadas analisadas pelo Núcleo Audiovisual da Delegacia de Homicídios da Capital. Os Inspetores de Polícia E M F e L F de S prestaram o compromisso de bem e fielmente desempenhar o encargo, na falta de perito oficial, apondo ao documento juntado às fls. 77/152 suas respectivas assinaturas. Posteriormente, o aparelho celular foi encaminhado ao Instituto de Criminalística Carlos Éboli - ICCE, com a finalidade de que fossem pesquisadas e listadas todas as ligações efetuadas, recebidas e/ou não atendidas do aparelho examinado, bem como 'o conteúdo da agenda eletrônica e o número da linha do aparelho examinado'. Estando todo o procedimento de impressão e análise das imagens do aparelho celular devidamente alicerçado em mandado judicial autorizador, sendo a colheita do material realizada por equipe técnica da Delegacia de Homicídios, e estando demonstrada a história cronológica do vestígio coletado, vale dizer, do celular apreendido, não se verifica a alegada quebra da cadeia de custódia. Portanto, rejeitam-se todas as preliminares suscitadas (...)' (fl. 78). X- Assim, não se constatou nenhuma flagrante ilegalidade de plano. Importante então esclarecer a impossibilidade de se percorrer todo o acervo fáticoprobatório nesta via estreita do *writ*, como forma de desconstituir as conclusões das instâncias ordinárias, soberanas na análise dos fatos e provas, providência inviável de ser realizada dentro dos estreitos limites do *habeas corpus*, que não admite dilação probatória e o aprofundado exame do acervo da ação penal. XI- Por fim, os argumentos atraem a Súmula nº 182 desta Corte Superior. Agravo regimental desprovido (STJ - AgRg-HC 764760/RJ - (2022/0258561-4) - 5ª T. - Rel. Min. Messod Azulay Neto - DJe 14.03.2023)."

14.1.8 Prazo para a conclusão do laudo

Para coroar o trabalho com eficiência, os peritos devem concluir o laudo no prazo de 10 dias, contados da intimação pessoal do especialista, podendo ser prorrogado, em situações devidamente justificadas, a requerimento dos peritos, conforme elucida o art. 160, parágrafo único, do CPP.

Para cumprir o prazo legal os peritos deverão realizar a perícia em qualquer dia e a qualquer hora, conforme permissivo do art. 161 do CPP. Em caso de desrespeito ao prazo, pode ser imputada pelo juízo a multa de que trata o art. 277 do CPP, salvo escusa legítima.

Regra geral, o laudo pericial não é condição de procedibilidade para o exercício da ação penal (denúncia ou queixa-crime); sua juntada pode ocorrer no curso do processo. A exceção se verifica na Lei Antidrogas (Lei nº 11.343/2006), no art. 50, §1º, em que se exige que a denúncia esteja acompanhada pelo menos do laudo de constatação da natureza e da quantidade da droga, além dos crimes contra a propriedade imaterial (art. 525, CPP), quando a denúncia ou queixa não será recebida se não estiver acompanhada do exame pericial e dos objetos que constituam o corpo de delito, como a arma utilizada para a prática do homicídio.

14.1.9 Cadeia de custódia

De acordo com a definição legal, conferida pela redação do art. 158-A, *caput*, pelo Pacote Anticrime: "(...) Considera-se cadeia de custódia o conjunto de todos os procedimentos utilizados para manter e documentar a história cronológica do vestígio coletado em locais ou em vítimas de crimes, para rastrear sua posse e manuseio a partir de seu reconhecimento até o descarte".

É imperioso se anotar que "o início da cadeia de custódia dá-se com a preservação do local do crime ou com procedimentos policiais ou periciais nos quais seja detectada a existência de vestígios", como reza o art. 158-A, §1º, do CPP.

Continua o mesmo dispositivo legal mencionado: "(...) §3º Vestígio é todo objeto ou material bruto, visível ou latente, constatado ou recolhido, que se relaciona à infração penal".

Antes do advento do Pacote Anticrime, em 16 de julho de 2014, a matéria já era tratada por meio da Portaria nº 82 da Secretaria Nacional de Segurança Pública (SENASP).

O objetivo da lei é a preservação do valor probatório da prova pericial carreada aos autos, especificamente no que tange à sua autenticidade. Visa assegurar a preservação dos vestígios desde o momento do primeiro contato até o descarte dos elementos de prova coligidos, assegurando a realização de um trabalho com maior veracidade e autenticidade, seguindo as orientações das normas técnicas reinantes nas diversas etapas da cadeia de custódia.[97]

Antes mesmo da criação do capítulo da cadeia de custódia no CPP pela Lei nº 13.964/2019, já existia disciplina normativa nesse sentido. O art. 6º já exigia a preservação do local da ocorrência do delito. De igual modo, os arts. 169 e 170 da Cártula de Ritos Penal já advertiam da preservação do local do crime até a chegada dos peritos e da obrigação de guardar material suficiente para o caso de nova perícia.

A quebra da cadeia de custódia põe sobremaneira em xeque a força probantes dos elementos de prova colhidos sem o respeito ao que preconiza a lei processual penal. Coerentes com tal entendimento os seguintes excertos do Superior Tribunal de Justiça:

> PROCESSUAL PENAL - AGRAVO REGIMENTAL NO *HABEAS CORPUS* - TRÁFICO DE DROGAS - APREENSÃO DE CELULAR - EXTRAÇÃO DE DADOS - CAPTURA DE TELAS - QUEBRA DA CADEIA DE CUSTÓDIA - INADMISSIBILIDADE DA PROVA DIGITAL - AGRAVO REGIMENTAL PROVIDO - 1- O instituto da cadeia de custódia visa a garantir que o tratamento dos elementos probatórios, desde sua arrecadação até a análise pela autoridade judicial, seja idôneo e livre

---

[97] "AGRAVO REGIMENTAL NO *HABEAS CORPUS* - ASSOCIAÇÃO PARA O TRÁFICO DE DROGAS - EXCESSO DE PRAZO - SUPRESSÃO DE INSTÂNCIA E PREJUDICIALIDADE - QUEBRA DA CADEIA DE CUSTÓDIA - NULIDADE NÃO CONSTATADA - PRISÃO PREVENTIVA - FUNDAMENTAÇÃO VÁLIDA - AUSÊNCIA DE ILEGALIDADE - 1- A matéria posta nos presentes autos referente ao excesso de prazo para o oferecimento da denúncia não foi tratada pelo Tribunal a quo, de forma que o seu exame, perante o Superior Tribunal de Justiça, fica inviabilizado, sob pena de ocorrência de indevida supressão de instância. No mais, encontra-se prejudicada pela superveniência do oferecimento da denúncia. 2- "Não há falar em nulidade decorrente da inobservância da cadeia de custódia pelas instâncias ordinárias, na medida em que a defesa não apontou nenhum elemento capaz de desacreditar a preservação das provas produzidas, conforme bem destacado no acórdão impugnado. Por certo, desconstituir tal entendimento demandaria o reexame de conjunto fático e probatório, inviável em sede de *habeas corpus*" (AgRg no HC nº 810.514/SP, relator Ministro Ribeiro Dantas, Quinta Turma, julgado em 26/6/2023, DJe de 29/6/2023.). 3- Na espécie, o Tribunal de origem asseverou a ausência de indicação concreta de prejuízo à defesa ou de adulteração com relação às provas digitais, colhidas pela autoridade policial, com o "cuidado de armazenar, categorizar e disponibilizar os dados", após devida autorização judicial de quebra de sigilo telefônico. 4- Verifica-se ausência de flagrante ilegalidade na decretação da prisão preventiva, haja vista a participação do réu, ora agravante, em complexa facção criminosa estruturada, voltada ao tráfico de entorpecentes, na qual era responsável pelo depósito de armas de fogo e drogas do grupo criminoso. 5- Agravo regimental desprovido (STJ - AgRg-HC 803700/RS - (2023/0051309-9) - 6ª T. - Rel. Min. Jesuíno Rissato - DJe 30.08.2023)."

de qualquer interferência que possa macular a confiabilidade da prova. 2- Diante da volatilidade dos dados telemáticos e da maior suscetibilidade a alterações, imprescindível se faz a adoção de mecanismos que assegurem a preservação integral dos vestígios probatórios, de forma que seja possível a constatação de eventuais alterações, intencionais ou não, dos elementos inicialmente coletados, demonstrando-se a higidez do caminho percorrido pelo material. 3- A auditabilidade, a repetibilidade, a reprodutibilidade e a justificabilidade são quatro aspectos essenciais das evidências digitais, os quais buscam ser garantidos pela utilização de metodologias e procedimentos certificados, como, e.g., os recomendados pela ABNT. 4- A observação do princípio da mesmidade visa a assegurar a confiabilidade da prova, a fim de que seja possível se verificar a correspondência entre aquilo que foi colhido e o que resultou de todo o processo de extração da prova de seu substrato digital. Uma forma de se garantir a mesmidade dos elementos digitais é a utilização da técnica de algoritmo *hash*, a qual deve vir acompanhada da utilização de um software confiável, auditável e amplamente certificado, que possibilite o acesso, a interpretação e a extração dos dados do arquivo digital. 5- De relevo trazer à baila o entendimento majoritário desta Quinta Turma no sentido de que "é ônus do Estado comprovar a integridade e confiabilidade das fontes de prova por ele apresentadas. É incabível, aqui, simplesmente presumir a veracidade das alegações estatais, quando descumpridos os procedimentos referentes à cadeia de custódia" (AgRg no RHC nº 143.169/RJ, relator Ministro Messod Azulay Neto, relator para acórdão Ministro Ribeiro Dantas, Quinta Turma, DJe de 2/3/2023). 6- Neste caso, não houve a adoção de procedimentos que assegurassem a idoneidade e a integridade dos elementos obtidos pela extração dos dados do celular apreendido. Logo, evidentes o prejuízo causado pela quebra da cadeia de custódia e a imprestabilidade da prova digital. 7- Agravo regimental provido a fim de conceder a ordem de ofício para que sejam declaradas inadmissíveis as provas decorrentes da extração de dados do celular do corréu, bem como as delas decorrentes, devendo o Juízo singular avaliar a existência de demais elementos probatórios que sustentem a manutenção da condenação (STJ - AgRg-HC 828054/RN - (2023/0189615-0) - Rel. Min. Joel Ilan Paciornik - DJe 29.04.2024).

PENAL - PROCESSO PENAL- AGRAVO REGIMENTAL NOS EMBARGOS DE DECLARAÇÃO NO AGRAVO EM RECURSO ESPECIAL - QUESTÃO DE ORDEM PÚBLICA - PENDÊNCIA DE JULGAMENTO NO TRIBUNAL DE ORIGEM DOS EMBARGOS DE DECLARAÇÃO EM AGRAVO INTERNO EM DECISÃO DE ADMISSIBILIDADE DE RECURSO EXTRAORDINÁRIO - CONDENAÇÃO POR TRÁFICO PRIVILEGIADO - ALEGADA NULIDADE DA INVASÃO DE DOMICÍLIO - QUEBRA DA CADEIA DE CUSTÓDIA - DESPROPORCIONALIDADE DA EXASPERAÇÃO DA PENA-BASE E DA ATENUANTE

DE CONFISSÃO ESPONTÂNEA - I- Com respaldo nos princípios da instrumentalidade das formas e da eficiência, não vislumbro no caso concreto a necessidade de imediata devolução dos autos para o Tribunal de origem a fim de encerrar o juízo de admissibilidade do recurso extraordinário interposto em concomitância com o presente recurso especial. II- O princípio da dialeticidade preconiza que as razões recursais devem impugnar concreta e especificamente os fundamentos suficientes para manter a da decisão recorrida, ônus do qual o agravante se desincumbiu parcialmente. III- Os temas de ofensa à inviolabilidade de domicílio e de desproporcionalidade da fração de diminuição da pena pela aplicação da atenuante de confissão espontânea não foram objeto de exame pelo acórdão recorrido. Eventual omissão do acórdão recorrido deveria ter sido objeto de embargos de declaração, bem como deveria ter sido alegada afronta ao art. 619 do CPP no recurso especial. A falta de prequestionamento não autoriza o conhecimento das matérias, nos termos das Súmulas ns. 282 e 356, STF e 211, STJ. IV- O Tribunal de origem concluiu expressamente pela integridade da prova, de modo que a análise do pleito de reconhecimento da quebra da cadeia de custódia dependeria do revolvimento de fatos e provas, vedado pela Súmula nº 7, STJ. V- No caso concreto, ao decotar circunstâncias judiciais na primeira fase da dosimetria da pena, o Tribunal local deveria ter realizado a redução proporcional da exasperação, sob pena de ofensa ao princípio da proporcionalidade, ou fundamentado em elementos específicos dos autos a manutenção da pena-base fixada pelo juiz de primeiro grau. VI- Realizada nova dosimetria da pena, fixo a pena definitiva em 1 (um) ano e 10 (dez) meses de reclusão. VII- O reconhecimento da prescrição é medida que se impõe, pois transcorreram mais de quatro anos desde a publicação do acórdão que confirmou a sentença condenatória, nos termos dos arts. 109, inciso V, c/c art. 110, §1º, do Código Penal. Agravo regimental parcialmente provido, para fixar a pena definitiva em 1 (um) ano e 10 (dez) meses de reclusão. Concedida ordem de *habeas corpus* de ofício para reconhecer a extinção da punibilidade em virtude da prescrição da pretensão punitiva (STJ - AgRg-EDcl-Ag-RE 1619760/PE - (2019/0338450-9) - Rel. Min. Messod Azulay Neto - DJe 18.03.2024).

Adotando a mesma linha de entendimento, o Tribunal Constitucional brasileiro assim tem decidido:

*AGRAVO REGIMENTAL EM HABEAS CORPUS - 2- TRÁFICO DE DROGAS - 296 KG DE MACONHA - 3- Ale*gada nulidade por quebra da cadeia de custódia. 4- Nos termos do art. 563 do CPP, o reconhecimento de nulidade processual depende da comprovação do efetivo prejuízo à defesa do réu ("pas de nullité sans grief"). A condenação não é prova do prejuízo, motivo por que é imprescindível a demonstração do nexo causal entre a suposta nulidade e o resultado processual desfavorável.

6- No caso concreto, houve apenas a morosidade do delegado no envio das amostras para a perícia. Não há falar, portanto, em nulidade ou em quebra da cadeia de custódia, estando a materialidade do delito suficientemente comprovada. 7- Agravo regimental a que se nega provimento (STF - HC-AgR 251617 - 2ª T. - Rel. Gilmar Mendes - J. 01.04.2025).

A autenticidade é ponto de fundamental importância do valor probante. Consiste na certeza de que o objeto em análise é oriundo de fontes lícitas e que não foi objeto de modificações durante o processo de sua colheita, garantindo-se a identificação e a segurança da origem da informação. É uma prova com alta qualidade e confiabilidade.

Quando não se observa rigorosamente todo esse procedimento de autenticidade da cadeia de custódia, não se gera necessariamente a imprestabilidade da prova, que não pode ser considerada prova ilegal. Sua autenticidade deve ser analisada no caso concreto, com maior ou menor valor. Assim tem se posicionado o Superior Tribunal de Justiça em recentes julgados.[98]

---

[98] "DIREITO PROCESSUAL PENAL - AGRAVO REGIMENTAL - CADEIA DE CUSTÓDIA - PROVA DIGITAL - FATOS ANTERIORES À LEI Nº 13.964/2019 - NECESSIDADE DE PRESERVAÇÃO - AUSÊNCIA DE EVIDENCIAÇÃO DA ADOÇÃO DE SALVAGUARDAS PARA PRESERVAÇÃO DA AUDITABILIDADE, REPETIBILIDADE, REPRODUTIBILIDADE E JUSTIFICABILIDADE - NULIDADE CONFIGURADA - DESENTRANHAMENTO DA PROVA E NOVO JULGAMENTO - AGRAVO REGIMENTAL PROVIDO - I- Caso em exame. 1- Agravo regimental interposto contra decisão que denegou a ordem de *habeas corpus*, visando ao desentranhamento de provas digitais obtidas sem a devida preservação da cadeia de custódia. 2- O agravante foi condenado em primeira instância por corrupção passiva, com base em provas digitais consistentes em mensagens de WhatsApp, cuja cadeia de custódia foi questionada. 3- A defesa alega que o celular não foi entregue voluntariamente e que a cadeia de custódia não foi preservada, comprometendo a integridade e autenticidade das provas. II- Questão em discussão. 4- A questão em discussão consiste em saber se (i) é exigível a preservação da cadeia de custódia da prova mesmo antes da entrada em vigor da Lei nº 13.964/2019; (ii) houve a devida preservação da cadeia de custódia das provas digitais (mensagens de WhatsApp) e (iii) em não havendo tal observância, há ou não comprometimento da validade dessas provas no processo penal. 5- A análise envolve a verificação da cadeia de custódia em toda a sua extensão, desde a obtenção até o descarte do vestígio, perpassando pelos cuidados necessários para permitir a sua devida avaliação e teste. A higidez da prova digital deve ser garantida sob os aspectos de auditabilidade, repetibilidade, reprodutibilidade e justificabilidade. III- Razões de decidir. 6- A cadeia de custódia deve ser preservada para garantir a confiabilidade das provas digitais, conforme os arts. 158-A a 158-F do CPP, mesmo para fatos anteriores à Lei nº 13.964/2019, por ser ínsita à garantia da higidez probatória no processo penal e consectário lógico do devido processo legal. 7- A ausência de medidas para a preservação da cadeia de custódia, quando impede qualquer teste de confiabilidade do conteúdo digital, torna a prova imprestável. 8- No caso concreto, em que pese não se afigurar dos autos a ilicitude na obtenção da prova (hipótese textualmente prevista no art. 157 do CPP), é caso de inviabilidade de utilização de tais elementos em decorrência da quebra da cadeia de custódia nos momentos subsequentes. Nesse contexto, a imprestabilidade da prova digital, em razão da quebra da ca-

14.1.9.1 Etapas de rastreamento

O art. 158-B do CPP enumera as etapas de rastreamento do vestígio. Verifica-se uma ideia de continuidade, num processo de rastreamento ininterrupto cronologicamente. Começa com a fase externa e termina na fase interna. Começa detectando vestígio e termina com o descarte. Compreende a preservação do local do crime, a busca, o reconhecimento, o isolamento, a fixação, a coleta, o acondicionamento, o transporte e o recebimento do vestígio.

Aqui se descrevem de forma minuciosa os procedimentos a serem seguidos pelos agentes públicos responsáveis pela colheita da prova, visando à preservação dos vestígios, que podem servir de elementos de convicção na instrução processual.

14.1.9.2 Crime de fraude processual (art. 347, CP)

A perícia realizada fora dos moldes legais pode caracterizar o crime de fraude processual, tal como preconiza o art. 158-C, §2º, do Código de Ritos Penal. Assim, vejamos:

> Art. 158-C. A coleta dos vestígios deverá ser realizada preferencialmente por perito oficial, que dará o encaminhamento necessário para a central de custódia, mesmo quando for necessária a realização de exames complementares. (Incluído pela Lei nº 13.964, de 2019)
>
> §1º Todos vestígios coletados no decurso do inquérito ou processo devem ser tratados como descrito nesta Lei, ficando órgão central de perícia oficial de natureza criminal responsável por detalhar a forma do seu cumprimento. (Incluído pela Lei nº 13.964, de 2019)

---

deia de custódia, impõe seu desentranhamento dos autos. IV- Dispositivo e tese. 9- Agravo regimental provido para conceder a ordem de *habeas corpus*, declarando a imprestabilidade da prova impugnada (conversas de WhatsApp) e determinando seu desentranhamento dos autos e a prolação de nova decisão. Tese de julgamento:. "1- A cadeia de custódia deve ser preservada para garantir a confiabilidade das provas digitais. 2- A ausência de medidas para a preservação da cadeia de custódia, quando impede qualquer teste de confiabilidade do conteúdo digital, torna a prova imprestável. 3- A quebra da cadeia de custódia, nessas circunstâncias, impõe o desentranhamento da prova dos autos". Dispositivos relevantes citados: CPP, arts. 158-A a 158-F. Jurisprudência relevante citada: STJ, AgRg no RHC nº 143.169/RJ, Rel. Min. Messod Azulay Neto, Rel. para acórdão Min. Ribeiro Dantas, Quinta Turma, j. 7/2/2023; STJ, AgRg no HC 902.195/RS, Rel. Min. Joel Ilan Paciornik, Quinta Turma, j. 03.12.2024; STJ, RHC 174.325/PR, Rel. Min. Rogerio Schietti Cruz, Sexta Turma, j. 05.11.2024 (STJ - AgRg-HC 738418/SP - (2022/0121508-6) - 6ª T. - Rel. Min. Otávio de Almeida Toledo - DJe 21.03.2025)."

§2º *É proibida a entrada em locais isolados bem como a remoção de quaisquer vestígios de locais de crime antes da liberação por parte do perito responsável, sendo tipificada como fraude processual a sua realização.* (Incluído pela Lei nº 13.964, de 2019).

Dessa forma, o art. 158-C do CPP deve ser interpretado de forma sistemática, levando-se em consideração o tipo penal do crime de fraude processual, que não se pode admitir seja caracterizado pela simples entrada em local isolado, nem mesmo pela mera retirada de vestígios. É indispensável a comprovar o dolo de inovar no processo, com a finalidade de induzir em erro o juiz ou o perito. Portanto, uma leitura precipitada do dispositivo poderia conduzir ao cometimento de grandes injustiças, vez que pode ser violada a cadeia de custódia, mas não caracteriza necessariamente a prática do crime de fraude processual, como art. 347, *caput*, do CP.

Não se pode esquecer de dois crimes que estão ligados ao crime de cadeia de custódia. Estão catalogados nos arts. 23 e 24 da Lei nº 13.869/2019. São crimes de fraudes processuais específicas.

14.1.10 Dos quesitos

Os quesitos serão elaborados tanto pela autoridade policial, na fase investigatória, ou pelo juiz e pelas partes, na fase processual, consoante prevê o art. 160 do CPP.

Em regra, os quesitos devem ser formulados antes da diligência. Entretanto, admite-se a formulação de quesitos até o ato da diligência, quer pela autoridade policial, quer pelo juiz e pelas partes, nos lídimos termos do art. 176 do CPP.

14.1.11 Da composição do laudo

O laudo pericial é uma peça complexa, composta das seguintes fases:
1) Um preâmbulo;
2) Uma discussão;
3) Uma conclusão.

Na voz de Júlio Fabbrini Mirabete, citando Magalhães Noronha:

O laudo nada mais é do que a exposição minuciosa do observado pelos peritos e suas conclusões. Ademais, esclarece Magalhães Noronha que: "Nele se destacam quatro partes: preâmbulo, exposição, discussão e conclusões. O *preâmbulo* ou introdução contém o nome dos peritos, seus títulos e objeto da perícia. A *exposição* é a narração de tudo quanto foi observado, feita com ordem e método. A *discussão* é a análise ou crítica dos fatos observador, com exposições de argumentos, razões ou motivos de que informam o parecer do perito. Na *conclusão* ele responde sistematicamente aos quesitos do juiz e das partes".[99]

14.1.12 Da nulidade da perícia – efeitos

A nulidade da perícia deverá ser decretada pelo órgão do Poder Judiciário competente, se não forem cumpridas as formalidades legais, como, por exemplo, a perícia realizada por um único perito oficial, se estiver desfundamentada. Nesses casos, se ainda estiverem presentes os vestígios deixados pelo crime, deverá ser designada outra perícia, visando esclarecer o ponto controverso.

Também é imperioso ressaltar que, na situação descrita, poderá o juiz, ao invés de designar outra perícia, mandar suprir omissões ou até mesmo esclarecer ou complementar laudos omissos, obscuros ou contraditórios, em determinados pontos fundamentais para a descoberta da verdade real, em obediência estrita ao comando normativo do art. 181 do CPP.

14.1.13 Do exame do local onde houver sido praticada a infração

É cediço que é obrigação da autoridade policial providenciar que não se altere o estado das coisas no local onde houver sido praticada a infração, até a chegada dos peritos (art. 6º, inciso I, CPP).

Chegando no local do fato, os peritos poderão instruir seus laudos com fotografias, desenhos e esquemas elucidativos.

Se os peritos constatarem alterações do estado das coisas, então deverão registrar no laudo as alterações e discutirão, no relatório, as consequências dessas alterações nas dinâmicas dos fatos, é o que prevê o art. 169, parágrafo único, do CPP.

Não é despiciendo notar que "(...) serão sujeitos a exame os instrumentos empregados para a prática da infração, a fim de se lhes verificar a natureza e a eficiência", como exige a regra do art. 175 do CPP.

---

[99] MIRABETE, 2002, p. 269-270, grifos meus.

14.1.14 Da perícia por precatória

É possível a realização das perícias por meio de carta precatória, sendo que a nomeação do perito é determinada pelo juízo deprecado. Contudo, nas ações exclusivamente privadas, as partes podem de comum acordo pedirem ao juízo deprecante que nomeie o perito. Nada obstante, constitui mera faculdade do juiz acatar o pleito das partes. E mesmo que acate só a ele cabe a indicação, sem qualquer influência das partes.

Quanto aos quesitos do juiz e das partes, serão enviados ao juízo deprecado, via precatória, não cabendo a este formular quesitos, como se dessume das prescrições do art. 177, parágrafo único, do CPP. O mesmo procedimento pode ser adotado na fase inquisitorial por analogia.

14.1.15 Da vinculação do juiz às conclusões dos peritos

O juiz não fica adstrito ao laudo, pois pode aceitá-lo ou rejeitá-lo, no todo ou em parte, até porque o juiz é o perito dos peritos. Entretanto, caso exista rejeição do laudo, no todo ou em parte, o juiz deverá apontar os fundamentos pelos quais discorda dos peritos, sob pena de nulidade. É o que preconiza o art. 182 do CPP.

14.1.16 Obrigatoriedade dos exames periciais

A questão que se impõe aqui é que as partes, em juízo, ou na fase investigatória, podem requerer a realização de qualquer perícia. Todavia, nem o juiz, nem o delegado, são obrigados a deferi-la, salvo o exame de corpo de delito, consoante previsão do art. 184 do CPP. Não sendo esse tipo de perícia, deverá a autoridade (judicial ou policial) fundamentar o indeferimento, visando demonstrar que a realização da perícia requerida não será imprescindível ao esclarecimento da verdade.

14.2 Procedimento pericial em relação a crimes específicos

14.2.1 Homicídio

14.2.1.1 Autópsia

Autópsia é o exame pericial interno feito no cadáver, com o fim de constatar a causa da morte da vítima.

Segundo a previsão legal, a necropsia deve ser realizada pelo menos seis horas após o óbito, salvo se os peritos, pela evidência dos sinais de morte, julgarem que possa ser feita antes daquele prazo, o que declararão no auto. É isso o que determina o art. 162, *caput*, do CPP.

Porém, essa perícia pode ser dispensada quando houver:
a) Morte violenta, como atropelamento ou desastre aéreo;
b) Inexistência de infração a apurar;
c) Precisão da causa da morte pelas lesões externas e ausência de necessidade de exame interno para verificação de alguma circunstância relevante.

14.2.1.2 Exumação para exame cadavérico

Exumar o cadáver quer dizer desenterrá-lo, com o objetivo que seja realizada a perícia para que seja descoberta a causa do evento morte, que não restou devidamente esclarecido na necropsia.

Em se evidenciando a necessidade, o exame cadavérico, por não ter sido realizada anteriormente a necropsia, ou para suprir alguma falha ou omissão no laudo já confeccionado, é não somente possível como é necessária a exumação do cadáver para esse fim.

14.2.1.2.1 Providências a cargo do delegado

Em se verificando a necessidade de exumação do cadáver e elaboração de novo laudo pericial, a autoridade policial deverá adotar as seguintes providências:
1) Designar, previamente, dia e hora para realizar a diligência;
2) Ordenar que o administrador do cemitério indique o lugar da sepultura, sob pena de desobediência;
3) Proceder às pesquisas necessárias, com o fito de encontrá-lo caso não haja recusa ou falta de quem indique a sepultura, ou encontrar-se o cadáver em lugar não destinado a inumações (enterramento de cadáveres);
4) Ordenar a lavratura de auto circunstanciado, no ato da diligência, relatando tudo o nela que aconteceu.

14.2.1.2.2 Providências a cargo dos peritos

Logo em seguida à exumação do cadáver, a autoridade fará com que não se altere o estado e a conservação das coisas até a chegada dos peritos (art. 6º, inciso I, CPP), se não se fizerem presentes de imediato à diligência.

A partir da exumação, os peritos deverão adotar as seguintes providências:
a) Efetuarão o exame fotográfico do cadáver na posição em que for encontrado, além de, se for possível, fotografar todas as lesões externas e vestígios deixados no local do crime, na forma do art. 164 do CPP;
b) Juntarão ao laudo do exame, se possível, provas fotográficas, esquemas ou desenhos, devidamente rubricados, a fim de representar as lesões encontradas no cadáver, o que se extrai de uma simples leitura do art. 165 do CPP.

14.2.1.2.3 Da dúvida quanto à identidade do cadáver exumado

Em existindo dúvida quanto à identidade do cadáver, a autoridade policial deverá providenciar o seu reconhecimento. O reconhecimento será realizado:
a) Pelo instituto de identificação e estatística ou repartição congênere; ou,
b) Na sua falta, por testemunhas, nos lídimos termos legais do art. 166, *caput*, do CPP.

Por conseguinte, será lavrado o auto de reconhecimento e de identidade, no qual se descreverá em detalhes minuciosos o estado em que se encontra o cadáver, com todos os sinais e indicações.

Examinado pelo prisma legal, deverão ser arrecadados e autenticados todos os objetos encontrados, que possam ser úteis para a identificação do cadáver, em cumprimento às prescrições legais do art. 166, parágrafo único, do CPP.

14.2.2 Lesões corporais – do exame complementar

No que tange à situação específica das lesões corporais, o CPP estabelece em seu art. 168 que, se o primeiro exame tiver sido incompleto, proceder-se-á a exame complementar por determinação da autoridade policial ou judiciária, de ofício, ou a requerimento do órgão do Ministério Público, do ofendido ou do acusado, ou de seu defensor.

Advirto que na confecção do exame complementar, os peritos deverão ter à disposição o auto de corpo de delito, a fim de suprir-lhe a deficiência ou retificá-lo.

Como é consabido, na hipótese de lesão corporal grave da qual resulta incapacidade para as ocupações habituais por mais de 30 dias, o exame complementar sempre será necessário, cuja realização deverá ser feita 30 dias após o fato, sob pena de desclassificar a lesão para leve. Todavia, a falta do referido exame poderá ser suprido por prova testemunhal. Exatamente essa é a previsão legal do art. 168, §3º, do CPP.

14.2.3 Crime de furto qualificado

Tem-se em conta a casuística elencada no Códex Instrumental Penal, que em seu art. 171 trata da perícia quando há a ocorrência do crime de furto qualificado com destruição ou rompimento de obstáculo à subtração da coisa, ou por meio de escalada, oportunidade em que os peritos, além de descrever os vestígios, indicarão com que instrumentos, por que meios e em que época presumem ter sido o fato praticado. Sendo crime que deixa vestígios, é indispensável a sua realização para que seja caracterizado o furto como qualificado, com penas mais severas que um tipo simples.

14.2.4 Crimes de incêndio e dano

As mesmas razões declinadas para o crime de furto qualificado aqui são invocadas no caso do crime incêndio (art. 250, CP), que deixa vestígios, ocasião em que os peritos verificarão a causa e o lugar em que houver começado, bem como o perigo que dele tiver resultado para a vida ou para o patrimônio alheio, a extensão do dano, em se tratando do crime catalogado no art. 163 do CP, e o seu valor e as demais circunstâncias que interessarem à elucidação do fato. Eis o que preceitua o art. 173 do CPP.

14.2.5 Crimes de falso

O art. 174 do CPP é concernente ao exame grafotécnico, visando à comprovação não só da materialidade e da autoria dos delitos de falsidade documental ou estelionato, mas também de qualquer circunstância que venha influir na dosagem da pena em concreto a ser fixada pelo juiz na sentença.

Nessa conjuntura, o reconhecimento de escritos é realizado por meio da comparação das letras. É indispensável se proceder ao cotejo da letra cuja autoria se pretende reconhecer com a letra de determinada

pessoa, que poderá ou não ser a pessoa do investigado. O exame deve ser realizado se observando os seguintes passos descritos no art. 174, incisos I a IV, do CPP:
1) A pessoa a que se atribua ou se atribuir o escrito será intimada para o ato, se for encontrada;
2) Para a comparação, poderão servir quaisquer documentos que a pessoa reconhecer ou já tiverem sido judicialmente reconhecidos como de seu próprio punho, ou sobre cuja autenticidade não houver dúvida;
3) A autoridade, quando necessário, requisitará, para o exame, os documentos que existirem em arquivos ou estabelecimentos públicos, ou nestes realizará a diligência, se não puderem ser retirados;
4) Quando não houver escritos para comparação ou forem insuficientes os exibidos, a autoridade mandará que a pessoa escreva o que lhe for ditado. Se estiver ausente a pessoa, mas em lugar certo, a última diligência poderá ser feita por precatória, em que se consignarão as palavras que a pessoa será intimada a escrever.

14.3 Do interrogatório do acusado

14.3.1 Natureza jurídica

Embora esteja elencado dentre os meios de prova, e efetivamente pode ser o interrogatório utilizado como meio de prova, uma vez que pode levar a confissão do delito, registro que o acusado não é obrigado a colaborar com a Justiça na descoberta da verdade. Dessa forma, o acusado possui o direito de ficar calado, exercendo seu direito constitucional ao silêncio, a teor do disposto no art. 5º, inciso LXIII, da CF, podendo até mesmo mentir, sem o perigo de responder pelo crime de falso testemunho.

Sem embargo de entendimento em sentido contrário, é possível, em caso de mentira, que o interrogado responda pelos seguintes crimes:
a) Autoacusação falsa (art. 34, CP);
b) Calúnia (art. 138, CP);
c) Denunciação caluniosa (art. 339, CP).

Visando se afastar qualquer dúvida, pode-se afirmar que o interrogatório pode constituir um meio de prova, nas respostas aos esclarecimentos das partes e do juiz, e/ou meio de defesa pessoal, ao anunciar que a oitiva do acusado encerra a discussão, podendo exercer seu direito de defesa pessoal, tal como confere o art. 400 do CPP. Eis aqui a caracterização de sua natureza jurídica mista.

Em sendo assim, o interrogatório é a resposta concedida pelo acusado aos questionamentos que lhe são formulados pelas partes e pelo juiz, para que, segundo seu ponto de vista, sejam esclarecidos o fato delituoso e suas circunstâncias, o que pode ser corroborado pelas demais provas constantes dos autos.

14.3.2 Momento do interrogatório

O interrogatório constitui o último ato da instrução processual, como se deflui do quanto previsto no art. 400 do CPP. É a oportunidade que o acusado tem de influenciar de maneira decisiva a formação do convencimento do magistrado quanto à prática ou não do evento delituoso, objeto do pedido condenatório formulado pelo Ministério Público ou pelo querelante na petição inicial do processo criminal.

14.3.3 Participação do interrogado no interrogatório

Em sendo possível, deve ser realizado o interrogatório. Porém, se o juiz não realizar o ato por qualquer motivo, tem-se configurada uma nulidade absoluta, por falta de defesa pessoal, ferindo com isso, o princípio basilar da ampla defesa, que se divide em defesa técnica, exercida por meio de advogado, e a defesa pessoal pelo acusado.

Entretanto, se o acusado foi chamado e não comparecer voluntariamente, não há nulidade, não podendo haver determinação de condução coercitiva, pois nas ADPFs nº 395 e 444, a Corte Excelsa firmou o entendimento de que a condução coercitiva do investigado ou acusado pode ser utilizada em diversos contextos, porém, jamais para o interrogatório, uma vez que o réu tem o direito de permanecer calado

Qualquer determinação judicial no sentido da condução coercitiva do acusado para fins de interrogatório, além de ser ilegal, pode caracterizar o crime de abuso de autoridade, previsto no art. 10 da Lei nº 13.869/2019, cujo tipo penal consiste em decretar a condução coercitiva de testemunha ou investigado manifestamente descabida ou sem prévia intimação de comparecimento ao juízo.

No mesmo passo, não se pode ignorar a previsão do quanto disposto no art. 16 da Lei nº 13.869/2019, porque implicará na responsabilidade da conduta do responsável pelo interrogatório em sede de procedimento investigatório de infração penal que deixa de identificar-se ao preso ou atribui a si mesmo falsa identidade, cargo ou função.

Ainda se pode verificar a possibilidade da ocorrência do crime de abuso de autoridade, conforme previsto no art. 18 da Lei nº 13.869/2019. Nesse sentido, a lei é clara no sentido de que não é possível submeter o preso a interrogatório policial durante o período de repouso noturno, salvo se capturado em flagrante delito ou se ele, devidamente assistido, consentir em prestar declarações. Em não existindo o consentimento do investigado, não só o interrogatório é nulo, como também, pode configurar o crime de abuso de autoridade por parte da autoridade policial oficiante no inquérito policial.

14.3.4 Procedimento

a) Para a confecção do interrogatório, a lei o divide em duas partes:
1) Interrogatório de qualificação (art. 188, *caput*, CPP): A razão de ser da primeira parte é que o juiz tem interesse em saber se a pessoa a ser interrogada é a mesma que foi denunciada.
2) Interrogatório de mérito (art. 188, I a VIII, e p.único, CPP). No interrogatório de mérito, o juiz pergunta sobre o fato; as circunstâncias deste; a participação do acusado; se este tem ciência da imputação e das provas produzidas; sobre a vida pregressa do acusado; se houver confissão, os motivos e circunstâncias da ação e se houve participação de outras pessoas, e quais sejam, na forma do art. 190 do CPP.

b) O juiz indagará ao acusado se tem advogado. Em caso positivo, mandará intimá-lo para acompanhá-lo no ato; se não tiver, o juiz no mesmo ato nomeará um defensor dativo ou remeterá cópia dos autos para a Defensoria Pública.

c) As respostas do acusado serão ditadas pelo juiz e reduzidas a termo, que, depois de lido e rubricado pelo escrivão em todas as suas folhas, será assinado pelo juiz e pelo acusado; se o acusado não souber escrever, não puder ou não quiser assinar, tal fato será consignado no termo (art. 195, *caput*, e parágrafo único, CPP).

Digno de registro de que, hodiernamente, a colheita do interrogatório é realizada por meio de gravação audiovisual, na seguinte ordem: primeiro o juiz perguntando, depois a acusação, e, por fim, o advogado de defesa, juntando-se aos autos do processo eletrônico posteriormente a gravação.

14.3.5 Interrogatório de corréus, do mudo, do surdo ou do surdo-mudo, do estrangeiro e do menor

a) Corréus: Cada um deve ser interrogado separadamente (art. 191, CPP);
b) Surdo: As perguntas são feitas por escrito e respondidas oralmente (art. 192, I, CPP);
c) Mudo: As perguntas são feitas e respondidas oralmente (art. 192, II, CPP);
d) Surdo-mudo: As perguntas são formuladas por escrito e respondidas por escrito (art. 192, III, CPP).
e) Estrangeiro que não saiba o português e interrogado que não saiba ler ou escrever: Será nomeado intérprete (art. 193, CPP).

14.3.6 Características do interrogatório

14.3.6.1 Ato público

Como todos os demais atos judiciais, o interrogatório é público (art. 93, IX, CF), realizado a portas abertas, ressalvada a exceção tratada no §1º, do art. 792, do CPP, quando o juiz, percebendo a inconveniência da presença popular, poderá limitar o ingresso de pessoas à audiência.

14.3.6.2 Ato personalíssimo

Somente o próprio denunciado pode a ele se submeter, vedada a possibilidade de sua realização por meio de representação. Interrogado deve ser o próprio réu e ninguém por ele.

No caso de interrogatório de pessoa jurídica é a pessoa física indicada como representante legal em seu contrato ou estatuto.

14.3.6.3 Oralidade

É outra característica do interrogatório. Consiste o interrogatório no único ato processual no qual o acusado pode, de viva voz, dar ao juiz sua versão para os fatos que lhe são imputados.

No caso do art. 221 do CPP, determinadas autoridades gozam da prerrogativa para funcionar como testemunhas, mas nunca como acusado.

O art. 188 do CPP autoriza que as partes intervenham no ato do interrogatório, a fim de que algum fato seja esclarecido. Daí se afirmar que o interrogatório é ato realizado sob o crivo do contraditório. É necessária a presença de um advogado no interrogatório judicial. Também entendo que a presença do advogado é imprescindível no interrogatório policial (art. 7º, inciso XXI, Lei nº 8.906/1994).

Em caráter excepcional, e obedecendo a segurança pública, pode ser possível a realização do interrogatório por videoconferência. As hipóteses estão prevista no art. 185, §2º, do CPP:

> (...)
> Excepcionalmente, o juiz, por decisão fundamentada, de ofício ou a requerimento das partes, poderá realizar o interrogatório do réu preso por sistema de videoconferência ou outro recurso tecnológico de transmissão de sons e imagens em tempo real, desde que a medida seja necessária para atender a uma das seguintes finalidades:
> I - prevenir risco à segurança pública, quando exista fundada suspeita de que o preso integre organização criminosa ou de que, por outra razão, possa fugir durante o deslocamento;
> II - viabilizar a participação do réu no referido ato processual, quando haja relevante dificuldade para seu comparecimento em juízo, por enfermidade ou outra circunstância pessoal;
> III - impedir a influência do réu no ânimo de testemunha ou da vítima, desde que não seja possível colher o depoimento destas por videoconferência, nos termos do art. 217 deste Código;
> IV - responder à gravíssima questão de ordem pública.

Para a LEP, em seu art. 52, inciso VII, há outra hipótese:

> (...) A prática de fato previsto como crime doloso constitui falta grave e, quando ocasionar subversão da ordem ou disciplina internas, sujeitará o preso provisório, ou condenado, nacional ou estrangeiro, sem prejuízo da sanção penal, ao regime disciplinar diferenciado, com as seguintes características: VII - *participação em audiências judiciais preferencialmente por videoconferência*, garantindo-se a participação do defensor no mesmo ambiente do preso.
> (...)

14.4 Confissão

É o reconhecimento pelo denunciado da veracidade total ou parcial dos fatos narrados na peça exordial acusatória e que são desfavoráveis à pretensão libertária do acusado.

14.4.1 Valor

Como as demais provas, tem valor relativo. Não é mais a rainha das provas. Somente a confissão do réu, sem lastro em demais provas, não autoriza o decreto condenatório. O art. 197 do CPP é claro nesse sentido. Requisitos para a confissão válida:

14.4.1.1 Verossimilhança

Probabilidade da ocorrência do fato da forma que admitido.

14.4.1.2 Credibilidade e coincidência

Cunho de veracidade da confissão, movida unicamente pela intenção do confitente em dizer a verdade.

14.4.1.3 Persistência ou uniformidade

Versão apresentada pelo confitente deve ser uniforme nas diversas vezes em que foi ouvido, conferindo credibilidade.

14.4.2 Características

a) Tem valor relativo;
b) É divisível;
c) É retratável.

14.4.3 Classificação

Dentro de uma perspectiva doutrinária, a confissão pode ser:
a) Explícita: Quando o autor admite expressamente ser o autor do delito; ou implícita – quando admite a prática criminosa de maneira sub-reptícia, e o autor busca reparar os danos sofridos pela vítima.
b) Simples: Quando se limita a admitir a prática do crime. Qualificada: em que pese tenha confessado o delito, invoca algum benefício em seu favor, capaz de excluir o crime ou diminuir-lhe a pena.[100]

---

[100] "AGRAVO REGIMENTAL EM *HABEAS CORPUS* SUBSTITUTIVO DE REVISÃO CRIMI-NAL-ROUBOSIMPLES-CONFISSÃOQUALIFICADA-DOSIMETRIA-COMPENSAÇÃO

c) **Judicial**: Quando confeccionada em juízo. **Extrajudicial**: Quando realizada fora dos autos da ação penal, geralmente durante a fase investigatória.

d) **Direta ou indireta**: Tanto a direta quanto a indireta são confissões explícitas. A primeira é voluntária e a segunda é decorrente de declarações contraditórias que não encontram respaldo nas demais provas dos autos.[101]

Fica registrado que no processo penal não é admissível a confissão ficta, que é aquela decorrente de presunção da lei, a exemplo do que ocorre no processo civil,[102] quando a parte é citada para responder a uma ação e não responde no prazo estabelecido em lei, decorrendo uma presunção de veracidade dos fatos alegados pelo autor, sendo um dos efeitos da revelia. O único efeito da revelia no processo penal é a não intimação do acusado para os atos processuais subsequentes.[103]

DA AGRAVANTE DA REINCIDÊNCIA COM A ATENUANTE DA CONFISSÃO ESPONTÂNEA - CONSTRANGIMENTO ILEGAL EVIDENCIADO - I- Não se conhece de *habeas corpus* substitutivo de revisão criminal, salvo em hipótese de ilegalidade flagrante, em que se concede a ordem de ofício. Precedentes. II- A pretensão que objetiva a reclassificação da conduta demanda o revolvimento de todo o conjunto fático-probatório, cujo rito do *habeas corpus* e a jurisprudência do Superior Tribunal de Justiça não admitem. Precedentes. III- Na hipótese, a Corte local concluiu que o agravante empregou violência que lesionou o braço da vítima, caracterizando o delito de roubo simples. IV- Conforme o entendimento sedimentado na Súmula nº 545 do Superior Tribunal de Justiça, "quando a confissão for utilizada para a formação do convencimento do julgador, o réu fará jus à atenuante prevista no art. 65, III, "d" do Código Penal". V- A jurisprudência do Superior Tribunal de Justiça é no sentido de que deve ser promovida a compensação entre a agravante da reincidência e a atenuante da confissão espontânea, ainda que a última tenha sido apenas parcial. Precedentes. Agravo regimental não provido. Ordem parcialmente concedida, de ofício (STJ - AgRg-HC 913639/SP - (2024/0173930-0) - Rel. Min. Messod Azulay Neto - DJe 21.06.2024)."

[101] "PROCESSO PENAL - AGRAVO REGIMENTAL NO AGRAVO EM RECURSO ESPECIAL - ROUBO - CONFISSÃO ESPONTÂNEA - RECONHECIMENTO DA ATENUANTE - AGRAVO REGIMENTAL DESPROVIDO - 1- De acordo com a Súmula 545 /STJ, a atenuante da confissão espontânea deve ser reconhecida, ainda que tenha sido parcial ou qualificada, seja ela judicial ou extrajudicial, e mesmo que o réu venha dela se retratar, como ocorrido no caso em análise. 2- A Quinta Turma, no julgamento do REsp nº 1.972.098/SC (DJe de 20/6/2022), concluiu que o réu fará jus à atenuante da confissão espontânea quando houver admitido a autoria do crime perante a autoridade, independentemente de a confissão ser utilizada pelo juiz como um dos fundamentos da sentença condenatória, e mesmo que seja ela parcial, qualificada, extrajudicial ou retratada. 3- Agravo regimental desprovido (STJ - AgRg-AG-REsp. 2466654/PI - (2023/0336742-2) - Rel. Min. Ribeiro Dantas - DJe 15.02.2024)."

[102] Art. 344 do CPC: "(...) Se o réu não contestar a ação, será considerado revel e presumir-se-ão verdadeiras as alegações de fato formuladas pelo autor".

[103] "DIREITO PROCESSUAL PENAL - RECURSO ORDINÁRIO - CALÚNIA - REVELIA - MANUTENÇÃO DO ENDEREÇO ATUALIZADO - ÔNUS DO ACUSADO - RECURSO IMPROVIDO - I- CASO EM EXAME - 1- Recurso ordinário interposto contra o acórdão do Tribunal de Justiça do Rio de Janeiro que denegou ordem em, mantendo a decretação de revelia de *habeas corpus* recorrente, denunciada por calúnia, por não comparecer aos

Outra modalidade consagrada no âmbito doutrinário é a confissão delatória, sendo aquela em que o confitente admite a sua responsabilidade na prática da infração delituosa, mas acaba revelando também a coautoria ou a participação de terceiras pessoas.

Por derradeiro, a confissão pode ser condizente a circunstância atenuante de pena, ocasião em que deve ser espontânea, não se confundindo com confissão voluntária. Na confissão espontânea não existe provocação por parte de quem quer que seja, é decorrente da vontade do próprio agente que está sendo interrogado, gerando a atenuante do art. 65, inciso III, alínea "d", do CP (Súmula nº 545, STJ). A confissão voluntária pode atenuar a pena na forma do art. 66 do CP.

14.4.4 Momento

A confissão, em juízo, pode ser feita em qualquer oportunidade. Via de regra, é feita no interrogatório. No entanto, se fora do interrogatório, deverá ser tomada por termo nos autos, seguindo a orientação do art. 199 do CPP. Como a audiência de instrução é audiovisual e gravada, já fica registrada a confissão, desde que cumpridos os requisitos elencados.

O agente quando confessa tranquiliza o espírito do juiz, traz para o cenário do processo mais segurança e mais conforto. Por isso que, quando confessa no âmbito extraprocessual e nega em juízo o

---

atos processuais e não atualizar seu endereço. 2- A recorrente foi citada e intimada para os atos processuais iniciais, mas não foi localizada em seu endereço posteriormente, não comunicando eventual mudança de residência, o que levou à decretação de sua revelia. II- QUESTÃO EM DISCUSSÃO. 3- A questão em discussão consiste em saber se a decretação de revelia foi ilegal, considerando que a recorrente não atualizou seu endereço e não compareceu aos atos processuais, apesar de devidamente citada e intimada inicialmente. 4- A defesa alega que a intimação poderia ter sido realizada via e que a WhatsApp recorrente não se ocultou, mantendo comércio próximo ao fórum. III- RAZÕES DE DECIDIR. 5- O Tribunal considerou que a recorrente, como advogada, tinha o dever de manter seu endereço atualizado em juízo, conforme previsto no art. 367 do Código de Processo Penal . 6- A jurisprudência é pacífica no sentido de que cumpre ao réu manter seu endereço atualizado, não cabendo alegar nulidade à qual deu causa. 7- A assistência da Defensoria Pública em todos os atos processuais afasta a alegação de nulidade por ausência de defesa técnica. IV- DISPOSITIVO E TESE. 8- Recurso improvido. Tese de julgamento:. "1- Cabe ao réu manter seu endereço atualizado junto ao juízo processante. 2- A decretação de revelia é válida quando o réu não comparece aos atos processuais e não atualiza seu endereço, conforme art. 367 do CPP. 3- A assistência da Defensoria Pública em todos os atos processuais afasta a alegação de nulidade por ausência de defesa técnica". Dispositivos relevantes citados: CPP, art. 367; CPP, art. 563. STJ, AgRg no RHC nº 142.555/MG, Rel. Min. Ribeiro. Jurisprudência relevante citada: Dantas, Quinta Turma, julgado em 4.5.2021, DJe de 10.5.2021 (STJ - Rec-HC 186399/RJ - (2023/0311945-5) - 6ª T. - Rel. Min. Sebastião Reis Júnior - DJe 15.04.2025)."

fato, não faz jus à atenuante, salvo se o juiz fundamentar a sentença condenatória na confissão, encontrando guarida no Enunciado nº 545 do Superior Tribunal de Justiça.[104]

Digna de nota uma observação a ser aqui aprofundada. No caso da confissão por tráfico de drogas, aplica-se o teor da Súmula nº 630 do Superior Tribunal de Justiça: "(...) A incidência da atenuante da confissão espontânea no crime de tráfico ilícito de entorpecentes exige o reconhecimento da traficância pelo acusado, não bastando a mera admissão da posse ou propriedade para uso próprio".

14.5 Perguntas ao ofendido

O ofendido não precisa prestar compromisso. Portanto, não presta depoimento, mas apenas declarações. Pode, em tese, responder pelo crime de denunciação caluniosa (art. 339, CP) ou por comunicação falsa de crime (art. 340, CP).

14.5.1 Valor probante

Como as demais provas, possui valor relativo. Nos crimes contra a dignidade sexual, a palavra da vítima, segundo entendimento pretoriano pacífico, possui valor relevante, por se tratar de crimes que se cometem em ambientes fechados, quase sempre sem testemunhas.[105]

---

[104] "AGRAVO REGIMENTAL NO *HABEAS CORPUS* - HOMICÍDIO QUALIFICADO - DOSIMETRIA - ATENUANTE DE CONFISSÃO ESPONTÂNEA - 1- A Quinta Turma deste Superior Tribunal, na apreciação do REsp nº 1.972.098/SC, de relatoria do Ministro Ribeiro Dantas, julgado em 14/6/2022, DJe 20/6/2022, firmou o entendimento de que o art. 65, III, d, do CP "não exige, para sua incidência, que a confissão do réu tenha sido empregada na sentença como uma das razões da condenação. Com efeito, o direito subjetivo à atenuação da pena surge quando o réu confessa (momento constitutivo), e não quando o juiz cita sua confissão na fundamentação da sentença condenatória (momento meramente declaratório)". 2- No caso, as instâncias ordinárias afastaram a aplicação da atenuante da confissão apontando, em síntese, que o acusado em momento algum confessou a prática delitiva. Todavia, consta da sentença de pronúncia que "Ao ser interrogado, Allan de Oliveira da Silva, confessou a autoria do crime". Desse modo, o agravado faz jus à atenuante da confissão espontânea, ainda que a admissão não tenha sido utilizada pelo julgador como um dos fundamentos da condenação. 3- Agravo regimental desprovido (STJ - AgRg-HC 898072/AL - (2024/0085575-6) - Rel. Min. Jesuíno Rissato - DJe 09.08.2024)."

[105] "AGRAVO REGIMENTAL NO AGRAVO EM RECURSO ESPECIAL - PROCESSO PENAL - CRIME DE ESTUPRO - ALEGADA INSUFICIÊNCIA PROBATÓRIA PARA CONDENAÇÃO - CRIMES SEXUAIS - RELEVÂNCIA DA PALAVRA DA VÍTIMA - REEXAME DO CONJUNTO PROBATÓRIO - SÚMULA Nº 7 /STJ - AGRAVO REGIMENTAL NÃO PROVIDO - 1- Na hipótese dos autos, a Corte de origem, após análise acurada dos elementos probatórios, entendeu comprovadas a autoria e a materialidade do

14.5.2 Características

O ofendido presta meras declarações, de quem presenciou o fato criminoso; não presta compromisso porque não é testemunha, não respondendo, portanto, por crime de falso testemunho. Em síntese: não pode ser considerada testemunha, visto que não possui a necessária imparcialidade nas informações prestadas, devendo ser cotejadas as declarações da vítima com as demais provas do processo.

14.5.3 Participação das partes na audiência do ofendido

Qualquer das partes pode formular perguntas ao ofendido, começando pela acusação e, em seguida, sendo concedida a palavra ao advogado do acusado. Não é despiciendo se enfatizar que o juiz pode inquirir a vítima, em caráter complementar, como o faz na inquirição de testemunhas.

14.5.4 Obrigatoriedade da audiência do ofendido

A oitiva do ofendido é obrigatória, sempre que possível, devendo ser qualificado e perguntado sobre as circunstâncias da infração penal. O CPP, inclusive, autoriza a sua condução coercitiva, caso seja intimado e não compareça para ser ouvido (art. 201, §1º).

A propósito, as declarações do ofendido constitui um dos meios probatórios mais importantes nos crimes contra os costumes e contra o patrimônio, devendo ser comunicado dos atos processuais relativos ao ingresso e à saída do acusado da prisão, à designação de data para audiência e da sentença e respectivos acórdãos que a mantenham ou modifiquem. Entretanto, o reconhecimento de pessoas por fotografia deve seguir o regramento legal, sob pena de nulidade.[106]

---

delito. 2- Desconstituir a conclusão das instâncias originárias demandaria revolvimento fático-probatório, providência vedada pelo óbice da Súmula nº 7 /STJ. 3- A jurisprudência do Superior Tribunal de Justiça firmou-se no sentido de que, em virtude das dificuldades que envolvem a obtenção de provas de crimes contra a liberdade sexual, os quais são praticados, em sua maioria, às escondidas e sem vestígios físicos que permitam a comprovação dos eventos, a palavra da vítima adquire relevo diferenciado. Precedentes. 4- O presente recurso não apresenta argumentos capazes de desconstituir os fundamentos que embasaram a decisão ora impugnada, de modo que merece ser integralmente mantida. 5- Agravo regimental não provido (STJ - AgRg-AG-REsp. 2696444/TO - (2024/0263762-0) - Rel. Min. Otávio de Almeida Toledo - DJe 10.02.2025)."

[106] "PROCESSO PENAL - AGRAVO REGIMENTAL NO RECURSO ESPECIAL. - CRIMES CONTRA O PATRIMÔNIO E A FÉ PÚBLICA - PROVA DE AUTORIA -

Tecidas essas considerações preliminares, o juiz tomará providências necessárias à preservação da intimidade, vida privada, honra e imagem do ofendido, podendo, inclusive, determinar o segredo de Justiça em relação aos dados, depoimentos e outras informações constantes dos autos a seu respeito para evitar sua exposição aos meios de comunicação, evitando a revitimização do crime e o escândalo do processo, nos exatos termos do art. 201, §6º, do CPP.

14.6 Das testemunhas – análise do art. 202 do CPP

Qualquer pessoa física que possa declarar em juízo o que sabe sobre os fatos controvertidos em juízo pode ser categorizada como testemunha, afastando-se qualquer espécie de preconceito.

14.6.1 Valor dos depoimentos das testemunhas

Não tem valor absoluto. Há certos depoimentos que devem ser acatados com reservas, como os infantis e de policiais. O princípio da livre apreciação da prova pelo magistrado, deixa ao julgador o poder de analisar globalmente perante o contexto probatório, cotejando todas as provas colhidas sob o crivo da cláusula do contraditório, com a oportunidade de ampla defesa.

RECONHECIMENTO - NULIDADE - AUTORIA CORROBORADA POR OUTRAS PROVAS - ABSOLVIÇÃO - REVALORAÇÃO DO CONJUNTO FÁTICOPROBATÓRIO – SÚMULA 7 /STJ - AGRAVO REGIMENTAL NÃO PROVIDO - 1- Como é de conhecimento, a Sexta Turma desta Corte Superior, no julgamento do HC 598.886 (Rel. Min. Rogério Schietti Cruz, DJe de 18/12/2020), propôs nova interpretação do art. 226 do CPP, estabelecendo que: "O reconhecimento de pessoa, presencialmente ou por fotografia, realizado na fase do inquérito policial, apenas é apto, para identificar o réu e fixar a autoria delitiva, quando observadas as formalidades previstas no art. 226 do Código de Processo Penal e quando corroborado por outras provas colhidas na fase judicial, sob o crivo do contraditório e da ampla defesa". Tal entendimento foi acolhido pela Quinta Turma desta Corte, no julgamento do Habeas Corpus nº 652.284/SC, de minha relatoria, em sessão de julgamento realizada no dia 27/4/2021. 2- Dos elementos probatórios que instruem o feito, a situação concreta apresentada gera *distinguishing* em relação ao acórdão paradigma da alteração jurisprudencial, na medida em que a autoria restou comprovada por meio de outras provas. Verifica-se que a autoria delitiva não foi estabelecida apenas no referido reconhecimento fotográfico, mas em outras provas, como: (i) os depoimentos coesos da vítima e das testemunhas; (ii) a descrição detalhada da prática delitiva pelas vítimas; (iii) o ofendido Bruno Gomes da Silva, em juízo, confirmou o procedimento de reconhecimento pessoal realizado na fase indiciária, no qual, dentre as fotografias de quatro indivíduos, reconheceu, com certeza, o insurgente como sendo um dos autores do crime de roubo; (iv) no veículo utilizado na empreitada criminosa, foi identificada a impressão digital do acusado no espelho retrovisor interno. 3- Agravo regimental não provido (STJ - AgRg-REsp 2198006/SC - (2025/0052820-0) - Rel. Min. Reynaldo Soares da Fonseca - DJe 26.03.2025)."

14.6.2 Classificação

As testemunhas são classificadas segundo o critério da *communis opinio doctorum*:
a) Diretas: Depõem sobre o fato a que assistiu;
b) Indiretas: Depõem sobre fatos que ouviu dizer;
c) Próprias; impróprias ou instrumentais: Chamam para assistir à realização de algum ato jurídico, atestando-lhe a veracidade;
d) Numerárias: Prestam-se a compromisso e são arroladas pelas partes;
e) Informantes: Não são obrigadas a depor, não prestam compromisso ou mesmo estão proibidas de depor (art. 208,CPP);
f) Referidas: São as testemunhas a que se referirem as testemunhas arroladas pelas partes (art. 209, §1º, CPP);
g) Extranumerárias: Podem ser ouvidas de ofício pelo magistrado (art. 209, *caput*, CPP), mesmo em sede de produção antecipada.[107]

No caso das testemunhas extranumerárias, ouvidas de ofício pelo juiz, são compromissadas, mas essa atuação do juiz jamais pode ser em substituição às partes, é sempre uma atuação supletiva para não macular o sistema acusatório.

---

[107] "AGRAVO REGIMENTAL NO *HABEAS CORPUS* - TRÁFICO DE DROGAS - PRODUÇÃO ANTECIPADA DE PROVAS - TESTEMUNHAS DE ACUSAÇÃO E DEFESA COMUNS À PARTE CORRÉ - POLICIAIS MILITARES QUE REALIZARAM A PRISÃO EM FLAGRANTE - NULIDADE - INEXISTÊNCIA - ART. 156 CPP - FACULDADE DADA AO MAGISTRADO PARA ORDENAR, DE OFÍCIO, A PRODUÇÃO ANTECIPADA DE PROVAS - RECURSO DESPROVIDO - 1- Nos termos da Súmula nº 455 do Superior Tribunal de Justiça, "a decisão que determina a produção antecipada de provas com base no artigo 366 do CPP deve ser concretamente fundamentada, não a justificando unicamente o mero decurso do tempo". 2- No caso, o acórdão recorrido deixa claro que as testemunhas de acusação e defesa da corré são comuns e correspondem aos policiais militares que realizaram a prisão em flagrante, e, por autuarem em diversos inquéritos policiais, tem comprometida a capacidade de memorizar detalhes de investigações concluídas há muito tempo. 3- Logo, a decisão de origem se encontra em consonância com o entendimento da Terceira Seção desta Corte, segundo o qual "a fundamentação da decisão que determina a produção antecipada de provas pode limitar-se a destacar a probabilidade de que, não havendo outros meios de prova disponíveis, as testemunhas, pela natureza de sua atuação profissional, marcada pelo contato diário com fatos criminosos que apresentam semelhanças em sua dinâmica, devem ser ouvidas com a possível urgência" (RHC nº 64.086/DF, relator Ministro NEFICORDEIRO, relator p/ acórdão Ministro ROGERIO SCHIETTI CRUZ, TERCEIRA SEÇÃO, DJe de 9/12/2016). 4- O art. 366 do CPP possibilita ao juiz condutor do processo determinar a produção antecipada de provas consideradas urgentes, e o art. 156, I, faculta ao magistrado ordenar, de ofício, a produção antecipada de provas. 5- Agravo desprovido (STJ - AgRg-HC 747441/SC - (2022/0172376-1) - 6ª T. - Rel. Min. Antonio Saldanha Palheiro - DJe 23.03.2023)."

14.6.3 Caracteres da prova testemunhal

Para que um testemunho tenha potencialidade de fundamentar uma sentença, é indispensável que tenha sido prestado em juízo. Muito embora o testemunho extrajudicial não esteja despido de valor, tem que estar acompanhado de outras provas colhidas, sob o prisma do contraditório judicial.

14.6.3.1 Oralidade

O art. 204 do CPP só admite que o depoimento seja prestado oralmente, não sendo permitido trazê-lo por escrito. Todavia, permite-se que a testemunha faça consulta a apontamentos. Por outro lado, é considerado como exceção ao princípio da oralidade o quanto previsto no §1º do art. 221 do CPP, em que se admite que seja prestado depoimento por escrito, pelo presidente e vice-presidente da República, pelos presidentes do Senado Federal, da Câmara dos Deputados e do Supremo Tribunal Federal.

14.6.3.2 Objetividade

O art. 213 do CPP aborda essa matéria. Veda-se que a testemunha faça juízo de valor pessoal sobre a situação fática, salvo quando inseparável da sua narrativa. A participação da testemunha é informativa e não opinativa. Conjecturas e confabulações não são constatações fáticas, devendo ser repelidas do processo penal.

14.6.3.3 Retrospectividade

A testemunha depõe sobre fatos e circunstâncias pretéritas, que presenciou ou tomou conhecimento oralmente através de outra pessoa, vedada qualquer afirmação acerca de questões futuras.

14.6.4 Procedimento

O procedimento de oitiva das testemunhas é dividido em quatro momentos:
  a) A testemunha será perguntada sobre o seu nome, naturalidade, estado, filiação, ou simplesmente exibe seu documento de identidade que não contenha rasura;

b) A testemunha será indagada sobre possível vinculação entre ela e as partes materiais;
c) A testemunha, se for o caso, prestará o compromisso;
d) A testemunha será inquirida sobre o objeto concreto do seu depoimento, situação fática ocorrida que tem conhecimento.

14.6.5 Obrigatoriedade e proibição de depor

Toda pessoa intimada é obrigada a depor, sob pena de ser conduzida coercitivamente, pagar multa, responder por crime de desobediência e ser condenada ao pagamento das custas da diligência, sanções previstas nos arts. 218 e 219 do CPP.

Entretanto, podem recusar-se a depor os parentes do acusado, fato a que se refere o art. 206 do CPP. Não há impedimentos aos parentes da vítima, que devem prestar compromisso.[108]

14.6.5.1 Impedimentos

Há uma série de impedimentos para uma pessoa servir como testemunha. São proibidas de depor as pessoas que devam guardar segredo, em razão de função, ministério, ofício ou profissão, salvo se desobrigadas pela parte interessada, quiserem dar o seu testemunho, na dicção do art. 207 do CPP. Em função disso, tais pessoas não prestam compromisso de dizer a verdade, sendo meras declarantes.

Há impedimentos físicos ou materiais. Os cegos não podem dizer o que viram e os surdos não podem dizer o que escutaram por razões óbvias. Existem impedimentos formais e jurídicos (arts. 206, 207 e 208, CPP). Os doentes ou deficientes mentais são obrigados a depor? Desde que arrolados como testemunhas, podem sim. Porém, não prestam o

---

[108] "AGRAVO REGIMENTAL NO RECURSO ORDINÁRIO EM *HABEAS CORPUS* - HOMICÍDIO QUALIFICADO - NULIDADES - IMPEDIMENTO DA AUTORIDADE POLICIAL QUE PRESIDIU O INQUÉRITO POLICIAL PARA PRESTAR DEPOIMENTO COMO TESTEMUNHA - INEXISTÊNCIA - INTELIGÊNCIA DO ART. 202 DO CPP - PROVA TESTEMUNHAL DOS PARENTES DA VÍTIMA - VALIDADE - AGRAVO IMPROVIDO - 1- É pacífica a jurisprudência dos tribunais superiores no sentido de que, nos moldes do art. 202 do Código de Processo Penal, qualquer pessoa pode ser testemunha, inclusive a autoridade policial, não havendo que se falar em impedimento ou suspeição do delegado somente pelo fato de, em razão da natureza de seu cargo, ter presidido a fase inquisitorial. 2- Inexiste nulidade decorrente do depoimento testemunhal dos parentes da vítima, os quais tem o dever legal de dizer a verdade, de modo que, conforme o art. 206 do CPP, as exceções ao compromisso de dizer referem-se apenas àqueles que possuem grau de parentesco com o acusado. 3- Agravo regimental improvido (STJ - AgRg-RHC 117.506/CE - 5ª T. - Rel. Min. Reynaldo Soares da Fonseca - DJe 18.10.2019)."

compromisso, pois são declarantes (art. 208, CPP).

A Lei nº 13.431/2017 disciplina a oitiva de crianças e adolescentes que sejam vítimas ou testemunhas de violência. Nesse ponto, destacam-se os arts. 7º ao 12 do referido diploma legal, estabelecendo parâmetros para a escuta especializada e depoimento especial. Entende-se por escuta especializada: "(...) O procedimento de entrevista sobre situação de violência com criança ou adolescente perante órgão da rede de proteção, limitado o relato estritamente ao necessário para o cumprimento de sua finalidade" (art. 7º, Lei nº 13.431/2017).[109]

Com o objetivo de se estabelecer um contraponto, por depoimento especial se entende que: "É o procedimento de oitiva de criança ou adolescente vítima ou testemunha de violência perante autoridade policial ou judiciária" (art. 8º, Lei nº 13.431/2017).

---

[109] "DIREITO PENAL - AGRAVO REGIMENTAL - ESTUPRO DE VULNERÁVEL - PROVA TESTEMUNHAL - ESCUTA ESPECIALIZADA - AGRAVO DESPROVIDO - I- Caso em exame. 1- Agravo regimental interposto contra decisão monocrática que conheceu do agravo para conhecer em parte do recurso especial e, nesta extensão, negar-lhe provimento. O agravante foi condenado a 14 anos de reclusão por estupro de vulnerável, como incurso no art. 217-A, c/c art. 226, II, do Código Penal. A sentença condenatória foi mantida em apelação. 2- A Corte de origem, analisando os elementos probatórios sob o crivo do contraditório, concluiu pela condenação do acusado, destacando a escuta especializada da vítima menor, realizada em conformidade com a Lei nº 13.431/2017, corroborada por depoimentos colhidos em juízo. II- Questão em discussão. 3- A questão em discussão consiste em saber se houve violação ao art. 12, I, III e IV, da Lei 13.431/2017, em razão da alegação de que o depoimento da vítima colhido durante a fase investigativa é nulo por não observância ao procedimento da escuta especializada. 4- Outra questão em discussão é se a condenação do recorrente foi fundamentada exclusivamente em elementos informativos colhidos durante a fase de inquérito, em violação ao disposto no art. 155 do Código de Processo Penal . III- Razões de decidir. 5- A escuta especializada constitui medida de proteção em benefício da vítima ou de testemunha de crimes sexuais, não sendo razoável admitir que a ausência de tal procedimento seja tomada em seu desfavor. 6- A condenação foi fundamentada em elementos colhidos no inquérito policial e em juízo, sob o crivo do contraditório e da ampla defesa, notadamente no relato da vítima corroborado pelo depoimento prestado em juízo por sua avó. 7- A jurisprudência do STJ permite a utilização de elementos constantes da investigação, desde que devidamente corroborados por provas produzidas no decorrer da instrução criminal. 8- A palavra da vítima possui especial relevância em crimes contra a dignidade sexual, geralmente praticados à clandestinidade, sem a presença de testemunhas. IV- Dispositivo e tese. 9- Agravo desprovido. Tese de julgamento: '1- A escuta especializada é medida de proteção em benefício da vítima, não sendo sua ausência tomada em desfavor. 2- A condenação pode ser fundamentada em elementos constantes da investigação, desde que devidamente corroborados por provas produzidas no decorrer da instrução criminal. 3- A palavra da vítima possui especial relevância em crimes sexuais, mesmo sem testemunhas'. Dispositivos relevantes citados: Código Penal, art. 217-A; Código de Processo Penal, art. 155; Lei nº 13.431/2017, art. 12. Jurisprudência relevante citada: STJ, AgRg no AR Esp nº 1.901.228/RJ, Rel. Min. Jesuíno Rissato, Quinta Turma, julgado em 14/9/2021; STJ, RHC nº 67.435/PI, Rel. Min. Jorge Mussi, Quinta Turma, julgado em 5/4/2016 (STJ - AgRg-AG-REsp. 2737195/SP - (2024/0332592-5) - Rel. Min. Reynaldo Soares da Fonseca - DJe 26.02.2025)."

Visando proteger os melhores interesses infanto-juvenis: "A criança ou o adolescente será resguardado de qualquer contato, ainda que visual, com o suposto autor ou acusado, ou com outra pessoa que represente ameaça, coação ou constrangimento". A lei estabelece o local para a colheita da prova: "A escuta especializada e o depoimento especial serão realizados em local apropriado e acolhedor, com infraestrutura e espaço físico que garantam a privacidade da criança ou do adolescente vítima ou testemunha de violência" (arts. 9º e 10, Lei nº 13.431/2017). Tramitará em segredo de Justiça.

Seus depoimentos, quando não proibidos, são tomados como meras declarações, jamais sujeitos ao prévio compromisso de dizer a verdade.

Para virar prova válida no processo penal têm que ser colhidos o depoimento especial e a escuta especializada na presença do juiz, das partes, em contraditório, com o apoio de uma equipe multidisciplinar e de uma maneira menos revitimizante possível.

14.6.6 Das perguntas e respostas

Quanto às perguntas, são realizadas de maneira direta. Somente em duas hipóteses o juiz indeferirá as perguntas das partes: se não tiverem relacionamento com o processo e se forem mera repetição das já respondidas, como determina o art. 212 do CPP. No final do depoimento, o Ministério Público e os defensores assinarão o termo, juntamente com a testemunha. Se esta não puder ou não souber escrever, alguém assinará a seu rogo, de acordo com o art. 216 do CPP.

14.6.7 Da contradita

É a impugnação ao depoimento a ser prestado em juízo. Ocorre a contradita quando a testemunha for suspeita de parcialidade ou indigna de fé em relação a isenção do seu depoimento.

No entanto, somente nas hipóteses do art. 207 do CPP – pessoas que devem guardar segredo profissional – e do art. 208 do mesmo diploma legal – doentes, deficientes mentais, menores de 14 anos e parentes do acusado a que se refere o art. 206 do mesmo códex – o juiz deferirá a contradita, quer excluindo a testemunha, quer dispensando o seu compromisso, ocasião em que será ouvida como declarante, por isso gozando de menor credibilidade suas declarações.

14.6.8 Depoimento de autoridades, militares e de funcionário público

14.6.8.1 Autoridades

A lei arrola autoridades, militares e funcionários públicos que possuem prerrogativas para que sejam ouvidas em juízo. Nesse diapasão, temos o rol dessas autoridades no (art. 221, *caput*, CPP):

> (...)
> O Presidente e o Vice-Presidente da República, os senadores e deputados federais, os ministros de Estado, os governadores de Estado e Territórios, os secretários de Estado, os prefeitos do DF e dos Municípios, os deputados Estaduais, os membros do Poder Judiciários, os membros do Ministério Público, os ministros e juízes dos Tribunais de Contas da União, Estados, do DF, bem como os do Tribunal Marítimo são inquiridos em local, dia e hora previamente ajustados entre eles e o juiz.

O depoimento do presidente e vice-presidente da República e dos presidentes do Senado, da Câmara de do Supremo será prestado por escrito, cujas perguntas lhes serão transmitidas por meio de ofício, em obediência ao art. 221, §1º, do Estatuto Processual Penal.

14.6.8.2 Militares

A autoridade superior é que deverá autorizar o militar a depor, mediante requisição do juiz, sob pena de responsabilidade dela (art. 221, §2º, CPP).

14.6.8.3 Funcionários públicos

No que se refere aos funcionários públicos, a intimação deles é feita pessoalmente, porém se deve comunicar, também, ao seu superior, com indicação do dia e da hora marcados (art. 221, §3º, CPP).

14.6.9 Depoimento através de precatória

A expedição de precatória ocorrerá quando a testemunha residir em outra comarca. Tanto a expedição quanto a data da audiência, no juízo deprecado, devem ser comunicadas às partes, máxime ao acusado, em respeito à ampla defesa.

Em regra, a expedição de precatória não suspende a instrução. Porém, se houver demora no cumprimento, nada impede que haja o julgamento da causa. Contudo, nas cortes superiores, o entendimento que prevalece é que se caracteriza o cerceamento de defesa se se verificar que as partes não forem intimadas da expedição da carta precatória, sendo desnecessária a intimação da designação da audiência no juízo deprecado (Súmula nº 273, STJ).

14.6.10 Depoimento de estrangeiro, mudo, surdo ou surdo-mudo

O depoimento do estrangeiro deve ser feito por meio de intérprete, é o que reza o art. 223 do CPP. A mesma regra se aplica àquele que não sabe ler ou escrever. No caso dos mudos, surdos e surdos-mudos, aplica-se a regra do art. 192 do CPP.

14.6.11 Depoimento por antecipação

O juiz, de ofício ou a requerimento das partes, poderá ouvir antecipadamente qualquer testemunha, desde que estejam presentes os seguintes requisitos:
   a) *Periculum in mora,* ou seja, perigo de que ao tempo da instrução não mais seja possível ouvir a testemunha;
   b) Esse perigo pode advir dos seguintes fatos: i) necessidade de se ausentar da comarca definitivamente; ii) enfermidade; ou iii) velhice.

Exatamente essa a hipótese do art. 225 do CPP – a chamada prova *ad perpetuam rei memoriam.*[110] Há, inclusive, autorização legal para o juiz determinar a colheita dessa prova de ofício.

---

[110] "AGRAVO REGIMENTAL EM RECURSO ESPECIAL - ARTS. 225 E 366, AMBOS DO CPP - SUSPENSÃO DO PROCESSO - PRODUÇÃO ANTECIPADA DE PROVAS - SÚMULA 455/ STJ - TEMPERAMENTO - RISCO DE PERECIMENTO DA PROVA - POSSIBILIDADE - JURISPRUDÊNCIA DO STJ - 1- Há situação excepcional a lastrear a necessidade de ouvida das testemunhas presenciais, pois os fatos praticados remontam à data de 15/1/2012, havendo o risco de que o decurso do tempo afete a memória das testemunhas, policiais que participaram dos detalhes relevantes do caso. Em hipóteses semelhantes, o Superior Tribunal de Justiça assentou entendimento no sentido da necessidade de se mitigar o rigor da Súmula 455 /STJ, de modo que as testemunhas, cuja natureza da atividade profissional seja marcada pelo contato diário com fatos criminosos semelhantes, devem ser ouvidas com a máxima urgência possível. 2- A Terceira Seção desta Corte, por ocasião do julgamento do RHC 64.086/DF, assentou entendimento no sentido da necessidade de mitigar o rigor da Súmula 455/STJ, de modo que as testemunhas, cuja natureza da atividade profissional seja marcada pelo contato diário com fatos criminosos semelhantes, devem ser ouvidas com a máxima urgência possível. (...) Na espécie, como visto, a produção antecipada de provas de fato se justifica pela urgência, já que no exercício de suas atividades laborais, por estarem

14.7 Reconhecimento de pessoas e coisas

14.7.1 Definição

É o meio de prova através do qual se procede ao reconhecimento e à confirmação da identidade de pessoa ou da coisa.

Utilizo aqui a definição do CNJ consignada na Resolução nº 484, de 19 de dezembro de 2022: "Art. 2º Entende-se por reconhecimento de pessoas o procedimento em que a vítima ou testemunha de um fato criminoso é instada a reconhecer pessoa investigada ou processada, dela desconhecida antes da conduta".

14.7.2 Procedimento

Segundo entendimento clássico, temos as seguintes etapas:
a) A pessoa convidada a fazer o reconhecimento de outra pessoa, inicialmente, deverá descrever as características físicas da pessoa que deva ser reconhecida;
b) Se possível, a pessoa a ser reconhecida será colocada ao lado de outras que com ela tiverem qualquer semelhança, convidando-se quem tiver de fazer o reconhecimento a apontá-la. Se não for possível, a pessoa a ser reconhecida irá juntar-se a outras sem qualquer semelhança. O que não pode é o reconhecimento com a presença somente da pessoa a ser reconhecida;
c) Se houver razão para recear que a pessoa chamada para o reconhecimento, por efeito de intimidação ou outra influência, não diga a verdade em face da pessoa que deve ser reconhecida, a autoridade policial providenciará para que esta não veja aquela;
d) Em seguida, será lavrado o respectivo auto de reconhecimento, o qual será subscrito pela autoridade, pela pessoa chamada a reconhecer e por duas testemunhas presenciais. A desobediência a essa fórmula legal pode importar em nulidade processual.[111]

---

constantemente sujeitas a crimes semelhantes, e pelo decurso do tempo, o depoimento das testemunhas poderia ser prejudicado pela dificuldade de preservação da memória quanto aos fatos pretéritos, fatos esses de extrema relevância para o esclarecimento do ocorrido (AgRg no AREsp nº 1.840.837/SP, Ministro Jesuíno Rissato (Desembargador convocado do TJDFT), Quinta Turma, DJe 5/12/2022). 3- Agravo regimental improvido (STJ - AgRg-REsp 2001576/GO - (2022/0137860-1) - 6ª T. - Rel. Min. Sebastião Reis Júnior - DJe 16.06.2023)."

[111] "DIREITO PENAL - RECURSO ESPECIAL - ROUBO MAJORADO PELO CONCURSO DE PESSOAS - NULIDADE DOS RECONHECIMENTOS - FORMAÇÃO DO JUÍZO

O reconhecimento de pessoas por fotografias requer que sejam respeitadas as balizas estabelecidas pelo entendimento pretoriano, segundo as diretrizes do art. 226 do CPP.[112]

> CONDENATÓRIO FUNDADA EXCLUSIVAMENTE NOS RECONHECIMENTOS E NO DEPOIMENTO DA VÍTIMA - INOBSERVÂNCIA DO ART. 226 DO CPP - AUSÊNCIA DE OUTRAS PROVAS MATERIAIS INDEPENDENTES - INSUFICIÊNCIA PROBATÓRIA - RECONHECIMENTO DA NULIDADE - ABSOLVIÇÃO QUE SE IMPÕE - RECURSO CONHECIDO E PROVIDO - 1- Recurso Especial interposto pela Defensoria Pública contra acórdão que deixou de reconhecer a nulidade dos reconhecimentos pessoal e fotográfico, em violação ao art. 226 do Código de Processo Penal, mantendo a condenação do réu pelo crime de roubo majorado, previsto no art. 157, §2º, inciso II, c/c o art. 61, inciso I, ambos do Código Penal . 2- Há duas questões em discussão: (i) definir se a nulidade dos reconhecimentos realizados sem as formalidades do art. 226 do CPP; (ii) estabelecer se, diante da nulidade do reconhecimento pessoal e fotográfico, subsistem outras provas suficientes para manter a condenação. 3- A Sexta Turma desta Corte Superior, no julgamento do HC 598.886 (Rel. Min. Rogério Schietti Cruz, DJe de 18/12/2020), propôs nova interpretação do art. 226 do CPP, estabelecendo que: "O reconhecimento de pessoa, presencialmente ou por fotografia, realizado na fase do inquérito policial, apenas é apto, para identificar o réu e fixar a autoria delitiva, quando observadas as formalidades previstas no art. 226 do Código de Processo Penal e quando corroborado por outras provas colhidas na fase judicial, sob o crivo do contraditório e da ampla defesa". Tal entendimento foi acolhido pela Quinta Turma desta Corte. 4- No caso, o reconhecimento pessoal realizado na Delegacia de Polícia sequer foi formalizado por meio de termo, limitando-se a um encontro entre a vítima e o recorrente nas dependências da unidade policial. Assim, o reconhecimento pessoal do recorrente, em desconformidade com o art. 226 do Código de Processo Penal, é nulo e não convalida reconhecimentos posteriores, ainda que realizados em Juízo. 5- É imprescindível enfatizar que o fato de a vítima, ao visualizar o recorrente detido na Delegacia de Polícia, tê-lo apontado como autor do roubo, não exime a necessidade de observância das formalidades previstas no art. 226 do Código de Processo Penal, cujo objetivo é assegurar a maior precisão possível na identificação do suposto autor do crime. Nesse contexto, a dispensa dos procedimentos estabelecidos no referido dispositivo legal, garantia mínima para quem se encontra na condição de suspeito de um delito, enfraquece o reconhecimento informal realizado pela vítima na fase inquisitiva. 6- Ainda, o reconhecimento fotográfico realizado em Juízo, de igual modo, ocorreu de maneira informal, em flagrante desconformidade com o disposto no art. 226 do Código de Processo Penal, tendo sido realizado, mais especificamente, na modalidade nomeada como "Show up", que consistiu na apresentação de apenas uma fotografia do recorrente, com a solicitação para que a vítima identificasse se ele seria o responsável pelo crime. 7- Adicionalmente, não há qualquer elemento apto a atestar a autoria delitiva, como exemplo, histórico de localização de GPS, imagens de circuitos de segurança, posse dos objetos subtraídos, objetos do recorrente juntamente com os bens subtraídos localizados, dentre outros. 8- A condenação baseada em reconhecimentos irregulares e no depoimento judicial da vítima, que testifica aqueles, sem provas independentes que demonstrem a autoria, deve ser afastada, em observância ao princípio da presunção de inocência. 9- Recurso conhecido e provido, a fim de absolver o recorrente, nos termos do art. 386, inciso V, do Código de Processo Penal (STJ - REsp 2055237/RS - (2023/0050985-0) - Relª Minª Daniela Teixeira - DJe 25.02.2025)."
>
> [112] "AGRAVO REGIMENTAL NO *HABEAS CORPUS* SUBSTITUTIVO DE RECURSO PRÓPRIO - CRIMES DE LATROCÍNIO TENTADO, ROUBO MAJORADO E CORRUPÇÃO DE MENORES - CONDENAÇÃO MANTIDA PELA CORTE LOCAL EM SEDE DE APELAÇÃO - NULIDADE - RECONHECIMENTO FOTOGRÁFICO REALIZADO NA FASE POLICIAL EM CONTRARIEDADE AO ART. 226 DO CPP E NÃO CORROBORADO EM JUÍZO - INOCORRÊNCIA - EXISTÊNCIA DE OUTROS ELEMENTOS DE PROVA,

Em juízo, utiliza-se o mesmo procedimento realizado na Delegacia, salvo a hipótese do item 3, pois não se coaduna com o princípio da publicidade dos atos processuais.

No reconhecimento de coisas, aplica-se o mesmo procedimento previsto para o reconhecimento de pessoas.

Visando evitar o cometimento de erros judiciários crassos, bem como padronizar a atuação dos juízes criminais em todo o Brasil, o CNJ, na citada Resolução nº 484, assim disciplina a matéria:

> EM ESPECIAL A COLHEITA DAS IMPRESSÕES DIGITAIS DO PACIENTE - PRINCÍPIO DO LIVRE CONVENCIMENTO MOTIVADO - AGRAVO REGIMENTAL A QUE SE NEGA PROVIMENTO - 1- Como é de conhecimento, Em revisão à anterior Orientação Jurisprudencial, ambas as Turmas Criminais que compõem esta Corte, a partir do julgamento do HC nº 598.886/SC (Rel. Ministro Rogerio Schietti Cruz), realizado em 27/10/2020, passaram a dar nova interpretação ao art. 226 do CPP, segundo a qual a inobservância do procedimento descrito no mencionado dispositivo legal torna inválido o reconhecimento da pessoa suspeita e não poderá servir de lastro a eventual condenação, mesmo se confirmado em juízo (AgRg no AREsp nº 2.109.968/MG, relator Ministro JOEL ILAN PACIORNIK, Quinta Turma, julgado em 18/10/2022, DJe de 21/10/2022). 2- Não obstante, é possível que o julgador, destinatário das provas, convença-se da autoria delitiva a partir de outras provas que não guardem relação de causa e efeito com o ato do reconhecimento falho, porquanto, sem prejuízo da nova orientação encabeçada pela Sexta Turma do STJ (HC nº 598.886, Rel. Ministro ROGÉRIO SCHIETTI CRUZ, DJe de 18/12/2020), não se pode olvidar que vigora no nosso sistema probatório o princípio do livre convencimento motivado em relação ao órgão julgador, desde que existam provas produzidas em contraditório judicial. 3- Na hipótese dos autos, além do fato de as instâncias ordinárias atestarem expressamente que o reconhecimento do paciente obedeceu a todas as exigências previstas no art. 226 do Código de Processo Penal, verifica-se que a autoria delitiva imputada ao paciente, ainda que ele não tenha sido o autor do disparo de arma de fogo, não tem como único elemento de prova eventual reconhecimento viciado, visto que a sua condenação encontra-se suficientemente fundamentada nas demais provas produzidas nos autos, especialmente: (i) porque, na data do delito, o paciente já havia sido excluído dos quadros do Exército Brasileiro após consumar o crime de deserção, diferentemente do que afirmou em Juízo; (ii) pelos depoimentos judiciais dos policiais civis que realizaram a investigação; (iii) e, principalmente, pelo fato de terem sido encontradas digitais do paciente pela perícia papiloscópica da PCDF numa capa de CD que estava dentro do veículo utilizado no crime e foi encontrado e apreendido uma semana após o fato, não tendo o acusado oferecido explicação convincente para a sua digital ter sido encontrada nesse objeto. 4- Por conseguinte, ao contrário do alegado pela combativa defesa, a autoria delitiva não tem como único elemento de prova eventual reconhecimento viciado realizado na fase policial, o que gera *distinguishing* em relação ao acórdão paradigma da alteração jurisprudencial, o HC nº 598.886/SC, da relatoria do E. Ministro ROGÉRIO SCHIETTI CRUZ. 5- Eventual desconstituição das conclusões das instâncias antecedentes a respeito da autoria delitiva depende de reexame de fatos e provas, providência inviável na estreita via do *habeas corpus*. Não pode o *writ*, remédio constitucional de rito célere e que não abarca a apreciação de provas, reverter conclusão obtida pela instância antecedente, após ampla e exauriente análise do conjunto probatório. Caso contrário, estar-se-ia transmutando o *habeas corpus* em sucedâneo de revisão criminal. 6- Agravo regimental a que se nega provimento (STJ - AgRg-HC 806197/DF - (2023/0066623-7) - 5ª T. - Rel. Min. Reynaldo Soares da Fonseca - DJe 15.06.2023)."

Art. 4º O reconhecimento será realizado preferencialmente pelo alinhamento presencial de pessoas e, em caso de impossibilidade devidamente justificada, pela apresentação de fotografias, observadas, em qualquer caso, as diretrizes da presente Resolução e do Código de Processo Penal.
Parágrafo único. Na impossibilidade de realização do reconhecimento conforme os parâmetros indicados na presente Resolução, devem ser priorizados outros meios de prova para identificação da pessoa responsável pelo delito.

Art. 5º O reconhecimento de pessoas é composto pelas seguintes etapas:
I - entrevista prévia com a vítima ou testemunha para a descrição da pessoa investigada ou processada;
II - fornecimento de instruções à vítima ou testemunha sobre a natureza do procedimento;
III - alinhamento de pessoas ou fotografias padronizadas a serem apresentadas à vítima ou testemunha para fins de reconhecimento;
IV - o registro da resposta da vítima ou testemunha em relação ao reconhecimento ou não da pessoa investigada ou processada; e
V - o registro do grau de convencimento da vítima ou testemunha, em suas próprias palavras.
§1º Para fins de aferição da legalidade e garantia do direito de defesa, o procedimento será integralmente gravado, desde a entrevista prévia até a declaração do grau de convencimento da vítima ou testemunha, com a disponibilização do respectivo vídeo às partes, caso solicitado.
§2º A inclusão da pessoa ou de sua fotografia em procedimento de reconhecimento, na condição de investigada ou processada, será embasada em outros indícios de sua participação no delito, como a averiguação de sua presença no dia e local do fato ou outra circunstância relevante.
(...)

Modernamente, os métodos de investigação criminal têm evoluído e as câmaras de vídeo de alta precisão, colocadas em pontos estratégicos em diversas ruas das cidades de grande e médio porte no Brasil, com giro de 360 graus e imagens com excelente nitidez, possuem um sistema de reconhecimento facial com precisão de mais de 92%, e, após o reconhecimento facial já se faz o acesso ao banco de dados para saber se o suspeito possui mandado de prisão em aberto, ou se responde a processos criminais etc.

Diante dessa admirável novo mundo, o uso da inteligência artificial tem contribuído fortemente para a segurança jurídica e detecção com maior precisão do reconhecimento de pessoas, evidenciando a autoria delitiva em delitos de trânsito, homicídios, roubos, furtos, sequestros relâmpagos e lesões corporais, dentre outros, uma vez que tais sistemas disparam alertas que acionam todo o sistema de segurança pública, diminuindo sobremaneira os índices da criminalidade.

14.7.3 Reconhecimento por várias pessoas

Quando houver a necessidade de mais de uma pessoa reconhecer outra ou determinado objeto, cada uma fará prova em separado, evitando-se qualquer comunicabilidade. Nada impede que o auto de reconhecimento seja único, o qual deve obedecer aos requisitos do art. 226 e incisos do CPP.[113]

---

[113] "*HABEAS CORPUS* - ROUBO - RECONHECIMENTO DE PESSOAS - INOBSERVÂNCIA DO PROCEDIMENTO PREVISTO NO ART. 226 DO CPP - PROVA INVÁLIDA COMO FUNDAMENTO PARA A CONDENAÇÃO - APLICAÇÃO DA TEORIA DA PERDA DE CHANCE PROBATÓRIA - *STANDARD* PROBATÓRIO PENAL NÃO SUPERADO - EFETIVIDADE DO DIREITO À PRESUNÇÃO DE INOCÊNCIA - ABSOLVIÇÃO - ORDEM CONCEDIDA - 1- A Sexta Turma desta Corte Superior de Justiça, por ocasião do julgamento do HC nº 598.886/SC (Rel. Ministro Rogerio Schietti), realizado em 27/10/2020, conferiu nova interpretação ao art. 226 do CPP, a fim de superar o entendimento, até então vigente, de que o referido artigo constituiria "mera recomendação" e, como tal, não ensejaria nulidade da prova eventual descumprimento dos requisitos formais ali previstos. 2- Em julgamento concluído no dia 23/2/2022, a Segunda Turma do Supremo Tribunal Federal deu provimento ao RHC nº 206.846/SP (Rel. Ministro Gilmar Mendes), para absolver um indivíduo preso em São Paulo depois de ser reconhecido por fotografia, tendo em vista a nulidade do reconhecimento fotográfico e a ausência de provas para a condenação. Reportando-se ao decidido no julgamento do referido HC nº 598.886/SC, no STJ, foram fixadas pelo STF três teses: 2.1) O reconhecimento de pessoas, presencial ou por fotografia, deve observar o procedimento previsto no art. 226 do Código de Processo Penal, cujas formalidades constituem garantia mínima para quem se encontra na condição de suspeito da prática de um crime e para uma verificação dos fatos mais justa e precisa; 2.2) A inobservância do procedimento descrito na referida norma processual torna inválido o reconhecimento da pessoa suspeita, de modo que tal elemento não poderá fundamentar eventual condenação ou decretação de prisão cautelar, mesmo se refeito e confirmado o reconhecimento em Juízo. Se declarada a irregularidade do ato, eventual condenação já proferida poderá ser mantida, se fundamentada em provas independentes e não contaminadas; 2.3) A realização do ato de reconhecimento pessoal carece de justificação em elementos que indiquem, ainda que em juízo de verossimilhança, a autoria do fato investigado, de modo a se vedarem medidas investigativas genéricas e arbitrárias, que potencializam erros na verificação dos fatos. 3- Posteriormente, em sessão ocorrida no dia 15/3/2022, a Sexta Turma desta Corte, por ocasião do julgamento do HC nº 712.781/RJ (Rel. Ministro Rogerio Schietti), avançou em relação à compreensão anteriormente externada no HC nº 598.886/SC e decidiu, à unanimidade, que, mesmo se realizado em conformidade com o modelo legal (art. 226 do CPP), o reconhecimento pessoal, embora seja válido, não tem força probante absoluta, de sorte que não pode induzir, por si só, à certeza da autoria delitiva, em razão de sua fragilidade epistêmica; Se, porém, realizado em desacordo com o rito previsto no art. 226 do CPP, o ato é inválido e não pode ser usado nem mesmo de forma suplementar. 4- Mais recentemente, com o objetivo de minimizar erros judiciários decorrentes de reconhecimentos equivocados, a Resolução nº 484/2022 do CNJ incorporou os avanços científicos e jurisprudenciais sobre o tema e estabeleceu "diretrizes para a realização do reconhecimento de pessoas em procedimentos e processos criminais e sua avaliação no âmbito do Poder Judiciário" (art. 1º). 5- Depreende-se dos autos que, no dia

3/02/2021, após tentativa de furto dentro de sua casa, mediante destruição de obstáculo, a vítima chegou no momento em que o autor separava bens móveis que pretendia subtrair, o que não logrou por circunstâncias alheias à sua vontade. O autor do *conatus* teria então empreendido fuga depois de ameaçar a vítima, dizendo-lhe: "não peguei nada, me deixa ir embora senão eu te furo" (fl.27). 6- Em que pese tenha havido menção genérica das características do autor, inexistiu efetivo registro de qualquer característica física específica dele pela polícia, como feições, estatura, compleição física, raça/etnia, para que, então, fosse de fato possível comparar a pessoa encontrada com a descrição da que se procurava. E muito embora as vestes sejam indicativas e, junto com as características físicas, configurem-se aptas a contribuir à individualização do agente, é difícil compreender as razões que levaram àqueles policiais a se conformarem tão-somente com a descrição da camiseta e da bermuda do autor, em detrimento de reunirem descrição bem mais precisa e útil. 7- O réu foi apresentado à vítima por show up (exibição do suspeito) presencial no próprio local do fato. Por sua vestimenta coincidir com a descrição oferecida por uma pessoa que acabara de sofrer a mencionada tentativa de furto, o paciente terminou sendo exibido em situação de evidente sugestionamento da memória da vítima (ladeado por agentes da lei e, portanto, automaticamente incorporando o estigma de criminoso capturado). Não surpreende que, em cenário absolutamente contaminado pelo viés confirmatório, o réu tenha sido "prontamente reconhecido". 8- O fato de que o paciente encontrava-se vestido com roupa igual à descrita pela vítima como sendo a do autor não afasta a necessidade de se proceder à formalidade do alinhamento justo (isto é, com outras pessoas com ele semelhantes e sem destaque); Ainda nesta situação é necessário lidar com o risco de que um inocente acabe sendo injustamente confundido com o culpado. Até porque, do que é possível ver do interrogatório do réu e dos depoimentos dos policiais, ele não tentou qualquer manobra de fuga ou outro comportamento que autorize suspeitar mais fortemente que estaria envolvido na tentativa de furto. 9- Se com base apenas em sua vestimenta - Isto é, sem que houvesse um prévio encaixe do suspeito com uma descrição mais precisa do autor - Já soaria arbitrário sujeitar alguém a um reconhecimento, inclusive como manda o art. 226 do CPP, o que dizer, então do que ocorreu no caso concreto, em que se realizou diretamente o *show up*, que representa o procedimento de maior vulnerabilidade a um cidadão que pode ser inocente. 10- A pressa que conduziu ao show up é sintoma de um protagonismo indevido que tradicionalmente foi conferido à prova de reconhecimento (a todos os reconhecimentos, feitos de qualquer jeito, pois, afinal de contas, o art. 226 não passaria, na dicção da antiga jurisprudência, de uma "mera recomendação" do legislador). De acordo com essa lógica de "investigações a jato", o reconhecimento é a primeira prova que se produz, quando não raro, a única. 11- Não há razão que justifique correr-se o risco de consolidar, na espécie, possível erro judiciário, mercê da notória fragilidade do conjunto probatório. Ainda que a vestimenta do paciente pudesse ter sido considerada um indício que conduziria para o desenvolvimento mais profundo das investigações, não se pode aceitar que seja considerada suficiente para justificar uma condenação penal, porquanto o fato de o réu usar roupa semelhante à do autor continua a ser compatível com a hipótese plausível de que seja inocente. A escassez probatória que se configura no presente caso trouxe, como consequência inafastável, a insatisfação do *standard* probatório do processo penal. Aplicação da Teoria da Perda de Chance Probatória, porquanto não foram produzidas provas relevantes à determinação daqueles fatos - Como, por exemplo, as impressões digitais deixadas pelo autor do furto tentado, na casa da vítima. 12- Sendo assim, em um modelo processual em que sobrelevam princípios e garantias voltados à proteção do indivíduo contra eventuais abusos estatais que interfiram em sua liberdade, dúvidas relevantes hão de merecer solução favorável ao réu (favor rei). 13- Não é possível ratificar a condenação do acusado, visto que apoiada em prova desconforme ao modelo legal e não corroborada por elementos autônomos, independentes e suficientemente idôneos para superar todas as dúvidas razoáveis sobre a inocência. 14- Ordem concedida para absolver o paciente em relação à prática de tentativa de furto, no Processo nº 1500462-

Devo registrar aqui que o Superior Tribunal de Justiça tem abrandado tal rigor da Resolução nº 484 no reconhecimento de pessoas, entendendo ser desnecessário o reconhecimento na forma do art. 226 do CPP, quando no caso concreto há o reconhecimento imediato da vítima:

> PENAL – PROCESSO PENAL - AGRAVO REGIMENTAL NO AGRAVO EM RECURSO ESPECIAL - ROUBO MAJORADO - RECONHECIMENTO DE PESSOAS - AUSÊNCIA DE NULIDADE - DESNECESSIDADE DO PROCEDIMENTO PREVISTO NO ART. 226 DO CÓDIGO DE PROCESSO PENAL - CPP- CASO CONCRETO - RECONHECIMENTO IMEDIATO DA VÍTIMA - SEM DÚVIDAS QUANTO À IDENTIFICAÇÃO - AGRAVO REGIMENTAL DESPROVIDO - 1- O art. 226 do CPP prevê que o procedimento de reconhecimento de pessoa terá lugar "quando houver necessidade", ou seja, a metodologia deverá ser seguida quando houver dúvida sobre a identificação do suposto autor. Assim, caso a vítima seja capaz de individualizar o agente, a realização do procedimento legal tornar-se-á desnecessária. 2- Na espécie, após o agente policial ser informado de que o acusado estaria vendendo uma arma de fogo idêntica à que foi subtraída, procedeu a abordagem e a condução do réu à presença da vítima, que o reconheceu de imediato, sem dúvida quanto à identificação. Assim, não há falar em ilegalidade, tendo em vista que o procedimento de reconhecimento, no caso, era desnecessário. 3- Agravo regimental desprovido (STJ - AgRg-AG-REsp. 2346037/SP - (2023/0135734-7) - Rel. Min. Joel Ilan Paciornik - DJe 01.03.2024).

> AGRAVO REGIMENTAL NO HABEAS CORPUS - RECONHECIMENTO DE PESSOAS - CUMPRIMENTO DAS DETERMINAÇÕES DO ART. 226 DO CPP - AUSÊNCIA DE NULIDADE A SER RECONHECIDA - CONDENAÇÃO LASTREADA NOS RECONHECIMENTOS VÁLIDOS E EM OUTRAS PROVAS - AGRAVO REGIMENTAL DESPROVIDO – 1 - Em julgados recentes, ambas as Turmas que compõe a Terceira Seção deste Superior Tribunal de Justiça alinharam a compreensão de que "o reconhecimento de pessoa, presencialmente ou por fotografia, realizado na fase do inquérito policial, apenas é apto, para identificar o réu e fixar a autoria delitiva, quando observadas as formalidades previstas no art. 226 do Código de Processo Penal e quando corroborado por outras provas colhidas na fase judicial, sob o crivo do contraditório e da ampla defesa" (HC 652.284/SC, Rel. Ministro Reynaldo Soares da Fonseca, Quinta Turma, julgado em 27/4/2021, DJe 3/5/2021). 2- No caso, além da devida observância ao art. 226 do Código de Processo Penal, o édito condenatório foi baseado em outros elementos de prova dos autos,

---

83.2021.8.26.0344 (STJ - HC 727742/SP - (2022/0064487-5) - Rel. Min. Rogerio Schietti Cruz - DJe 19.04.2023)."

sendo indubitável a autoria delitiva do agravante que foi encontrado na posse da moto subtraída e confessou a prática do roubo. 3- Agravo regimental desprovido (STJ - AgRg-HC 891812/SP - (2024/0049281-9) - Rel. Min. Ribeiro Dantas - DJe 26.06.2024).[114]

14.8 Acareação

14.8.1 Definição

Fato de colocar duas ou mais pessoas, cujos depoimentos ou declarações, relevantes para o julgamento da causa, sejam conflitantes, em presença uma da outra, cara a cara, para que expliquem as divergências.

14.8.2 Requisitos

a) Desacordo manifesto entre as versões;
b) O desacordo deve incidir sobre fato ou circunstância relevante para o julgamento da causa;
c) Impossibilidade de chegar à verdade pelas demais provas produzidas.

Não é demais lembrar que é lícita e completamente válida a acareação na fase da pré-processual.

---

[114] "AGRAVO REGIMENTAL NO *HABEAS CORPUS* - CRIME DE ROUBO CIRCUNSTANCIADO PELO CONCURSO DE PESSOAS E EMPREGO DE ARMA DE FOGO - ALEGAÇÃO DE NULIDADE DO RECONHECIMENTO PESSOAL - AUTORIA CORROBORADA POR OUTROS ELEMENTOS DE PROVA AUTÔNOMOS - FIRME PALAVRA DA VÍTIMA - AUSÊNCIA DE NULIDADE - AGRAVO REGIMENTAL A QUE SE NEGA PROVIMENTO - 1- O acusado não pode ser condenado com base, apenas, em eventual reconhecimento pessoal falho, ou seja, sem o cumprimento das formalidades previstas no art. 226, do Código de Processo Penal, as quais constituem garantia mínima para quem se encontra na condição de suspeito da prática de um delito. 2- É possível que o julgador, destinatário das provas, convença-se da autoria delitiva a partir de outras provas que não guardem relação de causa e efeito com o ato do reconhecimento pessoal falho, porquanto, sem prejuízo da nova orientação, não se pode olvidar que vigora no sistema probatório brasileiro o princípio do livre convencimento motivado, desde que existam provas produzidas em contraditório judicial. 3- No caso dos autos, as instâncias ordinárias afirmaram que a condenação não está amparada apenas no reconhecimento pessoal realizado em solo policial, mas também em outros elementos de prova autônomos, de modo que eventual não observância do art. 226 do Código de Processo Penal não tem o condão de ensejar a absolvição do agravante. Precedentes. 4- Agravo regimental a que se nega provimento (STJ - AgRg-HC 910457/PB - (2024/0156248-8) - Rel. Min. Reynaldo Soares da Fonseca - DJe 10.06.2024)."

14.8.3 Pessoas que podem ser acareadas

A acareação pode ser feita entre acusados, entre acusado e testemunha, entre testemunhas, entre acusado ou testemunha e a pessoa ofendida, e entre as pessoas ofendidas.

14.8.4 Procedimento

1) Os acareandos são postos face a face; imediatamente a autoridade procede à leitura do que cada um disse quando ouvidos anteriormente, dando ênfase aos pontos divergentes;
2) Após a leitura, cada um é indagado se confirma ou não o que dissera anteriormente;
3) Tudo o que disserem, quer modificando ou mantendo sua versão anterior, será posto no próprio termo de acareação, que será assinado pelos acareandos, pelas partes, defensores, juiz e subscrito pelo escrivão.

14.8.5 Acareação por precatória

Hipótese de um dos acareandos se encontrar na Comarca do Juízo e outro não. A solução para esse impasse encontra guarida na regra do art. 230 do CPP. Ao acareando que estiver presente serão apresentados os pontos de divergência com o da testemunha ausente.

Tudo isso pode ser substituído pelo acareação virtual, através de aplicativos de celular, devidamente gravado pelo juízo deprecante e juntada a gravação aos autos, acarretando economia processual e celeridade na colheita da prova.

Por analogia com o art. 230 do CPP, nada impede que haja acareação entre acusados, entre estes e testemunhas, ofendidos.

14.9 Documentos

14.9.1 Definição

Documento é o meio de prova que se consubstancia numa expressão de conteúdo intelectual por meio de escritos, imagens, sinais ou sons, visando à comprovação de um ato ou de fato jurídico que possua relevo no processo.

14.9.2 Classificação

Os documentos podem ser escritos, gráficos e diretos. Por primeiro, o documento escrito é formalizado por meio de termo físico ou digital visando conferir segurança jurídica aos signatários e alcançar os efeitos pretendidos pela vontade das partes. No documento gráfico os fatos são representados por sinais gráficos, como no exame grafotécnico, desenhos, pinturas ou no croqui de um acidente de trânsito. Por fim, os documentos diretos estão em desuso, uma vez que os filmes e fotografias antigos foram substituídos por novos métodos virtuais de armazenamento do conteúdo dos filmes e fotografias.

O art. 232 do CPP considera documentos "quaisquer escritos, instrumentos ou papéis, públicos ou particulares".

As cópias autenticadas têm o mesmo valor que os documentos originais.

14.9.3 Momento para a produção da prova documental

Em qualquer fase do processo, o documento deve ser apresentado, salvo nos casos previstos em lei, na dicção do art. 231 do CPP. As hipóteses em que a lei estabelece o momento para a apresentação do documento estão previstas nos arts. 406, §2º e 475 do CPP.

Em busca da descoberta de ponto relevante para a acusação ou defesa, o magistrado pode ordenar a juntada de documentos, até mesmo de ofício, se possível, salvo as restrições previstas em lei, em homenagem aos arts. 233, 243, §2º, 406, §2º, e 475, todos do CPP.

14.9.4 Documentos cuja juntada é proibida

A lei estabelece vedação para a juntada de determinados documentos pelas partes no processo criminal, dentre eles estão elencados os seguintes documentos:

a) Cartas particulares, interceptadas ou obtidas por meios criminosos, salvo se exibida pelo destinatário, para defesa de seu direito, mesmo sem o consentimento do signatário. Por similitude, essa vedação é estendida para os casos de *e-mail* e mensagens de WhatsApp;

b) Documentos que se encontrem em poder do defensor do réu, salvo se se constituir elemento do corpo de delito (art. 243, §2º, CPP);

c) Documentos que revelem segredo profissional.

14.9.5 Exame pericial em documentos

O exame pericial só será feito na letra e firma do documento, quando qualquer das partes contestar a sua autenticidade, é o que determina o art. 235 do CPP. O mesmo se dará quando for contestada a autenticação de uma cópia do documento.

14.9.6 Documento estrangeiro

Pode ser juntado. Porém, se necessário, será traduzido por tradutor público ou pessoa idônea nomeada pela autoridade, na fórmula encartada no art. 236 do CPP.

14.9.7 Desentranhamento de documentos originais

Os documentos originais produzidos pelas partes podem ser desentranhados de processos findos, desde que:
a) Haja requerimento da parte que o produziu;
b) Seja ouvido o órgão do Ministério Público;
c) Fique traslado nos autos, em substituição aos originais.

14.10 Indícios

14.10.1 Definição

A definição de indício está incorporada na lei processual penal, que em seu art. 239 do CPP assim dispõe: "(...) Considera-se indício a circunstância conhecida e provada, que, tendo relação com o fato, autorize, por indução, concluir-se a existência de outra ou outras circunstâncias".

14.10.2 Objeto dos indícios

Os indícios não servem para provar a existência do fato, mas apenas de suas circunstâncias. O fato deve ser provado pelos meios de prova listados em lei, como: exame de corpo de delito, depoimento de testemunhas, documentos, e não apenas por indícios. Estes só podem provar as circunstâncias que estão em derredor do fato. Por exemplo, quando se constata vestígios de sangue na roupa de alguém num lugar próximo a ocorrência do homicídio. Dessa forma, os indícios densificam um juízo de probabilidade acerca da autoria do fato, que pode ser comprovado futuramente ou não.

14.10.3 Valor

Os indícios possuem valor probatório relativo, como as demais provas. Deixo claro que por se tratar de presunções, devem sempre ser coligidos com os demais meios de prova carreados para o processo penal, para que do cotejo seja possível se aferir um édito condenatório ou não. Indícios isolados não constituem meio de prova.

14.11 Da busca e apreensão

14.11.1 Definição

De acordo com a melhor doutrina, a busca é a perquirição de coisas ou pessoas, de forma coercitiva, contando com uma autorização judicial, sendo uma exceção às garantias da liberdade individual e destinadas ao fim de assegurar a colheita da prova para utilização no processo penal. Em se encontrando as coisas ou pessoas, deverá a autoridade competente, que executar tal medida, lavrar o auto de exibição e apreensão para fins de prova no processo criminal, descrevendo minuciosamente todos os detalhes dos fatos ocorridos durante a busca no auto circunstanciado a ser lavrado.

Dessa forma, é possível também a ocorrência da busca sem apreensão, como na situação de agentes da polícia que ingressam no domicílio de um investigado, munidos de mandado de busca e apreensão, mas não encontram as coisas elencadas no mandado judicial. Verifica-se aqui a busca frustrada.

Por outro lado, é possível a apreensão sem busca, como, por exemplo, quando uma pessoa entrega voluntariamente uma arma de fogo para a polícia, que, em seguida, efetua a apreensão do objeto do crime.

A busca e apreensão é uma diligência que pode ser realizada tanto na fase da investigação criminal quanto na fase processual (art. 145, LEP).[115] Embora seja tratada no capítulo referente às provas, possui

---

[115] "AGRAVOS REGIMENTAIS NO AGRAVO EM RECURSO ESPECIAL - ROUBO MAJORADO E POSSE DE ARMA DE FOGO DE USO RESTRITO - VIOLAÇÃO DE DOMICÍLIO - OCORRÊNCIA - AUSÊNCIA DE FUNDADAS RAZÕES - ABSOLVIÇÃO DOS RÉUS NO ESTATUTO DO DESARMAMENTO - ACOLHIMENTO DO INCONFORMISMO MINISTERIAL EM RELAÇÃO À RESTRIÇÃO DA NULIDADE - INVIABILIDADE DA DILIGÊNCIA NULA CONTAMINAR A CONDENAÇÃO PELO CRIME DE ROUBO - AGRAVO REGIMENTAL DO MPF PROVIDO - 1- "O Supremo Tribunal Federal definiu, em repercussão geral (Tema 280), que o ingresso forçado em domicílio sem mandado judicial apenas se revela legítimo - A qualquer hora do dia, inclusive durante o período noturno

natureza jurídica de medida acauteladora, com o desiderato de impedir o perecimento de coisas ou pessoas, sendo considerada medida cautelar diversa da prisão, como o sequestro de bens, a hipoteca legal, a interceptação telefônica, a quebra de sigilo de dados e bancário.

De fato, a busca e apreensão deveriam ser tratadas topograficamente junto com as demais medidas cautelares, exigindo-se para sua decretação a presença dos requisitos do periculum in mora e do fumus boni juris – fundada suspeita – como prevê o art. 244 do CPP.

Com as devidas adaptações, dispõe o art. 158, inciso III, da Lei nº 14.597/2003 (Lei Geral do Esporte), que "são condições de acesso e de permanência do espectador no recinto esportivo, independentemente da forma de seu ingresso, sem prejuízo de outras condições previstas em lei: consentir com a revista pessoal de prevenção e segurança". Criou-se uma hipótese de obrigatoriedade da revista pessoal, independentemente da existência da fundada suspeita, típica de sociedade de massa. De igual maneira, acontece a revista nos aeroportos em voos internacionais.

---

quando amparado em fundadas razões, devidamente justificadas pelas circunstâncias do caso concreto, que indiquem estar ocorrendo, no interior da casa, situação de flagrante delito" (AgRg no HC nº 762.131/GO, relator Ministro Rogerio Schietti Cruz, Sexta Turma, julgado em 13/3/2023, DJe de 16/3/2023). 2- *In casu*, após receberem denúncia anônima, os policiais dirigiram-se ao local indicado, onde estava o veículo estacionado (produto do ilícito), e, com o consentimento do morador, adentraram na residência e apreenderam armas e munições objetos da condenação subsumida ao art. 16 da Lei nº 10.826/2003, bem como a "chave da ignição do veículo roubado". 3- Entende esta Corte que "as hipóteses de validação da violação domiciliar devem ser restritivamente interpretadas, mostrando-se necessário para legitimar o ingresso de agentes estatais em domicílios, a demonstração, de modo inequívoco, do consentimento livre do morador ou de que haviam fundadas suspeitas da ocorrência do delito no interior do imóvel" (AgRg no REsp nº 1.964.592/CE, relator Ministro Joel Ilan Paciornik, Quinta Turma, julgado em 28/11/2022, DJe de 1/12/2022). 4- Deve-se, no entanto, ser mantida a condenação pelo delito de roubo majorado, mediante concurso de agentes e uso de arma de fogo, na medida em que lastreada em provas independentes das contaminadas pela indevida violação de domicílio. 5- A pretensão de absolvição pelo delito de roubo majorado demandaria aprofundado revolvimento fático-probatório, incompatível com a via eleita, na forma da Súmula nº 7/STJ, mormente porque o Tribunal de origem asseverou que, "inexistindo quaisquer provas que demonstrem a imprestabilidade da prova em comento, e sendo estas corroboradas pelos demais elementos probantes constantes nos autos digitais, não há que falar em fragilidade do conjunto probatório". 6- Agravo regimental do MPF provido. Restrição da declaração de nulidade por violação ilegal de domicílio à condenação referente ao art. 16, §1º, IV, da Lei nº 10.826/2003, mantendo-se, no mais, o acórdão condenatório, inclusive em relação ao corréu José Werbson Marinho de Macedo (STJ - AgRg-AG-REsp. 2217992/AM - (2022/0305822-9) - Rel. Min. Jesuíno Rissato - DJe 17.05.2024)."

14.11.2 Espécies e distinções

A busca e apreensão pode ser domiciliar ou pessoal (art. 240, §§1º e 2º, respectivamente, CPP).

14.11.2.1 Distinções

a) A domiciliar só pode ser realizada, com autorização judicial; a pessoal pode ser pelo juiz ou delegado;
b) A domiciliar deverá sempre ser precedida de expedição de mandado judicial – cláusula de reserva de jurisdição, salvo quando a diligência for feita pela autoridade judiciária competente, medida cada vez mais rara e não recepcionada pela CF; a pessoal pode ser, nas hipóteses do art. 244 do CPP, e é instrumentalizada sem mandado judicial. A busca e apreensão poderá ser determinada de ofício ou a requerimento de qualquer das partes. Diante da adoção do sistema acusatório, não é de bom alvitre para a sistemática do processo penal constitucional, que o juiz decrete de ofício medida cautelar de busca e apreensão, caracterizando nítido ferimento do princípio da imparcialidade do magistrado. Entendo que o art. 242 do CPP, apenas nesse ponto, não foi recepcionado pela Constituição da República de 1988, não podendo o juiz decretar busca e apreensão, em caráter cautelar, de ofício, por violar o sistema acusatório.
c) Para que seja decretada a busca domiciliar pelo juiz, devem existir "fundadas razões"[116] que autorizem a medida, a teor

---

[116] "AGRAVO REGIMENTAL NO *HABEAS CORPUS* TRÁFICO DE DROGAS - BUSCA PESSOAL - "ATITUDE SUSPEITA" - AUSÊNCIA DE JUSTA CAUSA - ILEGALIDADE - AGRAVO REGIMENTAL NÃO PROVIDO - 1- A busca pessoal é regida pelo art. 240 do Código de Processo Penal . Exige-se a presença de fundada suspeita de que a pessoa abordada esteja na posse de arma proibida ou de objetos ou papéis que constituam corpo de delito, ou, ainda, quando a medida for determinada no curso de busca domiciliar. 2- Neste caso, a prisão em flagrante ocorreu durante patrulhamento da Polícia Militar, que se baseou na "atitude suspeita" do agravado. Do que se extrai dos autos, não é possível concluir que as circunstâncias que antecederam a abordagem se enquadram nos limites estabelecidos pela interpretação dos dispositivos constitucionais e infraconstitucionais que tornam válidas as abordagens por agentes de segurança em circunstâncias assemelhadas. 3- Agravo regimental não provido (STJ - AgRg-HC 897912/SP - (2024/0084881-7) - 5ª T. - Rel. Min. Reynaldo Soares da Fonseca - DJe 01.05.2024). Decidido do mesmo modo pela 6ª Turma: AGRAVO REGIMENTAL EM RECURSO EM *HABEAS CORPUS* - TRÁFICO DE DROGAS - ILEGALIDADE FLAGRANTE - PROVA ILÍCITA - BUSCA PESSOAL - FUNDADA SUSPEITA INEXISTENTE - NULIDADE RECONHECIDA - 1- No caso, os agentes de segurança realizavam bloqueio de trânsito e foram averiguar um veículo

do disposto no art. 240, §1º, do CPP; enquanto a pessoal se contenta com "fundadas suspeitas", nos termos do §2º do art. 240 do CPP.

14.11.3 Finalidade da medida

A busca e apreensão domiciliar é autorizada pela lei com o fulcro de:
a) Prender criminosos;
b) Apreender coisas achadas ou obtidas por meios criminosos;
c) Apreender instrumentos de falsificação ou de contrafação e objetos falsificados ou contrafeitos;
d) Apreender armas e munições, instrumentos utilizados na prática de crime ou destinados a fim delituoso;
e) Descobrir objetos necessários à prova de infração ou à defesa do réu;
f) Apreender cartas, abertas ou não, destinadas ao acusado ou em seu poder, quando haja suspeita de que o conhecimento de seu conteúdo possa ser útil à elucidação do fato; há entendimento de Fernando da Costa Tourinho Filho de que a Constituição Federal atual proíbe esta modalidade de apreensão;
g) Apreender pessoas vítimas de crimes;
h) Colher qualquer elemento de convicção.

14.11.4 Legitimidade para requer a medida

Pode ser requerida por qualquer das partes ou decretada de ofício pelo juiz, é o que esclarece o art. 242 do CPP.

---

que se encontrava parado a fim de evitar a passagem pelo ponto bloqueado. O acusado, que não tinha nenhuma vinculação com o veículo ou seu condutor, estando somente nas proximidades, foi abordado pelos militares. 2- Hipótese em que exsurge evidente a ilegalidade da busca pessoal, na medida em que foi apontado pelos policiais, como justificativa para a revista, o fato de o agravado apresentar comportamento assustado ao vê-los, sem qualquer menção às circunstâncias do caso concreto que apontassem que ele estivesse na posse de objetos que constituíssem corpo de delito. 3- Agravo regimental improvido (STJ - AgRg-RHC 181362/DF - (2023/0170850-9) - 6ª T. - Rel. Min. Sebastião Reis Júnior - DJe 28.09.2023)."

14.11.5 Conteúdo do mandado de busca e apreensão domiciliar e pessoal (art. 243, CPP)

14.11.5.1 Busca e apreensão domiciliar

Considerando o caráter de excepcionalidade da busca e apreensão, em possível ferimento aos direitos e garantias individuais, como a violação do domicílio, a restrição à intimidade e à vida privada das pessoas, no mandado deve constar uma busca individualizada, tanto quanto possível, devendo indicar o nome e o local preciso daquele que será alvo da busca domiciliar, ou, em caso de busca pessoal, senão o nome, pelo menos sinais capazes de facilitar a identificação. Assim, no mandado deverão constar os seguintes requisitos:

a) Indicação precisa da casa em que será realizada a diligência e do nome do respectivo proprietário ou morador;
b) Menção do motivo e dos fins da diligência;
c) Mandado subscrito pelo escrivão e pela autoridade judiciária competente;
d) Ordem de prisão cautelar (na hipótese de sua ocorrência), no próprio texto do mandado de busca e apreensão;
e) Não apreensão de documento em poder do defensor do acusado, salvo quando constituir elemento do corpo de delito.

Obviamente que o CPP entrou em vigor em 1942; que vivemos numa sociedade de massa e complexa; que as ruas do nosso país, muitas vezes, não possuem nomes e números exatos; que, em alguns locais, os imóveis não são registrados nos nomes dos reais detentores. Diante desse quadro, como cumprir mandados de buscas domiciliares nos morros ocupados por milícias? Em que pesem tais argumentos, o Superior Tribunal de Justiça proíbe mandado de busca e apreensão coletivo.[117]

---

[117] "*HABEAS CORPUS* - TRÁFICO DE DROGAS - BUSCA E APREENSÃO COLETIVA - NULIDADE - INSTRUÇÃO DEFICIENTE - SUPRESSÃO DE INSTÂNCIA - INGRESSO NA RESIDÊNCIA DO RÉU - DOMICÍLIO COMO EXPRESSÃO DO DIREITO À INTIMIDADE - ASILO INVIOLÁVEL - EXCEÇÕES CONSTITUCIONAIS - INTERPRETAÇÃO RESTRITIVA - INVASÃO PELA POLÍCIA - NECESSIDADE DE JUSTA CAUSA - NULIDADE DAS PROVAS OBTIDAS - TEORIA DOS FRUTOS DA ÁRVORE ENVENENADA – *WRIT* CONHECIDO EM PARTE - ORDEM CONCEDIDA - 1- Quanto à suposta nulidade do mandado de busca e apreensão coletivo, a defesa não instruiu o *writ* com cópia da decisão que autorizou a realização de tal diligência, motivo pelo qual não é possível verificar o teor do ato decisório e a ocorrência de eventual ilegalidade. 2- A análise feita no acórdão combatido também não abordou o tema sob esse enfoque, porquanto se limitou a afirmar, na esteira do que havia feito o Juízo sentenciante, a prescindibilidade de autorização judicial para o ingresso na residência do acusado, por

14.11.5.2 Busca e apreensão pessoal

No que toca ao mandado de busca e apreensão pessoal, deve o mesmo preencher os seguintes requisitos indispensáveis à sua legalidade:

a) Nome da pessoa que terá de sofrer a diligência ou sinais que a identifiquem;
b) Menção do motivo e os fins da diligência;
c) Subscrição pelo escrivão e assinado pelo juiz ou delegado.

14.11.6 Dispensa do mandado

Em se tratando do caso de busca e apreensão domiciliar, o mandado só será dispensado se o próprio juiz presidir a diligência. Será dispensado, também, nas hipóteses de desastre ou flagrante.

Reza o art. 244 do CPP: "A *busca pessoal independerá de mandado, no caso de prisão ou quando houver fundada suspeita de que a pessoa esteja na posse de arma proibida ou de objetos ou papéis que constituam corpo de delito, ou quando a medida for determinada no curso de busca domiciliar"*

---

estarem presentes fundadas razões para tanto. 3- O Supremo Tribunal Federal definiu, em repercussão geral, que o ingresso forçado em domicílio sem mandado judicial apenas se revela legítimo - A qualquer hora do dia, inclusive durante o período noturno - Quando amparado em fundadas razões, devidamente justificadas pelas circunstâncias do caso concreto, que indiquem estar ocorrendo, no interior da casa, situação de flagrante delito (RE nº 603.616/RO, Rel. Ministro Gilmar Mendes) DJe 8/10/2010). 4- Em nenhum momento foi explicitado, com dados objetivos do caso, em que consistiria eventual atitude suspeita por parte do réu, externalizada em atos concretos. Não há referência a prévia investigação, monitoramento ou campanas no local. Também não se tratava de averiguação de denúncia robusta e atual acerca da existência de entorpecentes no interior da residência (aliás, não há nem sequer menção a informações anônimas sobre a possível prática do crime de tráfico de drogas pelo autuado). 5- Não há como inferir, de fatores outros que não os objetos coletados durante o ingresso da autoridade policial na residência, que o paciente estivesse cometendo delito de tráfico de drogas, ou mesmo outro ato de caráter permanente, no interior da casa, entendo não haver razão séria para a mitigação da inviolabilidade do domicílio, ainda que tenha havido posteriores descoberta e apreensão, na mochila do réu, de substâncias entorpecentes, sob pena de esvaziar-se essa franquia constitucional da mais alta importância. 6- Verifica-se, pelos elementos coligidos aos autos, ter havido apenas a intuição acerca de eventual crime perpetrado pelo ora paciente, o que, embora pudesse autorizar abordagem policial, em via pública, para averiguação, não configurou, por si só, "fundadas razões" a permitir o acesso ao seu domicílio, sem seu consentimento e sem determinação judicial. 7- Em que pese eventual boa-fé dos policiais, não havia elementos objetivos e racionais que justificassem a invasão de domicílio. Eis a razão pela qual, dado que a casa é asilo inviolável do indivíduo, desautorizado estava o ingresso na residência do paciente, de maneira que as provas coletadas por meio da medida invasiva são ilícitas. 8- *Writ* conhecido em parte. Ordem concedida para declarar a nulidade das provas obtidas a partir do ingresso dos policiais no domicílio do réu, bem como dos elementos derivados de tal diligência (STJ - HC 471.925/SP - 6ª T. - Rel. Min. Rogerio Schietti Cruz - DJe 02.12.2019)."

(grifos meus). Em regra, precisa de mandado, salvo nesses casos elencados em lei.

Por outro ângulo, no caso de busca e apreensão pessoal o mandado será dispensado nas seguintes hipóteses:
a) Se o delegado ou o juiz realizar pessoalmente a diligência (art. 241, CPP);
b) Se houver prisão;
c) Quando houver fundada suspeita de que a pessoa esteja na posse de arma proibida ou de objetos ou papéis que constituam corpo de delito ou
d) Quando a medida for determinada no curso de busca domiciliar.

A busca e apreensão é realizada por prepostos da Polícia Civil, Federal e Militar. Outrossim, se qualquer do povo pode prender quem está em flagrante delito, logo, a guarda municipal pode também, desde que obedecidos os requisitos legais e no exercício de suas atribuições estatuídas em lei.[118] Com a edição da Lei nº 13.022/2014, que regulamenta

---

[118] "PROCESSO PENAL - AGRAVO REGIMENTAL NO *HABEAS CORPUS* - RECEPTAÇÃO - GUARDA MUNICIPAL - ATUAÇÃO - ILEGALIDADE - AUSÊNCIA - 1- Recentemente, a Sexta Turma desta Corte decidiu que as guardas municipais "podem realizar patrulhamento preventivo na cidade, mas sempre vinculados à finalidade específica de tutelar os bens, serviços e instalações municipais, e não de reprimir a criminalidade urbana ordinária, função esta cabível apenas às polícias, tal como ocorre, na maioria das vezes, com o tráfico de drogas". Nesse contexto, destacou que "não é das guardas municipais, mas sim das polícias, como regra, a competência para patrulhar supostos pontos de tráfico de drogas, realizar abordagens e revistas em indivíduos suspeitos da prática de tal crime ou ainda investigar denúncias anônimas relacionadas ao tráfico e outros delitos cuja prática não atinja de maneira clara, direta e imediata os bens, serviços e instalações municipais". Assim, concluiu que "só é possível que as guardas municipais realizem excepcionalmente busca pessoal se houver, além de justa causa para a medida (fundada suspeita de posse de corpo de delito), relação clara, direta e imediata com a necessidade de proteger a integridade dos bens e instalações ou assegurar a adequada execução dos serviços municipais, o que não se confunde com permissão para realizarem atividades ostensivas ou investigativas típicas das polícias militar e civil para combate da criminalidade urbana ordinária" (REsp nº 1.977.119/SP, relator Ministro Rogerio Schietti Cruz, Sexta Turma, julgado em 16/8/2022, DJe de 23/8/2022). Precedentes. 2- Todavia, o Supremo Tribunal Federal fixou, em repercussão geral, a tese segundo a qual "é constitucional a atribuição às guardas municipais do exercício de poder de polícia de trânsito, inclusive para imposição de sanções administrativas legalmente previstas" (RE nº 658.570, relator Marco Aurélio, relator p/ acórdão Roberto Barroso, Tribunal Pleno, julgado em 6/8/2015, acórdão eletrônico Repercussão Geral- Mérito DJe-195 divulgado em 29/9/2015, publicado em 30/9/2015). 3- Ademais, "conforme jurisprudência consolidada desta Corte Superior, não há falar em ilegalidade na prisão em flagrante realizada por guardas civis municipais. Consoante disposto no art. 301 do CPP, 'qualquer do povo poderá e as autoridades policiais e seus agentes deverão prender quem quer que seja encontrado em flagrante delito'" (AgRg no HC nº 748.019/SP, relator Ministro Ribeiro Dantas, Quinta Turma, julgado em 16/8/2022, DJe de 22/8/2022). 4- Nesse contexto, a atuação da Guarda Municipal motivada pela visualização

a atuação das guardas municipais, em seu art. 5º, inciso XIV, elenca dentre suas atribuições: "encaminhar ao delegado de polícia, diante de flagrante delito, o autor da infração, preservando o local do crime, quando possível e sempre que necessário".

Entrementes, a Egrégia Corte Federal de Justiça decidiu no HC nº 470.937/SP (julgado em 4 de junho de 2019) anular a busca e apreensão, devido à ilicitude das provas obtidas a partir da busca pessoal realizada por agentes de segurança da Companhia Paulista de Trens Metropolitanos (CPTM), já que os seguranças de entidades privadas, como a CPTM, não se incluem entre os legitimados na lei para proceder à busca pessoal, ainda que de alguma forma ligados ao serviço público.

14.11.7 Procedimento nas buscas domiciliares

Para que as buscas domiciliares ocorram de forma regular, devem obedecer rigorosamente ao comando legal do art. 245 do CPP, que assim dispõe:

a) A diligência será realizada durante o dia, por dois executores, na qual mostrarão e lerão o mandado ao morador, ou a quem o represente, intimando-o, em seguida, a abrir a porta;
b) Se a busca for feita pelo juiz, este declarará previamente sua qualidade ao morador e dirá qual o objeto da diligência;
c) Em caso de desobediência, será arrobada a porta e forçada a entrada;
d) "Recalcitrando o morador, será permitido o emprego de força contra coisas existentes no interior da casa, para o descobrimento do que se procura";
e) Na ausência de moradores, o mesmo procedimento empregado nos itens c e d, devendo ainda ser intimado qualquer vizinho para assistir a diligência;
f) O morador, se presente, deverá mostrar a pessoa ou coisa procurada; entregue ou descoberta a pessoa ou coisa, será imediatamente apreendida e posta sob a custódia da autoridade e seus agentes;
g) Finda a diligência, os executores lavrarão auto circunstanciado, assinando-o com duas testemunhas presenciais, sem prejuízo do disposto no item 5.

---

do réu na condução de motocicleta sem capacete, seguida de fuga após a ordem de parada, que culminou na constatação da prática do delito de receptação, não se mostra ilegal. 5- Agravo regimental desprovido (STJ - AgRg-HC 776743/SP - (2022/0322681-7) - 6ª T. - Rel. Min. Antonio Saldanha Palheiro - DJe 16.08.2023)."

A busca domiciliar é realizada licitamente durante o dia, e, durante a noite com o consentimento do morador.

O que se entende por dia? Dois critérios são utilizados: o cronológico (das 6 às 18 horas) e o físico-astronômico (o espaço de tempo entre a aurora e o crepúsculo, enquanto perdurar a luz solar, é dia). Prevalece o segundo critério, até mesmo pela normativa do art. 22, §1º, da Lei nº 13.869/2019 (Lei de Abuso de Autoridade), que entende que existe abuso quando se cumpre mandado de busca e apreensão após as 21 horas ou antes das 5 horas.

Devo alertar ainda que começada a diligência antes do horário do crepúsculo (21 horas) não se interrompe ao atingir tal horário para se continuar o cumprimento da diligência no dia seguinte, pois o cumprimento eficaz do mandado de busca e apreensão depende e muito do fator surpresa.

14.11.8 Busca em mulher

Será feita por outra mulher, se possível, de modo a não retardar a diligência. Essa situação está contemplada pelo art. 249 do CPP.

14.11.9 Busca e apreensão em outra comarca ou município

Está prevista no art. 250 do CPP. Podem os executores, quando, para o fim de apreensão, de coisa ou pessoa, penetrarem no território de jurisdição alheia, ainda que de outro Estado, desde que já estejam no seguimento do objeto da apreensão. Nesse caso, deverão apresentar-se à competente autoridade local, antes da diligência ou após, conforme a urgência desta.

14.11.10 Busca e apreensão em escritório de advocacia

O advogado é protegido pela inviolabilidade, em atenção ao princípio constitucional que assegura esse direito (art. 5º, inciso XI, CF), alcançando o local de trabalho do advogado, como pela força do princípio que garante ampla defesa ao seu constituído e mesmo do sigilo que é ínsito ao exercício de tão nobre profissão.

A previsão constitucional citada transita no terreno do óbvio, mas alguns intérpretes ainda teimam em descumprir o que prevê o art. 7º, inciso II, da Lei nº 8.906/1994, que elenca entre os direitos do advogado: "a inviolabilidade de seu escritório ou local de trabalho, bem como de seus instrumentos de trabalho, de sua correspondência escrita, eletrônica, telefônica e telemática, desde que relativas ao exercício da advocacia".

Contudo, é cediço que nenhum direito e garantia fundamental deve ser interpretado em caráter absoluto. O mesmo diploma legal excepciona tal regra, ao prever, no art. 7º, §6º, da Lei nº 8.906/1994, que:

> (...)
> Presentes *indícios de autoria e materialidade da prática de crime por parte de advogado, a autoridade judiciária competente poderá decretar a quebra da inviolabilidade* de que trata o inciso II do *caput* deste artigo, em decisão motivada, *expedindo mandado de busca e apreensão, específico e pormenorizado, a ser cumprido na presença de representante da OAB*, sendo, em qualquer hipótese, vedada a utilização dos documentos, das mídias e dos objetos pertencentes a clientes do advogado averiguado, bem como dos demais instrumentos de trabalho que contenham informações sobre clientes (grifos meus).

O local de trabalho a que se refere a lei deve ser interpretado em sentido amplo, de modo a abranger o prédio onde trabalha, ainda que seja seu imóvel residencial, ou uma simples mesa de um escritório de advogado que trabalha o causídico. Qualquer transgressão a tal comando legal caracteriza o crime de abuso de autoridade, catalogado no art. 7º-B da Lei nº 8.906/1994, com punição de detenção de dois a quatro anos, com redação conferida pela Lei de Abuso de Autoridade.

Cumpre notar, aliás, que o advento do art. 7º, §6º-B, com redação conferida pela Lei nº 14.635/2022, assegura: "(...) É vedada a determinação da medida cautelar prevista no §6º-A deste artigo se fundada exclusivamente em elementos produzidos em declarações do colaborador sem confirmação por outros meios de prova". Essa proibição já se encontrava no art. 3º-B, §5º, da Lei nº 12.850/2013, alterada pelo Pacote Anticrime, sendo que o EAOAB serve como norma de reforço.

Também merece destaque o §6º-C do art. 7º do EOAB, acrescentado pela Lei nº 14.635/2022, que determina:

> (...)
> (...) O representante da OAB referido no §6º deste artigo tem o direito a ser respeitado pelos agentes responsáveis pelo cumprimento do mandado de busca e apreensão, sob pena de abuso de autoridade, e o dever de zelar pelo fiel cumprimento do objeto da investigação, bem como de impedir que documentos, mídias e objetos não relacionados

à investigação, especialmente de outros processos do mesmo cliente ou de outros clientes que não sejam pertinentes à persecução penal, sejam analisados, fotografados, filmados, retirados ou apreendidos do escritório de advocacia.

O representante da OAB, e não pode ser qualquer advogado, deve ser alguém da diretoria ou alguém por ela indicado, deve acompanhar a busca para que não exista excesso. Ocorre que não pode impedir, em desrespeito ao mandado judicial de busca e apreensão expedido, que objetos, mídias e documentos sejam apreendidos, a uma porque a investigação criminal, via de regra, tramita em sigilo não podendo ser revelada pelos agentes para o representante da OAB, sob pena do cometimento do crime de violação de sigilo funcional (art. 325, CP). Se o representante da OAB impedir a apreensão de tais documentos, pode até mesmo caracterizar o crime de resistência, desobediência, desacato ou embaraço à investigação de organização criminosa.

De outra banda, entendo como salutar para evitar excesso e comprovar a pertinência da apreensão, a previsão do art. 7º, §6º-G, do EOAB, que a autoridade responsável informará, com antecedência mínima de 24 horas, à seccional da OAB, a data, o horário e o local em que serão analisados os documentos e os equipamentos apreendidos, garantido o direito de acompanhamento, em todos os atos, pelo representante da OAB e pelo profissional investigado para assegurar o disposto no §6º-C do artigo.

SENTENÇA

"Há cordas no coração humano que teria sido melhor não serem vibradas."

(Charles Dickens)

15.1 Atos judiciários em sentido estrito

Os atos jurisdicionais se dividem em despachos e decisões. Devo lembrar que o processo se movimenta para o futuro, de forma incessante, visando alcançar o provimento jurisdicional justo e final, quando o juiz prestará a jurisdição (o juiz diz o direito que prevalece naquele caso concreto), por meio de uma sentença, resolvendo a lide processual penal submetida à sua apreciação por meio da sentença. Essa movimentação entre os atos processuais é garantida pelos despachos de mero expediente.

Despacho é o ato de simples movimentação do processo, não causando prejuízo para as partes. Por isso, em regra, não cabe recurso contra despacho. Portanto, são atos jurisdicionais irrecorríveis. Entretanto, quando um despacho provoca tumulto processual, cabe o recurso cognominado correição parcial, previsto nos regimentos dos tribunais superiores, visando corrigir a irresignação suscitada pela parte.

15.2 Decisões

As decisões interlocutórias são aquelas que não julgam o mérito da causa.

15.2.1 Classificação – interlocutórias

a) Simples

Servem para impulsionar o processo, porém não julgam o mérito nem encerram o processo, nem mesmo qualquer fase do procedimento. Seriam um *plus*, se comparadas ao despacho de mero expediente. Como exemplo, temos a decisão que decreta ou revoga prisão preventiva.

b) Interlocutórias mistas ou com força de definitiva

Encerram a relação processual sem julgar o mérito. Dividem-se em terminativas, como as que julgam procedente a exceção de litispendência ou coisa julgada, ou põem termo a uma etapa do procedimento, conhecida como não terminativas, sendo o exemplo mais elucidativo a decisão de pronúncia, que não extingue o processo.

15.2.2 Decisões definitivas, ou sentenças

Resolvem o mérito da causa. A doutrina faz a seguinte divisão:

a) Condenatórias

Julgam procedente a acusação, no todo em ou parte, decidindo o mérito da causa. Por seu turno, bifurcam-se em: próprias, que são aquelas que impõem pena a ser cumprida; impróprias, que são aquelas que impõem pena ao réu, entretanto concedem o perdão judicial.

b) Absolutórias

Julgam improcedente a pretensão punitiva estatal. Sob esse ângulo, podem ser próprias ou impróprias. Nas primeiras há absolvição, por qualquer das razões fundadas no art. 386, incisos I, II, III, IV e VI, do CPP. Nas absolutórias impróprias, o magistrado absolve o acusado, porém é aplicada a medida de segurança (art. 386, V, CPP), que é uma espécie de sanção penal.

c) Definitivas em sentido estrito ou terminativas de mérito

Adentram ao mérito, porém nem condenam, nem absolvem. Ocorre tal hipótese, por exemplo, no caso da sentença que extingue a punibilidade do agente. Todavia, esse posicionamento doutrinário foi ignorado pela lei, na nova redação conferida pela reforma promovida pela Lei nº 11.719/2008 ao art. 397, inciso IV, do CPP,[119] quando se categorizou dentre as modalidades de sentença absolutória a extinção da punibilidade.

14.2.3 Classificação das decisões definitivas quanto aos órgãos das quais promanam

É chamada sentença se for proferida pelo juiz de primeiro grau monocraticamente; entrementes, se a decisão for exarada pelos tribunais superiores ou órgãos colegiados, como os tribunais de Justiça, os tribunais regionais federais, o Superior Tribunal de Justiça ou o Supremo Tribunal Federal, a decisão colegiada proferida é denominada de acórdão.

Se o acórdão transitar em julgado, é cognominado aresto; no âmbito do Tribunal do Júri, a votação dos jurados é chamada de veredito, que é soberano. Em caráter de excepcionalidade, as decisões proferidas por órgãos colegiados em primeiro grau, como previsto na lei das organizações criminosas, são consideradas como sentenças.

15.2.4 Outras classificações: executáveis, não executáveis e condicionais

São aquelas que devem ser cumpridas sem depender de recurso; por outro lado, as não executáveis somente podem ser cumpridas depois do julgamento do recurso. Já as condicionais são aquelas que condicionam seu cumprimento a um evento futuro e incerto, tendo como exemplos as sentenças que concedem o sursis (art. 77, CP), as quais necessitam da comprovação do cumprimento de alguns requisitos legais, como a fiscalização do comparecimento mensal, por parte do beneficiário, por dois anos, e do ressarcimento integral dos danos sofridos pela vítima, salvo em caso de impossibilidade de fazê-lo.

---

[119] "Art. 397. Após o cumprimento do disposto no art. 396-A, e parágrafos, deste Código, *o juiz deverá absolver sumariamente o acusado quando verificar*:
I - a existência manifesta de causa excludente da ilicitude do fato;
II - a existência manifesta de causa excludente da culpabilidade do agente, salvo inimputabilidade;
III - que o fato narrado evidentemente não constitui crime; ou
IV - *extinta a punibilidade do agente*" (grifos meus).

15.2.5 Sentenças simples, subjetivamente complexas e plúrimas

Quanto ao aspecto subjetivo, as sentenças podem ser simples, subjetivamente complexas e plúrimas. Passo a seguir a analisar cada uma delas.

As sentenças simples são as decisões prolatadas pelo juiz singular ou monocrático. Por sua vez, as sentenças plúrimas são as emanadas dos órgãos superiores, ou seja, pelos órgãos colegiados homogêneos, como câmaras, turmas ou seção dos tribunais. E, por fim, as sentenças subjetivamente complexas são aquelas proferidas por órgão colegiado heterogêneo, a exemplo do Tribunal do Júri, em que o Conselho de Sentença analisa sobre a existência do crime e da autoria, ao passo que ao juiz-presidente compete a dosimetria sobre a mensuração da pena.

Calha salientar que os arts. 203 e 204 do CPC estabelecem as definições aqui encartadas de forma legal:

> Art. 203. Os pronunciamentos do juiz consistirão em sentenças, decisões interlocutórias e despachos.
>
> §1º Ressalvadas as disposições expressas dos procedimentos especiais, sentença é o pronunciamento por meio do qual o juiz, com fundamento nos arts. 485 e 487, põe fim à fase cognitiva do procedimento comum, bem como extingue a execução.
>
> §2º Decisão interlocutória é todo pronunciamento judicial de natureza decisória que não se enquadre no §1º.
>
> §3º São despachos todos os demais pronunciamentos do juiz praticados no processo, de ofício ou a requerimento da parte.
>
> §4º Os atos meramente ordinatórios, como a juntada e a vista obrigatória, independem de despacho, devendo ser praticados de ofício pelo servidor e revistos pelo juiz quando necessário.
>
> Art. 204. Acórdão é o julgamento colegiado proferido pelos tribunais.

15.3 Sentença

15.3.1 Conceito

Examinada a questão pelo prisma legal, pode-se afirmar que "(...) sentença é o pronunciamento por meio do qual o juiz, com fundamento nos arts. 485 e 487, põe fim à fase cognitiva do procedimento comum, bem como extingue a execução" (art. 203, §1º, CPC).

Essa decisão não pode ser confundida com os despachos de mero expediente, pois nesse último caso, pode haver delegação pelo juiz da sua prática aos servidores, de acordo com as prescrições do art. 93, inciso XIV, da CF: "(...) os servidores receberão delegação para a prática de atos de administração e atos de mero expediente sem caráter decisório".

15.3.2 Função

A função eminente da sentença é a de aplicar o espírito da lei ao caso concreto, resolvendo a lide penal. Tem a função declaratória do direito anteriormente estabelecido, visando à pacificação social, dando a cada um aquilo que é seu.

15.3.3 Estrutura

Sua estrutura tem a forma de silogismo, enquanto método de argumentação, sendo a norma incriminadora a premissa maior; os fatos narrados e apurados, a premissa menor; e, por fim, a absolvição ou a condenação, a conclusão.

A estrutura da sentença está delineada no art. 381 do CPP, a qual conterá:

> (...)
> I - os nomes das partes ou, quando não possível, as indicações necessárias para identificá-las;
> II - a exposição sucinta da acusação e da defesa;
> III - a indicação dos motivos de fato e de direito em que se fundar a decisão; IV - a indicação dos artigos de lei aplicados;
> V - o dispositivo;
> VI - a data e a assinatura do juiz.
> (...)

15.3.4 Requisitos

A sentença conterá requisitos formais indispensáveis à sua validade, sendo composta por relatório, fundamentação e conclusão ou dispositivo. Vejamos a seguir cada um deles.

a) Relatório

Na dicção de Pontes de Miranda, é a "história relevante do processo". A razão pela qual essa exigência consta na lei é a presunção de que o magistrado tenha lido o processo antes de proferir sentença. Deve fazer parte do relatório os nomes das partes, a exposição sucinta das teses sustentadas pela acusação e pela defesa, bem como as principais ocorrências surgidas durante a tramitação do processo.

É imperioso se observar que a sentença sem relatório é ato processual nulo, o que comprova que o juiz não leu o processo e não conhece as ponderações suscitadas pelas partes, tampouco os pedidos formulados, não podendo fazer a subsunção exata dos fatos à norma jurídica. A nulidade é de índole absoluta, como se extrai da interpretação do art. 564, inciso III, alínea "m", ou do art. 564, inciso IV, ambos do CPP. Entretanto, no Juizado Especial Criminal, a lei dispensa o relatório (art. 81, Lei nº 9.099/1995).

b) Motivação ou fundamentação

A fundamentação constitui a segunda etapa no ato de proferir a sentença.[120] É nela que o juiz aprecia a prova cotejando as diversas

---

[120] "PENAL - PROCESSO PENAL - AGRAVO REGIMENTAL - RECURSO EXTRAORDINÁRIO - FUNDAMENTAÇÃO INSUFICIENTE ACERCA DA REPERCUSSÃO GERAL DA MATÉRIA - AUSÊNCIA DE PREQUESTIONAMENTO DAS QUESTÕES CONSTITUCIONAIS VEICULADAS NO RECURSO - VIOLAÇÃO AO ART. 93, IX, DA CONSTITUIÇÃO FEDERAL- INOCORRÊNCIA - TEMA 339 DA REPERCUSSÃO GERAL - ALEGADA VIOLAÇÃO AO CONTRADITÓRIO E À AMPLA DEFESA - INEXISTÊNCIA - TEMA 660 DA REPERCUSSÃO GERAL - ILEGALIDADE NA INDIVIDUALIZAÇÃO DA PENA - INOCORRÊNCIA - TEMA 182 DA REPERCUSSÃO GERAL - INTERCEPTAÇÕES TELEFÔNICAS - AFASTAMENTO DO SIGILO DE DADOS TELEFÔNICOS POR ORDEM JUDICIAL DEVIDAMENTE FUNDAMENTADA PELO JUIZ COMPETENTE - POSSIBILIDADE - TEMA 661 DA REPERCUSSÃO GERAL - OFENSA CONSTITUCIONAL REFLEXA - REEXAME DOS FATOS E PROVAS - IMPOSSIBILIDADE - ÓBICE DA SÚMULA 279 DO STF - 1- A obrigação do recorrente em apresentar formal e motivadamente a preliminar de repercussão geral, que demonstre sob o ponto de vista econômico, político, social ou jurídico, a relevância da questão constitucional debatida que ultrapasse os interesses subjetivos da causa, conforme exigência constitucional e legal (art.102, §3º, da CF/88, c/c art.1.035, §2º, do CPC/2015), não se confunde com meras invocações desacompanhadas de sólidos fundamentos no sentido de que o tema controvertido é portador de ampla repercussão e de suma importância para o cenário econômico, político, social ou jurídico, ou que não interessa única e simplesmente às partes envolvidas na lide, muito menos ainda divagações de que a jurisprudência do SUPREMO TRIBUNAL FEDERAL é incontroversa no tocante à causa debatida, entre outras de igual patamar argumentativo. 2- O Juízo de origem não analisou a questão constitucional veiculada, não tendo sido esgotados todos os mecanismos ordinários de discussão, INEXISTINDO, portanto, o NECESSÁRIO PREQUESTIONAMENTO EXPLÍCITO, que pressupõe o debate e a decisão prévios sobre o tema jurígeno constitucional versado no recurso. Incidência das Súmulas 282 (É inadmissível o recurso extraordinário, quando não ventilada, na decisão recorrida, a questão federal suscitada) e 356 (O ponto omisso da decisão, sobre o qual não foram opostos embargos declaratórios, não pode ser objeto de recurso extraordinário, por faltar o requisito do prequestionamento), ambas desta CORTE SUPREMA. 3- No julgamento do AI 791.292-QO-RG/PE (Rel. Min. GILMAR MENDES, Tema 339), o Supremo Tribunal Federal assentou que o inciso IX do art. 93 da CF/1988 exige que o acórdão ou decisão sejam fundamentados, ainda que sucintamente.

nuances que estabelecem o nexo de causalidade entre os fatos narrados na inicial acusatória e o *decisum* (*princípio da correlação da sentença*), valorando-a de acordo com o seu livre convencimento.[121] A fundamentação deve ser coerente, não pode ser contraditória. A falta ou deficiência de fundamentação, também, constitui nulidade absoluta (art. 564, inciso III, alínea "m", CPP). Tem-se decidido reiteradamente

---

A fundamentação do acórdão recorrido alinha-se às diretrizes desse precedente. 4- Esta CORTE, no julgamento do ARE 748.371-RG/MT (Rel. Min. GILMAR MENDES, Tema 660), rejeitou a repercussão geral da alegada violação ao direito adquirido, ao ato jurídico perfeito, à coisa julgada ou aos princípios da legalidade, do contraditório, da ampla defesa e do devido processo legal, quando se mostrar imprescindível o exame de normas de natureza infraconstitucional. 5- No que se refere à adequada valoração das circunstâncias judiciais do art. 59 do Código Penal para a fixação da pena-base, o SUPREMO TRIBUNAL FEDERAL, no julgamento do AI 742.460-RG, Rel. Min. CEZAR PELUSO, DJe de 25/9/2009, submetido ao rito da repercussão geral (Tema 182/RG), fixou tese no sentido de que A questão da adequada valoração das circunstâncias judiciais previstas no art. 59 do Código Penal, na fundamentação da fixação da pena-base pelo juízo sentenciante, tem natureza infraconstitucional e a ela são atribuídos os efeitos da ausência de repercussão geral, nos termos do precedente fixado no RE nº 584.608, rel. a Ministra Ellen Gracie, DJe 13/03/2009. 5- O acórdão recorrido encontra-se em harmonia com o entendimento desta SUPREMA CORTE estabelecido no julgamento do RE 625.263-RG (Tema 661, Rel. Min. GILMAR MENDES, Rel. p/ o acórdão Min. ALEXANDRE DE MORAES), no qual firmou tese no sentido de que: São lícitas as sucessivas renovações de interceptação telefônica, desde que, verificados os requisitos do artigo 2º da Lei nº 9.296/1996 e demonstrada a necessidade da medida diante de elementos concretos e a complexidade da investigação, a decisão judicial inicial e as prorrogações sejam devidamente motivadas, com justificativa legítima, ainda que sucinta, a embasar a continuidade das investigações. São ilegais as motivações padronizadas ou reproduções de modelos genéricos sem relação com o caso concreto. 6- Os pedidos veiculados no recurso demandam a análise do acervo fático probatório constante dos autos, o que é vedado pela Súmula 279 do STF (Para simples reexame de prova não cabe recurso extraordinário), bem como da legislação infraconstitucional, circunstância que também inviabiliza o conhecimento do Recurso Extraordinário. 7- Agravo interno a que se nega provimento (STF - RE-AgR 1476404 - 1ª T. - Rel. Alexandre de Moraes - J. 12.04.2024)."

[121] "PENAL E PROCESSO PENAL - AGRAVO REGIMENTAL NO *HABEAS CORPUS* - ROUBO MAJORADO - VIOLAÇÃO AO *PRINCÍPIO DA CORRELAÇÃO* - INOCORRÊNCIA - AGRAVO REGIMENTAL DESPROVIDO -1- Nos termos do art. 383, do Código de Processo Penal, *emendatio libelli* consiste na atribuição de definição jurídica diversa ao arcabouço fático descrito na inicial acusatória, ainda que isso implique agravamento da situação jurídica do réu, mantendo-se, contudo, intocada a correlação fática entre acusação e sentença, afinal, o réu defende-se dos fatos no processo penal. *O momento adequado à realização da emendatio libelli pelo órgão jurisdicional é o momento de proferir sentença, haja vista que o parquet é o titular da ação penal, a quem se atribui o poder-dever da capitulação jurídica do fato imputado.* 2- Neste caso, malgrado afirme que o *parquet* requereu o afastamento da causa de aumento, o Tribunal de origem manteve o seu reconhecimento por entender, com base no material fático-probatório dos autos, que o paciente é tio-avô da vítima, tendo se aproveitado desta situação de autoridade para cometer os estupros, o que coaduna com a causa de aumento incidente. 3- *Constata-se que a denúncia narrou a situação fática que fez incidir a causa de aumento, porquanto descreve claramente que o paciente teve conjunção carnal com a sobrinha-neta, fato este de que se depreende a relação de autoridade. Por conseguinte, não se violou a congruência.* 4- Agravo regimental desprovido (STJ - AgRg-HC 874750/PR - (2023/0441412-0) - 5ª T. - Rel. Min. Ribeiro Dantas - DJe 07.03.2024)" (grifos meus).

que a não apreciação de qualquer prova existente nos autos, bem assim a não apreciação das teses defensivas, constitui nulidade da sentença, por carência de fundamentação (art. 93, inciso IX, CF).[122]

c) Parte dispositiva ou conclusão

É no *decisum* que o juiz subsume a lei ao caso concreto, quer absolvendo, quer condenando o acusado, individualizando a pena aplicada, esclarecendo por qual artigo de lei foi condenado ou sob que argumento foi absolvido.

d) Parte autenticativa

Nesta parte se indicam o lugar, dia, mês e ano da prolação da sentença e assinatura eletrônica do juiz (art. 205, §2º, do CPC, que aqui se aplica subsidiariamente). A falta da assinatura importa em verdadeira inexistência da sentença. Entretanto, tal situação, que era comum outrora, é quase impossível de acontecer nos dias de hoje, com o advento do processo eletrônico, uma vez que a movimentação no sistema PJe somente ocorre quando o juiz assina a sentença digitalmente com sua senha.

A sentença é o ato processual mais importante do processo, formal e solene. O vocábulo *sentença* etimologicamente significa dizer o que juiz sentiu diante do acervo probatório coligido sob o crivo do contraditório, joeirando às controvérsias retóricas submetidas à sua apreciação, fazendo atuar a vontade da lei ao caso concreto. Entende-se aqui o verbo *sentir* não na sua conotação emocional, mas eminentemente

---

[122] "EMBARGOS DE DECLARAÇÃO - CRIME DE TRÁFICO DE DROGAS - ALEGADA OMISSÃO - VÍCIOS APONTADOS INEXISTENTES - NÃO OBRIGAÇÃO DO JUIZ DE ENFRENTAR TODOS OS PEDIDOS ELENCADOS DE FORMA MINUDENTE - REJEIÇÃO - DESPROVIMENTO - 1- De acordo com o Art. 619, do Código de Processo Penal, são cabíveis embargos de declaração quando houver ambiguidade, obscuridade, contradição ou omissão no julgado. Podem também ser admitidos, excepcionalmente, para o correção de eventual erro material. *In casu*, inexiste omissão no acórdão embargado, não se amoldando as hipóteses do Art. 621, do Código de Processo Penal. 2- Não se encontra o julgador obrigado a enfrentar todos os pontos levantados pela parte inconformada, sendo necessário apenas que se analise e rebata os pontos necessários para a formação clara, concisa e firme de uma sentença; 3- Restou devidamente fundamentado o Acórdão em suas razões de condenação, apresentando em seu corpo provas suficientes que ligam o Embargante ao fato, tornando os presentes Embargos desnecessários em sua função. 4- O prequestionamento não implica a necessidade de citação expressa pela decisão de preceito legal e/ou constitucional, mas o exame e julgamento da matéria pelo Tribunal, o que dispensa a referência explícita aos dispositivos legais apontados. 5- Embargos conhecidos e, no mérito, rejeitados (TJAC - EDclCrim 0101452-49.2023.8.01.0000 - C.Crim. - Relª Desª Denise Bonfim - DJe 15.07.2024 - p. 23)."

como discernimento lógico e jurídico do tema controvertido e submetido à apreciação judicial por meio da persecução penal.[123]

Ponto que merece destaque é deixar claro que o que acarreta a nulidade não é o relatório falho, mas a completa ausência de relatório. Existindo relatório com algumas falhas, não haverá a nulidade do ato processual; não existirá subsunção do fato à norma do art. 564, inciso III, alínea "m", e inciso IV, do CPP, mas mera irregularidade.

Sobremaneira importante reiteramos é que o Códex de Ritos Repressivo, ao prestigiar o princípio do livre convencimento motivado, desprezou o sistema da prova legal. Dessa forma, o julgador não mais se vincula a qualquer tipo de valoração da prova preconcebida. Ao revés, possui ampla liberdade para aquilatar a prova de acordo com o seu livre convencimento motivado.

Conferindo-se relevância ao fato que a sentença nula é aquela destituída de fundamento, e não a sentença mal fundamentada. A primeira pode ser alvo de recurso, e possivelmente reformada pelo tribunal competente. Já a última está irremediavelmente viciada, padecendo de evidente nulidade, e reconhecida a nulidade, outra decisão deverá ser proferida em seu lugar. Com o advento da Lei nº 13.964/2019, foi modificada a redação do art. 564, inciso V, do CPP, reconhecendo como nula a sentença carente de fundamentação. A sentença completamente destituída de fundamentação é conhecida na doutrina como *sentença vazia*.

Perfeitamente possível e com amparo nos precedentes das cortes superiores é a fundamentação *ad relationem* ou *per relationem*. Ocorre tal situação quando o julgador faz referência em seu *decisum* a manifestação outra constante dos autos, por outros órgãos, como, por exemplo, o parecer do Ministério Público, às quais faz referência. Em tais hipóteses, usa-se a seguinte fórmula: "(...) adoto como razões de decidir a argumentação desenvolvida folhas tais dos autos, passando a compor o corpo dessa decisão".[124] Alguns pressupostos são imprescindíveis:

---

[123] Do magistério preciso da professora Tereza Arruda de Alvim Pinto (*Nulidades da sentença*. 2. ed. São Paulo: Revista dos Tribunais, 1990. p. 16): "A palavra sentença deita suas raízes etimológicas no termo latino *sententia*, que se originou de *sententiendo*, gerúndio do verbo *sentire*. Daí, tem-se a ideia de que o juiz, ao sentenciar, declara o que sente. Diz-se comumente, ser a sentença o pronunciamento do juiz que põe fim ao processo no primeiro grau de jurisdição".

[124] "AGRAVO REGIMENTAL - *HABEAS CORPUS* - NÃO CONHECIMENTO - IMPETRAÇÃO EM SUBSTITUIÇÃO AO RECURSO CABÍVEL - UTILIZAÇÃO INDEVIDA DO REMÉDIO CONSTITUCIONAL - VIOLAÇÃO AO SISTEMA RECURSAL - TRÁFICO DE DROGAS - NULIDADE POR FALTA DE FUNDAMENTAÇÃO - ACÓRDÃO QUE ADOTA COMO RAZÕES DE DECIDIR MOTIVAÇÃO CONTIDA NO PARECER DO MINISTÉRIO PÚBLICO - EIVA INEXISTENTE - 1- A via eleita revela-se inadequada para a insurgência

a) Fato ou argumento novo inexiste;
b) Peça processual mencionada se encontra devidamente motivada;
c) Peça é acessível às partes nos autos.

Calham bem à fiveleta as precisas ponderações da consagrada jurista Ada Pellegrini Grinover, diante da necessidade de fundamentação da sentença:

> O trabalho do juiz, como toda decisão humana, implica uma escolha entre alternativas. No conteúdo da motivação devem estar claramente expostas as escolhas e as seleções feitas. No plano do direito, deve ele justificar a escolha da regra jurídica aplicável, a opção por determinada interpretação da norma e a razão de ter admitido que dela derivassem certas consequências. Ante as alternativas possíveis, deve adequadamente dizer por que fez determinada opção. Maior ainda será a necessidade de motivar a posição assumida quando ela estiver em franca contradição com a orientação que prevalece na doutrina e na jurisprudência. A legitimidade da decisão exige ainda correta e adequada apreensão dos fatos transpostos ao processo por meio da atividade probatória. Cabe ao magistrado justificar por que considerou mais relevantes determinados elementos da prova e desprezou outros".[125]

A lei processual penal elenca as hipóteses que qualquer decisão judicial não será considerada fundamentada (art. 315, §2º, CPP).[126]

---

contra o ato apontado como coator, pois o ordenamento jurídico prevê recurso específico para tal fim, circunstância que impede o seu formal conhecimento. Precedentes. 2- Pacificou-se na jurisprudência dos tribunais superiores a compreensão de que a adoção, no acórdão, do parecer ministerial ou a confirmação dos termos da sentença proferida nos autos não constitui, por si só, constrangimento ilegal passível de tornar nula a referida decisão colegiada. 3- No caso dos autos, o julgado questionado atende ao comando constitucional, porquanto, embora tenha se reportado ao parecer ministerial, apresentou fundamentação idônea para rechaçar os pleitos formulados pela defesa, não havendo que se falar em ausência de fundamentação. 4- Agravo regimental desprovido (STJ - AgRg-HC 556266/RS - (2020/0001084-0) - 5ª T. - Rel. Min. Jorge Mussi - DJe 20.04.2020)."

[125] GRINOVER, Ada Pellegrini; GOMES FILHO, Antônio Magalhães; FERNANDES, Antonio Scarance. *Recursos no processo penal*. 6. ed. São Paulo: Revista dos Tribunais, 2009. p. 198-199.

[126] Art. 315, §2º, do CPP:
"(...)
(...)
Não se considera fundamentada qualquer decisão judicial, seja ela interlocutória, sentença ou acórdão, que: I - limitar-se à indicação, à reprodução ou à paráfrase de ato normativo, sem explicar sua relação com a causa ou a questão decidida;
II - empregar conceitos jurídicos indeterminados, sem explicar o motivo concreto de sua incidência no caso;
III - invocar motivos que se prestariam a justificar qualquer outra decisão;

De acordo com a lei, digna de censura é a decisão que deixar de seguir entendimento diverso de enunciado de súmula, jurisprudência consolidada ou precedente invocado pela parte, sem demonstrar de forma suficiente a distinção (*ditinguishing*) com o caso submetida à sua apreciação ou mesmo a superação do entendimento anterior (*overruling*), ou a limitação de sua abrangência (*overriding*), em afronta às exigências do art. 315, §2º, inciso VI, do CPP.

Quando existir um precedente vinculante, para que o julgador possa deixar de aplicá-lo, é necessário se identificarem as diferenças do caso julgado e o atual julgamento.

Tem sido admitida a falta de dispositivo desde que na fundamentação esteja claro o entendimento do órgão julgador, acompanhada dos artigos respectivos indispensáveis, considerada como mera irregularidade. Ainda que se alegue que a nulidade seria relativa, tendo que se demonstrar o prejuízo no caso concreto.

Essa quadratura, revela à toda evidência, que se coaduna com a ideia que a essência final da decisão deve guardar coerência com a fundamentação da decisão. Se houver incoerência entre fundamentação e dispositivo, há a ocorrência da *sentença suicida*, sendo passível do reconhecimento de nulidade.

A sentença equivocada deve ser anulada quando há a ocorrência do erro *in procedendo*, e, quando houver *erro in judicando*, reforma-se a sentença.

15.4 Embargos de declaração

Está previsto no art. 382 do CPP. É cabível quando na sentença houver ponto obscuro, ambíguo, contraditório ou omisso. Nesse caso, a parte interessada poderá, no prazo de dois dias, pedir ao juiz que declare a sentença, espancando tal ponto viciado.[127] A interposição dos

---

IV - não enfrentar todos os argumentos deduzidos no processo capazes de, em tese, infirmar a conclusão adotada pelo julgador;
V - limitar-se a invocar precedente ou enunciado de súmula, sem identificar seus fundamentos determinantes nem demonstrar que o caso sob julgamento se ajusta àqueles fundamentos; VI - deixar de seguir enunciado de súmula, jurisprudência ou precedente invocado pela parte, sem demonstrar a existência de distinção no caso em julgamento ou a superação do entendimento.
(...)."

[127] "AGRAVO INTERNO NO AGRAVO EM RECURSO ESPECIAL - PROCESSUAL CIVIL - VIOLAÇÃO DO ART. 1.022 DO CPC - OMISSÕES - EXISTÊNCIA - RETORONO DOAS AUTOS PARA NOVO JULGAMENTO DOS EMBARGOS DE DECLARAÇÃO - 1- Alguns pontos essenciais para o deslinde da controvérsia não foram devidamente enfrentados pelo

referidos embargos, no prazo legal, interrompe o prazo de qualquer outro recurso. No Juizado Especial, porém, a interposição suspende o prazo.

Obviamente, esse remédio não visa alcançar efeito modificativo no julgado, pois, com a publicação da sentença, encerra a prestação jurisdicional do juiz sentenciante. Em caráter excepcional, os embargos declaratórios podem ter efeitos modificativos ou infringentes, oportunidade em que será notificada a parte *ex adversa* para se manifestar sobre o recurso, manejando-se a aplicação supletiva do art. 1.023, §2º, do CPC. Normalmente, o juiz deve julgar o recurso sem ouvir a parte contrária (*inaudita altera pars*).

15.5 Princípio da correlação entre a acusação e a sentença

Diante dessa regra elementar, o magistrado não pode julgar além, fora ou aquém do pedido.

Tendo em consideração esse princípio, decorre a necessidade de perscrutar dois institutos típicos do processo penal.

15.5.1 *Emendatio libelli*

De acordo com o art. 383 do CPP:

> (...) O juiz, sem modificar a descrição do fato contida na denúncia ou queixa, poderá atribuir-lhe definição jurídica diversa, ainda que, em consequência, tenha de aplicar pena mais grave.
> §1º Se, em consequência de definição jurídica diversa, houver possibilidade de proposta de suspensão condicional do processo, o juiz procederá de acordo com o disposto na lei.
> §2º Tratando-se de infração da competência de outro juízo, a este serão encaminhados os autos.
> (...)

Tribunal de origem, constatando-se as alegadas omissões. 2- Impõe-se o reconhecimento da alegada violação do art. 1.022, II, do CPC, bem como a anulação do acórdão proferido em embargos de declaração para que seja realizado novo julgamento. 3- Retorno dos autos à origem para que o Tribunal se manifeste acerca dos pontos tidos como omissos, os quais são relevantes ao deslinde da controvérsia. Agravo interno provido (STJ - AGInt-AG-REsp 2449652/GO - (2023/0312784-8) - 3ª T. - Rel. Min. Humberto Martins - DJe 19.06.2024)."

Significa a correção da classificação do crime, feita erroneamente pelo querelante ou Ministério Público na peça acusatória. Emendar significa corrigir a imputação na peça acusatória. O acusado se defende dos fatos narrados na denúncia ou queixa-crime e não da sua capitulação legal feita na exordial acusatória. Ademais, a falta de capitulação do fato sequer implica nulidade, embora constitua um dos requisitos da denúncia ou queixa (art. 41, CPP). Narra ao juiz os fatos e ele te dará o direito.

Via de regra, a correção da capitulação do fato é feita pelo juiz, quando da prolação da sentença. Contudo, nada impede que intime a parte para retificar o equívoco, de modo a emendar o libelo, pois há interesse em se expurgar a capitulação incorreta do fato, sobretudo para se autorizar ou denegar benefícios processuais: fiança, *sursis* processual, reconhecimento de incompetência, devendo remeter os autos para o juízo competente.

É possível aplicar a *ementatio* na fase de pronúncia no rito do Tribunal do Júri. Três situações podem ocorrer:
a) A pena *in abstrato* não se altera (o órgão de acusação narrou um roubo e capitulou como sendo extorsão);
b) A pena modifica-se para melhor (o fato narrado foi furto qualificado e foi classificado como simples);
c) A pena modifica-se para pior (narra-se furto e classifica-se como roubo).

Em suma, a condenação só se pode basear no fato contestado (princípio da correlação entre a sentença e a acusação) e não na sua classificação, até porque *jura novit curia* [o juiz conhece o direito] e *da mihi factum, dabo tibi jus* [dei-me os fatos que te darei o direito].

Na mesma esteira, vale registrar que muito embora o dispositivo legal utilize a palavra juiz, é de bom alvitre que seja tal procedimento adotado também pelo tribunal em grau de recurso, podendo alterar a qualificação legal conferida ao fato, desde que esteja o fato adequadamente narrado na denúncia ou queixa-crime. Não se pode olvidar que a Súmula nº 453 do Supremo Tribunal Federal não veda a *emendatio libelli* em segundo grau.

Merecem ser observados na aplicação da *ementatio* os institutos despenalizadores, se, em razão da definição jurídica diversa, o delito permitir a suspensão condicional do processo, prevista no art. 89 da Lei nº 9.099/95, em respeito à disciplina legal do art. 383, §1º, do CPP. Evidenciando-se essa situação, deve o juiz conceder vista ao *parquet*, para que se manifeste sobre a possibilidade de proposta do *sursis* processual. Em caso de recusa por parte do órgão ministerial, o juiz remeterá os autos ao procurador-geral de Justiça (Súmula nº 696, STF).

De maneira símile, em caso de definição jurídica diversa, caso se verifique um crime de menor potencial ofensivo, os autos serão remetidos aos Juizados Especiais Criminais. Ou, se na imputação inaugural não é possível a aplicação do ANPP, o juiz baixa os autos para que o Ministério Público pondere se é possível a realização da proposta de ANPP, sendo designada, em seguida, audiência para homologação.

15.5.2 *Mutatio libelli*

15.5.2.1 Generalidades

A mudança do libelo está prevista no art. 384 do CPP. Deve ocorrer quando:

> (...)
> Encerrada a instrução probatória, se entender cabível *nova definição jurídica do fato*, em consequência de *prova existente nos autos de elemento ou circunstância da infração penal não contida na acusação*, o Ministério Público deverá aditar a denúncia ou queixa, no prazo de 5 (cinco) dias, se em virtude desta houver sido instaurado o processo em crime de ação pública, reduzindo-se a termo o aditamento, quando feito oralmente.
> §1º Não procedendo o órgão do Ministério Público ao aditamento, aplica-se o art. 28 deste Código.
> (...)
> (grifos meus).

Difere da *emendatio libelli* no seguinte aspecto: Na *emendatio libelli*, o fato a ser julgado na sentença continua a ser o mesmo descrito na denúncia, houve apenas um equívoco na sua classificação. Já na *mutatio libelli*, o fato a ser julgado na sentença poderá ser diferente do narrado na denúncia, daí a necessidade de a parte acusatória ajustar a peça exordial (libelo) ao novo fato que passou a se caracterizar no curso do processo. Não mais se trata de simples correção do enquadramento legal. Há o surgimento de um fato novo ocorrido no curso da instrução criminal, e que guarde alguma pertinência com o fato já narrado na denúncia ou queixa-crime.

Em verdade, a *mutatio libelli* tem a função de impedir que haja julgamento *ultra*, *extra* ou *citra petita*. Nesse sentido, a lição do professor Frederico Marques:

Consagração exata do princípio do *ne procedat judex ex officio* é a regra e norma que se contém no artigo 28 do Código de Processo Penal. Completa esse princípio, aquele outro sobre a proibição do julgamento *ultra e extra petita*. *A acusação determina a amplitude e conteúdo da prestação jurisdicional, pelo que o juiz criminal não pode decidir além e fora do pedido com que o órgão da acusação deduz a pretensão punitiva. Os fatos descritos na denúncia ou queixa delimitam o campo de atuação do poder jurisdicional.*[128]

Em passagem lapidar, o citado autor completa seu raciocínio: "O princípio que proíbe o julgamento *ultra e extra petita* somente *alcança a esfera dos fatos em que se funda a acusação*. Objeto da decisão é a pretensão deduzida em juízo, delimitada pelo pedido e pelos fatos em que se apoia".[129]

Não fosse a possibilidade de *emendatio libelli*, com a concessão de novo prazo para a defesa enfrentar a acusação fundada em novos fatos, estar-se-iam violando, em última análise, a ampla defesa e o contraditório.

15.5.2.2 *Mutatio libelli*

Situação em que a peça vestibular acusatória pode ser modificada em razão de nova definição jurídica do fato em virtude da prova existente nos autos indicar divergência entre os fatos indicados na exordial acusatória e aqueles colhidos durante a instrução processual criminal. O entendimento majoritário da doutrina é que não se aplica esse instituto na ação penal privada, podendo ser aplicada apenas na ação penal privada subsidiária da pública. Nesse caso, seria o *dominus litis* o responsável pelo aditamento.

O momento adequado é o encerramento da instrução criminal. Em havendo discordância por parte do Ministério Público, o juiz deve encaminhar os autos para a PGJ, que analisará a correção ou não dessa recusa (art. 384, §1º, CPP). Mesmo com as modificações promovidas pelo Pacote Anticrime, entendo que continua valendo essa vertente interpretativa, em estrita obediência ao entendimento firmado pela Suprema Corte.

Para que não haja confusões, deve-se ter em mente que o Ministério Público não fica na dependência de provocação do juiz para aditar a denúncia, podendo realizar *sponte sua*, a qualquer momento da marcha procedimental, na dicção do art. 569 do CPP.

---

[128] MARQUES, Frederico. *Elementos de Direito Processual Penal*. Campinas: Bookseller, 1997. v. 1. p. 181. grifos meus.

[129] *Ibidem*, p. 182. grifos meus.

É imperioso se notar que não pode agir de ofício o magistrado, sob pena de violação aos princípios acusatório e da imparcialidade, determinando que seja realizado o aditamento, devendo agir somente mediante provocação das partes.

Em seguida, ouvido o defensor do acusado no prazo de cinco dias e admitido o aditamento, cada parte pode arrolar até três testemunhas (art. 384, §4º, CPP); o juiz, a requerimento das partes, designará dia e hora para continuação da audiência, com a oitiva da vítima, se houver; a inquirição das testemunhas de acusação e de defesa, nessa ordem; conduzirá novo interrogatório, realizando os respectivos debates orais; e proferirá sentença.

Ponto fulcral é que a defesa deve ser ouvida necessariamente quando ocorrer essa situação hipotética. Por se ter um novo quadro fático descrito na peça acusatória, e, para que seja respeitada a ampla defesa, deve ser dada a oportunidade da defesa contraditar as novas alegações, podendo suscitar eventuais preliminares, realizar a juntada de novos documentos e de novo rol de testemunhas, se houver.

Frise-se, todavia, que o juiz está adstrito na sentença ao quanto narrado no aditamento, nos termos do art. 384, §4º, do CPP. O tema desperta divergência na doutrina, cujo entendimento é o de que poderá o juiz condenar pelo crime anterior ou pelo crime objeto do aditamento, de modo que ocorre uma espécie de imputação alternativa, com excesso de acusação.

Se possível, cabe o oferecimento da proposta de suspensão condicional do processo. Em caso de possível aplicação do instituto do ANPP, deve ser concedida a palavra ao Ministério Público, e, caso o denunciado preencha os requisitos legais, deve ser realizado o acordo e submetido à homologação judicial, na forma da lei. Nesse caso, quando a nova capitulação comporta o acordo, constitui erro crasso o oferecimento direto do aditamento da denúncia, supressão de direito subjetivo de defesa, merecendo o reconhecimento posterior da nulidade, por nítido atropelo procedimental. Não recebido o aditamento, o processo prosseguirá.

A *mutatio libelli* não á aplicada em segundo grau, de acordo com o Enunciado nº 453 do Supremo Tribunal Federal, salvo quando se trata de competência originária do tribunal; o tribunal julgando alguém como foro por prerrogativa de função.

Na *mutatio libelli* deve se adotar o mesmo procedimento da *emenatio*, se da nova definição jurídica do fato descrito surgir um delito que admita a suspensão condicional do processo (art. 89, Lei nº 9.099/1995), o próprio juiz deve designar audiência para encaminhamento da proposta, na forma do art. 384, §3º, do CPP. Se, por outro vértice, para o julgamento desse delito o juiz for incompetente, remeterá os autos ao juízo competente.

15.5.2.3 Do aditamento

Sendo coerente com a argumentação supradesenvolvida, o aditamento só é possível, na hipótese de ações penais públicas, nos termos do §1º do art. 384 do CPP. Não obstante, Tourinho Filho admite que possa, por analogia, o juiz sugerir (e não ordenar) que o querelante adite sua peça inicial, nas ações exclusivamente privadas, desde que o fato novo surja no curso da instrução, não concordo com o ponto de vista do autor, em virtude da incidência do princípio da disponibilidade da ação penal privada, pois se já existia quando da propositura da ação, a decadência já o atingiu.

Voltemos, então, ao aditamento nas ações penais públicas. Pode ele ser espontâneo ou provocado pelo magistrado. Quando este o provoca o prazo é de três dias. E se o Ministério Público não concordar com o aditamento? Nesse caso, por analogia, aplica-se o art. 28 do CPP.

15.5.2.4 *Mutatio libelli*, na fase de recebimento da peça acusatória

Uma última indagação: Pode o juiz aplicar o disposto no art. 384 do CPP, na fase no recebimento da denúncia ou queixa, quando os fatos narrados na inicial não tiverem em consonância com os fatos apurados no inquérito? A meu sentir, não pode, sendo o caso de se aplicar o disposto no art. 28 do CPP, quando os fatos narrados na denúncia ou queixa importarem em pena menos grave que os apurados no inquérito.

15.6 Sentença nos crimes de ação penal pública

A matéria está regulada no art. 385 do CPP, que assim dispõe: "(...) Nos crimes de ação pública, o juiz poderá proferir sentença condenatória, ainda que o Ministério Público tenha opinado pela absolvição, bem como reconhecer agravantes, embora nenhuma tenha sido alegada".

O dispositivo mencionado apenas demonstra que o juiz não está adstrito às alegações das partes para proferir decreto condenatório. Além disso, demonstra que o órgão acusatório não pode dispor da ação penal. Esse o entendimento clássico sobre o tema.

Contudo, entendo que esse dispositivo não foi recepcionado pela Constituição Federal, pois, se o Ministério Público retira a acusação, não pode o juiz exercer o posto acusatório, por ferimento patente ao princípio da imparcialidade e ao princípio acusatório, existindo confluência entre o órgão acusador e o órgão julgador.

No meu entendimento esse dispositivo legal já deveria ter sido revogado, ou mesmo, numa filtragem constitucional, a Suprema Corte deveria ter conferido uma interpretação conforme a Constituição Federal, concluindo pela sua não recepção pela Carta Política de 1988, por incompatibilidade com o princípio acusatório, consignado no art. 129, inciso I. Digo isso porque é função do Ministério Público promover, privativamente, a ação penal pública, sendo que promover não é intentar a ação penal pública, mas dar prosseguimento com a produção de provas e requerimentos necessários para a comprovação integral da pretensão acusatória, de forma privativa, ou seja, se o Ministério Público não o fez, e retirar a acusação por falta de provas, o juiz deve absolver (art. 386, inciso V, CPP). Qualquer equívoco funcional por parte do membro do Ministério Público deve ser resolvido no âmbito correicional, não se podendo esquecer que os membros da *parquet* possuem independência funcional.

De qualquer sorte, entendo que a última parte do referido dispositivo (art. 385, CPP), hoje, não tem aplicação. Vale dizer, o juiz só poderá reconhecer qualquer agravante, se for alegada na peça acusatória e provada no curso da instrução, sob pena de violação do princípio da correlação entre o fato contestado e a sentença. Viola, também, o contraditório. Quando os órgãos de controle e a sociedade ficam no escuro, é mais difícil identificar abusos, de modo que não pode o fiscal da lei (Ministério Público) ser indiferente em tais hipóteses, sob pena de endossar o abuso. Não se pode borrar as fronteiras que delimitam até onde vai o lícito e onde começa a zona do ilícito. Arbitrariedade, ainda que judicial, não é admissível no Estado de Direito, e o recurso cabível é sempre o remédio adequado.

15.7 Sentença absolutória (art. 386, CPP)

15.7.1 Efeitos da sentença absolutória

Prolatada a sentença, ela passa a integrar o mundo jurídico com a sua publicação, decorrendo a partir daí alguns efeitos, que passarei analisar. Vejamos os efeitos:

a) Se o acusado estiver preso, deverá ser liberado automaticamente;
b) Se o acusado for inimputável por doença mental, o juiz aplica medida de segurança. Nesse caso, temos a chamada sentença absolutória imprópria;
c) A fiança deve ser devolvida;
d) Em regra, a sentença absolutória não impede a ação civil cabível, diante da independência das instâncias, na forma do art. 935 do CC. A depender do fundamento pode impedir a ação cível.

15.8 Sentença condenatória
15.8.1 Etapas

Após o relatório, a fundamentação e a conclusão, o juiz passa a fixar pena. De acordo com o princípio da proporcionalidade, o juiz fará a individualização e a dosimetria da pena.

O art. 387 do CPP prevê que o juiz ao proferir a sentença condenatória:

> (...)
> I - mencionará as circunstâncias agravantes ou atenuantes definidas no Código Penal, e cuja existência reconhecer;
> II - mencionará as outras circunstâncias apuradas e tudo o mais que deva ser levado em conta na aplicação da pena, de acordo com o disposto nos arts. 59 e 60 do Decreto-Lei n° 2.848, de 7 de dezembro de 1940 - Código Penal;
> III - aplicará as penas de acordo com essas conclusões;
> IV - fixará valor mínimo para reparação dos danos causados pela infração, considerando os prejuízos sofridos pelo ofendido;[130]

---

[130] "AGRAVO REGIMENTAL EM RECURSO ESPECIAL - PENAL E PROCESSUAL PENAL - CRIME AMBIENTAL - VIOLAÇÃO DOS ARTS. 91, I, DO CP- 63, *caput* E PARÁGRAFO ÚNICO, E 387, IV, DO CPP- PLEITO DE ESTABELECIMENTO DE REPARAÇÃO MÍNIMA PELOS DANOS MORAIS COLETIVOS CAUSADOS PELA INFRAÇÃO - NECESSÁRIA PROVA SUFICIENTE A RESPALDAR TAL PEDIDO - 1- Esta Corte Superior firmou entendimento de que não há óbice para que o Magistrado fixe o valor da reparação mínima com base em dano moral sofrido pela vítima (art. 387, IV, do CPP). No entanto, quando se trata de dano moral coletivo, essa possibilidade deve ser verificada no caso concreto, com instrução processual específica que demonstre a relevância do dano causado à sociedade e a razoabilidade do valor fixado, porquanto o dano moral coletivo somente se configurará se houver grave ofensa à moralidade pública, objetivamente considerada, causando lesão a valores fundamentais da sociedade e transbordando da tolerabilidade (EREspn°1.342.846/RS,

V - atenderá, quanto à aplicação provisória de interdições de direitos e medidas de segurança, ao disposto no Título XI deste Livro;

VI - determinará se a sentença deverá ser publicada na íntegra ou em resumo e designará o jornal em que será feita a publicação (art. 73, §1º, do Código Penal).

§1º O juiz decidirá, fundamentadamente, sobre a manutenção ou, se for o caso, a imposição de prisão preventiva ou de outra medida cautelar, sem prejuízo do conhecimento de apelação que vier a ser interposta.

§2º O tempo de prisão provisória, de prisão administrativa ou de internação, no Brasil ou no estrangeiro, será computado para fins de determinação do regime inicial de pena privativa de liberdade.

Para a fixação do valor mínimo para reparação dos danos causados pela infração, podem ser fixados danos morais, desde que controvertido, tem que existir pedido expresso na peça acusatória e a especificação de valor e prova suficiente para tal. É a lição que se extrai do seguintes excertos:

> AGRAVO REGIMENTAL NO AGRAVO EM RECURSO ESPECIAL - FIXAÇÃO DE VALOR MÍNIMO POR DANOS MATERIAIS CAUSADOS PELA INFRAÇÃO PENAL - AUSÊNCIA DE DISCUSSÃO DURANTE A INSTRUÇÃO - 1- Nos termos da jurisprudência desta Corte, "a fixação de valor mínimo para indenização dos danos causados pela infração, considerando os prejuízos sofridos pela vítima, prevista no art. 387, inciso IV, do CPP, além de pedido expresso na exordial acusatória, pressupõe a indicação de valor e prova suficiente a sustentá-lo, possibilitando ao réu o direito de defesa, com indicação de *quantum* diverso ou mesmo comprovação de inexistência de prejuízo material ou moral a ser reparado" (AgRg no AREsp nº 2.068.728/MG, relator Ministro Reynaldo Soares da Fonseca, Quinta Turma, DJe de 13/5/2022). 2- No caso, é incabível o acolhimento de reparação de danos materiais porque, embora o pedido de indenização conste da denúncia, ele deve ser discutido na instrução, ainda que de forma não exaustiva, o que não ocorreu na hipótese dos autos. 3- Agravo regimental desprovido (STJ - AgRg-AG-REsp. 2115933/MG - (2022/0123915-9) - Rel. Min. Jesuíno Rissato - DJe 23.06.2023).

> AGRAVO REGIMENTAL NO AGRAVO EM RECURSO ESPECIAL - ESTELIONATO - PLEITO DE ABSOLVIÇÃO POR ATIPICIDADE DA CONDUTA - NECESSIDADE DE REVOLVIMENTO DO ACERVO

> Ministro Raul Araújo, Corte Especial, DJe 3/8/2021). 2- Agravo regimental desprovido (STJ - AgRg-REsp 2055996/MG - (2023/0062910-6) - 6ª T. - Rel. Min. Sebastião Reis Júnior - DJe 22.05.2024)."

FÁTICO-PROBATÓRIO - INCIDÊNCIA DA SÚMULA Nº 7 DO STJ - AFASTAMENTO DA INDENIZAÇÃO - NÃO CABIMENTO - AGRAVO REGIMENTAL NÃO PROVIDO - 1- Conforme a jurisprudência desta Corte Superior, "a emissão de cheques pós-datados pode caracterizar o crime previsto no artigo 171 do Código Penal quando restar comprovado que as cártulas não foram fornecidas como garantia de dívida, mas sim com o intuito de fraudar. Precedentes do STJ e do STF" (HC nº 336.306/MS, Rel. Ministro Jorge Mussi, 5ª T., DJe 2/2/2016), como na espécie. 2- Para rever o julgado, seria necessária a incursão no conjunto fáticoprobatório, procedimento vedado no âmbito do recurso especial, a teor da Súmula nº 7 do STJ. 3- Não há razões para expurgar da condenação o pagamento da indenização definida na sentença, porquanto "O montante fixado para reparação dos danos causados pela infração penal refere-se a um valor mínimo, não impedindo que a vítima requeira valor superior no âmbito cível" (REsp nº 1.882.059/SC, Rel. Ministro Joel Ilan Paciornik, 5ª T., DJe 25/10/2021). 4- Agravo regimental não provido (STJ - AgRg-AG-REsp. 2521303/GO - (2023/0442995-1) - Rel. Min. Rogerio Schietti Cruz - DJe 25.06.2024).

PENAL E PROCESSO PENAL - A CONSTITUIÇÃO FEDERAL NÃO PERMITE A PROPAGAÇÃO DE IDEIAS CONTRÁRIAS À ORDEM CONSTITUCIONAL E AO ESTADO DEMOCRÁTICO (CF, ARTIGOS 5º, XLIV, E 34, III E IV), TAMPOUCO A REALIZAÇÃO DE MANIFESTAÇÕES PÚBLICAS VISANDO À RUPTURA DO ESTADO DE DIREITO, POR MEIO DE GOLPE DE ESTADO COM INDUZIMENTO E INSTIGAÇÃO À INTERVENÇÃO MILITAR, COM A EXTINÇÃO DAS CLÁUSULAS PÉTREAS CONSTITUCIONAIS, DENTRE ELAS A QUE PREVÊ A SEPARAÇÃO DE PODERES (CF, ARTIGO 60, §4º), COM A CONSEQUENTE INSTALAÇÃO DO ARBÍTRIO - ATOS ANTIDEMOCRÁTICOS DE 8/1 - CONFIGURAÇÃO DE CRIMES MULTITUDINÁRIOS E ASSOCIAÇÃO CRIMINOSA ARMADA (CP, ART. 288P.U) PARA A PRÁTICA DOS DELITOS DE ABOLIÇÃO VIOLENTA DO ESTADO DEMOCRÁTICO DE DIREITO (CP, ART. 359- L), GOLPE DE ESTADO (CP, ART. 359-M), DANO QUALIFICADO (CP, ART. 163, P. U, I, II, III E IV), DETERIORAÇÃO DO PATRIMÔNIO TOMBADO (ART. 62, I, DA LEI 9.605/1998), DEMONSTRAÇÃO INEQUÍVOCA DA MATERIALIDADE E AUTORIA DELITIVAS - AÇÃO PENAL PROCEDENTE - 1- Rejeitada a preliminar de inépcia da inicial. Presentes os requisitos do artigo 41 do Código de Processo Penal e a necessária justa causa para a ação penal (CPP, art. 395, III), analisada a partir dos seus três componentes: tipicidade, punibilidade e viabilidade, de maneira a garantir a presença de um suporte probatório mínimo a indicar a legitimidade da imputação, sendo traduzida na existência, no inquérito, de elementos sérios e idôneos que demonstrem a materialidade do crime e de indícios razoáveis de autoria. Pleno exercício do direito de defesa garantido. Precedentes: AP's

1.060, 1.502 e 1.183, Rel. Min. ALEXANDRE DE MORAES, Plenário, j. 13/9/2023 e 14/9/2023. 2- ATOS ANTIDEMOCRÁTICOS de 08/01/2023 e o contexto dos crimes multitudinários. Autoria e materialidade do crime de abolição violenta do Estado Democrático de Direito (CP, Art. 359-L) comprovadas. Invasão do Palácio do Planalto, por grupo do qual o réu fazia parte, que procedeu com violência e grave ameaça contra as forças policiais, de maneira orquestrada, tentando abolir o Estado Democrático de Direito, impedindo ou restringindo o exercício dos poderes constitucionais. Precedentes: APs 1.060, 1.502, 1.183 (j. Plenário 13/9/2023 e 14/9/2023), 1.109, 1.413, 1.505 (j. SV 16/9/2023 a 2/10/2023), 1.116, 1.171, 1.192, 1.263, 1.498 e 1416 (j. SV 6/10/2023 a 16/10/2023) Rel. Min. ALEXANDRE DE MORAES. 3- ATOS ANTIDEMOCRÁTICOS de 08/01/2023 e o contexto dos crimes multitudinários. Autoria e materialidade do crime de golpe de Estado (CP, Art. 359-M) comprovadas. Conduta do réu, mediante associação criminosa armada (CP, art. 288, p.u), que, pleiteando, induzindo e instigando a decretação de intervenção militar, por meio de violência, tentou depor o governo legitimamente constituído e democraticamente eleito em 30/10/2022, diplomado pelo TRIBUNAL SUPERIOR ELEITORAL em 12/12/2022 e empossado perante o CONGRESSO NACIONAL em 1º de janeiro de 2023. Precedentes. 4- Lastro de destruição. Laudo Relatório Preliminar de Vistoria do IPHAN: danos consideráveis e vultuosos no interior, exterior e patrimônio cultural do Palácio do Planalto, do SUPREMO TRIBUNAL FEDERAL e do Congresso Nacional. Depoimentos das testemunhas. Imagens da destruição. Prisão dentro do Palácio do Planalto. 5- Crime de dano qualificado pela violência e grave ameaça, com emprego de substância inflamável, contra o patrimônio da União e com considerável prejuízo para a vítima (art. 163, parágrafo único, I, II, III e IV do Código Penal), e de deterioração do patrimônio tombado (art. 62, I, Lei 9.605/1998). Estrutura dos prédios públicos e patrimônio cultural depredados. Materialidade e autoria delitiva comprovadas pelo depoimento das testemunhas, relatório de danos ao patrimônio do Senado Federal, Relatório Preliminar de Vistoria do IPHAN. Prejuízo material estimado supera a cifra de R$25.000.000,00 (vinte e cinco milhões de reais). 6- Crime de associação criminosa armada (art. 288 do Código Penal). Materialidade e autoria delitiva comprovadas. Propósito criminoso amplamente difundido e conhecido anteriormente. Manifestantes induziam e instigavam as Forças Armadas à tomada do poder. Acampamento na frente do Quartel General do Exército em Brasília com complexa estrutura organizacional. Estabilidade e permanência comprovados. 7- CONDENAÇÃO do réu TIAGO MENDES ROMUALDO pela prática do crime previsto no art. 359-L, do Código Penal (abolição violenta do Estado Democrático de Direito), à pena de 4 (quatro) anos de reclusão; Pela prática do crime previsto no art. 359-M, do Código Penal (golpe de estado), à pena 5 (cinco) anos de reclusão; Pela prática do crime previsto no art. 163, parágrafo único, incisos I, II, III e IV do Código Penal (dano qualificado), à pena de 1 (um) ano e 6 (seis) meses de detenção e 50 (cinquenta) dias-multa; Pela prática do crime previsto no art. 62, I, da Lei 9.605/1998 (deterioração do patrimônio tombado), à pena de 1 (um) ano e 6 (seis) meses de reclusão, e 50 (cinquenta) dias-multa. E pela prática do crime previsto no art. 288, Parágrafo Único, do Código Penal(associação criminosa armada), à pena de 1 (um) ano e 6 (seis) meses de reclusão. 9- Pena total fixada em relação ao réu TIAGO MENDES ROMUALDO em 13 (treze) anos e 6 (seis) meses, sendo 12 (doze) anos de reclusão e 1 (um) ano e 6 (seis) meses de detenção, e 100 (cem) dias-multa, cada dia multa no valor de 1/3 (um terço) do salário mínimo, em regime inicial fechado para o início do cumprimento da pena. 10- Pena. Art. 359-L do Código Penal. Ausência de formação de maioria. Prevalência de voto médio proferido pelo Ministro CRISTIANO ZANIN, para aplicação da pena de 4 (quatro) anos de reclusão ao crime previsto no art. 359-L do Código Penal (abolição violenta do Estado Democrático de Direito). 11- Condenação ao pagamento de indenização mínima (Art. 387, IV, do Código de Processo Penal) a título de ressarcimento dos danos materiais e danos morais coletivos. A condenação criminal pode fixar o valor mínimo para reparação dos danos causados pela infração, incluindo nesse montante o valor do dano moral coletivo. Precedentes. Valor mínimo indenizatório a título de danos morais coletivos de R$ 30.000.000,00 (trinta milhões de reais), a ser adimplido de forma solidária, em favor do fundo a que alude o art. 13 da Lei 7.347/1985. 12- AÇÃO PENAL TOTALMENTE PROCEDENTE (STF - AP 1142 - TP - Rel. Alexandre de Moraes - J. 08.04.2024).

Elenco aqui as etapas que devem ser cumpridas na sentença condenatória:

1ª) Escolha da pena a ser aplicada quando ao fato for cominada mais de uma alternativamente (art. 59, I, CP);

2ª) Análise das circunstâncias judiciais para estabelecimento da pena-base (art. 59, *caput*, e art. 68, primeira parte, CP);

3ª) Análise das circunstâncias legais (agravantes e atenuantes, arts. 68, segunda parte; arts. 61, 62 e 65, CP);

4ª) Análise das causas especiais de aumento ou diminuição de pena, previstas na parte geral e na parte especial (art. 68, terceira parte, CP);

5ª) Análise da detração, se houve prisão processual anterior à sentença condenatória;

6ª) Estabelecimento do regime inicial do cumprimento da pena (arts. 59, inciso III, e art. 33, CP);

7ª) Realização das substituições cabíveis (arts. 59, IV; 43, 44 e 60, §2º, CP);

8ª) Concessão da suspensão condicional da pena (art. 77, CP);
9ª) Fundamentação dos efeitos da condenação referidos no art. 92 do CP.

O descumprimento de qualquer das etapas mencionadas, desde que necessária, implica nulidade da sentença, e outra deve ser prolatada. Esse vício é proveniente do julgamento *citra petita*. No caso de equívoco na dosimetria da pena aplicada, o órgão *ad quem* (tribunal), ao reconhecê-lo, fixará a nova pena.

O juiz pode, ao proferir o decreto condenatório, após aplicar a pena privativa de liberdade diminuída, substituí-la por medida de segurança, quando o réu for semi-imputável e necessite de especial tratamento curativo. A propósito, a periculosidade real dirige-se ao semi-imputável.

No tocante à pena de multa, deve o juiz encontrar a quantidade dos dias-multa em cada tipo legal de crime (art. 58, CP), de acordo com a gravidade do fato e os elementos dos arts. 59, 61, 62, 65 e 66 do CP e eventuais causas de aumento e diminuição de pena. E, após essa operação, encontrar o valor dos dias-multa, com fundamento na situação econômica do réu (art. 60, CP). O valor pode ser até triplicado se esta for ineficaz, embora aplicada no máximo (art. 60, §1º, CP). Por fim, a pena privativa de liberdade aplicada, não superior a seis meses, pode ser substituída pela de multa, observados os critérios dos incisos II e III do art. 44 do CP.

Após a fixação das penas, o juiz pode permitir que o réu recorra ou não em liberdade, desde que de forma fundamentada. E, por fim, manda lançar seu nome no rol dos culpados, após o trânsito em julgado da sentença penal condenatória.

15.8.2 Efeitos da sentença penal condenatória

De acordo com os arestos das cortes superiores, só se decreta ou mantém a prisão, se presentes os requisitos da prisão preventiva. No caso do júri, se fixada uma pena condenatória igual ou superior a 15 anos, em regra, implica na execução provisória da sanção penal, com a determinação da prisão (art. 492, inciso I, alínea "e", CPP).

Com o trânsito em julgado, o nome do condenado é lançado no livro do rol dos culpados. A sentença condenatória transitada em julgado é pressuposto de reincidência e cria a obrigação de indenizar, dentre outros efeitos previstos no CP, no Texto Supremo e em leis extravagantes.

15.8.3 Efeitos extrapenais específicos da condenação (art. 92, CP). Crimes contra a mulher por ser mulher

O inciso I do art. 92 do CP não sofreu alterações; trata-se do efeito extrapenal específico da perda do cargo, função ou mandato eletivo.

Por outro lado, o inciso II do mesmo dispositivo legal em análise se refere à incapacidade para o exercício do poder familiar, da tutela ou da curatela. Esse ponto sofreu alteração com o advento da referida lei. Foi acrescentado o seguinte trecho: "(...) bem como nos crimes cometidos contra a mulher por razões da condição do sexo feminino, nos termos do §1º do art. 121-A deste Código".

Dentro desse contexto, o parágrafo único da redação anterior se transformou no §1º, mas antes dependia de pedido expresso da parte acusadora. Agora, independe de pedido expresso da acusação, observado o disposto no inciso III do §2º do artigo.

Sob outra perspectiva, foi criado o §2º do art. 92 do CP, que possui a seguinte redação:

(...)
§2º Ao condenado por crime praticado contra a mulher por razões da condição do sexo feminino, nos termos do §1º do art. 121-A deste Código serão:
I - aplicados os efeitos previstos nos incisos I e II do *caput* deste artigo;
II - vedadas a sua nomeação, designação ou diplomação em qualquer cargo, função pública ou mandato eletivo entre o trânsito em julgado da condenação até o efetivo cumprimento da pena;
III - automáticos os efeitos dos incisos I e II do *caput* e do inciso II do §2º deste artigo.

Com a novidade estabelecida pela Lei nº 14.994, de 11 de outubro de 2024, três são os efeitos automáticos da condenação a serem aplicados pelo juiz na sentença, sendo dispensável o pedido de condenação da acusação ou de decisão fundamentada. Passo a elencá-los:
  a) Perda de cargo, função pública ou mandato eletivo;
  b) Incapacidade para o exercício do poder familiar, da tutela ou da curatela;
  c) Vedadas a sua nomeação, designação ou diplomação em qualquer cargo, função pública ou mandato eletivo entre o trânsito em julgado da condenação até o efetivo cumprimento da pena.

São crimes cometidos no ambiente doméstico ou familiar ou fora do ambiente doméstico ou familiar, desde que presente o menosprezo ou discriminação à condição de mulher. Passaram a ser efeitos automáticos da condenação, que não dependem de pedido da acusação ou de fundamentação na sentença.

Sendo coerente com esse entendimento, constata-se que a perda do cargo, função ou mandato eletivo, na hipótese de contemporaneidade ao crime, não há a exigência que a infração esteja vinculada a abuso de poder ou violação de dever público, nem se subordina ao tipo de crime ou à duração da pena, sendo suficiente que o delito seja praticado em desfavor da mulher em função do gênero.

Com o devido respeito, entendo que, em homenagem ao princípio da individualização da pena, seria de todo recomendável conferir esse efeito ou não à gravidade do caso concreto, sendo tarefa do juiz de direito – em virtude do caso concreto submetido à sua apreciação, e não como efeito automático – a tarefa de avaliar suas circunstâncias e necessidade da sua aplicação, em razão do princípio do livre convencimento motivado.

Quando se faz uma generalização de tal monta, incorre-se no risco do cometimento de rematada injustiça. Não há respeito ao princípio constitucional da proporcionalidade da pena, salvo melhor juízo, quando se aplica o efeito automático e sem pedido da acusação, ferindo-se mortalmente a espinha dorsal do processo penal de cunho acusatório, que é o princípio da inércia da jurisdição e o próprio princípio acusatório. Assim, por exemplo, nos crimes contra a honra ou contra o patrimônio, notadamente quando não há violência ou grave ameaça empregadas, não faz sentido atribuir esses efeitos à condenação nesses casos. Penso que seja o caso da atuação do Supremo Tribunal Federal, visando restabelecer o equilíbrio entre os Poderes Legislativo, Executivo e Judiciário – harmônicos e independentes (art. 2º, CF) –, aplicando-se o princípio da interpretação conforme a Constituição Federal, diante da magnitude do ferimento explícito aos princípios constitucionais citados.

Chamo atenção aqui para o fato de que o legislador, visando conferir maior proteção ao bem jurídico penal protegido pela lei – a mulher por razões de menosprezo ou discriminação da condição do sexo feminino –, com a novel *legis*, comina uma proibição futura: enquanto durar a pena, o condenado não poderá ocupar função pública ou mandato eletivo.

Outro ponto que desperta curiosidade na lei é que, no caso do efeito extrapenal da incapacidade para o exercício do poder familiar, da tutela ou da curatela, aplica-se não apenas nos crimes dolosos sujeitos à pena de reclusão cometidos contra outrem alguém igualmente titular do mesmo poder familiar, bem como nos casos cometidos contra a mulher por razões da condição sexo feminino, nos termos do §1º do art. 121-A do CP. Desse modo, verifica-se que o crime não precisa ser punido com reclusão.

Com o advento da Lei nº 14.994/2024, o feminicídio deixa de ser uma circunstância qualificadora do crime de homicídio e passa a ser um tipo penal autônomo. A pena prevista em abstrato na lei é de reclusão, de 20 a 40 anos, e ainda está sujeita a causas majorantes. Passa a ser a maior pena do ordenamento jurídico brasileiro.

Ponto que merece destaque é que, com a criação do crime autônomo de feminicídio, não mais é possível a alegação do feminicídio privilegiado, dado que a causa de diminuição de pena está alocada no art. 121, §1º, do CP, deixando de existir previsão legal para tal defesa – há evidente incompatibilidade axiológica entre o crime de homicídio e feminicídio. Inclusive, no ordenamento jurídico argentino há a possibilidade de prisão perpétua. Na Colômbia, a pena é de 33 a 50 anos. Na Costa Rica, de 20 a 35 anos. No Equador, de 20 a 35 anos também. E, no México, de 30 a 40 anos.

Antes da Lei do Feminicídio, as causas de aumento de pena estavam topograficamente localizadas no art. 121, §7º, do CP. Agora estão listadas no art. 121-A, §2º, do Códex Material de Penas:

> (...)
> §2º A pena do feminicídio é aumentada de 1/3 (um terço) até a metade se o crime é praticado:
> I - durante a gestação, nos 3 (três) meses posteriores ao parto *ou se a vítima é a mãe ou a responsável por criança, adolescente ou pessoa com deficiência de qualquer idade;*
> II - *contra pessoa menor de 14 (catorze) anos,* maior de 60 (sessenta) anos, com deficiência ou portadora de doenças degenerativas que acarretem condição limitante ou de vulnerabilidade física ou mental;
> III - na presença física ou virtual de descendente ou de ascendente da vítima;
> IV - em descumprimento das medidas protetivas de urgência previstas nos incisos I, II e III do *caput* do art. 22 da Lei no 11.340, de 7 de agosto de 2006 (Lei Maria da Penha);
> V - *nas circunstâncias previstas nos incisos III, IV e VIII do §2º do art. 121 deste Código* (grifos meus).

Não é despiciendo se destacar que as pessoas órfãs de feminicídio foram contempladas de forma especial pela nova lei, ou seja, filhos e dependentes de mulheres vitimadas pelo feminicídio.

Recorde-se que a Lei nº 14.717/2023 promoveu o ingresso na legislação pátria da possibilidade de pagamento de pensão especial aos filhos menores de dezoito anos de mulheres vítimas do crime.

Outro ponto luminoso trazido pela nova lei e na criação do crime de feminicídio é que o legislador confere três circunstâncias qualificadoras do homicídio para servirem de causas de aumento no feminicídio. São elas: inciso III - meio cruel, insidioso ou de que possa resultar perigo comum; inciso IV - recurso que dificulta ou impossibilita a defesa da vítima; inciso VIII – emprego de arma de fogo de uso não permitido. Todas as qualificadoras do homicídio citadas são de índole objetiva.

Na hipótese da presença de mais de uma circunstância majorante, o magistrado levará em consideração o concurso na determinação da exasperação da sanção penal final, variando, de acordo com seu prudente convencimento motivado, de um terço até a metade. *Mutatis mutandis*, aplica-se a mesma razão exposta para o crime de roubo (onde existe a mesma razão se aplica o mesmo direito), catalogada na Súmula nº 443 do Superior Tribunal de Justiça: "(...) O aumento na terceira fase de aplicação da pena no crime de roubo circunstanciado exige fundamentação concreta, não sendo suficiente para a sua exasperação a mera indicação do número de majorantes".

Ocorreram mudanças também no art. 129 do CP (lesão corporal leve). A incidência ocorreu nos §§9º e 13 do mencionado dispositivo legal, sendo que no primeiro caso se tem por vítima homem, e, no segundo, a ofendida é a mulher, não somente no ambiente doméstico, mas no caso de preconceito ou violência quanto ao gênero. Dessa forma, as penas máximas e mínimas se tornaram idênticas, sendo que o legislador igualou o tratamento de situações eminentemente díspares. O critério da vulnerabilidade não foi devidamente ponderado, não existindo um tratamento isonômico em seu caráter substancial.

Outra modificação de grande monta concerne à criação do §2º ao art. 147 do CP. Na situação aventada, a ação penal do crime de ameaça passa a ser pública incondicionada, desde que o mal injusto e grave tenha sido praticado por condição de discriminação ou menosprezo à condição de mulher ou em contexto de violência doméstica e familiar. Nas demais hipóteses, a ação penal pública continua a ser condicionada à representação da vítima ou aos seus representantes legais ou sucessores, a exemplo do que ocorre com o crime de *stalking* [perseguição], tal como previsto no art. 147-A, §3º, do CP.

Outra mudança importante, com reflexos na aplicação da medida de prisão preventiva, é o considerável aumento da pena do crime de descumprimento de medidas protetivas (art. 24-A, Lei nº 11.340/2006), que passa a ser de 2 a 5 anos de reclusão, e não mais detenção, levando-se em consideração que um descumprimento de uma medida judicial protetiva pode se converter numa morte iminente pelo elevado risco da situação concreta.

Deve-se rememorar que está proibida a conversão da pena de prisão simples por restritiva de direitos em casos de violência doméstica e familiar contra a mulher. Seguindo entendimento pacífico, entabulado no enunciado da Súmula nº 588 do Superior Tribunal de Justiça: "A prática de crime ou contravenção penal contra a mulher com violência ou grave ameaça no ambiente doméstico impossibilita a substituição da pena privativa de liberdade por restritiva de direitos".

Some-se a isso que o feminicídio foi elevado à categoria dos crimes hediondos, que possuem um regime jurídico no processo penal mais rigoroso que o previsto para os demais crimes, sendo acrescentado no rol dos crimes previstos como hediondos (repugnante, vil, abjeto) da Lei nº 8.072/1990. Entrementes, como tal previsão normativa é, sem dúvida, mais gravosa ao acusado e ao apenado, há o impedimento da sua aplicação com efeitos retroativos (vedação expressa do art. 5º, inciso XL, CF). Ainda que tal lei possua o caráter de índole mista, contendo aspectos de direito penal e outros de direito processual penal, não tem o condão de atingir situações pretéritas, em respeito ao princípio da segurança jurídica.

Merece destaque ainda a mudança legislativa quanto ao art. 394-A do CPP: "(...) Os processos que apurem a prática de crime hediondo ou violência contra a mulher terão prioridade de tramitação em todas as instâncias".

O espírito da lei consagra a necessidade de celeridade da atividade jurisdicional em tal caso, diante da necessidade de evitar a repetição reiterada de tais condutas no âmago da sociedade pós-moderna, em que o respeito ao outro é prioridade fundamental para a manutenção do Estado Democrático de Direito, reclamando uma solução mais célere na apreciação de tais lides, em homenagem ao princípio da razoável duração do processo(art. 5º, inciso LXXVIII, Carta Política).

Com a utilização eficaz da espada da Justiça nas situações mais drásticas, evitam-se o rompimento do contrato social e a elevação do prestígio da ordem jurídica justa, diante de uma punição estatal mais forte e eficiente, desestimulando a prática reiterada de tais crimes – o que estimula a prática criminosa é a evidente sensação de impunidade.

Digno de destaque na mudança paradigmática legiferante é a isenção de custas, taxas ou despesas processuais. A *mens legis* almeja assegurar o acesso amplo e irrestrito ao Poder Judiciário para as pessoas ofendidas nos casos de crimes de violência contra a mulher, bem como de representantes legais e sucessores processuais, facilitando a Justiça Restaurativa na busca por maior proteção do feminino e na reparação mais ampla dos danos advindos do evento criminoso, máxime em crimes cuja persecução penal depende da sua iniciativa, refiro-me aos crimes de ação penal privada, que se promove mediante o manejo da queixa-crime. Outrossim, a exceção fica por conta dos casos de má-fé evidente, com o intuito de emascular que tal prerrogativa seja utilizada de forma equivocada.

15.9 Publicação da sentença

De acordo com as prescrições do CPP estipuladas no art. 389, considera-se publicada a sentença quando esta é entregue em mãos do escrivão e juntada aos autos do processo pelo mesmo. Deverá, ainda, o escrivão, imediatamente, lavrar o termo respectivo, de modo a possibilitar às partes a ciência da data da publicação da sentença. Além disso, deve registrar a sentença em livro destinado a tal fim. Importância: saber o *dies a quo* do reinício do prazo prescricional.

Pode ser a sentença prolatada em audiência, como acontece nos procedimentos sumário, sumaríssimo, especiais, no rito previsto na Lei de Drogas. Nessa hipótese, tem-se como publicada na própria audiência.

Com a publicação, o juiz esgota a prestação jurisdicional, tornando imodificável. Entrementes, após a publicação o juiz pode, de ofício ou mediante provocação:

a) Retificar inexatidões materiais ou mero erro de cálculo;
b) Espancar pontos omissos, obscuros, ambíguos e contraditórios, caso haja embargos de declaração opostos pela parte (embarguinhos, art. 382, CPP). Na última hipótese, somente mediante provocação.

15.10 Intimação da sentença – hipóteses

15.10.1 Partes presentes

De acordo com a legislação processual penal, se as partes e defensores estiverem presentes na audiência em que esta for prolatada oralmente e reduzida a termo pelo escrivão, todos serão intimados na própria audiência. Daí começa a correr o prazo para ambas as partes a partir da aludida audiência.

15.10.2 Intimação do Ministério Público, defensor público, defensor nomeado (dativo) e curador nomeado pelo juiz

Devem ser intimados sempre pessoalmente, sob pena de nulidade. Quanto ao Ministério Público, deve a intimação ocorrer no prazo de três, a contar da publicação da sentença, sob pena de suspensão do escrivão, por cinco dias, em cumprimento ao previsto no art. 390 do CPP

Devo informar que, com o processo digital, as partes são intimadas via sistema, a partir de quando o serventuário da Justiça disponibiliza os processos na parte das intimações dos mencionados atores processuais. Estes devem proceder à ciência da sentença, dentro do prazo assinalado. Na hipótese de este escoar no sistema sem manifestação, ocorrerá a intimação automática, passando daí a decorrer o prazo para a interposição do recurso adequado.

15.10.3 Intimação do querelante ou assistente

A intimação poderá ser feita na pessoa do querelante ou assistente ou na pessoa do seu advogado. Quanto ao advogado, a intimação far-se-á pelo Diário Oficial do Poder Judiciário, devendo constar na publicação o nome do acusado, sob pena de nulidade. Não se encontrando nem a parte, nem seu advogado, aquela será intimada por meio de edital, com prazo de 10 dias.

15.10.4 Intimação do réu

Em casos de sentença absolutória, basta a intimação do seu defensor. Se constituído, a intimação será pelo Diário Oficial do Poder Judiciário, por carta com aviso de recebimento ou pessoal; se nomeado o defensor, a intimação deverá ser pessoal.

Em casos de sentença condenatória as hipóteses são as seguintes:
1ª) Intimação pessoal: Se o réu estiver solto e for encontrado, ou preso.
2ª) Intimação pessoal ou na pessoa do defensor constituído: Crime que se livra solto, crime afiançável em que se prestou fiança.
3ª) Inexistência de intimação pessoal: Nos crimes afiançáveis ou não, expedido o mandado de prisão, não tiver sido encontrado o réu, e assim o certificar o oficial de Justiça.

4ª) **Intimação editalícia**: Será intimado por edital, quando ele e o seu defensor constituído não forem encontrados a) nos crimes que se livra solto; nos afiançáveis, quando prestar fiança; b) quando for expedido mandado de prisão contra o réu, independentemente da natureza do crime.

Prazo do edital: Se a pena for igual ou superior a um ano, o prazo do edital será de 90 dias; se inferior a 1 ano, o prazo será de 60 dias. O prazo para a apelação correrá após o término do fixado no edital, salvo se, no curso deste, for feita a intimação por qualquer das outras formas estabelecidas no art. 392 do CPP.

15.10.5 Intimação do defensor

1) Em sentenças absolutórias: Só ele é intimado. Se nomeado, pessoalmente; se constituído, pelo Diário Oficial do Poder Judiciário, mediante carta com aviso de recebimento.
2) Em sentenças condenatórias: a) quando o crime é daqueles que se livra solto ou for afiançável e tiver sido prestada fiança, basta a intimação do réu ou do defensor; se for nomeado o defensor ou atuar o defensor público, a intimação se fará necessária; b) quando o réu não for encontrado, em crime de qualquer natureza, e houver expedição de mandado de prisão, só o seu defensor, se constituído, será intimado, via Diário Oficial do Poder Judiciário; se dativo ou defensor público. A intimação será por mandado, na pessoa do defensor.

Conclusão: segundo a melhor jurisprudência, o defensor do réu deve ser sempre intimado da sentença penal condenatória, quer seja por intimação pessoal do réu, quer por edital (art. 392, incisos V e VI, CPP). E o prazo recursal só começa a fluir da última intimação, se o réu foi intimado por último, deve-se renovar a intimação do defensor, pois só a partir da última intimação deve correr o prazo recursal. Esse entendimento é majoritário na jurisprudência pátria, que prestigia a ampla defesa.

15.11 Coisa julgada

A coisa julgada é o efeito decorrente da sentença que torne indiscutível e imutável a sentença de mérito não mais sujeita a recurso, de acordo com a previsão legal do art. 502 do CPC.

Há duas espécies de coisa julgada:
a) Coisa julgada formal: Impede que o juízo do caso reexamine a sentença;
b) Coisa julgada material: Impede que qualquer outro juízo reexamine a causa.

15.11.1 Fundamento

O efeito da imutabilidade da coisa julgada visa conferir segurança jurídica às decisões exaradas pelo Poder Judiciário. Com o trânsito em julgado da sentença, coloca-se um fim ao litígio, julgando-se procedente ou improcedente a pretensão punitiva, total ou parcialmente, mas a coisa julgada não é absoluta; comporta nuances que analisarei a seguir.

Invoco aqui, por não ser despicienda, a observação que a coisa julgada no âmbito do processo penal possui contornos próprios, uma vez que pode ser desfeita em razão da revisão criminal ou mesmo da incidência dos efeitos de um *habeas corpus*, em caso de reconhecimento de uma nulidade. A revisão criminal no Brasil é instituto pro réu (não existe revisão criminal *pro societate* – para a acusação).

Não existe a formação de coisa julgada material sem a existência da coisa julgada formal. De acordo com a doutrina, a coisa soberanamente julgada somente é possível no Brasil depois de julgada a revisão criminal com trânsito em julgado. Ao que penso, somente existe coisa soberanamente julgada no processo penal decorrente de uma sentença absolutória.

Mesmo a coisa soberanamente julgada pode ser atacada por nova revisão criminal no processo penal, desde que a lei nova mais benéfica favoreça o réu. Nesse caso, modificará a sentença, mesmo que ela possua os efeitos da coisa julgada material. A função negativa da coisa julgada é impedir novo processo sobre o mesmo fato, em homenagem ao brocardo *ne bis in idem*.

15.11.2 Limites da coisa julgada

15.11.2.1 Limites objetivos

O que transita em julgado é o sentido do dispositivo da decisão. Não o dispositivo, o seu significado, a sua substância. Se o juiz condenou, o que transita em julgado é a condenação. Se o Poder Judiciário absolveu, o que transita em julgado é a absolvição. Os fundamentos não fazem coisa julgada.

15.11.2.2 Limites subjetivos

A coisa julgada só tem efeitos em relação às partes do processo. Portanto, não é possível se executar uma sentença em desfavor de um corréu que não foi parte no processo.

NULIDADES

"Somei mais fracassos que vitórias em minhas lutas, mas isso não importa. Horrível seria ter ficado ao lado dos que nos venceram nessas batalhas."

(Darcy Ribeiro)

16.1 Noções preliminares e definição

O processo penal segue um rito formal estabelecido em conformidade com a lei, que serve de instrumento para aplicação do direito material. É necessário que seja respeitado o mínimo de formalidade para que o processo atinja sua finalidade de um provimento jurisdicional justo. Não respeitada a fórmula legal, pode-se estar diante de uma nulidade, conferindo segurança jurídica aos sujeitos que atuam no processo.

Nulidade é a sanção processual decorrente da prática do ato processual defeituoso, forjado ao arrepio do comando legal, causando prejuízo demasiado à parte que alega, sendo a consequência a não produção de efeitos, que pode ser total ou parcial, após o reconhecimento judicial do prejuízo demonstrado.

Nas palavras da arguta jurista Ada Pellegrini Grinover:

> O processo exige uma atividade *típica*, composta de atos cujos traços essenciais são definidos pelo legislador. Assim, os participantes da relação processual devem pautar o seu comportamento segundo o modelo legal, sem o que essa atividade correria o risco de perder-se em

providências inúteis ou desviadas do objetivo maior, que é a preparação de um provimento final justo.[131]

O processo é um instrumento de aplicação da lei concreta realizado pelo Poder Judiciário. A nulidade possui natureza jurídica de sanção processual.

Não se requer o excesso de formalismo, mas um mínimo de formalidade é necessária. O processo, enquanto instrumento burocrático de poder, no campo particular do direito, a racionalidade própria da burocracia moderna rompe com os atos jurídicos relativos às tradições sagradas. Segundo Max Weber, o tipo de ação social predominante seria a racional com relação a fins, a que se estabelece segundo interesses bem definidos, a conquistar os objetivos planejados. Isso implica o uso da interpretação lastreado em regras abstratas e legítimas que dificultam o personalismo ou tendências subjetivas. Sob condições democráticas, por exemplo, a igualdade perante a lei e certas garantias legais enfraquecem a força arbitrária da ordem política vigente. O indivíduo ou grupo que controla o aparato burocrático possui em suas mãos os elementos centrais, as chaves, por assim dizer, do poder. Em palavras simples, o poder tem contornos burocráticos.[132]

16.2 Atos processuais

Ato processual é todo aquele que tem relevância para o processo, com o fito que seja cumprido o desiderato legal. Dessa forma, ato processual é uma espécie de ato jurídico, praticado para criar, modificar ou extinguir direitos processuais.

Diferença entre *ato e fato processual*: os fatos em geral, também os fatos processuais podem ser ou não ser efeito da vontade humana; na primeira hipótese, temos ato; na segunda, fato *stricto sensu*. Ato processual é, portanto, toda conduta dos sujeitos do processo que tenha por efeito a criação, modificação ou extinção de situações jurídicas processuais. Exemplo de ato processual: oferecimento de denúncia, um interrogatório, uma sentença. Exemplo de fato jurídico: o decurso do tempo e, em consequência, a prescrição, a morte da parte ou do representante legal, a transferência, a promoção ou a aposentadoria

---

[131] GRINOVER; GOMES FILHO; FERNANDES, 2009, p. 17.
[132] WEBER, Max. *Ensaios de sociologia*. Tradução: Waltensir Dutra. 5. ed. Rio de Janeiro: LTC, 1982. p. 229.

do juiz, acontecimentos que caracterizem força maior.

Ato processual típico é o que se amolda ao paradigma descrito na lei. Existem atos processuais que, mesmo praticados com a inobservância exata do texto legal, não acarretam consequências negativas significativas para o processo penal. Nesse caso, o ato é válido e apto a produção de efeitos.

A atipicidade do ato processual pode gerar-lhe a inexistência jurídica, a nulidade absoluta, a nulidade relativa ou só a mera irregularidade, dependendo do grau de prejuízo demonstrado para o contraditório no curso do procedimento.

Resumindo, temos os seguintes atos:

a) Ato perfeito: Perfaz todas as etapas de sua constituição. É o ato processual típico. Por exemplo, o juiz que profere sentença estando investido regularmente no exercício da jurisdição, dentro da sua competência.

b) Ato meramente irregular: Não obedece ao parâmetro legal, todavia é dotado de vício insignificante. Possui efeitos não processuais, não gerando efeitos dentro do processo.

c) Ato nulo: A inobservância é de tal monta da formalidade, que pode ser reconhecida a ilegalidade. Até o advento de outra decisão judicial que reconheça a nulidade, o ato praticado produz efeitos, a exemplo da sentença produzida sem fundamentação.

d) Ato inexistente: Juridicamente não possui existência, exemplo muito citado é da sentença proferida por juiz já aposentado.

16.3 Espécies de vícios ou irregularidades

Em algumas situações, a desconformidade do ato processual é tão intensa que se considera que o ato é inexistente. Em outras circunstâncias, ao revés, o desatendimento às disposições normativas não comprometem o fim pelo qual a norma foi erigida, considerando-se meramente irregularidades, não estando em jogo a eficácia do ato processual. E, por fim, certas inobservâncias formais são penalizadas com a sanção de nulidade, tendo como efeito a supressão dos efeitos que o ato pretendia produzir no mundo jurídico, devendo ser repetido ou refeito, dentro das prescrições estatuídas na Constituição Federal ou na lei.

16.3.1 Irregularidade sem consequências

Há a inobservância da forma prescrita em lei, porém é irrelevante para a validade do processo, como, por exemplo, a denúncia ofertada fora do prazo legal quando se trata de denunciado solto, ou o juiz que decide fora do prazo (prazo impróprio).

16.3.2 Irregularidade com sanção extraprocessual

O ato processual realizado sem obediência à prescrição legal acarretará sanções extraprocessuais, muito embora permaneça incólume dentro do processo. Posso citar o exemplo do laudo pericial apresentado pelo perito fora do prazo estabelecido, o que poderá ter por consequência uma multa para o perito, em cumprimento ao que dispõe o art. 277 do CPP.

16.3.3 Irregularidade com invalidação do ato

O ato será nulo porque fere o interesse público e não apenas o interesse de uma das partes. Nessa situação, temos o exemplo do acusado que é processado sem ser citado validamente ou nas hipóteses descritas no art. 564 do CPP.

16.3.4 Irregularidade com inexistência do ato

O desrespeito é tão grave que o ato maculado é considerado como inexistente. Seria exemplo dessa hipótese a sentença proferida por juiz que se encontra afastado das funções por decisão do CNJ, uma vez que o juiz não estava investido no exercício do cargo, quando da prolação da sentença.

16.4 Princípios básicos das nulidades

16.4.1 Princípio da tipicidade das formas

Na maioria dos casos, os atos processuais possuem uma fórmula como serão praticados no curso do processo. O desatendimento a essa forma pode acarretar a nulidade, dependendo de sua gravidade e a possibilidade ou não de convalidação.

16.4.2 Princípio do prejuízo (*pas de nullité sans grief*)

Art. 563 do CPP: "(...) nenhum ato será declarado nulo se da nulidade (irregularidade) não tiver resultado prejuízo para uma das partes". Ratifica o art. 566 do mesmo diploma legal.[133]

Em regra, só se aplica às hipóteses de nulidade relativa. As nulidades absolutas não exigem demonstração do prejuízo, porque nelas o prejuízo é evidente ou, como dizem alguns, presumido. Nas nulidades relativas a alegação e a demonstração do prejuízo ao interessado no reconhecimento do vício devem ser demonstrados. Exceção: Súmula nº 160 do Supremo Tribunal Federal.

16.4.3 Princípio da instrumentalidade das formas ou da finalidade

Não se declara a nulidade de um ato processual quando houver sido praticado de outra forma, mas tenha sido alcançada a finalidade prevista em lei, em homenagem à aplicação do princípio da instrumentalidade das formas. É isso o que dispõe o art. 566 do CPP: "(...) Não será declarada a nulidade do ato processual que não houver influído na apuração da verdade substancial ou na decisão da causa, bem como se, praticado por outra forma, o ato atingir seu fim".

Na mesma linha de desdobramento, não se reconhecerá a nulidade – ou considerar-se-á sanada – de ato praticado de outra forma, não prevista em lei, quando tiver ele alcançado o seu fim, *sem prejuízo a nenhum dos litigantes*, conforme se vê do disposto no art. 572, II, do

---

[133] "AGRAVO REGIMENTAL NO *HABEAS CORPUS* - VIOLÊNCIA DOMÉSTICA - NULIDADE - INTIMAÇÃO POR MEIO DE WHATSAPP - POSSIBILIDADE - AUSÊNCIA DE DEMONSTRAÇÃO DE PREJUÍZO - AGRAVO REGIMENTAL NÃO PROVIDO - 1- A disciplina que rege as nulidades no processo penal leva em consideração, em primeiro lugar, a estrita observância das garantias constitucionais, sem tolerar arbitrariedades ou excessos que desequilibrem a dialética processual em prejuízo do acusado. Por isso, o reconhecimento de nulidades é necessário toda vez que se constatar a supressão ou a mitigação de garantia processual que possa trazer agravos ao exercício do contraditório e da ampla defesa. 2- O Conselho Nacional de Justiça, por meio da Resolução nº 354/2020, orientou a forma de comunicação digital dos atos processuais, estabelecendo que, nos casos em que cabível a citação e a intimação pelo correio, por oficial de justiça ou pelo escrivão ou chefe de secretaria, o ato poderá ser cumprido por meio eletrônico que assegure ter o destinatário do ato tomado conhecimento do seu conteúdo. 3- Neste caso, o agravante foi intimado em 21 de dezembro de 2023 por meio de contato realizado por Whatsapp, conforme certidão lavrada por oficial de justiça (e-STJ, fl. 23), de maneira que não se constata vício a ser sanado pela via mandamental, pois não há prejuízo demonstrado. 4- Agravo regimental não provido (STJ - AgRg-HC 894510/GO - (2024/0065912-5) - Rel. Min. Reynaldo Soares da Fonseca - DJe 14.05.2024)."

CPP. O ato não é um fim em si mesmo, desde que atinja determinada finalidade processual, não será declarado nulo.

Em resumo: o que deve ser preservado é o conteúdo e não a forma do ato processual. Por exemplo, o art. 570 do CPP – citação irregular. Verificando essa situação, o juiz faz uma avaliação se ato processual, antes de ser anulado, atingiu a sua finalidade, podendo deixar de anular.

16.4.4 Princípio da causalidade ou da consequencialidade

"(...) A nulidade de um ato, uma vez declarada, causará a dos atos que dele diretamente dependam ou sejam consequência. O ato nulo contamina não só os que lhe sejam conseqüência, mas também os concomitantes ou anteriores que dele diretamente dependam" (art. 573, inciso I, CPP).

Numerus apertus: Existe sempre um nexo de causalidade entre os diversos atos que se sucedem (art. 564, inciso III, CPP).

Os diversos atos que compõem o procedimento não têm existência isolada, independente, mas constituem elos de uma cadeia lógica que objetiva a preparação da sentença final; existe sempre um nexo de causalidade entre os diversos atos que se sucedem. Sendo coerente com esse posicionamento, o juiz que pronunciar a nulidade declarará os atos a que ela se estende (art. 573, §2º, CPP).

Cabe ao juiz, portanto, ao reconhecer a invalidade de determinado ato processual, verificar se a atipicidade não se propagou a outros atos do procedimento, relacionados ao primeiro, hipótese em que os últimos também deverão ser considerados nulos.

Normalmente, sendo os vários atos processuais ordenados cronologicamente, a decretação da nulidade acarreta o recuo do procedimento ao momento em que se constatou o vício de forma, decorrendo daí a necessidade de se ordenar a renovação do processo a partir do ato originalmente nulo, ou, seguindo a praxe judiciária, desde determinada página dos autos em que o ato está documentado.

A questão da derivação da nulidade parece se resolver mesmo é no plano lógico.

Para que haja derivação, impõe-se, então, que o ato subsequente seja *dependente* do anterior, no sentido de ter a sua existência subordinada à existência e validade do primeiro, ou que seja dele *consequência*, enquanto seu efeito ou resultado. Portanto, a dependência não será necessariamente cronológica, mas sim lógica.

16.4.5 Princípio do interesse

Art. 565, segunda parte, do CPP: só pode invocar a nulidade quem dela possa extrair algum resultado positivo ou situação favorável do processo (ninguém pode arguir nulidade a que tenha dado causa ou para qual tenha concorrido). Resulta do postulado de que a ninguém é lícito se valer da sua própria torpeza.

Não há como não reconhecer também ao Ministério Público a legitimidade para arguir a nulidade de ato cujo proveito seja unicamente da defesa, em face de ser o fiscal da lei. Segundo a doutrina, ocorre em sede nulidade relativa, pois não há violação a norma de ordem pública, apenas do interesse da parte.

16.4.6 Princípio da convalidação

As nulidades relativas devem ser arguidas no momento oportuno, sob pena de convalidação (art. 571, CPP).

A preclusão é a regra de convalidação, por excelência, dos atos processuais nulos. Serão eles convalidados desde que não alegados no prazo previsto em lei, consoante se verifica no rol de oportunidades temporais do art. 571 do CPP.

16.4.7 Princípio da não preclusão

As nulidades absolutas não precluem, podem ser arguidas pela parte e conhecidas pelo juiz de ofício a qualquer momento. Ressalva: Enunciado nº 160 do Supremo Tribunal Federal.

Quanto à oportunidade para a arguição do vício, a regra geral é a manifestação por ocasião das alegações finais (art. 571, incisos I, II e VI, CPP) em relação às nulidades ocorridas até aquele momento processual. Após a prolação da sentença, as nulidades relativas (e as absolutas, nos casos excepcionais em que deverão ser arguidas para serem conhecidas) devem ser alegadas nas razões de recurso ou na seção de julgamento, se estas não tiverem sido oferecidas, nos termos do art. 571, inciso VII, do CPP.

16.4.8 Princípio da lealdade

Nenhuma das partes pode alegar nulidade para a qual tenha concorrido, não podendo se aproveitar da própria torpeza, fórmula encartada no art. 565 do CPP. Exemplo de aplicação do presente princípio é o patrocínio pelo mesmo defensor de corréus com teses colidentes, gerando prejuízo à defesa do outro, ficando essa nulidade reconhecida pela Suprema Corte no seguinte precedente HC nº 6.9716/RS. Nesse precedente foi reconhecida a nulidade como absoluta por violação da ampla defesa.

16.5 Espécies: nulidades absolutas e nulidades relativas

A não observância da forma prescrita em lei somente terá relevância na exata medida em que possa impedir a realização do *justo processo*, seja promovendo o desequilíbrio na participação e efetiva contribuição das partes, seja afetando o adequado exercício da função estatal jurisdicional.

Nos precedentes recentes do Superior Tribunal de Justiça, o reconhecimento da nulidade absoluta ou relativa exige a demonstração do prejuízo, aplicando-se em ambos os casos o art. 563 do Estatuto Instrumental Penal, e tem que ser alegada no momento oportuno.[134]

16.5.1 Nulidade relativa

O predicado *relativa* que acompanha a expressão *nulidade* quer significar exatamente isso: a nulidade encontra-se *em relação ao interesse da parte*, em determinado e específico processo.

Determinados atos processuais são instituídos, potencialmente, no interesse das partes. Isso significa que a aferição da utilidade de seu exercício ou do seu não exercício é deixada à livre manifestação dos interessados, não cabendo ao Estado, em princípio, impor às partes a renovação de ato cuja ausência ou defeito não tenha afetado seu

---

[134] "AGRAVO REGIMENTAL NO *HABEAS CORPUS* - TRIBUNAL DO JÚRI - PRONÚNCIA - MATÉRIA ALEGADA HÁ MAIS DE QUATRO ANOS APÓS O JULGAMENTO DO ACÓRDÃO QUE RESOLVEU A APELAÇÃO - TRANSITO EM JULGADO - INÉRCIA DA DEFESA - TESE NÃO SUSCITADA NO MOMENTO CORRETO - PRECLUSÃO - AGRAVO IMPROVIDO - 1- Verifica-se, na espécie, a preclusão da matéria, em virtude de ter transcorrido mais de quatro anos entre a impetração do *mandamus* e a sessão de julgamento da apelação em que teria ocorrido a suposta ilegalidade. 2- Com efeito, a jurisprudência do Superior Tribunal de - Justiça - STJ, em respeito à segurança jurídica e a lealdade processual, tem se orientado no sentido de que mesmo as nulidades denominadas absolutas, ou qualquer outra falha ocorrida no acórdão impugnado, também devem ser arguidas em momento oportuno, sujeitando-se à preclusão temporal. 3- Agravo regimental improvido (STJ - AgRg-HC 878131/SP - (2023/0457077-2) - 5ª T. - Rel. Min. Joel Ilan Paciornik - DJe 18.04.2024)."

interesse, daí estarem sujeitas a prazo preclusivo, quando não alegadas a tempo e modo. Parte-se do pressuposto de que, não havendo alegação do interessado, a não observância da forma prescrita em lei não teria resultado em qualquer prejuízo para as partes.

As nulidades relativas devem ser arguidas no tempo oportuno, sob pena da ocorrência da preclusão, na forma do art. 571 do CPP.

A rigor, as nulidades relativas ocorridas no procedimento comum ou em procedimento especial deverão ser arguidas em alegações orais, na audiência una de instrução, em respeito aos ditames do art. 403, §2º, do CPP.

No caso da primeira fase do procedimento do júri, deverão ser arguidas em audiência durante a instrução, nas alegações orais. Por seu turno, as nulidades relativas ocorridas após a decisão de pronúncia deverão ser alegadas imediatamente após o apregoamento das partes, na forma estatuída no art. 463, §1º, do CPP.

Por último, as nulidades relativas ocorridas após a decisão de primeira instância deverão ser arguidas depois em segundo grau, nas razões do recurso, e dirigidas ao Egrégio Tribunal responsável pela revisão ou anulação do *decisum*.

De igual modo, as nulidades relativas ocorridas no procedimento comum sumário deverão ser arguidas em alegações orais.

Ainda que não catalogadas expressamente no art. 564 do CPP, essas nulidades estão sujeitas à sanação, com base no art. 572 da mesma lei, são consideradas relativas às nulidades violadoras de norma protetiva ao interesse da parte. Colho da jurisprudência alguns entendimentos consolidados nas seguintes súmulas, respectivamente do Supremo Tribunal Federal e do Superior Tribunal de Justiça:

> Súmula 155 - É relativa a nulidade do processo criminal por falta de intimação da expedição de precatória para inquirição de testemunha.

> Súmula 273 - Intimada a defesa da expedição da carta precatória, torna--se desnecessária intimação da data da audiência no juízo deprecado.

16.5.2 Nulidade absoluta

Em tema de nulidades *absolutas* o eixo da análise altera-se radicalmente. Se, de um lado, é possível admitir-se uma certa margem de disponibilidade quanto à *eficiência* e *suficiência* da atuação das partes (sobretudo e particularmente da defesa), de outro, quando o vício esbarrar em questões de fundo, essenciais à configuração de nosso devido processo penal, não se pode nunca perder de vista a proteção das garantias constitucionais individuais inseridas em nosso atual modelo processual.

Os vícios processuais que resultam em nulidade absoluta referem-se ao processo penal enquanto *função jurisdicional*, afetando não só o interesse de algum litigante, mas de *todo e qualquer – presente, passado e futuro* – acusado, em todo e qualquer processo. O que se põe em risco com a violação das formas em tais situações é a própria função judicante, com reflexos irreparáveis na qualidade da jurisdição prestada.

Configuram, portanto, vícios passíveis de nulidades absolutas as violações aos princípios fundamentais do processo penal, tais como o do juiz natural, o do contraditório e da ampla defesa, o da imparcialidade do juiz, a exigência de motivação das sentenças judiciais, implicando todos eles a nulidade absoluta do processo, por violação de uma norma protetiva do interesse público, geralmente elencados dentre os direitos e garantias fundamentais de primeira geração.

Tanto a nulidade absoluta quanto a nulidade relativa podem ser declaradas de ofício pelo juízo no processo penal, em razão do bem jurídico em risco, que é a liberdade ambulatorial do cidadão. Essa posição encontra guarida legal no art. 251 do CPP.

É possível sustentar a arguição de nulidade até mesmo em sede recurso extraordinário e recurso especial. Entretanto, é preciso se verificar que um dos pressupostos de ambos os recursos é que tenha *prequestionamento*. Assim, se a nulidade vindicada já foi objeto de apreciação nas instâncias anteriores, tanto o Supremo Tribunal Federal, no caso do recurso extraordinário, quanto o Superior Tribunal de Justiça, no caso do recurso especial, em se tratando de matéria de direito, podem acatar o pedido de nulidade do processo.[135]

---

[135] "PROCESSO PENAL E PENAL - AGRAVO REGIMENTAL NO AGRAVO EM RECURSO ESPECIAL - TRÁFICO - CERCEAMENTO DE DEFESA - INDEFERIMENTO DE PRODUÇÃO DE PROVA - JUSTIFICATIVA - AUSÊNCIA DE NULIDADE - ABSOLVIÇÃO - REVOLVIMENTO DE MATÉRIA FÁTICO-PROBATÓRIA – SÚMULA 7/STJ - PENA-BASE - MAUS ANTECEDENTES - PERÍODO DEPURADOR - AUSÊNCIA DE PREQUESTIONAMENTO - BENEFÍCIO DO TRÁFICO PRIVILEGIADO - MAUS ANTECEDENTES E REINCIDÊNCIA - NÃO INCIDÊNCIA - REGIME MAIS GRAVOSO - FUNDAMENTAÇÃO IDÔNEA - AGRAVO REGIMENTAL NÃO PROVIDO - 1- A jurisprudência desta Corte é firme no sentido de que, em regra, salvo situação excepcionalíssima, não se acolhe alegação de nulidade por cerceamento de defesa, em função do indeferimento de diligências requeridas pela defesa, porquanto o magistrado é o destinatário final da prova, logo, compete a ele, de maneira fundamentada e com base no arcabouço probatório produzido, analisar a pertinência, relevância e necessidade da realização da atividade probatória pleiteada (AgRg nos EDcl no AREsp nº 1.366.958/PE, Rel. Ministro RIBEIRO DANTAS, Quinta

16.5.2.1 Hipóteses de nulidades absolutas

No processo penal há nulidades consideradas como espécies de nulidades absolutas, dentro do rol do art. 564 do CPP, que não estão sujeitas à sanção, interpretação essa que se extrai de uma interpretação sistemática do art. 572 do referido diploma legal.

> Art. 572. As nulidades previstas no art. 564, III, "d" e "e", segunda parte, "g" e "h", e IV, considerar-se-ão sanadas:
> I - se não forem arguidas, em tempo oportuno, de acordo com o disposto no artigo anterior;
> II - se, praticado por outra forma, o ato tiver atingido o seu fim;
> III - se a parte, ainda que tacitamente, tiver aceito os seus efeitos.
> (...)

Como tais nulidades podem ser sanadas, chega-se à conclusão de que são relativas. Pelo raciocínio a *contrario sensu*, as demais nulidades elencadas no art. 564 do CPP são absolutas. Seriam absolutas as seguintes nulidades, exceto as grifadas:

Turma, julgado em 28/5/2019, DJe 4/6/2019). Precedentes. 2- No presente caso, verifica-se que foi declinada justificativa plausível a não produção da prova requerida, tendo em vista que a realização de exame papiloscópico é desnecessária para se atribuir ou não a posse das drogas apreendidas em uma sacola ao acusado C. Além disso, em relação ao pedido de juntada dos boletins de ocorrência e denúncias a envolver C, conforme constou na decisão de ID 9605089687, o acusado não é julgado pela prática de crimes pretéritos, mas pelo crime ocorrido no dia 31 de março de 2022, tratando-se de requerimento inútil ao julgamento do feito, sendo certo que, para se concluir de maneira contrária, seria necessário o revolvimento de matéria fáticoprobatória, providência incompatível com a via eleita. Ademais, as provas produzidas foram suficientes para formação do convencimento do julgador. Dessa forma, não há qualquer nulidade a ser sanada. 3- O Tribunal a quo, em decisão devidamente motivada, entendeu que, do caderno instrutório, emergiram elementos suficientemente idôneos de prova aptos a manter a condenação do acusado pelo delito de tráfico. Assim, rever os fundamentos utilizados pela Corte de origem, para concluir pela absolvição, por ausência de prova para a condenação, como requer a defesa, importa revolvimento de matéria fáticoprobatória, vedado em recurso especial, segundo óbice da Súmula nº 7/STJ. 4- A questão acerca do afastamento dos maus antecedentes, tendo em vista que transcorrido o período de 5 anos do cumprimento integral da pena, não foi objeto de debate pela instância ordinária, o que inviabiliza o conhecimento do recurso especial por ausência de prequestionamento. Incide ao caso a Súmula nº 282/STF. 5- A configuração da reincidência e dos maus antecedentes impede o reconhecimento da causa de diminuição de pena prevista no art. 33, §4º, da Lei nº 11.343/2006, por ausência do cumprimento dos requisitos legais. No presente caso, o agravante ostenta condenações anteriores, que foram utilizadas para a avaliação negativa dos antecedentes penais e da reincidência, o que inviabiliza a incidência da minorante do art. 33, §4º, da Lei nº 11.343/06. 6- Em atenção ao art. 33, §2º, do CP, embora estabelecida a pena definitiva em 7 anos, 3 meses e 15 dias de reclusão, o acusado, além de reincidente, teve sua pena exasperada em razão dos maus antecedentes, fundamentos a justificar a manutenção do regime prisional mais gravoso, no caso, o fechado. 7- Agravo regimental não provido (STJ - AgRg-AG-REsp. 2584151/MG - (2024/0076201-9) - Rel. Min. Reynaldo Soares da Fonseca - DJe 17.06.2024)."

Art. 564. A nulidade ocorrerá nos seguintes casos:

I - por incompetência, suspeição ou suborno do juiz;

II - por ilegitimidade de parte;

III - por falta das fórmulas ou dos termos seguintes:

a) a denúncia ou a queixa e a representação e, nos processos de contravenções penais, a portaria ou o auto de prisão em flagrante;

b) o exame do corpo de delito nos crimes que deixam vestígios, ressalvado o disposto no Art. 167;

c) a nomeação de defensor ao réu presente, que o não tiver, ou ao ausente, e de curador ao menor de 21 anos;

d) a intervenção do Ministério Público em todos os termos da ação por ele intentada e nos da intentada pela parte ofendida, quando se tratar de crime de ação pública;

e) a citação do réu para ver-se processar, o seu interrogatório, quando presente, e os prazos concedidos à acusação e à defesa;

f) a sentença de pronúncia, o libelo e a entrega da respectiva cópia, com o rol de testemunhas, nos processos perante o Tribunal do Júri;

g) a intimação do réu para a sessão de julgamento, pelo Tribunal do Júri, quando a lei não permitir o julgamento à revelia;

h) a intimação das testemunhas arroladas no libelo e na contrariedade, nos termos estabelecidos pela lei;

i) a presença pelo menos de 15 jurados para a constituição do júri;

j) o sorteio dos jurados do conselho de sentença em número legal e sua incomunicabilidade;

k) os quesitos e as respectivas respostas;

l) a acusação e a defesa, na sessão de julgamento;

m) a sentença;

n) o recurso de oficio, nos casos em que a lei o tenha estabelecido;

o) a intimação, nas condições estabelecidas pela lei, para ciência de sentenças e despachos de que caiba recurso;

p) no Supremo Tribunal Federal e nos Tribunais de Apelação, o *quorum* legal para o julgamento;

IV - por omissão de formalidade que constitua elemento essencial do ato.

V - em decorrência de decisão carente de fundamentação. (Incluído pela Lei nº 13.964, de 2019).

(...)

Não obstante essa irrefutável constatação legal, ocorre nulidade absoluta ainda na hipótese de violação de norma protetiva de interesse pública prevista na Constituição Federal, e quando há desrespeito à norma protetiva da Convenção Interamericana de Direitos Humanos (CIDH). Para a douta Ada Pellegrini, ocorrendo violação de uma norma constitucional, não há possibilidade de se considerar mera irregularidade, pois o prejuízo é presumido. Por exemplo, quando o juiz indefere todas as perguntas lançadas pela defesa em testemunhas defensivas arroladas, fere não só o art. 212 do CPP, mas o próprio comando constitucional do devido processo legal (art. 5º, inciso LIV, CF), nulidade absoluta do ato.

16.6 Nulidades na primeira instância

Qualquer nulidade pode ser reconhecida de ofício pelo magistrado, seja de índole relativa ou absoluta, ou mesmo a requerimento das partes, agasalhado tal posicionamento pelo comando legal do art. 251 do CPP.

16.7 Nulidades na segunda instância

Ao revés do que acontece na primeira instância, o tribunal de segundo grau está regido pelo princípio *tantum devoltum quantum appelatum*. O tribunal fica limitado ao pedido formulado pela parte no recurso.

De toda sorte, no que tange ao direito de defesa, entendo que não existe impedimento que seja acolhido *ex officio*, ainda mais pela posição que aqui defendo da inconstitucionalidade do recurso de ofício, não se aplicando a Súmula nº 160 do Supremo Tribunal Federal.

Só há impedimento para o julgamento da *reformatio in pejus*; não existe a vedação para aplicação do princípio da *reformatio in mellius*, com o reconhecimento de nulidade que beneficie o recorrente, ainda que não tenha existido a impugnação expressa.

Entretanto, em caso de existência de impugnação por parte da acusação, o tribunal poderá reconhecer eventual nulidade prejudicial ao acusado.

16.8 Sentença condenatória com trânsito em julgado proferida por Justiça absolutamente incompetente

Ainda que tenha ocorrido o trânsito em julgado, há a possibilidade de impetração de *habeas corpus* e mesmo a revisão criminal.

Para se separar o joio do trigo, e saber como manejar corretamente qual o remédio que deve ser utilizado, estabeleço o seguinte critério:

a) O remédio do *habeas corpus* tutela o risco atentatório à liberdade ambulatorial de ir, vir e permanecer;

b) A ação de *habeas corpus* exige, como os demais *writ*, prova pré-constituída, não sendo possível a dilação probatória. Caso seja necessária a fase de instrução probatória, a via a ser eleita é o ajuizamento da revisão criminal, nos exatos termos da lei.

16.9 Réu absolvido com trânsito em julgado por Justiça absolutamente incompetente

Guardando coerência com o princípio *ne bis in idem*, ninguém pode ser processado duas vezes pela mesma infração criminal, com o que se visa preservar a segurança jurídica. Dessa maneira, a competência para o julgamento do crime de extração de areia, previsto no art. 55 da Lei nº 9.605/1998, é da Justiça Federal. Em caso de absolvição por esse crime na Justiça Estadual, com trânsito em julgado, essa decisão não mais pode ser revista, ainda que se tenha sido extinto o processo pelo reconhecimento da litispendência.[136]

Em tais casos não se pode manejar a revisão criminal *pro societate*. De acordo com a professora Ada Pellegrini Grinover, a decisão

---

[136] "CONFLITO NEGATIVO DE COMPETÊNCIA - PROCESSUAL PENAL - CRIMES AMBIENTAIS - DELITO DE COMPETÊNCIA DA JUSTIÇA FEDERAL - SENTENÇA PROFERIDA - DELITO REMANESCENTE - PROCESSAMENTO E JULGAMENTO PELA JUSTIÇA FEDERAL PELA CONEXÃO - DESCABIMENTO - SÚMULA Nº 235 DO STJ - ART. 38, *caput*, DA LEI Nº 9.605/1998- ÁREA DE PRESERVAÇÃO PERMANENTE ÀS MARGENS DE RIO ESTADUAL - COMPETÊNCIA DA JUSTIÇA DO ESTADO - CONFLITO CONHECIDO PARA DECLARAR COMPETENTE O JUÍZO SUSCITADO - 1- A Súmula nº 235 do Superior Tribunal de Justiça dispõe que "[a] conexão não determina a reunião dos processos, se um deles já foi julgado". Embora o Enunciado tenha origem em feitos de natureza cível, é pacífico o entendimento de que a sua orientação também é aplicável aos processos penais. 2- No caso concreto, o Juízo Federal Suscitante, após receber os autos em razão da declinação de competência do Juízo Estadual Suscitado, extinguiu a ação penal, no tocante ao crime do art. 55, *caput*, da Lei nº 9.605/1998, referente à conduta de extração de areia e cascalho, por reconhecer a litispendência em relação à ação penal que tramitara naquele juízo, na qual, inclusive já houvera a prolação de sentença condenatória. 3- Havendo sentença prolatada quanto ao delito conexo, a competência para julgamento do delito remanescente deve ser aferida isoladamente. 4- Para que haja competência da Justiça Federal, a prática do delito do art. 38, *caput*, da Lei nº 9.605/1998 deve ter ocorrido em detrimento de bens, serviços ou interesse da União, nos termos do art. 109, inciso IV, da Constituição da República. 5- O Rio das Mortes, que banha o município de São João Del-Rei/MG, tem o seu curso integralmente no Estado de Minas Gerais, conforme se constatou em pesquisa na página eletrônica do Instituto Mineiro de Gestão das Águas - IGAM. Por essa razão, é de propriedade do referido Estado, nos termos do art. 20, inciso III, c.c o art. 26, inciso I, do Texto Constitucional. Assim, o crime do art. 38, *caput*, da Lei nº 9.605/1998, praticado na área de preservação permanente, em suas margens, não atingiu o patrimônio, serviços ou interesse da União, cabendo à Justiça Estadual o seu julgamento. 6- Conflito conhecido para declarar competente o JUÍZO DE DIREITO DA 1ª VARA CRIMINAL E DA INFÂNCIA E DA JUVENTUDE DE SÃO JOÃO DEL-REI - MG, o Suscitado (STJ - CC 193.005/MG - (2022/0358974-9) - 3ª S. - Relª Minª Laurita Vaz - DJe 15.02.2023)."

proferida por Justiça incompetente seria um ato inexistente, e não valeria enquanto sentença absolutória. Todavia, esse posicionamento é minoritário, na sua grande maioria a *opinium comunis doctorum* entende que tal ato jurisdicional não pode ser revisto pois feriria o princípio *ne bis in idem*, visto que o Poder Judiciário é uno, indivisível e eminentemente nacional, tanto que é permitida a permuta de juízes entre tribunais diversos com o advento da Emenda Constitucional nº 130/2023, regulamentada pela Resolução nº 441/21 do CNJ, e já era permitida no âmbito da Justiça Federal e da Justiça do Trabalho.

16.10 Nulidade e ampla defesa

O princípio da ampla defesa se subdivide em dois subprincípios no processo penal:

16.10.1 Defesa técnica (irrenunciável)

O acusado é livre para constituir seu defensor, podendo o juiz suprir a falta em caso da impossibilidade financeira ou não constituição voluntária pelo réu, sendo que a falta de defesa constitui nulidade absoluta (Súmula nº 523, STF).

Casos consagrados de falta de ampla defesa no processo penal são a falta de citação, ausência de apresentação de memoriais da defesa, ausência de advogado no interrogatório judicial, todas hipóteses consideradas como vícios que geram nulidade absoluta no processo ante o manifesto prejuízo para o devido processo legal. Interrogatório por videoconferência, desde que realizado na forma legal, é válido e perfeitamente possível.

16.10.2 Autodefesa (renunciável)

Importante precedente do Pretório Excelso constante do HC nº 86.634, aduz que é irrelevante conduzir o acusado para ter seu direito de audiência, já que ele pode ficar calado, sem que esse fato poder ser interpretado contra si. O direito de autodefesa se divide em: a) direito de presença; b) direito de audiência e c) capacidade postulatória autônoma. A última é a oportunidade que o acusado tem de influir diretamente no julgamento do magistrado, convencendo-o das suas justificativas e razões.

16.11 Ausência do membro do Ministério Público

Em nosso ordenamento jurídico é adotado o princípio acusatório. Em sendo assim, é indispensável a presença do membro do órgão de acusação em todos os atos processuais no processo penal, sob pena de nulidade, ainda mais que as audiências atualmente são gravadas por meio audiovisual, e que o órgão da acusação tem o dever de exercer a fala, só podendo o juiz agir mediante provocação. Processo sem a presença de uma das partes é um simulacro de processo.

16.12 Delação de corréus e direito de defesa

Se um dos corréus entende que pode e deve realizar a delação premiada, deve o advogado de defesa do investigado/acusado delatado ter direito de fazer reperguntas, sob pena de nulidade da delação premiada, de acordo com o STF, HC nº 94.016.[137]

16.13 Nulidade da citação por edital de réu preso na mesma unidade da Federação

A Corte Constitucional Excelsa pacificou o entendimento, por meio da Súmula nº 351, visto que era muito comum a citação por edital de preso na mesma unidade federativa em que se encontrava custodiado o citado, e, por falta de organização não se tinha conhecimento da prisão, até mesmo porque a citação por edital é uma presunção que o acusado tomou conhecimento, e não poderia tomar conhecimento estando preso – nulidade absoluta. Em consonância com tal entendimento: "É nula a citação por edital de réu preso na mesma unidade da Federação em que o juiz exerce a sua jurisdição".

---

[137] No mesmo sentido: "*HABEAS CORPUS* - PROCESSUAL PENAL - CRIMES DE RECEPTAÇÃO QUALIFICADA E FORMAÇÃO DE QUADRILHA - CONCURSO DE AGENTES - INTERROGATÓRIO - AUSÊNCIA DE ELABORAÇÃO DE PERGUNTAS DA DEFESA DO PACIENTE AO CORRÉU DELATOR - NULIDADE - INEXISTÊNCIA - PRECEDENTES - 1. Em que pese a alteração do art. 188, do Código de Processo Penal, advinda com a Lei n.º 10.792/03, o interrogatório judicial continua a ser uma peça de defesa, logo, não se pode sujeitar o interrogado às perguntas de advogado de corréu, no caso de concurso de agentes. 2. Qualquer alegação do corréu que porventura incrimine o ora Paciente, como ocorreu no caso ora em tela, poderá ser reprochada em momento oportuno, pois a Defesa dela tomará conhecimento antes do encerramento da instrução. Em sendo assim, não há que se falar em qualquer cerceamento à defesa do Paciente ou ofensa ao contraditório na ação penal. 3. Precedentes do Superior Tribunal de Justiça. 4. Ordem denegada (STJ - HC 90.331 - SP - Proc. 2007/0214396-8 - 5ª T. - Relª Minª Laurita Vaz - DJ 04.05.2009)."

RECURSOS

> "'Quando eu uso uma palavra', disse Humpty Dumpty num tom bastante desdenhoso, 'ela significa exatamente o que quero que signifique: nem mais nem menos'. 'A questão é', disse Alice: 'Se pode fazer as palavras significarem tantas coisas diferentes?' 'A questão', disse Humpty Dumpty, 'é saber quem vai mandar – só isto.'"
>
> (Lewis Caroll, *Alice através do espelho*)

17.1 Aspectos gerais sobre os recursos

É inerente à natureza humana o inconformismo com uma decisão tomada que lhe seja desfavorável, bem como calcado no argumento da falibilidade humana ao julgar.

Com base nessa forma de pensar, sendo o processo um curso legal, ou um caminho que se trilha para se chegar até tal decisão (a sentença) numa determinada instância. Com o inconformismo, vai se pedir um novo curso, que é o recurso, com o propósito que seja reformada, anulada, esclarecida ou integrada a decisão anterior sob o argumento de eventual erro do julgador (*in procedendo* ou *in judicando*), na mesma relação processual, permitindo que seja reapreciada a questão por um órgão colegiado (tribunal), na busca de uma nova decisão favorável (acórdão, em regra) a sua pretensão deduzida em juízo. Nem sempre se mostra exitosa tal pretensão, mas sempre é possível em homenagem ao princípio constitucional implícito do duplo grau de jurisdição.

De logo, informo que a decisão que transitou em julgado pode ser atacada não pelo recurso, mas por ações autônomas de impugnação, a exemplo da revisão criminal.

17.1.1 Conceito

O recurso é uma ferramenta voluntária utilizada para impugnar as decisões judiciais prolatadas, no qual a parte, visando obter novo entendimento ao *decisum* julgado procedente ou improcedente, e resguardar os interesses da parte que sofre os efeitos da sucumbência, busca reformar, esclarecer, integrar ou anular a decisão anterior, na mesma relação processual, o que evita a formação da coisa julgada.

17.1.2 Fundamentos

a) Insatisfação: É inerente à natureza do ser humano;
b) Falibilidade humana: Possibilita a correção dos erros judiciais cometidos na instância inferior.

17.1.3 Características

a) Voluntariedade: Cabe ao interessado interpor o competente recurso, visando ao reexame da decisão.
b) O recurso é interposto na mesma relação processual.
c) O recurso é consectário legal do direito de ação.
d) A interesse do recurso varia, conforme a modalidade, entre a reforma, o esclarecimento, a integração ou a anulação da decisão prolatada.
e) Previsão legal: O recurso deve ser previsto no ordenamento jurídico. É um dos pressupostos recursais. Em não existindo previsão legal, a decisão é irrecorrível.
f) Dirigido a outro órgão jurisdicional: Via de regra, o recurso é direcionado a outro órgão jurisdicional, possuidor de hierarquia, com maior experiência dos julgadores para revisão da matéria submetida à sua apreciação. Exceção: Os embargos de declaração são julgados pelo mesmo órgão que julgou a decisão vergastada.
g) Anterior à formação da coisa julgada: O recurso só pode ser interposto antes da constituição da coisa julgada. Escoado o prazo do recurso, em respeito ao princípio da segurança jurídica, não pode mais ser interposto qualquer recurso.

17.2 Natureza jurídica

No âmbito doutrinário, predomina o posicionamento que o recurso é um desdobramento do direito de ação. Em nosso socorro a prestimosa lição de Ada Pellegrini Grinover: "Atribuir ao direito de recorrer a mesma natureza que se dá ao direito de ação tem importantes consequências, possibilitando a construção das condições de admissibilidade dos recursos em paralelo com as condições de admissibilidade da ação".[138]

Pelo que foi analisado, percebe-se que o CPP comete um equívoco ao elencar no capítulo dos recursos o *habeas corpus* e a revisão criminal, que são ações autônomas de impugnação, pressupondo o trânsito em julgado, ao revés dos recursos, que atacam decisões jurisdicionais na mesma relação processual.

Esse panorama revela a toda evidência que o recurso densifica uma nova fase na mesma relação processual. Quero dizer com isso, que não se inaugura nova relação processual. Tendo em conta esse pressuposto, conclui-se que não se demanda nova citação, apenas intimações, o que dimensiona a existência de um mesmo processo que segue seu curso procedimental numa nova fase cognominada recursal.

17.3 Princípios recursais

17.3.1 Princípio da voluntariedade

O processo é um jogo, e, como todo jogo, é gerido por estratégias, diante do cenário posto no caso concreto em apreciação. Até mesmo o Ministério Público e a Defensoria Pública não possuem obrigação legal em recorrer.

O recurso *ex officio*, também conhecido como remessa necessária ou segundo grau obrigatório, não é propriamente recurso, por faltar a necessária voluntariedade, existindo posicionamento de que não foram recepcionados pela Constituição Federal, corrente a qual nos filiamos, por evidente ferimento da imparcialidade do magistrado e do sistema acusatório. Não é recurso, mas condição necessária ao trânsito em julgado da sentença.

Explico melhor a questão. O art. 574 do CPP aduz que os recursos são voluntários, excetuando-se os que deverão ser interpostos de ofício, expostos nos inciso I e II, aqui cabendo, sem sobressaltos, uma

---

[138] GRINOVER; GOMES FILHO; FERNANDES, 2009, p. 28.

interpretação conforme a Constituição Federal, com redução de texto, pela evidente não recepção nesse ponto do comando legal, em nítida rota de colisão com o art. 129, inciso I, da Carta Política. Além dos dois casos previstos no artigo citado, existe um terceiro localizado no art. 746 do CPP. Outra hipótese legal estaria no art. 7º da Lei nº 1.521/1951 – arquivamento ou absolvição nos crimes ali previstos.

Tenho, de forma límpida, a convicção jurídica de que prevalece em nosso ordenamento jurídico o sistema acusatório, de maneira que não pode o órgão julgador evitar o efeito natural da sentença, que é a formação da coisa julgada, com a interposição de ofício pelo juiz, resquício de uma legislação escancaradamente autoritária.

De toda sorte, em que pese o Enunciado nº 423 do Supremo Tribunal Federal, para quem o instituto é uma condição objetiva de eficácia da decisão, só alcançando o trânsito em julgado após a reanálise pelo tribunal da decisão.[139] Registro que tal súmula é vetusta e anacrônica,

---

[139] "PROCESSUAL PENAL - *HABEAS CORPUS* - HOMICÍDIO QUALIFICADO TENTADO - ABSOLVIÇÃO SUMÁRIA - RECURSO DE OFÍCIO PROVIDO - JULGAMENTO POSTERIOR À REFORMA DO PROCEDIMENTO DO TRIBUNAL DO JÚRI PELA LEI Nº 11.689/08 - IMPOSSIBILIDADE - INCIDÊNCIA DO PRINCÍPIO *TEMPUS REGIT ACTUM* - NATUREZA JURÍDICA DE CONDIÇÃO DE EFICÁCIA DA SENTENÇA DE ABSOLVIÇÃO SUMÁRIA, NÃO SE CONFUNDINDO COM UM RECURSO PROPRIAMENTE DITO - *WRIT* CONCEDIDO - I- O impetrante afirma a existência de 2 (dois) acórdãos em recursos de ofício contra a mesma decisão. O primeiro reformou a sentença absolutória e pronunciou o réu. Em razão do foro por prerrogativa de função, uma vez que foi eleito Prefeito Municipal, o paciente foi julgado e condenado pelo eg. Tribunal *a quo* nas sanções do art. 121, §2º, incisos II e IV c/c art. 14, inciso II, CP. Por fim, o segundo recurso de ofício manteve a sentença absolutória de 1º Grau em todos os seus termos. II- O primeiro recurso de ofício, provido para reformar a sentença de absolvição sumária, foi remetido ao eg. Tribunal em 22 de maio de 2000, autuado apenas em 6 de março de 2007 e julgado em 29 de setembro de 2008, com publicação no Diário da Justiça no dia 16 de outubro de 2008. III- Com o advento da Lei nº 11.689/08, ampliou-se o rol de hipóteses de absolvição sumária e dela se excluiu a obrigatoriedade do reexame necessário. Assim, tanto a doutrina majoritária quanto a jurisprudência entendem que a mencionada lei revogou tacitamente o art. 574, inciso II, do Código de Processo Penal (Precedente). IV- O *punctum saliens* do presente *mandamus* é verificar se, com a entrada em vigor da Lei nº 11.689/08, seria ainda possível ao eg. Tribunal de Justiça do Estado do Estado do Piauí apreciar o reexame necessário da decisão que absolveu sumariamente o paciente. V- Por força do que dispõe o art. 2º, do Código de Processo Penal, as normas processuais possuem aplicação imediata quando de sua entrada em vigor. Portanto, os recursos de ofício não remetidos aos Tribunais de 2ª instância ou não julgados por aquelas Cortes até 8 de agosto de 2008, data em que a Lei nº 11.689/08 passou a ser exigida, não mais poderão ser apreciados, uma vez que tal procedimento, necessário apenas para dar eficácia à sentença de absolvição sumária no procedimento do Tribunal do Júri, já não mais estaria em vigor, por força do princípio *tempus regit actum*. VI- Aplica-se, para o caso, *mutatis mutandis*, o escólio de Nelson Nery Júnior e Rosa Maria de Andrade Nery, que afirmam que "a remessa necessária não é recurso, mas condição de eficácia da sentença. Sendo figura processual distinta da do recurso, a ela não se aplicam as regras de direito intertemporal processual vigentes para eles: a) o cabimento do recurso rege-se pela lei

de forma que pode a Suprema Corte, enquanto guardiã do texto constitucional, reavaliar a aplicação na prática desses precedentes com as diversas reformas do Diploma Adjetivo Penal, arejando com ares mais libertários nosso processo penal democraticamente incipiente.

Malgrado respeitáveis entendimentos em sentido contrário, assiste razão a Aury Lopes Júnior quando afirma:

> Se considerarmos o recurso com extensão do direito de ação ou a continuidade do exercício da pretensão acusatória, é manifesta a inconstitucionalidade do recurso de ofício, na medida em que incompatível com o art. 129, inciso I, da Constituição da República. Incumbe privativamente ao Ministério Público promover a ação penal pública. Portanto, nessas decisões, o recurso (da mesma forma que a ação penal pública) é de iniciativa privativa do Ministério Público.[140]

Com as modificações operadas no processo penal por conta do Pacote Anticrime, o arquivamento do inquérito policial ocorrerá no próprio órgão do Ministério Público, devendo ser comunicada à autoridade judiciária, ocorrendo a revogação tácita, diante da evidente incompatibilidade, na forma do art. 2º, §1º, da Lei de Introdução às Normas do Direito Brasileiro (LINDB) – Lei nº 12.376/2010, e do art. 7º da Lei nº 1.521/1951. E, nas demais hipóteses, quando o Ministério Público arquiva, segundo a Lei nº 13.964/2019, a vítima ou o seu representante legal, não concordando com o arquivamento do inquérito policial, poderá, no prazo de 30 dias do recebimento da comunicação, submeter a matéria à revisão da instância competente no órgão ministerial, conforme dispuser a respectiva lei orgânica (art. 28, §1º, CPP).

A Resolução nº 289 do CNMP estabelece diretrizes para o arquivamento das peças informativas remetidas ao Ministério Público, em respeito à decisão do Supremo Tribunal Federal no julgamento das ADIs nº 6.299, 6.300 e 6.305.

---

vigente à época da prolação da decisão; B) o procedimento do recurso rege-se pela lei vigente à época da prolação da decisão. Assim, a Lei nº 10.352/01, que modificou as causas que devem ser obrigatoriamente submetidas ao reexame do tribunal, após sua entrada em vigor teve aplicação imediata aos processos em curso. Consequentemente, havendo processo pendente no tribunal enviado mediante a remessa necessária do regime antigo, o tribunal não poderá conhecer da remessa se a causa do envio não mais existe no rol do CPC 475" (Código de Processo Civil Comentado e Legislação Extravagante. 13ª ed. São Paulo: Editora Revista dos Tribunais, 2013, p. 859). VII- É imperiosa, pois, *in casu*, a anulação de todos os atos subsequentes ao julgamento do primeiro recurso de ofício. Ordem concedida (STJ - HC 278.124 - (2013/0325763-0) - 5ª T. - Rel. Min. Leopoldo de Arruda Raposo - DJe 30.11.2015 - p. 959)."

[140] LOPES JÚNIOR, Aury. *Direito Processual Penal*. 12. ed. São Paulo: Saraiva, 2015. p. 966.

17.3.2 Princípio da taxatividade

Os recursos dependem de previsão em lei federal, uma vez que compete privativamente à União legislar em matéria de processo penal, como se verifica do art. 22, inciso I, da Carta Política. Essa é a razão porque alguns questionam a correição parcial como recurso, uma vez que a previsão legal são por meio de leis estaduais.

As hipóteses de RESE admitem a possibilidade de interpretação extensiva. Por exemplo, conforme o art. 581, inciso I, do CPP, cabe o RESE para a decisão que rejeita a denúncia. Fazendo uso da interpretação extensiva, é possível interpor o RESE visando combater a decisão que rejeitou o aditamento da peça acusatória inaugural.

17.3.3 Princípio do duplo grau de jurisdição

Para que exista o devido processual legal, tem que existir de forma concomitante respeito aos princípios do contraditório e da ampla defesa, com os meios e recursos a ela inerentes, na forma do art. 5º, inciso LV, da Carta Magna.

Por esse princípio, autoriza-se a revisão da decisão atacada por um órgão de jurisdição superior, em regra, devendo a questão ser rediscutida por um órgão colegiado, composto por juízes mais experientes.

O princípio não está previsto de forma expressa na Constituição Federal. É um princípio constitucional implícito, pois está contida na competência dos tribunais a competência recursal. Em reforço a esse argumento, devo lembrar que o Brasil é signatário do Pacto de San José da Costa Rica, incorporado no Direito brasileiro por meio do Decreto nº 678/1992 (art. 8º, item 2, alínea "h"), que é expresso ao prever que toda pessoa tem, em plena igualdade, o direito de recorrer da sentença a juiz ou tribunal superior.

Em sede doutrinária, entende-se que são cinco os fundamentos para a existência do duplo grau de jurisdição:
 a) Controle de qualidade;
 b) Confiabilidade;
 c) Maior experiência dos juízes;
 d) Decisão colegiada;
 e) Falibilidade humana.

O princípio do duplo grau de jurisdição não se aplica aos casos de jurisdição superior originária, que como todos os direitos e garantias fundamentais não gozam de caráter absoluto, podendo ser relativizados como é o caso da jurisdição superior única. Por exemplo, os casos de competência criminal em única instância na Suprema Corte (art. 102, inciso I, CF).

Fixadas essas premissas, é imprescindível que o julgador em primeiro grau tenha enfrentado a matéria objeto do recurso. Não se admite que o tribunal de segunda instância julgue a matéria em caráter inaugural, sob pena do cometimento da supressão de instância. Eis a razão de ser da Súmula nº 453 do Supremo Tribunal Federal.

17.3.4 Princípio da unirrecorribilidade

Para cada decisão é possível a interposição de um só recurso cabível. Está restrito a cada uma das partes. Temos como exemplo o art. 593, §4º, do CPP, que dispõe que quando for cabível o recurso de apelação, não poderá ser interposto o RESE, ainda que se recorra da decisão de forma parcial.

Em situações específicas, a lei admite a interposição de recursos concomitantes e diversos, visando combater o mesmo *decisum*. São hipóteses descritas como decisões objetivamente complexas. Não se verifica como uma exceção ao princípio da unirrecorribilidade. Por exemplo, de um mesmo acórdão cabe recurso especial e recurso extraordinário, mas com fundamentos diferentes, por óbvio, um atacando o desrespeito à lei federal e o outro ao texto constitucional, respectivamente.

17.3.5 Princípio da fungibilidade

Seu fundamento é o conhecimento de um recurso por outro, desde que não exista má-fé por parte do recorrente, inspirado na mesma lógica do princípio da instrumentalidade das formas.

Encontra amparo legal no art. 579 do CPP: "(...) Salvo a hipótese de má-fé, a parte não será prejudicada pela interposição de um recurso por outro".

Como decorrência do dispositivo, a má-fé é caracterizada quando o recorrente incide numa dessas hipóteses legais:

a) Inobservância do prazo previsto para o recurso pertinente;
b) Erro grosseiro.

Em sede doutrinária, o erro grosseiro é a falta de habilidade em manejar o recurso, constituindo um erro crasso. Erro para não ser grosseiro deve ser oriundo de oscilação no entendimento doutrinário ou pretoriano.[141]

---

[141] "AGRAVO REGIMENTAL - RECURSO ORDINÁRIO EM *HABEAS CORPUS* - PROCESSUAL PENAL - ORDEM CONCEDIDA NA ORIGEM - NÃO CABIMENTO - FALTA DE

Trago a lume o seguinte excerto da lavra do Superior Tribunal de Justiça que sedimenta a possibilidade da aplicação do princípio em comento:

> PEDIDO DE RECONSIDERAÇÃO NO HABEAS CORPUS RECEBIDO COMO AGRAVO REGIMENTAL - PRINCÍPIO DA FUNGIBILIDADE RECURSAL - HOMICÍDIOS CONSUMADO E TENTADO - NEGATIVA DE AUTORIA - INVIABILIDADE DE ANÁLISE - PRISÃO PREVENTIVA - FUNDAMENTAÇÃO IDÔNEA - GRAVIDADE DA CONDUTA - FUGA NA ABORDAGEM POLICIAL - TENTATIVA DE BURLA À FISCALIZAÇÃO RODOVIÁRIA - DESPROVIMENTO - 1- Em respeito ao princípio da fungibilidade recursal, recebo o presente pedido como agravo regimental, haja vista interposto dentro do quinquídio legal. 2- "A estreita via do habeas corpus, bem como do recurso ordinário em *habeas corpus,* não é adequada para a análise das teses de negativa de autoria e da existência de prova robusta da materialidade delitiva" (AgRg no RHC nº 192.847/BA, relator Ministro Jesuíno Rissato (Desembargador convocado do TJDFT), Sexta Turma, julgado em 2/4/2024, DJe de 10/4/2024.). 3- *In casu,* verifica-se a presença de fundamentos idôneos à manutenção da prisão cautelar, a bem da ordem pública, diante da gravidade concreta da conduta imputada ao réu, ora agravante, pois apontado que, "em total desrespeito à autoridade estatal que já escoltava o ônibus e em manifesto desprezo à vida humana, assumiram o risco de ocasionar o sério acidente que de fato aconteceu, levando à morte de sete passageiros e ferimento em tantos outros, tudo isso para fugir de uma simples autuação administrativa". 4- Extrai-se ainda daquele *decisum* que "era o autuado Felipe Alexandre quem dirigia o ônibus no momento em que resolveu empreender fuga da escolta e, mesmo sob tempo chuvoso, imprimiu alta velocidade ao transporte coletivo, vindo a capotá-lo no canteiro central, ocasionando a morte de sete passageiros - Conforme notícias atualizadas - , além de ferimentos em outros tantos". 5- Entendeu-se, de igual modo, necessária a medida em apreço diante da "conveniência da instrução criminal e para a aplicação da lei penal, uma vez que os autuados já demonstraram o desejo de fuga, que, a propósito, foi a razão do acidente aqui relatado. Ademais, consta do

---

INTERESSE DE AGIR - PRECEDENTES DO STJ - PRINCÍPIO DA FUNGIBILIDADE RECURSAL - INAPLICABILIDADE - ERRO GROSSEIRO - RECURSO NÃO PROVIDO - 1- Concedida, na origem, a ordem de *Habeas corpus,* não é cabível recurso ordinário, a teor do disposto no art. 105, II, alínea "a", da Constituição Federal, por ter sido, a decisão, concessiva do *writ.* 2- Não existe dúvida objetiva, na doutrina ou na jurisprudência, acerca da interposição de recurso ordinário contra acórdão concessivo da ordem de *Habeas corpus,* em razão da expressa previsão constitucional do cabimento da medida. Configurado o erro grosseiro, incabível a aplicação do princípio da fungibilidade. 3- Agravo regimental não provido (STJ - AgRg-RHC 192585/SP - (2024/0012801- 0) - 6ª T. - Rel. Min. Otávio de Almeida Toledo - DJe 23.08.2024).

APF que os passageiros teriam sido orientados a mentir aos agentes da ANTT durante a abordagem do ônibus (ID 175901558- Pág. 10), o que evidencia que, durante o processo criminal, há risco de que tais passageiros sejam novamente incitados a dar versão distinta dos fatos, prejudicando a instrução criminal", não havendo falar-se em inidoneidade. Precedentes. 6- Havendo a indicação de fundamentos concretos para justificar a custódia cautelar, não se revela cabível a aplicação de medidas cautelares alternativas à prisão, porquanto insuficientes para resguardar a ordem pública. 7- Agravo regimental desprovido (STJ - PET-HC 880284/DF - (2023/0463724-7) - 6ª T. - Rel. Min. Jesuíno Rissato - DJe 20.06.2024).

Se houver dúvida quanto à interposição de um ou outro recurso é de todo recomendável a interposição no prazo mais exíguo. Em se acatando a impropriedade do recurso interposto pela parte, o juiz determinará o processamento de acordo com o rito aplicável ao recurso cabível (art. 579, p.único, CPP), inclusive, com o juízo de retratação se previsto em lei.

17.3.6 Princípio da convolação

Por meio da aplicação desse princípio é possível conhecer como outro um recurso interposto corretamente.

Quando está ausente algum pressuposto recursal, como a tempestividade ou forma é cabível a aplicação desse princípio. Ocorre, por exemplo, quando da decisão denegatória de *habeas corpus* é cabível recurso ordinário de *habeas corpus* (art. 105, inciso II, alínea "a", CF). Se for interposto fora do prazo o recurso, pode ser convolado pelo tribunal o recurso em ação originária de *habeas corpus*.

17.3.7 Princípio da disponibilidade

De acordo com o princípio da disponibilidade, a parte pode fazer o exame discricionário se é conveniente ou não interpor ou recurso. Mesmo o Ministério Público e a Defensoria Pública não estão obrigados a recorrer. Entretanto, uma vez interposto o recurso pelo *parquet*, o órgão não pode desistir da interposição. É o que está previsto no art. 576 do CPP.

17.3.8 Princípio da personalidade e da *non reformatio in pejus* [proibição da reforma para pior]

O recurso somente beneficiará a quem recorreu, não aproveitando a quem não recorreu. Em decorrência disso, quem não recorreu não pode ter sua situação agravada se não houver recurso da parte *ex adversa*.

Esse princípio só aplica quando houver recurso exclusivo da defesa, decorrente do princípio da ampla defesa e do sistema acusatório, com a proibição de atuação de ofício por parte do juiz, não podendo ser admitido julgamento *extra* ou *ultra petita* (art. 617, CPP). Não pode o tribunal reformar nem mesmo para corrigir erros materiais. Ao revés, se somente a acusação tiver interposto recurso, o tribunal pode reformar a decisão em benefício do acusado de ofício.

Devo frisar que os precedentes do Superior Tribunal de Justiça quanto às circunstâncias judiciais desfavoráveis já previstas na sentença, pode haver no julgamento do recurso de apelação correção de erros materiais, desde que não importe aumento de pena.[142] Por exemplo, na fixação da pena-base o juiz levou em consideração na sentença como maus antecedentes várias passagens pela Vara da Infância e da Juventude. Ao analisar o recurso de apelação, ainda que seja recurso exclusivo da defesa, o tribunal pode entender que houve conduta social desfavorável e manter a circunstância judicial, mantendo-se o aumento de pena já imputado pelo juiz de primeiro grau.

Noutro vértice, tem-se que a *reformatio in pejus* indireta se caracteriza quando se tem uma decisão anulada, e a nova decisão a ser prolatada em grau de recurso, existindo recurso exclusivo da defesa, está limitada ao quanto decidido na decisão anulada de primeiro grau, não podendo agravar a situação do recorrente.

---

[142] "AGRAVO REGIMENTAL NO AGRAVO EM RECURSO ESPECIAL - OFENSA AO PRINCÍPIO DA *NON REFORMATIO IN PEJUS* - NÃO OCORRÊNCIA - CIRCUNSTÂNCIAS JUDICIAIS NEGATIVAS JÁ PREVISTAS NA SENTENÇA - CORREÇÃO DE ERRO MATERIAL E OBSCURIDADE - NÃO AGRAVAMENTO DA PENA FINAL - DESPROVIMENTO – 1- *In casu*, não há falar-se em ofensa ao princípio da *non reformatio in pejus*, uma vez que, conforme ressaltado pelo Tribunal estadual, extirpouse, erroneamente - E de ofício -, os maus antecedentes e a reincidência atribuídos ao réu, ora agravante, já auferidos na sentença, sem que houvesse pedido, nesse sentido, na apelação defensiva. 2- Assentou o Tribunal de origem, ainda, que a pena final não foi agravada, pois, na sentença, arbitrada em 7 anos, 6 meses e 27 dias de reclusão, e 24 dias-multa, enquanto que (*sic*), quando do julgamento dos embargos de declaração da acusação, após ser sanado erro material (e obscuridade), reduzida para 6 anos e 28 dias de reclusão, e 17 dias-multa, não havendo falar-se em contrariedade ao princípio em apreço. Precedentes. 3- Agravo regimental desprovido (STJ - AgRg-AG-REsp. 2248802/MG - (2022/0364495-9) - Rel. Min. Jesuíno Rissato - DJe 06.06.2024)."

Considerando a lacuna legislativa, utiliza-se como método de integração, por analogia, o quanto consignado no art. 626 do CPP, que aduz que o resultado da revisão criminal não poderá agravar a pena imposta pela decisão revista. Intitulado como *efeito prodrômico da sentença*. A primeira decisão exerce efeito limitador sobre a subsequente, sendo aplicado tal efeito mesmo que o vício decorra de incompetência absoluta (nº 105.384, STJ).

17.3.9 Princípio da *reformatio in mellius*

O recurso exclusivo da defesa não pode piorar a situação do próprio acusado. Por outro lado, o recurso exclusivo da acusação pode beneficiar o recorrido, seja porque o Ministério Público pediu, seja porque o tribunal de Justiça reconhece de ofício algum benefício legal que possa melhorar a situação do réu. É o sistema do benefício comum.

17.3.10 Princípio da dialeticidade

O recurso deve ser acompanhado de razões fáticas e jurídicas, construídas em baldrames sólidos para que exerçam o convencimento no órgão julgador, com isso proporciona que o recorrido conheça seus argumentos, e possa ofertar suas contrarrazões, ocorrendo a dialeticidade necessária num processo penal que se pretende democrático, construindo-se o contraditório em sede recursal.[143]

Com o devido respeito, os arts. 589 e 601, ambos do CPP, que não respeitam o princípio da dialeticidade, considero como não recepcionados pela Carta Política de 1988. Considero o contraditório indispensável em sede recursal. Na falta do oferecimento das razões, os autos devem ser devolvidos ao juízo *a quo* para que intime a parte com o objetivo de que cumpra o desiderato constitucional, oferecendo as razões.

---

[143] "PROCESSO CIVIL - AÇÃO RESCISÓRIA - RECURSO ESPECIAL - EMBARGOS DE DECLARAÇÃO - PREQUESTIONAMENTO - PRINCÍPIO DA DIALETICIDADE - 1- Quando a parte recorrente repete, em novo recurso, a argumentação de recursos anteriores, tão somente esse aspecto não caracteriza ofensa ao princípio da dialeticidade, desde que seja possível extrair do novo recurso fundamentos suficientes que indiquem a efetiva impugnação da decisão recorrida. 2- Mesmo para fins de prequestionamento, os embargos de declaração são cabíveis apenas quando houver obscuridade, contradição ou omissão no julgado, nos termos do art. 1.022 do Código de Processo Civil. 3- Agravo interno desprovido (STJ - AGInt-AG-REsp 2043112/SP - (2022/0006462-0) - 4ª T. - Rel. Min. João Otávio de Noronha - DJe 22.08.2024)."

17.3.11 Princípio da complementariedade

Em regra, uma vez protocolado o recurso com as razões ou as contrarrazões, a parte não poderá aditar a manifestação, incluindo argumentos novos aos já declinados, uma vez que opera a preclusa consumativa.

Todavia, em se tratando de embargos declaratórios que acolhidos, com efeitos modificativos ou infringentes, a outra parte poderá complementar os argumentos do recurso já interposto, tendo em vista que a decisão recorrida foi modificada por embargos de declaração.

17.3.12 Princípio da colegialidade

Os órgãos do Poder Judiciário competentes para os julgamentos dos recursos, geralmente, são compostos por três ou mais julgadores, tendo o debate a colaborar para o aperfeiçoamento do julgado, possibilitando uma decisão mais justa, com mais equilíbrio, efetividade e segurança jurídica. Minimiza a possibilidade de erro judiciário.

É preciso advertir que o art. 932 do CPC admite o julgamento por decisão monocrática. Entretanto, a doutrina entende que não é possível sua aplicação no processo penal em caso de apelação, em agravo de execução e RESE, sempre aplicando em tais casos o julgamento colegiado (art. 615, CPP).

17.4 Pressupostos recursais

São requisitos processuais que devem ser observados para que o recurso interposto seja conhecido. Não estando preenchido o pressuposto recursal, é motivo de não conhecimento do recurso.

O juízo de admissibilidade do recurso é apenas a análise da presença ou a ausência dos pressupostos recursais. Essa tarefa é da incumbência do juízo *a quo* (de primeiro grau), que possui um caráter provisório. Em se entendendo preenchido o juízo de admissibilidade, os autos serão encaminhados ao juízo *ad quem* (a tribunal ou órgão julgador), que fará novo juízo de admissibilidade definitivo. Tal entendimento pode, inclusive, ser diverso da já realizado no juízo de prelibação, uma vez que não possui natureza vinculada. É conhecido como duplo controle de admissibilidade, um provisório e outro definitivo.

Em se verificando uma ausência superveniente de pressuposto recursal, o juízo *a quo* não está mais competente para realizar a não presença do pressuposto recursal, competindo ao órgão jurisdicional *ad quem* verificar a ausência no instante do juízo de admissibilidade definitivo.

O conhecimento dos recursos depende do preenchimento dos pressupostos recursais. Depois de conhecidos e declarados preenchidos os pressupostos recursais, proceder-se-á à análise se o recurso merece provimento ou improvimento, total ou parcial, ocasião em que o tribunal declinará se concorda ou não com as razões recursais, julgando o mérito recursal.

17.4.1 Classificação dos pressupostos recursais

Os pressupostos podem ser de caráter objetivos e subjetivos.

Os pressupostos objetivos recursais são: a) cabimento; b) adequação; c) regularidade formal; d) tempestividade; e) ausência de fato impeditivo e de fato extintivo.

17.4.1.1 Pressupostos recursais objetivos

a) Cabimento

O cabimento é a possibilidade jurídica contida no pedido, ou seja, que o recurso tenha potencial para combater a decisão recorrida que se pretender reformar, anular, esclarecer. Sendo irrecorrível a decisão, por falta de previsão legal, inexistirá cabimento para a interposição do recurso.

Nessa esteira, com a argúcia que lhe é peculiar, segue a eminente Ada Pellegrini Grinover:

> Assim ocorre com a possibilidade jurídica, aplicada aos recursos, a qual se identifica com o seu cabimento. Esta exigência corresponde à previsão legal do recurso. Só a possibilidade de utilização da via recursal quando o ordenamento contempla certo meio de impugnação para atacar a decisão.[144]

Em relação aos elementos fáticos em análise, o Superior Tribunal de Justiça entende que o recurso manifestamente incabível, intempestivo ou inexistente não suspende nem interrompe o prazo para o recurso adequado.[145]

---

[144] GRINOVER; GOMES FILHO; FERNANDES, 2009, p. 64.
[145] "AGRAVO REGIMENTO NO AGRAVO EM RECURSO ESPECIAL - EMBARGOS DE DECLARAÇÃO OPOSTOS CONTRA DECISÃO DE INADMISSÃO DO RECURSO ESPECIAL -

b) Adequação

O segundo pressuposto processual objetivo é a adequação, com o intuito que o recurso eleito seja adequado aos fins que se espera com o conhecimento do recurso, sob pena de não conhecimento. Em sendo assim, o recorrente deve manejar o recurso adequado visando atacar a decisão combatida.

c) Regularidade formal

Na sequência, o recurso deve guardar obediência a uma forma estabelecida em lei (regularidade formal), como o endereçamento correto, a interposição, a apresentação das razões seguindo um raciocínio lógico. Por exemplo, a interposição pode vir ou não acompanhada das razões; depende da previsão legal para cada recurso.

d) Tempestividade

Outro pressuposto recursal objetivo importante é a tempestividade. Cada recurso deve ser interposto dentro de um prazo previsto em lei, considerando o princípio da razoável duração do processo (art. 5º, inciso LXXVIII, CF). É um ônus imposto à parte que interponha o recurso dentro do prazo previsto em lei após ser intimada, como adverte Ada Pellegrini, "(...) cujos marcos são o início do prazo (*dies a quo*) e seu término (*dies ad quem*)".[146] Nesse segmento, o conteúdo da Súmula

---

RECURSO MANIFESTAMENTE INCABÍVEL - PRAZO - NÃO INTERRUPÇÃO - INTEMPESTIVIDADE - AGRAVO REGIMENTAL NÃO PROVIDO - 1- É intempestivo o recurso especial interposto após o prazo legal de 15 dias. 2- A jurisprudência, visando coibir abusos e o desvirtuamento do efeito interruptivo dos embargos, firmou a compreensão de que a oposição de embargos aclaratórios, quando intempestivos ou manifestamente incabíveis, não tem o condão de interromper o prazo para a interposição do recurso especial (ut, AgInt no AREsp 1265139/RR, Rel. Ministro ROGERIO SCHIETTI CRUZ, Sexta Turma, DJe 09/10/2018). 3- Na hipótese dos autos, o agravante tomou ciência da decisão que inadmitiu o recurso especial em 5/7/2023, tendo oposto erroneamente embargos de declaração, que não foram conhecidos pelo Tribunal de origem. Nesse contexto, em atenção ao prazo contínuo e peremptório de 15 (quinze) dias previsto no art. 994, inciso VIII, c/c os arts. 1.003, §5º, e 1.042, *caput* do CPC, e no art. 798, do CPP, intempestivo o agravo em recurso especial interposto pela parte somente em 29/8/2023 (e-STJ fl. 1100), haja vista que o prazo se encerrou em 20/7/2023 (e-STJ fl. 1136) e, como acima demonstrado, a oposição de embargos de declaração contra decisão de inadmissibilidade do recurso especial proferida pela Corte local configura erro grosseiro e inescusável, não interrompendo o prazo recursal, em homenagem aos postulados da taxatividade e da unirrecorribilidade recursal. 4- Agravo regimental desprovido (STJ - AgRg-AG-REsp. 2508763/SP - (2023/0409974-3) - Rel. Min. Reynaldo Soares da Fonseca - DJe 23.04.2024)."

[146] GRINOVER; GOMES FILHO; FERNANDES, 2009, p. 81.

nº 710 do Supremo Tribunal Federal esclarece que no processo penal os prazos se contam da data da intimação e não da juntada aos autos do mandado ou da carta precatória ou de ordem, seguindo as balizas do art. 798, §5º, do CPP.

Nos recursos em que é possível a interposição e depois a concessão de prazo para o oferecimento das razões recursais, ainda que as razões sejam declinadas de forma extemporânea, mas o recurso interposto no tempo devido, considera-se preenchido o pressuposto da tempestividade.

e) Ausência de fato impeditivo ou extintivo

Por fim, a ausência de fato impeditivo é um acontecimento prévio à interposição do recurso, que é causa impeditiva para o seu conhecimento, impedindo com isso o exercício das vias recursais. Como nos lembra a jurista Ada Pellegrini: "São fatos impeditivos do conhecimento dos recursos a preclusão e a renúncia. E são fatos extintivos a desistência e a deserção".[147]

Noutro norte, por fatos extintivos são aqueles que acontecem depois da interposição do recurso e que podem acarretar a extinção de forma anômala, anormal ou extraordinária, como por exemplo a desistência e a deserção. Registro que a maneira ordinária de extinção de um recurso é com seu conhecimento, e, no mérito, que seja dado provimento ou improvimento ao recurso.

É preciso bem observar, porém, que se o Ministério Público interpôs um recurso, mas ofereceu somente a petição de interposição, sabendo-se que o órgão ministerial não pode desistir do recurso interposto (art. 576, CPP), e que o *parquet* é regido pelos princípios da unidade, da indivisibilidade e da independência funcional (art. 127, §1º, CF), um outro promotor de Justiça em substituição pode deixar de oferecer as razões recursais? Certamente que não pode deixar de ofertar as razões, mas pode discordar das razões que motivaram a interposição do recurso, inclusive, discordando e alegando outros, em respeito ao princípio da independência funcional.

No que tange à defesa, não há dúvida da possibilidade de desistência do recurso, desde que seja intimado o acusado para se pronunciar acerca do seu interesse na manutenção ou não na interposição do recurso, sob pena de nulidade por ferimento ao princípio da ampla

---

[147] GRINOVER; GOMES FILHO; FERNANDES, 2009, p. 88.

defesa. A procuração deve conter poderes especiais para a desistência.[148] Da mesma forma, a Defensoria Pública pode desistir do recurso, ainda mais com a anuência expressa do assistido.

A deserção é uma espécie de abandono do processo pelo não cumprimento de uma exigência legal. A lei processual penal prevê a possibilidade de deserção por falta do pagamento das custas processuais no caso da ação penal exclusivamente privada.[149] A previsão legal da fuga, que constava do art. 595 do CPP, foi revogada pela Lei nº 12.403/2011.

17.4.1.2 Pressupostos recursais subjetivos

Devem ser somados na análise aos pressupostos processuais objetivos os subjetivos, sendo pressupostos subjetivos a legitimidade e o interesse recursal.

---

[148] "*HABEAS CORPUS* - TRÁFICO DE DROGAS - SENTENÇA CONDENATÓRIA - APELAÇÃO INTERPOSTA PESSOALMENTE PELO RÉU PRESO - DESISTÊNCIA DO RECURSO POR ADVOGADO CONSTITUÍDO COM PROCURAÇÃO DOTADA DE PODERES ESPECIAIS PARA DESISTIR - NULIDADE - NÃO OCORRÊNCIA - ORDEM DENEGADA - 1- Segundo a jurisprudência desta Corte Superior, em caso de divergência entre defensor e réu acerca do intuito de recorrer, prevalece o entendimento que viabiliza o duplo grau de jurisdição, ou seja, de quem pretende recorrer, seja a defesa técnica, seja o acusado pessoalmente. 2- Não é vedado, todavia, que o advogado desista do recurso interposto pelo réu, desde que possua procuração com poderes especiais para desistir ou conte com a anuência expressa da parte. 3- No caso dos autos, não se tratava, propriamente, de conflito entre a vontade manifestada pelo réu pessoalmente e a vontade expressa pela defesa técnica. O advogado, quando formulou o pedido de desistência do recurso, o fez em nome do réu, com procuração dotada de poderes especiais para tanto. Não havia, tecnicamente, portanto, duas vontades opostas. O que havia era a declaração inicial do réu pessoalmente de que tinha intenção de recorrer e, mais de um mês depois, a informação do causídico nos autos dizendo que "o sentenciado não possui mais o interesse de recorrer da sentença do referido processo". Vale dizer, o patrono constituído, com poderes especiais para isso, disse, em outras palavras, que o réu havia mudado de ideia e, em nome dele, retratou a primeira manifestação de vontade. 4- Ordem denegada (STJ - HC 712847/PE - (2021/0397860-7) - 6ª T. - Rel. Min. Rogerio Schietti Cruz - DJe 25.04.2022)."

[149] "PROCESSUAL PENAL - AGRAVO REGIMENTAL NOS EMBARGOS DE DIVERGÊNCIA EM RECURSO ESPECIAL - AÇÃO PENAL PÚBLICA - PREPARO INCABÍVEL - AUSÊNCIA DE SIMILITUDE FÁTICA - 1- Em se tratando de ação penal pública, não há que se falar em deserção por falta de preparo. Precedente: AgRg nos EREsp 1346605/ES, Rel. Ministro Reynaldo Soares da Fonseca, Terceira Seção, DJe 11/12/2018. 2- Hipótese em que o acórdão embargado de divergência afirmou que o julgamento de embargos de declaração em processo penal independe de prévia intimação das partes acerca da inclusão em pauta. 3- Embargos de divergência que carecem de similitude fática entre o acórdão embargado de divergência e o acórdão apontado como paradigma, o qual tratava da necessidade de prévia intimação das partes acerca da inclusão em pauta de apelação cível. 4- Agravo regimental provido. Embargos de divergência não admitidos por fundamento diverso (STJ - AgRg-EDv-ED-AG-REsp 525.672/SP - C.Esp. - Rel. Min. Benedito Gonçalves - DJe 11.06.2019)."

a) Legitimidade

Em um vértice, temos a legitimidade recursal que significa a pertinência subjetiva da pretensão recursal, isto é, apenas a parte que sofreu os efeitos da sucumbência que estará legitimada para recorrer.

Isso posto, temos os legitimados gerais, que são consideradas as partes principais do processo, por exemplo o Ministério Público, querelante, acusado. Também temos os legitimados especiais, cuja atuação é eventual, incorporada no processo penal à figura do assistente de acusação, que atua nas ações penais públicas e cuja legitimidade para recorrer é de menor abrangência (limitação maior).[150]

Existe a possibilidade legítima de que um terceiro interponha recurso no processo penal, diante da previsão expressa do art. 581, inciso VII, do CPP.

---

[150] "PROCESSUAL PENAL - AGRAVO REGIMENTAL NO AGRAVO EM RECURSO ESPECIAL - OFENSA AO ART. 619DO CPP - NÃO OCORRÊNCIA - SENTENÇA DE ABSOLVIÇÃO SUMÁRIA - APELAÇÃO INTERPOSTA PELA ASSISTENTE DE ACUSAÇÃO - LEGITIMIDADE RECURSAL - PRECEDENTES - INSTAURAÇÃO DE INCIDENTE DE INCONSTITUCIONALIDADE - AUSÊNCIA DE NORMA FLAGRANTEMENTE INCONSTITUCIONAL - AGRAVO REGIMENTAL NÃO PROVIDO - 1- O Tribunal de origem se pronunciou fundamentadamente sobre todos os aspectos relevantes para a definição da causa, tendo concluído que a assistente de acusação possui legitimidade para a interposição de recurso de apelação, ainda que o Ministério Público não tenha interesse recursal, como no caso dos autos. 2- Este Superior Tribunal de Justiça reconhece a regularidade da atuação do assistente de acusação, devendo o instituto processual ser tratado como expressão do Estado Democrático de Direito e até mesmo como modalidade de controle - Complementar àquele exercido pelo Poder Judiciário - Da função acusatória atribuída privativamente ao Ministério Público (RMS 43.227/PE, Rel. Ministro Gurgel de Faria, Quinta Turma, julgado em 3/11/2015, DJe 7/12/2015). 3- Em recente julgamento, esta Quinta Turma reafirmou o entendimento de que o assistente da acusação pode seguir atuando no processo em fase recursal, mesmo em contrariedade à manifestação expressa do Ministério Público quanto à sua conformação com a sentença absolutória (AgRg no HC nº 777.610/RS, de minha Relatoria, Quinta Turma, julgado em 24/4/2023, DJe de 27/4/2023.). 4- Ademais, de acordo com o verbete sumular nº 210 do STF, o assistente de acusação tem legitimidade para, quando já iniciada a persecução penal pelo seu órgão titular, atuar em seu auxílio e também supletivamente, na busca pela justa sanção, podendo apelar, opor embargos declaratórios e até interpor recurso extraordinário ou especial (Recurso Especial Repetitivo nº 1.675.874/MS, relator Ministro Rogerio Schietti Cruz, Terceira Seção, julgado em 28/2/2018, DJe de 8/3/2018.). 5- A instauração do incidente de arguição de inconstitucionalidade previsto no art. 949 do Código de Processo Civil mostra-se adequada apenas quando plausível a alegada desconformidade da norma questionada com a ordem constitucional vigente, o que não se verifica no presente caso, em que não há qualquer inclinação desta Corte Superior de Justiça em reconhecer a inconstitucionalidade da atuação do assistente de acusação no processo penal, a qual encontra respaldo, inclusive, na referida Súmula 210 da Suprema Corte. 6- Agravo regimental a que se nega provimento (STJ - AgRg-AG-REsp. 2532497/SP - (2023/0460836-8) - Rel. Min. Ribeiro Dantas - DJe 20.05.2024)."

b) Interesse

Noutro vértice, o outro pressuposto recursal de índole subjetiva é o interesse, considerando o disposto no art. 577, parágrafo único, do CPP, de que não se admitirá recurso da parte que não tiver interesse na reforma ou modificação da decisão.

O interesse recursal está calcado no binômio *adequação mais necessidade*, ou utilidade de um provimento jurisdicional diverso, que deve ser apto a corrigir a situação desfavorável suscitada pelo recorrente.

Possui interesse em recorrer quem foi sucumbente no processo. A sucumbência pode ser *única quando* atinge exclusivamente uma das partes, ou *múltipla quando* o prejuízo da decisão alcança interesses diversos. Por sua vez, subdivide-se em: *múltipla paralela*, quando atinge interesses idênticos (condenação de um agente e absolvição de outro – concurso de pessoas); e *múltipla recíproca*, quando atinge interesses opostos (condenação de um crime e absolvição por outro – concurso de crimes).

Alguns doutrinadores ainda classificam a sucumbência em direta, quando atinge diretamente os envolvidos na relação processual, Ministério Público, querelando ou o acusado. E a reflexa quando o prejuízo da decisão atinge interesses de pessoas que não estão inseridas diretamente na relação processual, porém possuem legitimidade reflexa, como as pessoas enumeradas no art. 31 do CPP, ainda que não tenham se habilitado como assistente de acusação, possuindo legitimidade para recorrer no processo penal (art. 598, *caput*, CPP).

É evidente a presença do interesse recursal de quem foi condenado ou absolvido no processo por sentença penal condenatória ou absolutória imprópria (com a imputação de medida de segurança), podendo alegar alguma causa de diminuição de pena ou mesmo postulando a absolvição própria.

Sempre que a decisão gerar repercussão em outras esferas do direito, tem o acusado interesse em recorrer dependendo da modalidade de absolvição, a exemplo da absolvição por falta de provas, que pode gerar uma ação indenizatória no cível.

Diferentemente é quando o juiz reconhece a extinção da punibilidade e arquiva os autos, em função que a sentença é meramente declaratória da extinção da punibilidade, não subsistindo qualquer efeito condenatório, aplicando-se o mesmo raciocínio da Súmula nº 18 do Superior Tribunal de Justiça. Em tal caso, não persiste o interesse recursal.

17.5 Efeitos dos recursos

A interposição de um recurso gera consequências no processo penal. Temos as seguintes modalidades de efeitos:

17.5.1 Efeito obstativo

O efeito mais eminente é o prolongamento da relação processual, obstando a ocorrência da coisa julgada. Faz-se necessária trazer à luz a lição colhida da jurisprudência que a ação de *habeas corpus* não é dotada de efeito obstativo.[151]

17.5.2 Efeito devolutivo

O recurso possui o condão de devolver ao órgão judiciário competente para o julgamento a possibilidade reexame da causa, dependendo da extensão da impugnação contida no recurso (*tantum devolutum quantum apelatum*).

---

[151] "*HABEAS CORPUS* - TRÁFICO DE DROGAS (58,47 G DE CRACK E 22,88 G DE COCAÍNA) - DOSIMETRIA DA PENA - FIXAÇÃO DA PENA-BASE - CAUSA DE DIMINUIÇÃO DA PENA - FIXAÇÃO DO REGIME - UTILIZAÇÃO DO *WRIT* COMO SUCEDÂNEO DE REVISÃO CRIMINAL - TRÂNSITO EM JULGADO POSTERIOR À IMPETRAÇÃO - INADMISSIBILIDADE - CONSTRANGIMENTO ILEGAL VERIFICADO - MINORANTE DO §4º DO ART. 33 DA LEI Nº 11.343/2006 - ANOTAÇÃO REFERENTE À PRÁTICA DE ATO INFRACIONAL - POSSIBILIDADE - PRECEDENTE - FUNDAMENTAÇÃO INSUFICIENTE NO CASO CONCRETO - 1- A via do *habeas corpus* mostra-se inadmissível, porque utilizada como sucedâneo de revisão criminal, sendo certo que compete ao Superior Tribunal de Justiça o julgamento de revisão criminal apenas de seus próprios julgados. Precedentes. 2- *A ação constitucional de Habeas corpus não possui efeito obstativo, característica exclusiva dos recursos, meio de impugnação intraprocessual que impede a preclusão temporal máxima - O trânsito em julgado*. O manejo de habeas corpus, em vez do recurso cabível, gera o ônus de não se interromper o fluxo dos prazos, que, uma vez esgotados, produzem os efeitos típicos da coisa julgada. 3- O advento do trânsito em julgado, ainda que posterior à impetração, impossibilita o conhecimento do *writ*, visto que o conhecimento de *habeas corpus* em substituição à revisão criminal subverte o sistema de competências constitucionais, transferindo a análise do feito de órgão estadual para este Tribunal Superior. 4- No presente caso, o processo transitou em julgado em 22/9/2021. A despeito da impetração ter se dado em 25/8/2021, a impugnação da decisão *a quo* demanda revisão criminal, cuja competência não é deste Tribunal. 5- O histórico infracional pode ser considerado para fins de aplicação da causa de diminuição do §4º do art. 33 da Lei nº 11.343/2006, desde que devidamente circunstanciado e fundamentado. Precedente. 6- A certidão acostada indica 6 anotações diferentes, mas apenas uma execução de medida socioeducativa, o que não traduz histórico negativo ao ponto de influenciar a dosimetria da pena. 7- *Habeas corpus* não conhecido. Ordem concedida de ofício para fixar a pena em 1 ano e 8 meses de reclusão, em regime aberto, a ser substituída pelo Juízo da execução por duas penas restritivas de direitos, e 166 dias-multa, à razão mínima, pela prática de conduta descrita no art. 33, §4º, da Lei nº 11.343/2006 (STJ - HC 690244/SP - (2021/0277663-8) - 6ª T. - Rel. Min. Sebastião Reis Júnior - DJe 21.02.2022)" (grifos meus).

A doutrina contemporânea prefere o denominar de "efeito atributivo". Será atribuída ao órgão jurisdicional *ad quem* uma matéria devidamente limitada no recurso, que pode ser rediscutida a matéria pelo Poder Judiciário total ou parcialmente, conforme a sucumbência e a aceitação da parte vencida. Portanto, é fruto do princípio da inércia da jurisdição, só atuando o Judiciário quando houver provocação da parte por meio do recurso. Pode-se citar como exceção ao princípio em comento a *reformatio in mellius*.

Ainda lidando com questões excepcionais, no caso específico dos embargos declaratórios, o órgão *ad quem* é o mesmo órgão prolator da decisão recorrida.

É preciso deixar claro que o que delimita o objeto do recurso são os pedidos constantes da interposição recursal, ocasionando o fenômeno da preclusão consumativa, pouco importando a apresentação posteriormente das razões aduzidas. Não concordo com a posição que a delimitação pode ser ofertada nas razões, desde que a interposição do recurso seja genérica.

17.5.3 Efeito suspensivo

Por ele a decisão combatida não pode ser concretizada imediatamente, pois quando a parte interpõe o recurso, enquanto não houver o julgamento em caráter definitivo do inconformismo, não se gerará os efeitos decorrentes da decisão no mundo da vida.

Como é consabido, nem todos os recursos possuem o efeito suspensivo. Se a parte recorrente pretende conferir efeito suspensivo ao recurso que não possua em lei tal característica, o Superior Tribunal de Justiça admite a possibilidade de manejo da ação cautelar inominada, desde que preenchidos os requisitos para o seu deferimento.[152] Não é

---

[152] "AGRAVO REGIMENTAL NO *HABEAS CORPUS* - PRISÃO PREVENTIVA - AÇÃO CAUTELAR INOMINADA - EFEITO SUSPENSIVO AO RECURSO EM SENTIDO ESTRITO - POSSIBILIDADE - PLAUSIBILIDADE JURÍDICA - PERIGO DA DEMORA - AGRAVO REGIMENTAL NÃO PROVIDO - 1- *A "jurisprudência desta Corte Superior admite o ajuizamento de ação cautelar inominada para atribuir efeito suspensivo a recurso em sentido estrito interposto pelo Ministério Público contra decisão que revogou a prisão preventiva"* (AgRg no HC nº 844.553/SP, relator Ministro Jesuíno Rissato (Desembargador Convocado do TJDFT), 6ª T., DJe 16/10/2023). 2- O juiz substituto revogou o édito prisional do acusado de roubo majorado, apesar de haver registro de emprego ostensivo de armas de fogo, concurso de agentes e pluralidade de vítimas no crime em" questão, e de o denunciado possuir anotações por tráfico de drogas, receptação, porte de arma e execuções de medidas socioeducativas por roubo majorado. 3- Conforme decidiu o Tribunal a quo, estão preenchidos os requisitos para a concessão do efeito suspensivo ao recurso em sentido estrito interposto pelo Ministério Público, ante a plausibilidade jurídica do pedido e o perigo da demora, uma

possível a impetração de mandado de segurança para conferir efeito suspensivo, sendo a via eleita inadequada.¹⁵³

17.5.4 Efeito iterativo, diferido ou regressivo

É a possibilidade de, com a interposição do recurso, oferecer uma nova oportunidade ao órgão prolator da decisão de reexaminar a questão submetida ao seu crivo jurisdicional, podendo manter ou reformar a decisão, exercendo um juízo de retratação ou de confirmação. Em não se evidenciando a retratação, o recurso será encaminhado ao órgão *ad quem*. Por exemplo, RESE, carta testemunhável e agravo em execução.

17.5.5 Efeito extensivo

Quer dizer, estender ao corréu, que não recorreu, obtendo os efeitos da decisão do recurso provido pelo coautor ou partícipe, desde que o benefício não se restrinja a circunstância ou condição de caráter pessoal. É o que vaticina o art. 580 do CPP, em homenagem ao princípio da igualdade. Por exemplo, um reconhecimento da atipicidade da conduta pelo órgão *ad quem*.¹⁵⁴

---

vez que a gravidade em concreto do delito (*modus operandi*) e registros criminais aparentam justificar a decretação da prisão preventiva, medida adequada às circunstâncias do crime e às condições do acusado. 4- O fato de o denunciado encontrar-se na condição de foragido afasta a alegação de excesso de prazo para encerramento da instrução criminal. 5- Agravo regimental não provido (STJ - AgRg-HC 866384/PI - (2023/0402077-4) - 6ª T. - Rel. Min. Rogerio Schietti Cruz - DJe 20.03.2024)" (grifos meus).

¹⁵³ "*HABEAS CORPUS* - ROUBO - PRISÃO PREVENTIVA - RELAXAMENTO DA SEGREGAÇÃO CAUTELAR - RECURSO EM SENTIDO ESTRITO INTERPOSTO PELO MP - OBTENÇÃO DE EFEITO SUSPENSIVO NO RESE POR MEIO DE LIMINAR EM MANDADO DE SEGURANÇA - ILEGALIDADE MANIFESTA - ORDEM CONCEDIDA - 1- Não se mostra cabível o efeito suspensivo atribuído ao recurso em sentido estrito, concedido em mandado de segurança por falta de amparo legal, que só pode ser excepcionado em casos de flagrante ilegalidade ou de teratologia jurídica, o que, definitivamente, não ficou demonstrado na decisão impugnada. 2- O juiz de primeiro grau, ao homologar a prisão em flagrante, não entendeu prudente a prisão preventiva, mas a imposição de cautelares alternativas, com suporte nas peculiaridades do caso concreto, pois, além da primariedade do réu, o delito não foi praticado com emprego de arma de fogo (apenas com simulacro). 3- Não há teratologia que justifique suplantar a impossibilidade de utilização da via mandamental para emprestar efeito suspensivo a recurso em sentido estrito e, por conseguinte, determinar a constrição cautelar. 4- Ordem concedida para cassar o *decisum* recorrido, que concedeu efeito suspensivo ao recurso em sentido estrito interposto pelo Ministério Público, e restabelecer a decisão proferida pelo juiz de primeiro grau (STJ - HC 439.939 - (2018/0053363-3) - 6ª T. - Rel. Min. Rogerio Schietti Cruz - DJe 01.08.2018 - p. 2860)."

¹⁵⁴ "RECURSO ESPECIAL - TRÁFICO DE DROGAS - ILICITUDE DAS PROVAS - INVASÃO DE DOMICÍLIO - AUSÊNCIA DE JUSTA CAUSA - MANIFESTA ILEGALIDADE - EFEITO EXTENSIVO - 1- Consta dos autos que "Os policiais que participaram das diligências na

175.6 Efeito substitutivo

Significa dizer que a decisão prolatada pelo órgão julgador do recurso substitui a decisão vergastada. Tal efeito é embasado pela aplicação supletiva do art. 1.008 do CPC, que determina que o julgamento proferido pelo tribunal substituirá a decisão impugnada no espectro de devolutividade do recurso.

Não é possível negar tal efeito, ainda que o recurso seja julgado improvido. Nesse caso, também possuirá o efeito substitutivo, pois qualquer novo recurso superveniente terá como *standard* a decisão firmada no julgamento do recurso, e não a decisão primeva.

17.5.7 Efeito translativo

No julgamento do recurso, toda a matéria que não foi atingida pela preclusão, pode ser conhecida a qualquer tempo e em qualquer grau de jurisdição, seja em favor ou em prejuízo da parte, independentemente de manifestação das partes.

Com as necessárias escusas a quem pensa em sentido diverso, penso que somente o recurso da acusação possui tal efeito, pois somente se aplica quando é possível a *reformatio in mellius*, e sustento aqui todas as críticas já tecidas em relação ao recurso de ofício e as mantenho, entendendo como não recepcionado pela Constituição da República em virtude da adoção do sistema acusatório no nosso ordenamento jurídico.

residência de ÉVERTON também foram uníssonos ao afirmar que ele, durante a abordagem, informou o endereço de um 'sócio' no tráfico de drogas, posteriormente identificado como o corréu RÔMULO, tendo a equipe se deslocado até a moradia deste último". "Deslocando-se ao segundo endereço, apontado por ÉVERTON como residência de seu 'sócio' (...), os policiais encontraram o portão e a porta de acesso ao prédio abertos, viabilizando então a chegada até o apartamento do apelante Rômulo. Chamado pelos policiais, o acusado RÔMULO então abriu voluntariamente a porta do apartamento, momento em que os agentes públicos de segurança já conseguiram constatar seu estado de flagrância, pois era possível visualizar um pacote com vários comprimidos de ecstasy logo atrás do apelante". 2- Consoante decidido no RE 603.616/RO pelo Supremo Tribunal Federal, não é necessária certeza quanto à prática delitiva para se admitir a entrada em domicílio, bastando que, em compasso com as provas produzidas, seja demonstrada justa causa para a medida, ante a existência de elementos concretos que apontem para situação de flagrância. 3- Na hipótese, não foram realizadas investigações prévias nem indicados elementos concretos que confirmassem o crime de tráfico de drogas dentro da residência, não sendo suficiente, por si só, a apreensão da droga em sua posse. Relativamente à autorização para ingresso no domicílio, não há nenhum registro de consentimento do morador para a realização de busca domiciliar. 4- Recurso provido. Anulação das provas decorrentes do ingresso forçado no domicílio. Absolvição do recorrente (art. 386, II- CPP). Determinação de expedição de alvará de soltura, se por outro motivo não estiver preso. *Restituição dos aparelhos celulares e dos valores apreendidos em seu poder, com extensão aos corréus* (art. 580 - CPP) (STJ - REsp 1.974.278/PR - (2021/0384601-9) - 6ª T. - Rel. Min. Olindo Menezes - DJe 29.04.2022)" (grifos meus).

CAPÍTULO 18

RECURSOS EM ESPÉCIE

> *"A busca pela verdade passa necessariamente pelo combate contra o dogmatismo, a crença de que o mundo é tal como observado e percebido inicialmente, sem possibilidade de contestação."*
>
> (Marilena Chaui)

18.1 Apelação

É o recurso ordinário mais conhecido, e tem por finalidade a impugnação das decisões judiciais, podendo se sustentar lastreado em questões de fato e de direito. Dessa forma, o apelo pode buscar corrigir *erro in judicando* (reforma da decisão), ou *erro in procedendo* (anulação da decisão). Em regra, é um recurso de fundamentação livre.

18.1.1 Fundamento

O direito processual penal segue uma lógica própria. A interposição de apelação possibilita a devolução ao tribunal da análise de toda a matéria impugnada, seja ela de ordem fática ou jurídica.

Seu fundamento primário no nosso ordenamento jurídico está estampado no art. 8º, §2º, alínea "h", do Decreto-Lei nº 678/1992 da CADH:

> Artigo 8. Garantias judiciais
> (...)

2. Toda pessoa acusada de um delito tem direito a que se presuma sua inocência, enquanto não for legalmente comprovada sua culpa. Durante o processo, toda pessoa tem direito, em plena igualdade, às seguintes garantias mínimas:

(...)

h) direito de recorrer da sentença a juiz ou tribunal superior.

(...)

18.2 Espécies

Serão analisados na apelação nuances concernentes à extensão, à legitimidade, à natureza da infração penal e à autonomia.

18.2.1 Extensão

No que toca à extensão, a apelação pode ser plena ou parcial, consoante o inconformismo seja pleno ou parcial, atacando em sua totalidade ou parte da decisão vergastada. É a disciplina do art. 599 do CPP: "(...) As apelações poderão ser interpostas quer em relação a todo o julgado, quer em relação a parte dele".

O paradigma para se mensurar se a apelação é plena ou parcial não é o conteúdo da decisão, mas a sucumbência. Se a sucumbência for de caráter total, a apelação pode ser interposta em desfavor de todo a julgado, contra todos os pedidos rejeitados nas alegações finais. Entretanto, a parte sucumbente pode delimitar o pedido do recurso, apelando somente de uma das teses não acolhidas pelo magistrado, não impugnando os outros pedidos que lhe tenham sido desfavoráveis. Nesse caso, temos a configuração da apelação parcial.

18.2.2 Legitimidade

No que diz respeito à legitimidade, o recurso de apelação pode ser principal ou subsidiário.

Explico melhor tal situação. Trocando em miúdos, a apelação principal é interposta pelo Ministério Público, ao passo que o apelo subsidiário é interposto pelo assistente de acusação, quando verificada a inércia do *parquet*, na dicção do art. 598, *caput*, do CPP.

É imperioso se notar, que existe entendimento da doutrina que a apelação subsidiária seria aquela catalogada no art. 593, inciso II, do CPP, isto é, quando não há previsão da utilização do RESE.

18.2.3 Natureza da infração penal

A sanção penal privativa de liberdade pode ser reclusão ou detenção. Dentro dessa perspectiva, a apelação pode ser sumária ou ordinária.

Num primeiro plano, a apelação sumária se verifica quando o delito enquadrado na sentença condenatória é punido com pena de detenção. Para tais casos, os autos vão imediatamente à Procuradoria-Geral pelo prazo de cinco dias e, em seguida, passam, por igual prazo, ao desembargador relator, que pedirá designação de dia para julgamento, na previsão do art. 610, *caput*, do CPP.

Em segundo plano, observa-se a apelação ordinária, que é cabível quando o delito pelo qual foi condenado o acusado é punido com pena de reclusão. Nessa perspectiva, é elaborado o relatório pelo relator, em seguida, serão encaminhados os autos para o revisor, que terá igual prazo para exame do processo e pedirá designação de dia para o julgamento. Os prazos são ampliados ao dobro e o tempo para debates será de 15 minutos, de acordo com o art. 613 do CPP.

Devemos olhar essa classificação do rito entre sumário e ordinário com um grão de sal, porque, depois da reforma do CPP de 2008, ela não depende mais da qualidade da pena aplicada de reclusão ou detenção, mas da quantidade da pena. Se a pena for inferior a quatro anos, a apelação será sumária. Se igual ou superior a quatro anos, a apelação será ordinária, tal como previsto no art. 394 do CPP.

18.2.4 Autonomia

Segunda a doutrina, a apelação pode ser autônoma e adesiva

A apelação autônoma se constata quando o recorrente, de forma voluntária, interpõe a apelação com o intuito de atacar uma decisão judicial proferida.

Por outra via, a apelação adesiva se configura quando a parte contrária interpõe, no prazo de apresentação de contrarrazões de apelação, o recurso de apelação. Pressupõe sucumbência recíproca e a interposição do recurso no prazo de forma autônoma da parte ex adversa. Com o devido respeito, tal sistemática do processo civil não é compatível com a lógica do processo penal, ante a eminente falta de previsão legal expressa do CPP.

18.3 Competência originária dos tribunais

O Tribunal Excelso, ao se debruçar sobre o tema, chegou à conclusão de que quem é julgado originariamente nos tribunais superiores não goza do direito de apelar, por exemplo, juiz e promotor de Justiça que possuem foro por prerrogativa de função. Em tais circunstâncias, o acórdão condenatório somente pode ser desafiador por meio do recurso especial e recurso extraordinário.

Contudo, entendo que tal direito é extensivo às pessoas que possuem foro por prerrogativa de função, uma vez que tais prerrogativas são inerentes ao cargo público e não a pessoa física, em homenagem à importância do cargo público exercido, evitando-se perseguições indevidas. Não se trata de privilégio, mas de exercício do princípio do duplo grau de jurisdição a todos os cidadãos assegurados na cláusula do devido processo legal, como decorrência lógica do princípio da ampla defesa, com os meios e recursos a ela inerentes, tanto em processo judicial ou administrativo.

Por outro lado, a circunstância decorrente do fato da autoridade não possuir o direito de apelar, não veda o manejo dos recursos extraordinários previstos constitucionalmente como cláusula pétrea, fora das hipóteses elencadas no art. 5º da Constituição Federal, decorrente do exercício da ampla defesa.

Diante dessa lógica, a apelação é o recurso que por sua própria característica e amplitude tem por objetivo a reapreciação da causa, devolvendo ao Poder Judiciário em outra instância a possibilidade de reanálise de toda a matéria de fato (provas) e toda a matéria de direito, sendo pertinente dentro da órbita do duplo grau de jurisdição mesmo em sede de competência originária.

Noutro espectro, os recursos extraordinários são considerados de fundamentação vinculada à decisão (somente é possível a discussão visando à mudança do julgamento quanto à matéria de direito), limitando e muito o direito de reapreciação da causa. Nesse sentido, as súmulas nº 7 do Superior Tribunal de Justiça e 279 do Supremo Tribunal Federal, que reduzem o direito de ampla defesa.

18.4 Recolhimento à prisão para apelar

A antiga redação do art. 594 do CPP, determinava o recolhimento à prisão para apelar. Eis que a regra foi consagrada nos tribunais por meio da Súmula nº 9 do Superior Tribunal de Justiça: "A exigência da prisão provisória, para apelar, não ofende a garantia constitucional da presunção de inocência". Entendimento esse que perdurou durante muito tempo.

A viragem na interpretação constitucional ocorreu a partir do *leading case* do HC nº 88.420 (relator ministro Ricardo Lewandowski), ao considerar-se que, no confronto do art. 594 do CPP com o Pacto São José da Costa Rica, prevalecia o Pacto Internacional de Direitos Humanos. Após essa decisão paradigmática, o Supremo Tribunal Federal mudou seu entendimento, o que provocou o advento da Súmula nº 347 do Superior Tribunal de Justiça, que assim dispõe: "(...) O conhecimento de recurso de apelação do réu independe de sua prisão".

Nessa linha progressista, com a edição da Lei nº 11.719/2008, foi revogado o art. 594 do CPP, em suas disposições transitórias. De igual modo, foi modificada a redação do art. 387, parágrafo único, CPP: "O juiz decidirá, fundamentadamente, sobre a manutenção ou, se for o caso, imposição de prisão preventiva ou de outra medida cautelar, sem prejuízo do conhecimento da apelação que vier a ser interposta".

18.5 Hipóteses de cabimento da apelação

As previsões normativas para o cabimento do recurso de apelação estão consignadas nos seguintes dispositivos legais:
a) Art. 593 do CPP;
b) Art. 76, §5º, e art. 82, ambos da Lei nº 9.099/1995 (JECrim);
c) Art. 416 do CPP (impronúncia e absolvição sumária no procedimento do Tribunal do Júri);
d) Absolvição sumária no procedimento comum (nas hipóteses do art. 397, CPP).

18.5.1 Contra sentença definitiva de condenação ou absolvição

O recurso de apelação é o recurso com maior amplitude de revisão da sentença no ordenamento jurídico brasileiro, sendo o recurso por excelência, tendo, inclusive, sido incorporado na linguagem popular, tanto que, quando alguém deseja reverter uma situação desfavorável em uma situação da vida alega que irá "apelar".

A legislação processual penal prevê a possibilidade do apelo nas hipóteses do art. 593 do CPP, que aqui transcrevo *in verbis*: "(...) Caberá apelação no prazo de 5 (cinco) dias: I - das sentenças definitivas de condenação ou absolvição proferidas por juiz singular; II - das decisões definitivas, ou com força de definitivas, proferidas por juiz singular nos casos não previstos no Capítulo anterior".

Fator importante, senão crucial, essa hipótese do inciso I do art. 593 do CPP abarca as situações de absolvição sumária trazidas no art. 397 do CPP, exceto a situação do inciso IV, que trata da absolvição sumária por extinção da punibilidade, em que o recurso cabível é o RESE, na forma do art. 581, inciso VIII, do CPP.

Tendo em vista tais hipóteses, as decisões definitivas ou com força de definitivas são as que são exaradas pelo juiz de primeiro grau e serão passíveis de apelação, desde que não se encontrem previstas nas hipóteses do art. 581 do CPP. Em outras palavras, que não sejam decisões possíveis de interposição do RESE.

As decisões definitivas são aquelas em que o juiz realiza a análise do mérito em seu decisum. Isto é, não estão associadas à pretensão punitiva, determinando-se a extinção da relação processual. Extingue-se o processo ou o procedimento, porém, sem condenar ou absolver o acusado. Podem-se citar como exemplos a decisão que resolve o pedido de sequestro de bens (art. 127, CPP), bem como a restituição de coisas apreendidas (art. 120, §1º, CPP).

Noutro quadrante, a decisão com força de definitiva é conhecida como espécie de decisão interlocutória mista, resolvendo questão incidente no curso do processo. Em tais decisões não há apreciação do mérito. Todavia, verifica-se a ocorrência da extinção de uma fase do procedimento ou da relação processual. Do mesmo modo, há a incidência de decisão com força de definitiva quando resolvem uma questão incidental de maneira definitiva. Como exemplo, cito a decisão que acolhe a exceção de litispendência. Por uma simples razão, a existência de previsão no art. 581, IV, do CPP, o recurso cabível contra a decisão de pronúncia, que é uma decisão interlocutória com força de definitiva, é o RESE.

18.5.2 Decisões do Tribunal do Júri (art. 593, inciso III, do CPP – das decisões do Tribunal do Júri)

Nessa hipótese há uma peculiaridade, em respeito ao princípio da soberania dos vereditos, a interposição da apelação não é tão ampla, ou seja, o recurso de apelação possui fundamentação vinculada. De toda sorte, ratificando tal entendimento, a Súmula nº 713 do Supremo Tribunal Federal: "(...) O efeito devolutivo da apelação contra decisões do júri é adstrito aos fundamentos da sua interposição".

Como o princípio da soberania dos vereditos está elencado dentre os direitos e garantias fundamentais, se o recorrente interpõe uma apelação com fundamento em uma determinada alínea, está vedado ao tribunal dar provimento ao apelo com base em alínea diferente da sustentada na interposição pela parte recorrente. Há uma *devolutividade restrita*. Contudo, os precedentes do Superior Tribunal de Justiça têm indicado se tratar de mera irregularidade, se nas razões recursais os fundamentos se apresentaram suficientemente delimitados.[155] No mesmo sentido, a doutrina de Gustavo Badaró: "Nada impede, porém, que a apelação da sentença do Tribunal do Júri tenha mais de um fundamento, cumulando hipóteses de cabimento de mais de uma alínea".[156]

18.5.2.1 As hipóteses elencadas no inciso III do art. 593 do CPP

18.5.2.1.1 Ocorrer nulidade posterior à pronúncia

Pode ocorrer que depois de prolatada a decisão de pronúncia ocorra alguma nulidade. Nessa hipótese, o recurso cabível é a apelação. Pelo contrário, se a nulidade é anterior a decisão de pronúncia, o recurso cabível será o de RESE, como se infere do art. 581, inciso IV, do CPP.

---

[155] "PROCESSO PENAL- AGRAVO REGIMENTAL NOS EMBARGOS DE DECLARAÇÃO NO RECURSO ESPECIAL - HOMICÍDIO QUALIFICADO - APELAÇÃO - SÚMULA 713/STF- ERRO MATERIAL NA INDICAÇÃO DA ALÍNEA DO INCISO III DO ART. 593 IRREGULARIDADE - RAZÕES RECURSAIS QUE DELIMITAM O PEDIDO - AGRAVO REGIMENTAL NÃO PROVIDO - 1- O inconformismo do *parquet* diz respeito ao erro na aplicação da pena, cuja hipótese de incidência vem especificada na alínea "c" do inciso III do art. 593 do CPP (houver erro ou injustiça no tocante à aplicação da pena ou da medida de segurança). Entretanto, na petição de interposição do recurso, foi declinado o inconformismo na alínea " b" (for a sentença do juiz-presidente contrária à lei expressa ou à decisão dos jurados). 2- Não se desconhece a inteligência da Súmula nº 713 /STF, que dispõe que o efeito devolutivo da apelação contra decisões do júri é adstrito aos fundamentos da sua interposição. Contudo, o erro na indicação de uma das alíneas ou até mesmo a ausência de indicação, no termo ou na petição de recurso, constitui mera irregularidade, sanável quando a Parte apresenta fundamentos para o apelo e delimita os seus pedidos (HC nº 470.456/MS, Relatora Ministra LAURITA VAZ, Sexta Turma, julgado em 28/3/2019, DJe de 23/4/2019). Precedentes. 3- Tendo o ente ministerial fundamentado sua apelação, no ato de interposição, no artigo 593, alínea " b ", que trata da hipótese em que a sentença do juiz - Presidente é contrária à lei expressa ou à decisão dos jurados, no entanto, suas razões direcionaram para a alínea " c " do aludido dispositivo, que versa sobre a hipótese em que houver erro ou injustiça no tocante à aplicação da pena, verifica-se mera irregularidade, o que não impede a análise recursal. 4- Agravo regimental não provido (STJ - AgRg-EDcl-REsp 2046383/RO - (2023/0004000-8) - Rel. Min. Reynaldo Soares da Fonseca - DJe 28.03.2023)."

[156] BADARÓ, Gustavo Henrique. *Processo penal*. Rio de Janeiro: Campus Elsevier, 2012. p. 618.

É oportuno observar que, após a leitura dos quesitos na sessão plenária do Tribunal do Júri, a parte tem de momentaneamente impugnar os quesitos e depois reiterar a impugnação na apelação.

Em desfavor da decisão do juiz singular, o tribunal competente poderá dar provimento ao recurso para reformar ou anular a decisão. Mas, quando se tratar de decisão exarada pelo Tribunal do Júri, o tribunal de Justiça ou tribunal regional federal não poderá dar novo julgamento em substituição.

Dessa forma, não competirá ao tribunal de Justiça ou ao tribunal regional federal o juízo rescisório, devolvendo os autos para a primeira instância, para que se proceda a um novo julgamento pelo Tribunal do Júri, que é o constitucionalmente competente para o julgamento dos crimes dolosos contra a vida. Somente poderá trabalhar o tribunal de Justiça ou o tribunal regional federal num juízo rescindente, quando cassa a decisão e manda realizar novo julgamento.

18.5.2.1.2 For a sentença do juiz-presidente contrária à lei expressa ou à decisão dos jurados

Nessa hipótese específica, o tribunal procederá à análise do juízo rescisório, porque nitidamente a substituição do erro exarado pelo juiz-presidente não arranha, nem mesmo reflexamente, a soberania dos vereditos.

18.5.2.1.3 Houver erro ou injustiça no tocante à aplicação da pena ou da medida de segurança

O TJ ou o TRF, além de fazer o juízo rescindente, também fará o juízo rescisório junto ao erro ou injustiça quanto à aplicação da pena pelo juiz-presidente.

Uma das novidades trazidas pela reforma foi justamente a retirada do julgamento das agravantes e atenuantes da quesitação, pois anteriormente as agravantes e atenuantes eram pontos indispensáveis na quesitação para a escolha pelos jurados.

Entrementes, com a modificação do procedimento do júri, se houver uma decisão aplicando injustamente ou por erro as agravantes ou atenuantes, o tribunal poderá fazer a revisão da aplicação por ser de competência do juiz-presidente, sob pena de supressão de instância.

18.5.2.1.4 For a decisão dos jurados manifestamente contrária à prova dos autos[157]

Essa alínea do art. 593, inciso III, do CPP, é a que possui maior incidência na impugnação dos recursos de apelação em face das decisões deliberadas pelo Tribunal do Júri, diante da discrepância veemente entre as provas carreadas para o processo e a decisão tomada pelos jurados.

É preciso um esclarecimento aqui diante do aparente paradoxo. Se a soberania dos veredictos assegura que a vontade dos jurados seja respeitada, como pode o recurso de apelação questionar a deliberação do Conselho de Sentença? Para essa indagação cabe uma resposta simplória, a soberania dos veredictos não é de índole absoluta, estando sujeita ao duplo grau de jurisdição, ainda que a absolvição seja por clemência.[158]

---

[157] "AGRAVO REGIMENTAL NO RECURSO ESPECIAL - TRIBUNAL DO JÚRI - DECISÃO CONTRÁRIA À PROVA DOS AUTOS - NECESSIDADE DE EXAME DO CONJUNTO FÁTICOPROBATÓRIO - REVISÃO VEDADA - SÚMULA Nº 7/STJ - SOBERANIA DOS VEREDCITOS NÃO ABSOLUTA - RECURSO IMPROVIDO - 1- Reconhecer que a decisão do Tribunal do Júri não está em desacordo com as provas dos autos constitui providência inadmissível em recurso especial ante a necessidade de reexame do conjunto fático-probatório. Incidência da Súmula nº 7/STJ. 2- Nos termos da jurisprudência da Terceira Seção desta Corte, "a anulação da decisão absolutória do Conselho de Sentença, manifestamente contrária à prova dos autos, pelo Tribunal de Justiça, por ocasião do exame do recurso de apelação interposto pelo Ministério Público (art. 593, III, 'd', do Código de Processo Penal), não viola a soberania dos veredictos" (ut, HC nº 323.409/RJ, Terceira Seção, DJe de 8/3/2018). 3- Agravo regimental não provido (STJ - AgRg-REsp 2113243/MG - (2023/0440944-0) - Rel. Min. Reynaldo Soares da Fonseca - DJe 10.06.2024)."

[158] "PROCESSO PENAL- AGRAVO REGIMENTAL NO RECURSO ESPECIAL - CRIME DE HOMICÍDIO QUALIFICADO - ABSOLVIÇÃO PELO TRIBUNAL DO JÚRI - CONTRARIEDADE À PROVA DOS AUTOS - CLEMÊNCIA - PRECEDENTE DA TERCEIRA SEÇÃO - AGRAVO DESPROVIDO - 1- A quebra da soberania dos veredictos é apenas admitida em hipóteses excepcionais, em que a decisão do Júri for manifestamente dissociada do contexto probatório, hipótese em que o Tribunal de Justiça está autorizado a determinar novo julgamento. Diz-se manifestamente contrária à prova dos autos a decisão que não encontra amparo nas provas produzidas, destoando, desse modo, inquestionavelmente, de todo o acervo probatório. 2- A Terceira Seção desta Corte Superior, ao apreciar o HC nº 323.409/RJ, em julgamento realizado em 28/2/2018, acolhendo, por maioria, voto do Ministro FELIX FISCHER, firmou entendimento no sentido de que a anulação da decisão absolutória do Conselho de Sentença (ainda que por clemência), manifestamente contrária à prova dos autos, segundo o Tribunal de Justiça, por ocasião do exame do recurso de apelação interposto pelo Ministério Público (art. 593, inciso III, alínea "d", do Código de Processo Penal), não viola a soberania dos veredictos, ou seja, a decisão de clemência será passível de revisão pelo Tribunal de origem quando não houver respaldo fático mínimo nos autos que dê suporte à benesse. 3- Na hipótese, considerando o contexto do julgamento e a certeza da materialidade e da autoria expostas na votação dos quesitos 1º e 2º, em contradição com o quesito 3º, forçosa a necessidade, no caso em apreço, de um novo julgamento. 4- Agravo regimental desprovido (STJ - AgRg-REsp 2113879/MG

Consigno que, existindo duas ou mais versões compatíveis com a prova dos autos, e tendo os jurados elegido uma delas, não é motivo suficiente para o provimento da apelação por esse fundamento.

Essa modalidade de recurso de apelação *somente é possível uma única vez, seja ela para o Ministério Público, seja para a defesa*. Dado provimento ao apelo, por consequência, uma nova sessão do Tribunal do Júri será realizada para apreciação da causa, *com jurados distintos do primeiro julgamento* (art. 449, inciso I, CPP; Súmula nº 206, STF).

Só cabe essa hipótese de apelação quando *a decisão é manifestamente contrária à prova dos autos*. De acordo com o entendimento pretoriano, deve-se entender que a decisão seja aberrante, que não encontra respaldo na prova produzida nos autos, como sintetizam estes excertos:

PROCESSUAL PENAL - AGRAVO REGIMENTAL NO AGRAVO EM RECURSO ESPECIAL - HOMICÍDIO - ABSOLVIÇÃO - DECISÃO MANIFESTAMENTE CONTRÁRIA À PROVA DOS AUTOS - CASSAÇÃO - 1- O veredito do Tribunal do Júri somente pode ser cassado quando se revelar manifestamente contrário à prova dos autos. Em outras palavras, apenas a decisão aberrante, que não encontra nenhum respaldo na prova produzida, poderá ser afastada pelo Tribunal de origem no julgamento do recurso de apelação. Ao contrário, quando a decisão estiver apoiada em elemento probatório legítimo, ainda que haja outras versões para o crime, não se admitirá sua cassação, em respeito à soberania dos vereditos do Tribunal do Júri. 2- No caso, ficou evidenciado no voto condutor do acórdão recorrido que a versão absolutória agasalhada pelos jurados não encontra ressonância nos elementos probatórios produzidos, revelando-se, de fato, manifestamente contrária à prova dos autos. Por conseguinte, sua cassação não merece censura. 3- Agravo Regimental desprovido (STJ - AgRg-AG-REsp. 2377559/ES - (2023/0192957-7) - Rel. Min. Antonio Saldanha Palheiro - DJe 12.02.2024)

AGRAVO REGIMENTAL NO AGRAVO EM RECURSO ESPECIAL - HOMICÍDIO QUALIFICADO - TRIBUNAL DO JÚRI - CONDENAÇÃO - DECISÃO MANIFESTAMENTE CONTRÁRIA À PROVA DOS AUTOS - AUSÊNCIA DE PROVAS PARA FUNDAMENTAR O VEREDITO - ELEMENTOS DE INFORMAÇÃO E DEPOIMENTOS INDIRETOS - INSUFICIÊNCIA - IMPRONÚNCIA - AGRAVO REGIMENTAL NÃO PROVIDO - 1- O recente entendimento adotado pela Sexta Turma do STJ, firmado com observância da atual orientação do Supremo Tribunal Federal, é de que não se pode admitir a pronúncia do réu,

- (2023/0447181-4) - Rel. Min. Reynaldo Soares da Fonseca - DJe 21.06.2024)."

dada a sua carga decisória, sem qualquer lastro probatório produzido sob o contraditório, fundamentada exclusivamente em elementos informativos colhidos na fase inquisitorial. 2- Na hipótese, a decisão de pronúncia foi manifestamente despida de legitimidade, sobretudo porque, na espécie, o réu foi submetido a julgamento perante o Tribunal do Júri com base exclusivamente em elementos informativos - Produzidos no inquérito, não confirmados em juízo, e em depoimentos indiretos. 3- A solução mais acertada para o presente caso é não apenas desconstituir o julgamento pelo Conselho de Sentença, como também anular o processo desde a decisão de pronúncia - Pois não havia como submeter o recorrente ao Tribunal do Júri com base na declaração colhida no inquérito policial, não corroborada em juízo e em depoimentos indiretos - E impronunciar o acusado. 4- Agravo regimental não provido (STJ - AgRg-AG-REsp. 2310072/DF - (2023/0069888-0) - Rel. Min. Rogerio Schietti Cruz - DJe 21.03.2024).

A hipótese em foco revela que, no caso da realização de um novo julgamento, apenas esse ato será repetido. Portanto, os atos preparatórios como a indicação de novas testemunhas não serão repetidos, em razão da ocorrência da preclusão consumativa. Apenas a realização da sessão plenária será renovada.[159]

"(...) §1º Se a sentença do juiz-presidente for contrária à lei expressa ou divergir das respostas dos jurados aos quesitos, o tribunal *ad quem* fará a devida retificação". Nessa situação, tem-se a concretização do juízo rescisório.

> (...)
> §2º Interposta a apelação com fundamento no III, c, deste artigo, o tribunal *ad quem*, se lhe der provimento, retificará a aplicação da pena (juízo rescisório) ou da medida de segurança.
> §3º Se a apelação se fundar no III, d, deste artigo, e o tribunal *ad quem* se convencer de que a decisão dos jurados é manifestamente contrária à prova dos autos, dar-lhe-á provimento para sujeitar o réu a novo julgamento; não se admite, porém, pelo mesmo motivo, segunda apelação.
> §4º Quando cabível a apelação, não poderá ser usado o recurso em sentido estrito, ainda que somente de parte da decisão se recorra (princípio da absolvição do recurso em sentido estrito pela apelação).
> (...)

---

[159] Nesse sentido: STJ, RHC nº 46.134/BA, Rel. Min. Félix Fisher, julgado em 18 de junho de 2015.

18.6 Efeitos da apelação

18.6.1 Efeito devolutivo

É o efeito derivado do adágio latino *tantum devolutum quantum apelatum*.

Na interposição do apelo é que se verifica a delimitação da matéria que será apreciada pelo tribunal *ad quem* e não no oferecimento das razões.

De acordo com esse efeito, o tribunal que atua em segundo grau de jurisdição pode reapreciar a matéria objeto do recurso, que é devolvida para o Poder Judiciário revisor, para reexaminar a questão em sua integralidade ou em caráter parcial, a depender da profundidade da fundamentação do apelo.

19.6.2 Efeito suspensivo

O efeito suspensivo tem por característica a suspensão dos efeitos conferidos pelo juiz ao prolatar a sentença condenatória, sendo obstado o citado efeito, até que o tribunal competente julgue o recurso em caráter definitivo.

Em se tratando de sentença absolutória própria, não haverá efeito suspensivo com a interposição do recurso de apelação, produzindo seus efeitos de imediato, nos termos do art. 596 do CPP. O réu será colocado em liberdade de imediato.

Também não há efeito suspensivo no caso de sentença absolutória imprópria, em cumprimento ao quanto previsto no art. 171 da Lei nº 7.210/84 (LEP), que assim preconiza: "Transitada em julgada a sentença que aplicar medida de segurança, será ordenada guia para a execução". Desse modo, o recurso de apelação que vise combater a decisão que imponha medida de segurança não será dotado de efeito suspensivo.

Diverso é o efeito no caso de sentença condenatória, diante da prevalência do princípio da presunção de inocência, sendo conferido ao recurso efeito suspensivo. É o que se extrai da simples leitura do art. 597, primeira parte, do CPP.

Merece atenção o caso da condenação igual ou superior a 15 anos de reclusão pelo Tribunal do Júri. O juiz ou o tribunal pode conferir efeito suspensivo ao recurso de apelação, mas pela regra do art. 492, inciso I, alínea "e", do CPP, não há o efeito suspensivo em função da aplicação do princípio da soberania dos veredictos, novidade trazida pelo Pacote Anticrime, com a execução provisória da pena, salvo se o juiz perceber um erro crasso por parte dos jurados, pode deixar de expedir a guia de recolhimento provisório, bem como o tribunal pode fazê-lo pelo mesmo motivo.

Debruçando-se sobre o tema, a Suprema Corte entendeu que, na hipótese do Tribunal do Júri, a execução deve ser imediata, como se verifica do teor da seguinte ementa:

DIREITO CONSTITUCIONAL PENAL - RECURSO EXTRAORDINÁRIO - FEMINICÍDIO E POSSE ILEGAL DE ARMA DE FOGO - CONDENAÇÃO PELO TRIBUNAL DO JÚRI - SOBERANIA DOS VEREDITOS - CONSTITUCIONALIDADE DA EXECUÇÃO IMEDIATA DA PENA - RECURSO EXTRAORDINÁRIO CONHECIDO E PROVIDO - I- CASO EM EXAME - 1- Recurso extraordinário, com repercussão geral, interposto pelo Ministério Público de Santa Catarina contra acórdão em que o Superior Tribunal de Justiça considerou ilegítima a execução imediata da pena imposta ao recorrido, condenado pelo Júri a 26 anos e 8 meses de reclusão, no regime inicial fechado, pelo crime de feminicídio. 2- Hipótese em que o acusado, inconformado com o término do relacionamento, dirigiu-se à casa da sua ex-companheira e, após uma discussão, "sacou da faca que portava e desferiu uma sequência de no mínimo quatro estocadas na vítima", provocando nela as lesões que foram a causa da sua morte. Após a consumação do homicídio qualificado, o acusado empreendeu fuga, havendo sido encontradas na sua residência arma e munições. II- Questões em discussão. 3- Saber se é possível a imediata execução da pena imposta pelo Tribunal do Júri, tendo em vista a soberania dos vereditos. 4- *Saber se é constitucional o art. 492, I, "e", do CPP , que impõe ao magistrado sentenciante, "se presentes os requisitos da prisão preventiva, ou, no caso de condenação a uma pena igual ou superior a 15 (quinze) anos de reclusão, (...) a execução provisória das penas, com expedição do mandado de prisão, se for o caso, sem prejuízo do conhecimento de recursos que vierem a ser interpostos". III- Razões de decidir. 5- O direito à vida é expressão do valor intrínseco da pessoa humana, constituindo bem jurídico merecedor de proteção expressa na Constituição e na legislação penal (CF, art. 5º , caput, e CP, art. 121). 6- A Constituição prevê a competência do Tribunal do Júri para o julgamento de crimes dolosos contra a vida (CF, art. 5 º, XXXVIII, "d"). Prevê, ademais, a soberania do Tribunal do Júri, a significar que sua decisão não pode ser substituída por pronunciamento de qualquer outro tribunal. 7- É certo que o Tribunal de Justiça - Ou mesmo um tribunal superior - Pode anular a decisão em certos casos, seja ela condenatória ou absolutória, determinando a realização de um novo júri. Todavia, é estatisticamente irrelevante o número de condenações pelo Tribunal do Júri que vêm a ser invalidadas. 8- Não viola o princípio da presunção de inocência ou da não culpabilidade a execução imediata da condenação pelo Tribunal do Júri, independentemente do julgamento da apelação ou de qualquer outro recurso.* É que, diferentemente do que se passa em relação aos demais crimes, nenhum tribunal tem o poder de substituir a decisão do júri. 9- Viola sentimentos mínimos de justiça, bem como a própria credibilidade do Poder Judiciário, que o homicida condenado saia livre após o julgamento, lado a lado com a família da vítima. Essa situação se agrava pela indefinida procrastinação do trânsito em julgado, mediante recursos sucessivos, fazendo com que a pena prescreva ou seja cumprida muitos anos após o fato criminoso. 10- Em situações excepcionais, caso haja indícios de nulidade ou de condenação manifestamente contrária à prova dos autos, o tribunal, valendo-se do poder geral de cautela, poderá suspender a execução da decisão até o julgamento do recurso. 11- A exequibilidade das decisões tomadas pelo corpo de jurados não se fundamenta no montante da pena aplicada, mas na soberania dos seus veredictos. *É incompatível com a Constituição Federal legislação que condiciona a execução imediata da pena imposta pelo Tribunal do Júri ao patamar mínimo de 15 anos de reclusão. Necessidade de interpretação conforme à Constituição, com redução de texto, para excluir a limitação de quinze anos de reclusão contida nos seguintes dispositivos do art. 492 do CPP, na redação da Lei nº 13.964/2019: (i) alínea "e" do inciso I; (ii) parte final do §4º; (iii) parte final do inciso II do §5º.* 12- No caso específico em exame, o réu matou a mulher dentro da própria casa, com quatro facadas, inconformado com o término do relacionamento. O episódio se passou na frente da filha do casal. Após a consumação do homicídio, o acusado fugiu, tendo sido encontradas na sua residência arma e munições. Feminicídio por motivo torpe, por agente perigoso. Prisão que se impõe como imperativo de ordem pública. IV- Dispositivo e tese. 13- Recurso extraordinário conhecido e provido para negar provimento ao recurso ordinário em *habeas corpus*. 14- Tese de julgamento: "A soberania dos veredictos do Tribunal do Júri autoriza a imediata execução de condenação imposta pelo corpo de jurados, independentemente do total da pena aplicada" (STF - RE 1235340 - TP - Rel. Luís Roberto Barroso - J. 13.11.2024) (grifos meus).

19.6.3 Efeito regressivo

A apelação não admite o direito de retratação, por falta de previsão legal, não sendo admitido o efeito regressivo.

18.6.4 Efeito extensivo

O efeito extensivo é possível no apelo, desde que o recurso esteja fundado em motivos que não sejam de caráter exclusivamente subjetivo, podendo se espraiar os efeitos benéficos do acórdão para os demais coautores e partícipes do crime, ainda que não tenham interposto o recurso de apelação, cumprindo exatamente às disposições do art. 580 do CPP: "No caso de concurso de agentes (art. 29, CP), a decisão do recurso interposto por um dos réus, se fundado em motivos que não sejam de caráter exclusivamente pessoal, aproveitará aos outros".

18.6.5 Reformatio in pejus e reformatio in mellius

Aplica-se o princípio da proibição da reformatio in pejus direta e indireta, em respeito ao mandamento do art. 617 do CPP, quando é interposto recurso exclusivo da defesa. Ou seja, quando é interposto recurso de apelação exclusivo da defesa, transitando em julgado a causa para a acusação, o tribunal revisor não poderá agravar ou piorar de nenhum modo a situação do apelante.

Quanto à aplicação do princípio da *reformatio in mellius*, existindo recurso exclusivo da acusação (Ministério Público, querelante ou assistente de acusação), a meu sentir, não é possível o tribunal competente reformar a sentença para melhorar a situação do apelado, em respeito ao princípio da inércia de jurisdição.

18.7 Procedimento e prazos da apelação

De acordo com o art. 593, *caput*, do CPP, o prazo para a interposição de apelação é de cinco dias, com o consequente prazo de oito dias para que sejam apresentadas as razões e as contrarrazões para apelar.

Em relação à apelação interposta nos Juizados Criminais, a apresentação da interposição da apelação possui o prazo de 10 dias. Nesse caso, as razões deverão acompanhar a interposição, não havendo prazo posterior para que sejam apresentadas as razões.

Em sede de exceção, o art. 598, parágrafo único, do CPP, c/c a Súmula nº 448 da Suprema Corte, a apelação interposta pelo assistente de acusação não habilitado é de 15 dias, contados do final do prazo para o Ministério Público ou da sua intimação.

A tempestividade é conferida pelo prazo da interposição, e não pelo prazo do oferecimento das razões, até mesmo porque, no caso do Ministério Público, não pode desistir do recurso interposto, na dicção do art. 576 do CPP. O tribunal pode conhecer do recurso mesmo que as razões sejam oferecidas intempestivamente. Se a apelação for denegada por falta de preenchimento dos pressupostos processuais, é cabível RESE, na forma do art. 581, inciso XV, do CPP.

Não é despiciendo se atentar para a análise da hipótese de apresentação das razões perante a segunda instância:

Art. 600 - Assinado o termo de apelação, o apelante e, depois dele, o apelado terão o prazo de oito dias cada um para oferecer razões, salvo nos processos de contravenção, em que o prazo será de três dias.

§1º Se houver assistente, este arrazoará, no prazo de três dias, após o Ministério Público.

§2º Se a ação penal for movida pela parte ofendida, o Ministério Público terá vista dos autos, no prazo do parágrafo anterior.

§3º Quando forem dois ou mais os apelantes ou apelados, os prazos serão comuns.

§4º Se o apelante declarar, na petição ou no termo, ao interpor a apelação, que deseja arrazoar na superior instância serão os autos remetidos ao tribunal *ad quem* onde será aberta vista às partes, observados os prazos legais, notificadas as partes pela publicação oficial (CPP).

(...)

No magistério de Eugênio Paccelli e de Fernando Tourinho Filho, o promotor de Justiça não pode querer arrazoar na segunda instância, porque ali atua o procurador de Justiça, que possui independência funcional e pode não concordar com a interposição do recurso. Portanto, o promotor de Justiça tem de arrazoar na primeira instância somente, não sendo aplicável esse §4º do art. 600 do CPP para cumprir o desiderato legal. Se for juntado documento novo, o importante é o respeito ao contraditório.[160]

---

[160] "PROCESSO PENAL- AGRAVO REGIMENTAL NO AGRAVO REGIMENTAL NO RECURSO ESPECIAL - ESTUPRO DE VULNERÁVEL - JUNTADA DE DOCUMENTOS ANTES DO JULGAMENTO DA APELAÇÃO - POSSIBILIDADE - ART. 231, CPP- INDEFERIMENTO DA JUNTADA - AUSÊNCIA DE FUNDAMENTAÇÃO - QUESTÃO QUE PODE INTERFERIR NO DESFECHO DA CAUSA - DECLARAÇÃO DE NULIDADE - EXTENSÃO - ART. 573, §1º, CPP- ANULAÇÃO DO JULGAMENTO APENAS QUANTO AO FATO PRATICADO CONTRA A VÍTIMA A.P.P - I- O art. 231 do Código de Processo Penal, que prevê a possibilidade de as partes apresentarem documentos em qualquer fase do processo, pode ser relativizado em virtude do princípio do livre convencimento motivado. O mesmo dispositivo legal também não exige que o documento apresentado seja novo, bastando que sejam garantidos o contraditório e a ampla defesa nas hipóteses em que for deferida a juntada. Por outro lado, o indeferimento da medida requer fundamentação pelo julgador, com a indicação das razões pelas quais este concluiu pela existência de propósito protelatório ou tumultuário da parte. Precedentes. II- *In casu*, a sentença e o acórdão de apelação não enfrentaram as matérias aduzidas pela defesa na petição de fls. 2.930-2958, que dizem respeito a supostas contradições entre as declarações da vítima A.P.P. E as folhas de ponto emitidas por um órgão público. III- Conquanto o Poder Judiciário não esteja obrigado a enfrentar todos os pontos suscitados pelas partes, a matéria arguida pela defesa é relevante para o desfecho da causa em relação à vítima A.P.P, motivo pelo qual a decisão agravada reconheceu, acertadamente, a violação ao art. 231 do Código de Processo Penale a negativa de prestação jurisdicional. IV- Nada obstante, é necessário restringir a extensão da nulidade declarada, nos termos do art. 573, §1º, do Código de Processo Penal, pois os aludidos vícios não macularam o julgamento dos outros crimes apurados na ação penal.

Contudo, a doutrina defende que a defesa poderá, se for de seu interesse, arrazoar em segunda instância, e a jurisprudência tem aceitado o entendimento. Na prática, tem aplicabilidade.

Se a defesa postular pela apresentação de razões na segunda instância, o tribunal *ad quem* determinará a baixa do processo para a primeira instância para que o promotor possa apresentar as suas contrarrazões. O procurador de Justiça atua somente como *custos legis* na segunda instância.

O prazo será de três dias para o assistente de acusação habilitado oferecer as razões do recurso interposto do Ministério Público.

Se a ação for promovida pelo ofendido, o Ministério Público terá vista dos autos por três dias.

No caso do §3º do art. 600 do CPP, se forem dois ou mais os apelantes, os prazos serão comuns. Melhor explicando: os prazos correrão ao mesmo tempo para todas as partes. Antes, os autos permaneciam em cartório; já com o processo eletrônico, todos os recorrentes têm acesso a eles pelo mesmo prazo.

19.8 Julgamento da apelação

A competência para julgar a apelação é dos tribunais de segundo grau (tribunal de Justiça e tribunal regional federal), por meio de suas câmaras ou turmas recursais, constituídas por desembargadores (estaduais e federais).

Quanto à forma, a apelação poderá ser interposta por petição ou por termo nos autos, seguindo as balizas do art. 600, §4º, do CPP.

Os autos, bem como o recurso, serão encaminhados ao juízo *ad quem*, para que proceda o julgamento. Quando há concurso de pessoas, deve instruir o recurso do corréu com cópias (art. 601, §1º, CPP).

Observação: Súmula nº 431 do Supremo Tribunal Federal: "(...) É nulo o julgamento de recurso criminal, na segunda instância, sem prévia intimação, ou publicação da pauta, salvo em 'habeas corpus'".

Existe proibição na apelação do tribunal fazer a *mutatio libelli*. Entretanto, poderá aplicar a *emendatio libelli*, em função do disposto na Súmula nº 453 do Supremo Tribunal Federal: "(...) Não se aplicam à segunda instância o art. 384 e parágrafo único do CPP, que possi-

---

V- Por conseguinte, o julgamento da apelação deve ser anulado e renovado somente em relação aos fatos praticados contra a vítima A.P.P. Agravo regimental parcialmente provido (STJ - AgRg-AgRg-REsp 1842255/SC - (2019/0301973-7) - Rel. Min. Messod Azulay Neto - DJe 08.03.2024)."

bilitam dar nova definição jurídica ao fato delituoso, em virtude de circunstância elementar não contida, explícita ou implicitamente, na denúncia ou queixa.

18.9 Sustentação oral

Pela tradição, ainda que o recurso fosse interposto pelo Ministério Público, quem faria a sustentação por último era o procurador de Justiça, uma vez que atuava como *custus legis*. Contudo, com a decisão da Corte Excelsa em recurso interposto pelo Ministério Público, a defesa deverá falar por último, para que seja exercido o contraditório.[161]

18.10 Recurso no sentido estrito (RESE)

Regra geral, as decisões interlocutórias no processo penal são irrecorríveis, exceto se contidas no elenco do art. 581 do CPP.

O entendimento predominante assevera que o art. 581 do CPP, comporta um rol taxativo (*numerus clausus*), ou seja, que não pode ser ampliado, inclusive por analogia.

Todavia, com base no rol do art. 581, CPP, é possível a interpretação extensiva em existindo lacuna na lei; proceder-se-á ao preenchimento utilizando tal modalidade interpretativa.

Contra a decisão que revoga a prisão temporária ou indefere o pedido de prisão temporária, qual o recurso cabível? Ora, a Lei nº 7.960/1989, que criou a prisão temporária, surgiu muito depois do advento do CPP. Embora não esteja descrito no artigo, a posição majoritária da doutrina é a de que seria interposto o RESE, numa interpretação extensiva. Vejamos a previsão legal: "Art. 581 - Caberá

---

[161] "PROCESSO PENAL- AGRAVO REGIMENTAL NO *HABEAS CORPUS* - TRÁFICO DE DROGAS - ALEGAÇÃO DE NULIDADE DO JULGAMENTO DO RECURSO DE APELAÇÃO DEFENSIVO POR FALTA DE PUBLICAÇÃO DA INTIMAÇÃO PARA SUSTENTAÇÃO ORAL NA IMPRENSA OFICIAL - ADVOGADOS DEVIDAMENTE INTIMADOS POR MEIO ELETRÔNICO, NOS MOLDES DO ART. 5º DA LEI Nº 11.419/2006 E DA RESOLUÇÃO Nº 185 DO CNJ - AGRAVO REGIMENTAL DESPROVIDO - 1- O art. 4º da Lei nº 11.419/2006 prevê expressamente que a publicação em diário eletrônico é facultativa. 2- O art. 5º do mesmo diploma legal estatui que as intimações devem ser feitas, de maneira cogente, pelo portal eletrônico próprio, o que dispensa, inclusive, a publicação do órgão oficial. 3- O Tribunal de origem deixou bem registrado que o patrono do agravante, que estava devidamente cadastrado no sistema PJE, foi intimado por meio eletrônico, conforme disposto no art. 5º da Lei nº 11.419/2006 e na Resolução nº 185 do CNJ. 4- Agravo regimental desprovido (STJ - AgRg-HC 849528/SP - (2023/0305759-0) - 6ª T. - Rel. Min. Antonio Saldanha Palheiro - DJe 29.02.2024)."

recurso, no sentido estrito, da decisão, despacho ou sentença: V - que conceder, negar, arbitrar, cassar ou julgar inidônea a fiança, indeferir requerimento de prisão preventiva ou revogá-la, conceder liberdade provisória ou relaxar a prisão em flagrante (...)".

A mesma lógica se aplica nos casos de rejeição de aditamento da denúncia. Quando ficar clara a intenção da lei em abranger a hipótese, o rol do art. 581 do CPP comportará essa espécie de interpretação extensiva, como no caso da rejeição do pedido de medidas cautelares da prisão.

Todavia, quando ficar evidente que o rol do art. 581 do CPP, quis afastar a possibilidade de manejo do recurso em sentido contra uma decisão em sentido diverso, não caberá RESE, com amparo nessa interpretação extensiva.

Devem ser objeto de tal recurso apenas as decisões interlocutórias prolatadas por juízes de primeiro grau. A utilização do RESE é residual (art. 593, §4º, CPP), pois, se a hipótese de incidência do RESE estiver contida numa sentença, o recurso cabível é a apelação.

18.11 Espécies de RESE

18.11.1 Espécies de cabimento do RESE fora do art. 581 do CPP

a) Decreto-Lei nº 201/1967: Contempla as hipóteses legais de crimes praticados por Prefeitos. A hipótese está prevista no art. 2º, inciso II, comportando o cabimento do RESE contra a decisão que conceder ou denegar a prisão preventiva ou o afastado do cargo do acusado.

b) Lei nº 1.508/1950: Cuida da interposição de RESE da decisão interlocutória que arquiva a contravenção penal de jogo do bicho e corrida de cavalos fora do hipódromo (art. 6º, p.único).

c) Lei nº 9.503/1997: Trata de uma medida cautelar diversa da prisão fora das hipóteses dos arts. 319 e 320 do CPP, em que o juiz, cautelarmente, poderá suspender a habilitação ou permissão para dirigir veículo automotor ou determinar a proibição de sua obtenção. Nessa situação, é possível o uso do RESE contra a decisão que decretar a suspensão ou indeferir o requerimento do Ministério Público (art. 294, *caput*, p. único).

18.11.2 Hipótese nova de RESE no art. 581 do CPP

Quero frisar, de início, a novidade trazida pelo Pacote Anticrime que é o acréscimo do inciso XXV ao art. 581 do CPP. É possível a interposição de RESE da decisão que recusar homologação à proposta de ANPP, previsto no art. 28-A do CPP.

Para que surtam os efeitos do acordo celebrado entre o Ministério Público e o investigado, deve estar devidamente acompanhado de advogado, e, posteriormente, seja homologado pelo magistrado. Em não homologando o acordo, o membro do Ministério Público e poderá adotar um desses três caminhos:

a) Reformular a proposta (art. 28-A, §5º, CPP);
b) Complementar as investigações ou oferecer denúncia (art. 28-A, §8º, CPP) ou
c) Entender como correto o acordo avençado e interpor o RESE ao tribunal (art. 581, XXV, CPP).

Com o devido respeito, essa novidade padece do vício da inconstitucionalidade porque está em rota de colisão nítida com o sistema acusatório. Caso o juiz entenda que não seria o caso de homologação, deveria remeter os autos ao procurador-geral de Justiça, que poderia tomar medidas investigatórias, oferecer denúncia ou insistir no acordo firmado pelo membro do Ministério Público.

Ressalvo aqui a hipótese em que o juiz se recusa a homologar o acordo, pois entende que não está presente a justa causa para a ação penal. Nesse caso, a rejeição do acordo é possível, porque, mesmo que fosse oferecida denúncia, ela seria rejeitada pelo magistrado.

18.12 Procedimento e momento do cabimento do RESE

Contra a decisão que declarar extinta a punibilidade, bem como contra a decisão que decide sobre a unificação de penas, com o advento da LEP (Lei nº 7.210/1984), que instituiu no procedimento recursal o recurso de agravo em execução, esse recurso é cabível e não mais o RESE.

Várias hipóteses da execução da pena eram previstas como RESE. Exemplos de RESE *pro et contra* estão nos incisos XI e XII do art. 581 do CPP: "Art. 581. Caberá recurso, no sentido estrito, da decisão, despacho ou sentença: (...) XI - que conceder, negar ou revogar a suspensão condicional da pena; XII - que conceder, negar ou revogar livramento condicional (...)".

Deve observar em qual momento foi exarada a decisão judicial, que declara extinta a punibilidade, para se averiguar qual será o recurso cabível. Se a decisão for dada antes da sentença definitiva de condenação ou absolvição, será a decisão passível de RESE, desde que tal decisão esteja elencada no art. 581 do CPP.

Nessa linha de argumentação, pode-se constatar que, durante o processo de conhecimento, alguns crimes sejam alçados pelo fenômeno da prescrição, e, contra a decisão do julgador que declara extinta a punibilidade, caberá RESE (art. 581, VIII, CPP).

Outrossim, se a decisão sobre o reconhecimento da causa extintiva da punibilidade estiver contida na sentença condenatória ou absolutória, o recurso pertinente será o de apelação, ainda que somente de parte da decisão se recorra, tal como vaticina o art. 593, §4º, do CPP.

Por outro lado, caso se verifique a decisão sobre o reconhecimento da causa de extinção da punibilidade pelo juiz das execuções penais, será possível o uso do recurso de agravo em execução (art. 197, LEP), mesmo que a decisão conste do rol do art. 581 do CPP, uma vez que se trata de recurso de utilização residual. Muito embora o agravo em execução siga o rito previsto para o RESE.

Verifica-se que a decisão interlocutória proferida por juízo de primeiro grau é que desafia o RESE, a competência para o julgamento é do tribunal (TJ e TRF) ao qual se encontra vinculado o juízo *a quo*.

O procedimento da interposição do RESE é por petição ou por termo nos autos, seguindo os delineamentos do art. 587 do CPP. A tradição, seguindo a simetria do processo civil para o agravo de instrumento, é que o RESE suba ao tribunal por instrumento em autos apartados com o recurso e as peças indicadas pelo recorrente.

Com o processo eletrônico essa ritualística será abreviada em homenagem ao princípio da instrumentalidade das formas, podendo o recorrente juntar ao recurso as peças que entender pertinentes dos autos principais, bem como outros documentos, devendo constar a decisão recorrida e a certidão da intimação em caráter obrigatório, com a finalidade de formar o instrumento, devendo ser intimada a parte *ex adversa* para contrarrazões (art. 587, p.único, CPP).

Existem três situações previstas em lei em que o recurso sobe para o tribunal nos próprios autos, não precisando se formar o instrumento, conforme o art. 583 do CPP:

Art. 583. Subirão nos próprios autos os recursos:
I - quando interpostos de ofício;
II - nos casos do art. 581, I, III, IV, VI, VIII e X;
III - quando o recurso não prejudicar o andamento do processo.

Parágrafo único. O recurso da pronúncia subirá em traslado, quando, havendo dois ou mais réus, qualquer deles se conformar com a decisão ou todos não tiverem sido ainda intimados da pronúncia.

Mantenho as mesmas observações de não recepção pelo Diploma Maior quanto ao recurso de ofício. Quanto à rejeição da denúncia e à extinção da punibilidade, a subida nos autos é movida em razão que a decisão põe fim à relação processual e quando não prejudicar o andamento, por exemplo, quando o processo está suspenso no aguardo da resolução de alguma questão incidental de caráter prejudicial.

Não se pode olvidar que outro requisito fundamental é a juntada de procuração do advogado, seguindo a orientação pretoriana consagrada na Súmula nº 115 do Superior Tribunal de Justiça. Porém, esse entendimento pode ser abrandado de acordo com a previsão do art. 266 do CPP, que possibilita ao acusado poder apontar o defensor por ocasião do interrogatório.

Advirto que essa forma de constituição de advogado é conhecida como *apud acta*, muito comum quando o interrogatório era o primeiro ato do procedimento da instrução criminal. Contudo, com a mudança no rito, passando a ser o último ato do procedimento (art. 400, CPP), o réu é citado para oferecer resposta escrita, situação em que o advogado deve juntar a procuração nos autos, aplicando-se a Súmula nº 115 do Superior Tribunal de Justiça.

No manual de rotinas das varas criminais do CNJ há exigência de procuração, inclusive, com poderes específicos para retirar os autos com carga, e para a expedição da guia de recolhimento, que deve vir acompanhada de procuração com poderes específicos para a defesa na esfera da execução penal.

Para combater a decisão de impronúncia não é admissível mais o RESE, hodiernamente é cabível a apelação.

Estampada no art. 416 do CPP, a previsão que contra a impronúncia é passível o recurso de apelação, bem como da absolvição sumária proferida na primeira fase do rito dos crimes do Tribunal do Júri.

18.13 Efeitos do RESE

Por evidente, será conferido efeito devolutivo, submetendo a matéria recorrida ao juízo *ad quem*.

No RESE, há a peculiaridade do *efeito regressivo*, na previsão estampada no art. 589 do CPP, uma vez que o mesmo órgão prolator da decisão impugnada (juiz de primeiro grau), pode reavaliar a sua própria decisão, podendo modificá-la, com a respectiva retratação. Em tais casos, o juiz prolator da decisão tem o prazo de dois dias, podendo reformar ou sustentar a decisão atacada pelo RESE. A manifestação do juiz prolator é obrigatória. Se o processo, por equívoco, for encaminhado para o segundo grau, o tribunal devolverá o processo para que o juiz se manifeste.

Se o juiz reformar a decisão, a parte contrária, por simples petição, poderá recorrer dessa nova decisão proferida, se couber recurso, não sendo possível ao magistrado exercer novo juízo de retratação. Ocorrendo dessa maneira, os autos serão encaminhados ao tribunal competente (art. 589, p.único, CPP).

É perfeitamente possível atribuir efeito extensivo, aplicando-se o art. 580 do CPP, desde que idênticas às situações dos corréus e não se cuide de causa de caráter pessoal. Por exemplo, reconhecimento da prescrição em relação a um réu, pode se aplicar a todos.

No que tange ao efeito suspensivo, a regra é que não possui efeito suspensivo, salvo:

a) No caso do art. 584 do CPP, da decisão que determina a perda da fiança;
b) No caso da decisão que julgar quebrada a fiança (art. 584, §3º, CPP);
c) No caso da decisão que denega a apelação ou a julga deserta (art. 584, CPP);
d) No caso da decisão contra a pronúncia (art. 584, §2º, CPP).

18.14 Prazo de interposição e de razões

A parte sucumbente interporá o recurso no sentido estrito no prazo de cinco dias, seguindo as determinações do art. 586, *caput*, do CPP. Interposto o recurso, os autos serão conclusos para o juízo *a quo*, que, verificando o preenchimento dos pressupostos recursais, determinará a intimação do recorrente e, depois, do recorrido, para apresentação de razões e contrarrazões, cada um no prazo de dois dias, como exige o art. 588, *caput*, do CPP. Na prática, as razões são apresentadas conjuntamente com a interposição.

Se o juiz se retrata da decisão apenas em caráter parcial, determinará a subida dos autos para o tribunal competente para o julgamento, sem necessidade de peticionamento.

A forma de contagem do prazo é contada em consonância com a regra do art. 798, §1º, do CPP.

18.14.1 Exceção. RESE contra a lista definitiva dos jurados no Tribunal do Júri

Nesse caso, o prazo do RESE é de 20 dias, e quem julgará será o tribunal, na forma do art. 586, parágrafo único, do CPP.

18.15 Apresentação das razões somente no primeiro grau

Não é possível a apresentação de razões de RESE pela defesa em segunda instância. O raciocínio é simples: Apenas em virtude da oportunidade de ser realizado o juízo de retratação, que é realizado pelo juízo de primeiro grau. Para o Ministério Público, tal situação está vedada a possibilidade, inclusive, em sede de apelação. O RESE possui efeito regressivo, autorizando, por parte do juiz, que exerça ou não o juízo de retratação.

18.16 Protesto por novo júri

Existia o recurso conhecido como protesto por novo júri, revogado pela Lei nº 11.789/2008, pois previsto no art. 607 do CPP. Era cabível quando o indivíduo era condenado pelo Tribunal do Júri por delito a uma pena igual ou superior a 20 anos.

Existindo concurso material de crimes, os delitos deveriam ser considerados separadamente; nas hipóteses de concurso formal próprio e impróprio, ou ainda de crime continuado, era cabível o protesto por novo júri, considerando-se a pena final somada.

Essa modificação, como engloba o direito material penal, sendo norma de natureza mista, terá sua aplicação como possível em caráter retroativo, uma vez que beneficia o acusado, ampliando a possibilidade de recurso, sendo possível a interposição desde a propositura ao julgamento de fato ocorrido até o dia 9 de agosto de 2008.

18.17 Embargos infringentes ou de nulidade

Esquematicamente, os embargos infringentes estão ligados a questões de direito material, ao passo que os embargos de nulidade tocam ao direito processual penal, isto é, um defeito processual capaz de causar a nulidade de todo o processo.

Por conseguinte, pode-se afirmar que os dois recursos serão estudados conjuntamente, porque bastante parecidos.

18.17.1 Pressupostos dos recursos

a) Possuem como primeiro pressuposto a existência da decisão jurisdicional oriunda de um tribunal. Parte da doutrina admite que o recurso interposto no Supremo Tribunal Federal, quando funcionava como tribunal de apelação, como por exemplo, em crimes políticos, a competência recursal continua com a Suprema Corte (art. 102, inciso II, alínea "b", Texto Supremo).
b) A decisão a ser atacada pelos recursos somente será uma decisão não unânime. O voto vencido no acórdão funcionará como o limite dos embargos. A discordância que autoriza a oposição dos embargos deve dizer respeito à conclusão do pronunciamento, e não a sua fundamentação.
c) Só são cabíveis os embargos em decisões não unânimes quanto ao julgamento dos seguintes recursos: apelação; RESE; recurso de agravo em execução. Assim dispõe a legislação (CPP):

> Art. 609 - Os recursos (agravo em execução também por seguir o mesmo procedimento do RESE), apelações e embargos serão julgados pelos Tribunais de Justiça, câmaras ou turmas criminais, de acordo com a competência estabelecida nas leis de organização judiciária. Parágrafo único. Quando não for unânime a decisão de segunda instância, desfavorável ao réu, admitem-se embargos infringentes e de nulidade, que poderão ser opostos dentro de 10 (dez) dias, a contar da publicação de acórdão, na forma do art. 613. Se o desacordo for parcial, os embargos serão restritos à matéria objeto de divergência.

É evidente que a regra supratranscrita não é cabível na interposição dos embargos infringentes e de nulidade no julgamento de *habeas corpus*, revisão criminal e de julgamento originário dos tribunais.

d) Trata-se de recurso exclusivo da defesa. O membro do Ministério Público poderá ajuizar os embargos de nulidade ou de divergência, desde que em favor do acusado, enquanto fiscal da ordem jurídica, na forma do art. 129, *caput*, da Constituição da República, e art. 257, inciso II, do CPP.

Em que pese a vedação, advirto que no CPPM os embargos infringentes e de nulidade poderão ser opostos pela acusação.

18.17.2 Prazo

Os recursos para os tribunais serão interpostos sempre por meio de petição no prazo de 10 dias, que devem ser contados a partir da publicação das conclusões do acórdão no órgão oficial.

18.17.3 Julgamento

Existem dois sistemas para o julgamento dos embargos de divergência e embargos de nulidade, a depender do regimento interno de cada um dos tribunais.

No sistema comum, os embargos infringentes e de nulidade poderão ser dotados de efeito regressivo, exercendo o juízo de retratação. Entretanto, nos estados onde os embargos são julgados por câmara distinta, não haverá o juízo de retratação, isto é, não possui o efeito regressivo.

Defendo aqui a tese de que, embora a lei não preveja a manifestação do embargado, no caso da ação penal privada, ou do assistente da acusação, nada impede que o querelante e o assistente devem ter vista dos autos para manifestação, por violação manifesta à garantia do contraditório.

18.17.4 Efeitos

Os embargos infringentes e de nulidade possuem o efeito devolutivo, devolvendo ao órgão competente o conhecimento da matéria que tenha sido objeto de divergência no julgamento do recurso anterior, sendo a devolução total ou parcial, sendo, no último caso, limitada pelo voto vencido.

Nada impede que seja conferido o efeito regressivo, pois pode ser exercido o juízo de retratação.

18.18 Embargos de declaração

De início, afirma-se que os embargos de declaração são oponíveis contra qualquer decisão judicial. Seu fundamento legal está no CPP em dois dispositivos legais a seguir transcritos:

> Art.382 - Qualquer das partes poderá, no prazo de 2 (dois) dias, pedir ao juiz que declare a sentença, sempre que nela houver obscuridade, ambiguidade, contradição ou omissão.

(...)
Art. 619 - Aos acórdãos proferidos pelos Tribunais de Apelação, câmaras ou turmas, poderão ser opostos embargos de declaração, no prazo de dois dias contados da sua publicação, quando houver na sentença ambiguidade, obscuridade, contradição ou omissão (hipóteses que autorizam a interposição dos embargos de declaração).[162]

Deve-se notar que, no âmbito do Supremo Tribunal Federal e do Superior Tribunal de Justiça, o prazo para apresentação dos embargos de declaração também é de cinco dias, assim como, no procedimento dos Juizados Especiais Criminais.

Nesse sentido, o lúcido magistério da professora Ada Pellegrini Grinover:

> Os embargos de declaração estão previstos no sistema processual penal brasileiro, com relação às decisões proferidas pelos tribunais, nos arts. 619 e 620 CPP. O art. 382 cuida, sem lhes dar nome, dos embargos de declaração em primeiro grau de jurisdição, também referidos como embarguinhos. E o fez fora do capítulo dos recursos.[163]

Há entendimento firme na doutrina no sentido de que, quando os embargos de declaração forem reconhecidos como manifestamente protelatórios, não terão o condão de interromper ou suspender o prazo para a interposição de outros recursos.

Em decorrência do comando vazado pelo art. 619 do CPP, os embargos de declaração seriam os exemplos de recursos dados *inaudita altera pars*. Isto é, em regra, não é necessária a oitiva da parte contrária,

---

[162] "PROCESSUAL PENAL - EMBARGOS DE DECLARAÇÃO - REQUISITOS DO ART. 619 DO CPP - AUSÊNCIA - EFEITOS INFRINGENTES - DESCABIMENTO - 1- Os embargos de declaração, nos termos do art. 619 do CPP, constituem-se recurso de natureza integrativa destinado a sanar vício, que se revela ausente na situação em espécie. 2- Embargos de declaração rejeitados (STJ - EDcl-Inq 1475/DF - (2021/0044467-7) - Relª Minª Nancy Andrighi - DJe 25.06.2024). No mesmo sentido: PENAL - PROCESSO PENAL- EMBARGOS DE DECLARAÇÃO NO AGRAVO REGIMENTAL NO *HABEAS CORPUS* - ERRO MATERIAL CONSTATADO - EMBARGOS DE DECLARAÇÃO ACOLHIDOS, SEM EFEITOS INFRINGENTES - 1- Os embargos de declaração são cabíveis quando houver ambiguidade, obscuridade, contradição ou omissão, a teor do art. 619 do Código de Processo Penal-CPP, e erro material, conforme art. 1022, III, do Código de Processo Civil - CPC. 2- No presente caso, constatado erro material, corrige-se o julgado com a inclusão do nome de um dos agravantes. 3- Embargos declaratórios acolhidos, sem efeitos infringentes, apenas para sanar erro material (STJ - EDcl-AgRg-HC 845194/SP - (2023/0282215-1) - 5ª T. - Rel. Min. Joel Ilan Paciornik - DJe 27.08.2024)."

[163] GRINOVER; GOMES FILHO; FERNANDES, 2009, p. 169.

porque tecnicamente está se buscando a alteração de uma decisão dada pelo magistrado.

No entanto, o princípio do contraditório deverá ser observado quando se tratar da oposição de embargos de declaração com efeitos infringentes, que são os embargos que possuem a capacidade de alterar o sentido da decisão. Efeitos infringentes são efeitos modificativos que recairão sobre o sentido da decisão. Nesse caso é obrigatória a oitiva da parte contrária, no prazo de cinco dias, até mesmo considerando a previsão expressa do art. 1022, §2º, do CPC, que aqui se aplica subsidiariamente, com lastro no art. 3º do CPP.[164]

Não existe uma correlação obrigatória, mas os embargos de declaração podem ser utilizados para fins de prequestionamento para que sejam apresentados os recursos extraordinário e especial (Súmula nº 356, STF; Súmula nº 98, STJ), sem que sejam considerados como recursos protelatórios, visando evitar o argumento de supressão da instância. Vejamos os seguintes entendimentos sumulados, respectivamente do Supremo Tribunal Federal e do Superior Tribunal de Justiça:

---

[164] "PENAL - EMBARGOS DE DECLARAÇÃO NO AGRAVO REGIMENTAL NOS EMBARGOS DE DECLARAÇÃO NO RECURSO ESPECIAL - RECURSO ESPECIAL INTERPOSTO FORA DO PRAZO LEGAL - INTEMPESTIVIDADE - INTIMAÇÃO DA PARTE DURANTE O RECESSO - POSSIBILIDADE - TERMO INICIAL DO PRAZO - PRIMEIRO DIA ÚTIL APÓS A SUSPENSÃO - OMISSÃO E OBSCURIDADE NO ACÓRDÃO EMBARGADO - NÃO OCORRÊNCIA - REITERAÇÃO DE PEDIDOS - EMBARGOS DE DECLARAÇÃO REJEITADOS - 1- Nos termos do art. 619 do Código de Processo Penal, é cabível a oposição de embargos de declaração quando no julgado houver ambiguidade, obscuridade, contradição ou omissão. 2- Não há omissão/obscuridade no acórdão embargado, pois as matérias foram decididas com a devida e clara fundamentação, com fulcro na jurisprudência consolidada do Superior Tribunal de Justiça. 3- Esta Corte Superior, em julgamento colegiado, concluiu que é intempestivo o recurso especial que não observa o prazo de interposição de 15 dias, nos termos do art. 994, VI, c/c os arts. 1.003, §5º, e 1.029, todos do Código de Processo Civil, bem como do art. 798 e 798-A, ambos do Código de Processo Penal. 4- Com efeito:. "1- Segundo o art. 798-A do CPP, incluído pela Lei nº 14.365/22, suspende-se o curso do prazo processual nos dias compreendidos entre 20 de dezembro e 20 de janeiro, inclusive, salvo nos seguintes casos: I que envolvam réus presos, nos processos vinculados a essas prisões; II- nos procedimentos regidos pela Lei nº 11.340, de 7 de agosto de 2006 (Lei Maria da Penha); III- nas medidas consideradas urgentes, mediante despacho fundamentado do juízo competente. 2- O referido dispositivo não veda a intimação da parte neste intervalo. Contudo, o prazo recursal terá início no primeiro dia útil subsequente a 20 de janeiro. Precedentes" (AgRg no REsp nº 2.095.303/RN, relator Ministro Reynaldo Soares da Fonseca, Quinta Turma, julgado em 26/2/2024, DJe de 28/2/2024). 5- No presente caso, embora a intimação eletrônica tenha ocorrido em 23/12/2022, a parte foi intimada em 09/01/2023 (art. 798, §1º do CPP), tendo a efetiva contagem de prazo iniciado no dia 23/01/2023 (art. 798-A do CPP), que findou em 06/02/2023, todavia o recurso especial foi interposto somente no dia 7/2/2023, fora do prazo. 6- Não se prestam os embargos de declaração para a rediscussão do aresto recorrido, menos ainda em nível infringente, revelado mero inconformismo com o resultado do julgamento. 7- Embargos de declaração rejeitados (STJ - EDcl-AgRg-EDcl-REsp 2073710/PE - (2023/0167040- 7) - Rel. Min. Jesuíno Rissato - DJe 08.08.2024)."

Súmula 356 - O ponto omisso da decisão, sobre o qual não foram opostos embargos declaratórios, não pode ser objeto de recurso extraordinário, por faltar o requisito do prequestionamento.

Súmula 98 - Embargos de declaração manifestados com notório propósito de prequestionamento não têm caráter protelatório.

A jurisprudência do Superior Tribunal de Justiça não costuma conferir efeitos infringentes aos embargos declaratórios no processo penal, e, quando o conhece, o faz com base no princípio da fungibilidade recursal, recebido como embargo infringente.

18.19 Agravo de execução

É o recurso cabível visando combater decisões judiciais da Vara da Execução Penal, não se restringindo às decisões que são dadas depois do trânsito em julgado da decisão, conforme consignado no art. 197 da LEP. O prazo para o agravo de execução é de 5 cinco dias. Confira-se a letra da lei: "(...) Das decisões proferidas pelo juiz caberá recurso de agravo, sem efeito suspensivo".

O procedimento a ser observado para o agravo de execução é o do RESE.

É muito relevante enfatizar que os familiares (cônjuge, parente ou descendente) se tiverem provocado o incidente da execução penal, terão legitimidade para interpor o recurso de agravo em execução. É o que se extrai do conteúdo da LEP: "Art. 195 - O procedimento judicial iniciar-se-á de ofício, a requerimento do Ministério Público, do interessado, de quem o represente, de seu cônjuge, parente ou descendente, mediante proposta do Conselho Penitenciário, ou, ainda, da autoridade administrativa".

Porém, essa legitimidade para recorrer não é dada ao Conselho Penitenciário e nem a qualquer outra autoridade administrativa. É de suma importância destacar que o Conselho Penitenciário poderá ingressar com incidentes processuais. Entretanto, não possui legitimidade para interpor o recurso de agravo.

Digno de registro que o agravo em execução não possui efeito suspensivo. Deve-se cogitar do ajuizamento do agravo e da liminar em ação cautelar para lhe atribuir efeito suspensivo, seguindo o entendimento pacífico pretoriano.

Para o Superior Tribunal de Justiça, a concessão desse efeito suspensivo não é possível, já que a lei não prevê para o agravo em execução essa espécie de efeito (HC nº 45.830).

18.20 Carta testemunhável

A carta testemunhável é cabível apenas em duas hipóteses previstas no art. 639 do CPP, isto é, da decisão que denegar o recurso ou da que, admitindo-o, obstar a sua expedição e seguimento para o juízo *ad quem*.

Pretende promover o andamento de um recurso não recebido ou paralisado. Art. 639 do CPP: "(...) - Dar-se-á carta testemunhável: I - da decisão que denegar o recurso; II - da que, admitindo embora o recurso, obstar à sua expedição e seguimento para o juízo *ad quem* (...)".

18.20.1 Efeitos

A carta não tem efeito suspensivo.

Em decorrência de sua própria finalidade, a devolução ao tribunal é limitada, ficando circunscrita aos mesmos pontos legais apontados.

Hoje, esse recurso é dirigido ao diretor de secretaria, o antigo escrivão:

> Art. 640. A carta testemunhável será requerida ao escrivão (dirigente de secretaria), ou ao secretário do tribunal, conforme o caso, nas quarenta e oito horas (prazo) seguintes ao despacho que denegar o recurso, indicando o requerente as peças do processo que deverão ser trasladadas (CPP).

O prazo de interposição é de 48 horas e é indispensável que conste o horário da intimação nos autos do oficial de Justiça. Caso não conste o horário, serão considerados como prazo os dois dias.

Dado provimento à carta testemunhável e desde que o outro recurso paralisado esteja instruído com razões ou contrarrazões, poderá, desde já, ocorrer o seu julgamento pelo tribunal. Isto é o que prevê a lei: "(...) - O tribunal, câmara ou turma a que competir o julgamento da carta, se desta tomar conhecimento, mandará processar o recurso, ou, se estiver suficientemente instruída, decidirá logo, *de meritis*" (art. 644, CPP).

CAPÍTULO 19

AÇÕES AUTÔNOMAS DE IMPUGNAÇÃO

"A vida não tem nada a ver com a simplicidade mecanicista da física."

(Marcelo Gleiser)

19.1 Habeas corpus

19.1.1 Conceito

É uma ferramenta constitucional, elencada dentre os direitos e garantias fundamentais para o cidadão, visando atacar ilegalidade ou abuso de poder, atual ou iminente, que viole a liberdade ambulatorial em quaisquer de suas modalidades: ir, vir ou permanecer. É conhecido como "remédio heroico".

No Brasil, o regramento do *habeas corpus* somente ocorreu em caráter inaugural no CPC de 1832, em seu art. 340. Entretanto, a modalidade preventiva só veio a aparecer em 1871, consagrado no tempo como "salvo conduto". Ganhou *status* de norma constitucional com a Constituição da República de 1891.[165]

19.1.2 Exceção

Segundo o §2º do art. 142 da Lei das Leis, não cabe *habeas corpus* nas hipóteses de prisão disciplinar do militar, prestigiando a hierarquia.

---

[165] BADARÓ, Gustavo Henrique. *Manual dos recursos penais*. 3. ed. São Paulo: Revista dos Tribunais, 2018. p. 530.

Todavia, tal dispositivo constitucional não pode ser interpretado em seu caráter absoluto. Ainda que o mérito não seja discutido, pode-se contestar a relatividade de tal postulado, quando há ferimento do princípio da legalidade da prisão disciplinar, que pode ser objeto do HC (STF, RE nº 338.840), visando prestigiar o direito à liberdade ambulatorial.[166]

De acordo com o §2º do art. 650 do CPP, não cabe *habeas corpus* para impugnar a prisão administrativa. Tal modalidade de prisão, a prisão administrativa não foi recepcionada pelo nosso Diploma Maior, que só admite a prisão decretada por autoridade judiciária (art. 5º, inciso LXI, CF), pois, salvo fragrante delito, ninguém será preso senão por ordem escrita e fundamentada da autoridade judiciária competente, exceto nos crimes militares e nas transgressões militares definidas em lei.

Segundo entendimento doutrinário pacífico, a prisão administrativa é incompatível com a Constituição Federal, o que foi confirmado com a edição da Lei nº 12.403/2011.

Apenas na hipótese de estado de crise, em caráter excepcional, que é possível a segregação da liberdade ambulatorial por autoridade não judiciária, no caso do estado de defesa (art. 136, §3º, inciso I, CF). Mesmo diante de tal cenário, será comunicada a prisão imediatamente ao juiz competente, que poderá relaxar a prisão, constatada a ilegalidade. Nessa hipótese, a prisão não poderá exceder 10 dias, salvo quando autorizada pelo Poder Judiciário (art. 136, §3º, inciso III, CF).

---

[166] "AGRAVO REGIMENTAL NO AGRAVO EM RECURSO ESPECIAL - CRIME DE TORTURA - PERDA DO CARGO DE POLICIAL MILITAR - EFEITO AUTOMÁTICO DA CONDENAÇÃO - EXECUÇÃO PROVISÓRIA DA PENA - FLAGRANTE CONSTRANGIMENTO ILEGAL - AGRAVO REGIMENTAL NÃO PROVIDO - *HABEAS CORPUS* CONCEDIDO DE OFÍCIO - 1- Nas hipóteses de condenação por crimes previstos no art. 1º da Lei nº 9.455/1997, como no caso, conforme dispõe o §5º do art. 1º do citado diploma legal, a perda do cargo, função ou emprego público é efeito automático da condenação, sendo dispensável sua fundamentação concreta. Precedentes do STJ e do STF. 2- O pedido de suspensão da execução imediata da reprimenda foi aduzido apenas nas razões do agravo regimental e, portanto, configura indevida inovação recursal. 3- Constatado flagrante constrangimento ilegal, consistente na determinação de imediata execução da reprimenda imposta, de rigor a concessão de *habeas corpus* de ofício, à luz de recente julgamento, pelo STF, nas ADCs nº 43, 44 e 54, no qual se decidiu ser constitucional a regra do CPP que prevê o esgotamento de todas as possibilidades de recurso para o início do cumprimento da pena em hipóteses nas quais o acusado respondeu em liberdade ao processo, tal como ocorreu na espécie. 4- Agravo regimental não provido. *Habeas corpus* concedido de ofício (STJ - AgRg-AG-REsp. 1.103.702/SC - (2017/0123339-4) - Rel. Min. Rogerio Schietti Cruz - DJe 10.06.2020)."

19.1.3 Natureza jurídica

É uma ação autônoma de impugnação. Não se trata de recurso, embora seja tratado no CPP dentre os recursos, porque pode ser manejado antes ou depois da formação da coisa julgada, perfazendo-se uma nova relação processual.

19.1.4 Legitimidade

19.1.4.1 Legitimidade ativa

A ação de *habeas corpus* pode ser manejada por qualquer pessoa, o que dimensiona sua natureza de ação penal popular de natureza não condenatória. O *habeas corpus* pode ser impetrado pelo menor de 18 anos, pelo analfabeto e pelo incapaz, sendo vedada a impetração em caráter de anônimo ou apócrifo.

No que toca à pessoa jurídica nos crimes cometidos contra o meio ambiente, com o respeito merecido aos que pensam em sentido diverso, entendo que não há risco à liberdade de locomoção, e, por motivos óbvios, a via eleita correta seria o mandado de segurança e não o *habeas corpus*.[167]

---

[167] "AGRAVO REGIMENTAL NO RECURSO ORDINÁRIO EM MANDADO DE SEGURANÇA - CRIME AMBIENTAL - PESSOA JURÍDICA - MANDADO DE SEGURANÇA COMO SUBSTITUTIVO DE *HABEAS CORPUS* - ATO EMANADO DE TRIBUNAL DE JUSTIÇA - IMPETRAÇÃO NO SUPERIOR TRIBUNAL DE JUSTIÇA - INCOMPETÊNCIA DECLARADA PELA CORTE SUPERIOR - ART. 105, INC. I, AL - "B", DA CRFB- ROL TAXATIVO - 1- O Superior Tribunal de Justiça declarou-se absolutamente incompetente para processar e julgar mandado de segurança impetrado naquela Corte contra ato da 1ª Câmara Criminal do Tribunal de Justiça do Estado de Mato Grosso do Sul, pelo qual mantida a responsabilização da pessoa jurídica ora agravante por crime ambiental. 2- Não podendo a pessoa jurídica lançar mão do *Habeas corpus*, instrumento processual destinado à tutela da liberdade de locomoção, o remédio constitucional subsidiariamente cabível para fazer cessar lesão ou ameaça de lesão a direito por parte do Poder Público, inclusive em sede de ação penal por crime ambiental, é o mandado de segurança. 3- As hipóteses de impetração do mandado de segurança no âmbito do Superior Tribunal de Justiça estão definidas, numerus clausus, no art. 105, inc. I, al. "b" da CRFB, não sendo aquela Corte competente para julgar mandado de segurança impetrado contra atos emanados de outros tribunais. Precedentes. 4- O direito da pessoa jurídica à impetração de mandado de segurança como substitutivo do *Habeas corpus* não dispensa a observância das regras de repartição de competência jurisdicional constitucionalmente fixadas. 5- Agravo regimental ao qual se nega provimento, mantendo-se a decisão de não provimento do recurso ordinário em mandado de segurança (STF - RMS-AgR 39028 - 2ª T. - Rel. André Mendonça - J. 06.12.2023. No âmbito do STJ temos: AGRAVO REGIMENTAL EM AGRAVO REGIMENTAL EM RECURSO ORDINÁRIO EM MANDADO DE SEGURANÇA - PENAL - PROCESSO PENAL- AÇÃO PENAL EM DESFAVOR DE PESSOA JURÍDICA - CRIME AMBIENTAL - TRANCAMENTO DE AÇÃO PENAL - JUSTA CAUSA - DENÚNCIA EMBASADA EM INDÍCIOS PROBATÓRIOS SUFICIENTES - AUSÊNCIA DE DIREITO LÍQUIDO E CERTO - PARECER MINISTERIAL ADOTADO - 1- Não há como abrigar agravo regimental que

Em relação à liberdade dos animais, a Constituição Federal não alberga tal direito de forma explícita. Portanto não cabe *habeas corpus*.

Mesmo prevalecendo o sistema acusatório, entendo como legítimo e possível a concessão de *habeas corpus* de ofício pelo magistrado, tal como delineado no formato legal do art. 654, §2º, do CPP.[168]

Não é necessário ser advogado para ingressar com a ação de *habeas corpus*, nem mesmo constituir um, é o que está escrito no art. 1º, §1º, da Lei nº 8.906/1994.

19.1.4.2 Legitimidade passiva

O impetrado, via de regra, será alguma autoridade pública investida num cargo público. Entrementes, não existe vedação que seja ajuizada a ação tendo como impetrado um particular, diante de evidente ilegalidade ou abuso de poder, que venha a cercear a liberdade de locomoção, com foco especial para as relações médico-hospitalares.

19.1.5 Modalidades de *habeas corpus*

19.1.5.1 *Habeas corpus* repressivo

É pertinente sua impetração quando a liberdade já sofreu cerceamento, o cidadão já encontra preso, sendo o caminho necessário e indispensável à soltura, que demanda um provimento jurisdicional positivo, com a consequente expedição do alvará de soltura.

---

não logra desconstituir o fundamento da decisão atacada. 2- Agravo regimental improvido (STJ - AgRg-AgRg-MS 66740/PI - (2021/0183710-8) - Rel. Min. Sebastião Reis Júnior - DJe 27.11.2023)."

[168] "PROCESSO PENAL - AGRAVO REGIMENTAL NO RECURSO EM *HABEAS CORPUS* - PRISÃO PREVENTIVA - REQUISITOS - SUPRESSÃO DE INSTÂNCIA - NÃO CONHECIMENTO - AGRAVO REGIMENTAL NÃO PROVIDO - *HABEAS CORPUS* CONCEDIDO DE OFÍCIO - 1- A matéria suscitada na impetração - Ausência dos requisitos autorizadores da prisão preventiva - Não foi analisada pelo acórdão impugnado, o que impede esta Corte de conhecê-la, sob pena de incorrer em indevida supressão de instância. 2- O Supremo Tribunal Federal e este Superior Tribunal de Justiça têm entendido que, embora não se admita a impetração de *Habeas corpus* substitutivo do recurso próprio, cabe ao órgão julgador aferir a existência de eventual coação ilegal imposta ao paciente, a justificar a concessão da ordem, de ofício. 3- Agravo regimental não provido. *Habeas corpus* concedido, de ofício, para determinar que o Tribunal de origem analise o mérito da impetração originária (STJ - AgRg-RHC 182408/PE - (2023/0203101-1) - 5ª T. - Rel. Min. Ribeiro Dantas - DJe 07.03.2024)."

19.1.5.2 *Habeas corpus* preventivo

Não há ainda violação direta ao direito de liberdade, mas há risco grave e ameaça iminente, com nítido abuso de poder, que ocasiona intranquilidade ao ser humano de grande monta. Nesse caso, visando resguardar a estabilidade jurídica e a preservação do princípio da presunção de inocência, o Poder Judiciário deve atuar evitando um desgaste desnecessário para a imagem e a vida privada do impetrante e de seus entes queridos, principalmente, na "sociedade do espetáculo" pós-moderna em que vivemos, com a divulgação de eventual prisão ilegal nas redes sociais e nos meios de comunicação tradicionais, sendo fundamental a concessão do salvo conduto, visando preservar as garantias mínimas numa sociedade democrática.

19.1.5.3 *Habeas corpus* suspensivo

Essa modalidade é fruto da criação do grande jurista pátrio Luiz Flávio Gomes, tendo cabimento quando o mandado de prisão já foi expedido, mas a ordem ainda não foi cumprida, evitando-se a ocorrência do seu cumprimento. Em tal caso, deverá ser expedida uma contra ordem ou um contra mandado prisional em favor do Impetrante.

19.1.5.4 *Habeas corpus* para trancamento da ação penal proposta

Encaixa-se como uma luva na hipótese em que a ação penal esteja destituída de justa causa, que é o lastro mínimo probatório (justa causa formal) para demonstração de indícios de autoria e comprovação da materialidade delitiva ou patente ilegalidade (justa causa material). O fundamento legal encontra esteio no art. 648, inciso I, CPP.[169]

---

[169] "AGRAVO REGIMENTAL EM EMBARGOS DE DECLARAÇÃO EM RECURSO EM *HABEAS CORPUS* - CRIME AMBIENTAL - PRETENSÃO DE TRANCAMENTO DA AÇÃO PENAL - INÉPCIA DA DENÚNCIA - INICIAL QUE NÃO DEMONSTROU O MÍNIMO NEXO CAUSAL ENTRE OS ACUSADOS E A CONDUTA IMPUTADA - CONSIDERAÇÃO, APENAS, DA CONDIÇÃO DOS RECORRENTES DENTRO DA EMPRESA - CONSTRANGIMENTO ILEGAL EVIDENCIADO - PRECEDENTES - PESSOA JURÍDICA - PROSSEGUIMENTO DA AÇÃO PENAL - 1- Esta Corte Superior de Justiça tem reiteradamente decidido ser inepta a denúncia que, mesmo em crimes societários ou de autoria coletiva, atribui responsabilidade penal à pessoa física, levando em consideração apenas a qualidade dela dentro da empresa, deixando de demonstrar o vínculo desta com a conduta delituosa, por configurar, além de ofensa à ampla defesa, ao contraditório e ao devido processo legal, responsabilidade penal objetiva, repudiada pelo ordenamento jurídico pátrio.

O acolhimento da tese libertária veiculada no *habeas corpus* pela corte de Justiça em que foi propugnada, acarreta a extinção do procedimento de investigação ou do processo, podendo, inclusive, ser determinado o relaxamento da prisão.

Contudo, merece uma ressalva da Súmula nº 648 do Superior Tribunal de Justiça: "(...) A superveniência da sentença condenatória prejudica o pedido de trancamento da ação penal por falta de justa causa feito em *habeas corpus*".

19.1.5.5 *Habeas corpus* para declarar a nulidade

O desiderato no manejo do *habeas corpus* nessa modalidade é a obtenção de um provimento favorável de declaração da nulidade do ato processual inquinado de vício insanável. Em decorrência do reconhecimento do vício, será declarada a nulidade em sede de *habeas corpus*, e o ato deverá ser refeito sem as irregularidades apontadas, caso isso seja possível, nos lídimos termos do art. 648, inciso VI, do CPP.

Em arremate, aplicando-se o princípio da consequencialidade das nulidades, os atos processuais decorrentes do ato anulado também serão considerados inválidos e deverão ser refeitos, em sendo possível.[170]

2- Amparado em precedentes desta Corte, deve ser mantida a decisão agravada que deu parcial provimento ao recurso em *Habeas corpus* para trancar a ação penal proposta apenas contra os recorrentes, pessoas físicas, em face do reconhecimento da inépcia formal da denúncia. 3- Agravo regimental improvido (STJ - AgRg-EDcl-HC 162662/SC - (2022/0087240-7) - 6ª T. - Rel. Min. Sebastião Reis Júnior - DJe 02.12.2022)."

[170] "RECURSO ORDINÁRIO EM *HABEAS CORPUS* - HOMICÍDIO QUALIFICADO - PRONÚNCIA FUNDADA EXCLUSIVAMENTE EM TESTEMUNHOS INDIRETOS - INAPLICABILIDADE DO *IN DUBIO PRO SOCIETATE* - NULIDADE - RECURSO PROVIDO - 1- A Constituição Federal consagra, como consectário da presunção de inocência (art. 5º, LVII) o *in dubio pro reo*. Há de se reconhecer que o *in dubio pro societate* não pode ser utilizado para suprir lacunas probatórias, ainda que o *standard* exigido para a pronúncia seja menos rigoroso do que aquele para a condenação. 2- Se houver uma dúvida sobre a preponderância de provas, deve então ser aplicado o *in* dubio pro reo, imposto nos termos constitucionais (art. 5º, LVII, CF), convencionais (art. 8.2, CADH) e legais (arts. 413 e 414, CPP) no ordenamento brasileiro. 2- É entendimento desta Corte que 'o testemunho de 'ouvir dizer' ou *hearsay testimony* não é suficiente para fundamentar a pronúncia, não podendo esta, também, encontrar-se baseada exclusivamente em elementos colhidos durante o inquérito policial, nos termos do art. 155 do CPP". Precedentes. 3- O lastro probatório que embasou a pronúncia consiste, exclusivamente, em testemunhos indiretos por ouvir dizer. As instâncias ordinárias fazem notória e exclusiva referência a declarações e testemunhos prestados por pessoas que não presenciaram o fato para embasar a pronúncia do recorrente. A única testemunha direta da dinâmica delituosa, afirmou "ter presenciado a hora que várias pessoas chegaram e arrebataram a vítima, que dentre as pessoas que arrebataram a vítima reconheceu L que inclusive atirou'. Ou seja, o recorrente não foi identificado como autor ou partícipe do fato, havendo, sim, o reconhecimento de pessoa diversa. 4- Recurso provido para despronunciar o recorrente (STJ - Rec-HC 172039/CE - (2022/0324148-0) - 5ª T. - Relª Minª Daniela Teixeira - DJe 23.05.2024)."

19.1.5.6 *Habeas corpus* para declarar a extinção da punibilidade

Fazendo uso do petitório constitucional libertário, busca-se o *writ* para salvaguardar a declaração de extinção da punibilidade por uma das causas previstas no art. 107 do CP. Em se acatando a tese, a prisão será relaxada e a persecução penal declarada extinta.

19.2 Competência para o julgamento do *habeas corpus*

19.2.1 Em face da autoridade coatora

A primeira regra a perscrutar é quem é a autoridade coatora para se vislumbrar a competência em sede de *habeas corpus*. Observem-se as possiblidades:
  a) Prisão em flagrante efetuada por delegado da Polícia Civil: Competência do juiz de direito da comarca correspondente à circunscrição policial;
  b) Prisão em flagrante efetuada por delegado da Polícia Federal: Competência do juiz Federal da seção judiciária territorialmente correlata;
  c) Prisão efetuada por membro do Ministério Público: Competência do tribunal de Justiça;
  d) Prisão efetuada pelo Ministério Público da União (MPU): Competência do tribunal regional federal da região ao qual está vinculado o membro do MPU;
  e) Prisão decretada pelo juiz de Direito: Competência do tribunal de justiça ao qual esteja vinculado o magistrado;
  f) Prisão decretada pelo juiz federal: Competência fixada no tribunal regional federal da região correspondente;
  g) Desembargadores estaduais ou federais: Competência do Superior Tribunal de Justiça a apreciação do pedido de *habeas corpus*;
  h) Ministros dos tribunais superiores: Competência do Supremo Tribunal Federal.

19.2.2 Competência do Supremo Tribunal Federal para julgar o *habeas corpus*

A competência da Suprema Corte em matéria criminal é conferida pela diretriz do art. 102 do Texto Magno.

19.2.2.1

Se o paciente está submetido à jurisdição da Corte Constitucional, competirá ao Pretório Excelso o julgamento do *habeas corpus*, na forma do art. 102, inciso I, alínea "d", da CF.

19.2.2.2

Se o coator está submetido à jurisdição da Corte Máxima, o *habeas corpus* será julgado pela Corte Excelsa, ainda que a autoridade não integre a estrutura do Poder Judiciário, conforme o art. 102, inciso I, alínea "i", da CF.

Desde logo, chamo atenção para o fato que tal critério deve obedecer a competência do Superior Tribunal de Justiça para o julgamento do *habeas corpus*. Em sendo assim, os ministros de Estado e comandantes das Forças Armadas, ao cometerem infrações penais serão julgados pela Suprema Corte. Porém, ao figurarem na condição de autoridade coatora, a competência para apreciar o *writ* é do Superior Tribunal de Justiça.

19.2.3

Delineação da competência do Superior Tribunal de Justiça para apreciação do *habeas corpus*.

19.2.3.1

Se o paciente está sob o crivo da jurisdição do Superior Tribunal de Justiça, é da competência do tribunal o julgamento do *habeas corpus*, na previsão do art. 105, inciso I, alínea "d", da CF.

19.2.3.2

Se a autoridade coatora está sob o crime da jurisdição do Superior Tribunal de Justiça, ainda que não integre a estrutura do Poder Judiciário, competirá ao tribunal o julgamento do *habeas corpus*, segundo o art. 105, inciso I, alínea "c", da CF.

19.2.4 Competência para julgar o *habeas corpus* em face das decisões dos Juizados Especiais Criminais

19.2.4.1

Quando o juiz de primeiro grau é a autoridade coatora, a competência é da turma recursal.

19.2.4.2

Quando a turma recursal é a autoridade coatora, se for juizado estadual, a competência é do tribunal de Justiça correlato; se for do juizado federal, a competência é do tribunal regional federal ao qual está vinculado o juizado.

19.3 Concessão de liminar em sede habeas corpus

Em se tratando de ação constitucional de rito sumário, muito embora não exista previsão legal da concessão de liminar em *habeas corpus*, desde que presentes os requisitos cautelares do *fumus boni iuris* e do *periculum in mora*, devidamente demonstrados nos autos, tanto no campo da doutrina quanto da jurisprudência o entendimento é pacífico da possibilidade de concessão da medida liminar, considerando a importância da tutela da liberdade ambulatorial, um dos direitos e garantias mais caros no ambiente democrático.

A medida liminar em *habeas corpus* é fruto da evolução da interpretação jurisprudencial, como nos lembra Guilherme de Souza Nucci: "A primeira liminar ocorreu no Habeas Corpus nº 27.200, impetrado no Superior Tribunal Militar (STM) por Arnoldo Wald em favor de Evandro Moniz Correia de Menezes, dada pelo Ministro Almirante de Esquadra José Espíndola, em 31 de agosto de 1964; logo, em pleno regime militar".[171]

19.3.1 *Habeas corpus* contra liminar em decisão monocrática por ministro de tribunal superior

Um dos pontos mais controversos nessa matéria, é o teor da Súmula nº 691 do Supremo Tribunal Federal, esclarecendo que não

---

[171] NUCCI, Guilherme de Souza. *Habeas corpus*. Rio de Janeiro: Forense, 2014. p. 149.

cabe *habeas corpus* para impugnar a denegação monocrática da liminar por ministro de tribunal superior.

Tal entendimento sumulado tem sido objeto de severas críticas, resumindo todas nas palavras de Alberto Zacharias Toron:

> Pode-se dizer que o STF tem superado a súmula em exame nos seguintes casos: a) Seja premente a necessidade de concessão do provimento cautelar para evitar flagrante constrangimento ilegal; ou b) A negativa de decisão concessiva de medida liminar pelo tribunal superior importe na caracterização ou na manutenção de situação que seja manifestamente contrária à jurisprudência do STF.[172]

Tendo em vista tal posicionamento explicitado, restaria ao impetrante aguardar o julgamento de mérito do *habeas corpus* ser apreciado pelo órgão colegiado do tribunal em que o foi originalmente intentado.

Sem embargo de tais argumentos, na hipótese do *habeas corpus* ser impetrado em tal situação, a Corte Excelsa possui vários precedentes entendendo pela não admissibilidade da ação constitucional. Contudo, ante a veemente ilegalidade da segregação ocorrida, conceder-se-á de ofício o *writ*.

19.3.2 Vedações da Suprema Corte para concessão de *habeas corpus*

a) Súmula nº 693 do Supremo Tribunal Federal: "(...) Não cabe *habeas corpus* contra decisão condenatória a pena de multa, ou relativo a processo em curso por infração penal a que a pena pecuniária seja a única cominada".

b) Súmula nº 694 do Supremo Tribunal Federal: "(...) Não cabe *habeas corpus* contra a imposição da pena de exclusão de militar ou de perda de patente ou de função pública".

c) Súmula nº 695 do Supremo Tribunal Federal: "(...) Não cabe *habeas corpus* quando já extinta a pena privativa de liberdade".

---

[172] TORON, Alberto Zacharias. *Habeas corpus*. Controle do devido processo legal: questões controvertidas e de processamento do *writ*. 2. ed. São Paulo: Revista dos Tribunais, 2018. p. 88.

19.4 Ação de revisão criminal

19.4.1 Definição

É a outra modalidade constante no CPP de ação autônoma de impugnação, sendo decorrência do princípio do favor rei, instaurando uma nova relação jurídico-processual e tem por finalidade modificar os efeitos da coisa julgada material decorrente de uma decisão condenatória ou absolutória imprópria.[173]

19.4.2 Natureza jurídica

Em igual medida está inseria no CPP dentre as modalidades de recursos, porém de recurso não se trata. Tanto em sede doutrinária quanto nos pretórios a revisão criminal é caracterizada como uma ação

---

[173] "AGRAVO REGIMENTAL NO AGRAVO EM RECURSO ESPECIAL - REVISÃO CRIMINAL - ESTUPRO DE VULNERÁVEL - NULIDADE - ENTREGA DO LAUDO PERICIAL - AUSÊNCIA DE INTIMAÇÃO DA DEFESA - MATÉRIA NÃO PREQUESTIONADA - SÚMULAS Nº 282E 356 DO STF- INDEFERIMENTO DE PROVAS - FUNDAMENTAÇÃO VÁLIDA - AUSÊNCIA DE PREJUÍZO - DISSÍDIO JURISPRUDENCIAL NÃO DEMONSTRADO - AGRAVO REGIMENTAL NÃO PROVIDO - 1- O acórdão recorrido não debateu a tese de nulidade absoluta dos atos subsequentes à entrega do laudo pericial, por ausência de intimação do recorrente, tampouco foram opostos embargos de declaração com o objetivo de sanar eventual omissão relativa ao exame do tema. A ausência de prequestionamento atrai a aplicação, por analogia, das Súmulas nº 282e 356 do STF. 2- De acordo com a jurisprudência desta Corte Superior: "o indeferimento fundamentado de pedido de produção de prova não caracteriza constrangimento ilegal, pois cabe ao juiz, na esfera de sua discricionariedade, negar motivadamente a realização das diligências que considerar desnecessárias ou protelatórias" (HC nº 198.386/MG, Rel. Ministro Gurgel de Faria, 5ª T., DJe 2/2/2015). 3- No caso, as instâncias antecedentes indeferiram, de forma motivada, as provas pretendidas. Segundo exposto no acórdão, o pedido de juntada de imagens captadas pelas câmeras de segurança do local dos fatos foi indeferido, porque o mencionado conteúdo probatório pode ser suprido pela prova testemunhal diante do desaparecimento dos vestígios, e o armazenamento das imagens das câmeras de segurança não permanecem por mais de trinta dias. A defesa não comprovou a existência das filmagens e os fatos ocorreram na parte de trás do imóvel, local não alcançado pelas câmeras de segurança. 4- Quanto ao pedido de oitiva de testemunhas arroladas pela defesa, a matéria precluiu diante da inércia da parte na fase processual do art. 402do CPP. 5- A defesa se limita, exclusivamente, a insistir na necessidade das referidas diligências, o que impede o reconhecimento de eventual alegação de nulidade, a teor do princípio pas de nulité sans grief e do art. 563do Código de Processo Penal: "Nenhum ato será declarado nulo, se da nulidade não resultar prejuízo para a acusação ou para a defesa". 6- Conforme disposição dos arts. 541, parágrafo único, do CPC e 255, §§1º e 2º, do RISTJ, quando o recurso interposto estiver fundado em divergência pretoriana, deve a parte colacionar aos autos cópia dos acórdãos em que se fundamenta a divergência, bem como realizar o devido cotejo analítico, demonstrando de forma clara e objetiva a suposta incompatibilidade de entendimentos e a similitude fática entre as demandas, o que não ocorreu na espécie. 7- Agravo regimental não provido (STJ - AgRg-AG-REsp. 2494206/GO - (2023/0391883-8) - Rel. Min. Rogerio Schietti Cruz - DJe 23.05.2024)."

autônoma de impugnação, com a possibilidade de revisão da coisa julgada material.

19.4.3 Prazo da revisão criminal

A revisão criminal pode ser ajuizada a qualquer tempo, ainda que a pena tenha sido cumprida integralmente ou tenha morrido o condenado, não se confundindo com a ação rescisória do processo civil, que tem possui o prazo decadencial de 2 (dois) anos para que possa ser manejada.

19.4.4 Interesse jurídico

A revisão criminal só poderá ser ajuizada em favor dos interesses da defesa, como consta expressamente do art. 8º, item 4, da CADH, da qual o Brasil é signatário, e é considerada pela Corte Constitucional brasileira como uma norma supralegal, acima da lei ordinária e abaixo da Constituição Federal.

19.4.5 Legitimidade para a provocação judicial

a) Réu;
b) Procurador devidamente habilitado;
c) O cônjuge, o companheiro, qualquer dos ascendentes, os descendentes ou irmãos, no caso de morte do condenado ou quando declarado ausente por decisão judicial, seguindo o princípio da simetria dos legitimados constante no art. 31 do CPP.

Situação que ilustra bem o quanto é caro esse instituto para o processo penal, predomina o posicionamento de que o próprio réu poderá propor de por si mesmo a revisão criminal, sendo da incumbência do tribunal encaminhar os autos para a Defensoria Pública ou nomear um advogado dativo para acompanhar a demanda, como restou decidido no julgado HC nº 74.309, do Supremo Tribunal Federal.

Situação inusitada e curiosa é saber se o Ministério Público pode ajuizar a revisão em favor do réu, enquanto fiscal da ordem jurídica. Sem embargo de vetustos entendimentos jurisprudenciais, que contrariam tal legitimidade, a tenho como possível desde que preencha o réu os requisitos legal, e enquanto fiscal da lei (art. 257, inciso II, CPP) o Ministério Público é parte legítima para propor a ação de revisão criminal em favor do Inculpado.

19.4.6 Pressupostos

O primeiro pressuposto a ser analisado é a ocorrência de uma decisão condenatória ou absolutória imprópria com trânsito em julgado.

Sem laivos de dúvidas, a decisão absolutória própria não pode ser passível de contestação por meio de uma ação de revisão criminal, configurando o que se denomina de coisa soberanamente julgada.

Na mesma toada, não é possível o ajuizamento da revisão criminal para atacar a decisão declaratória da extinção da punibilidade ou a decisão declaratória que concede o perdão judicial, uma vez que não acarretam imposição de uma sanção criminal.

Por outro prisma, o segundo pressuposto de índole formal é a indispensável comprovação do trânsito em julgado da decisão a ser possivelmente revisada, o que é realizado por meio de certidão, que possui presunção *juris tantum*, gozando de fé pública.

19.4.7 Situações em que é possível a revisão criminal

O espectro de atuação para movimentar a máquina judiciária na revisão criminal está elencado no art. 621 do CPP, cujo rol é taxativo, com fundamento que a revisão criminal tem motivação vinculada ao texto legal.

A *novatio legis in mellius* pode ser aplicada pelo juízo da execução, não dependendo da abertura de uma ação de revisão criminal para sua aplicação. É o que consta do teor da Súmula nº 611 do Supremo Tribunal Federal.

19.4.7.1 Quando a decisão condenatória ou absolutória imprópria contrariar o texto da lei ou a evidência dos autos (art. 621, inciso I, CPP)

Tem-se o seguinte quadro na hipótese em análise:
a) A prática de *error in procedendo*, que é caracterizado quando se constata uma interpretação errônea na aplicação ao caso concreto da norma jurídica cabível;
b) A ocorrência de *erro in judicando*, que se configura com a percepção equivocada dos fatos frente ao conjunto probatório colhido na instrução criminal. Não é possível a sustentação oral na revisão criminal.[174]

---

[174] "AGRAVO REGIMENTAL NO AGRAVO EM RECURSO ESPECIAL - SUSTENTAÇÃO ORAL - INCABÍVEL - REVISÃO CRIMINAL - NÃO CONHECIMENTO DO RECURSO

Não obstante essa irrefutável constatação, caracterizado o *error in procedendo* e o *error in judicando*, permite-se ao julgador a possibilidade de corrigir essa falibilidade humana através da ação de revisão criminal, reparadora dos equívocos cometidos pelo órgão julgador no processo penal.

É muito relevante enfatizar, que é possível a aplicação da Interpretação Extensiva: O art. 621, inciso I, do CPP, abarca a Lei Processual Penal, a Lei Material Penal, a Constituição da República, os tratados e as convenções internacionais.

ESPECIAL - INCIDÊNCIA DAS SÚMULAS Nº 283 E Nº 284 DO SUPREMO TRIBUNAL FEDERAL- STF - MANUTENÇÃO - REVISÃO DA DOSIMETRIA DA PENA - NECESSIDADE DE REVOLVIMENTO DE PROVAS - EXCEPCIONALIDADE NÃO VERIFICADA - AGRAVO REGIMENTAL DESPROVIDO - 1- Consoante o art. 159, IV, do Regimento Interno do Superior Tribunal de Justiça - RISTJ, não haverá sustentação oral no julgamento de agravo, salvo expressa disposição legal em contrário. Em atenção à legislação vigente, registra-se que o art. 7º, §2º-B, da Lei nº 8.906/1994, não abarca o pleito de sustentação oral em agravo regimental na decisão monocrática que julgou o agravo em recurso especial. O referido dispositivo está em linha com o art. 937 do Código de Processo Civil - CPC que não preconiza a sustentação oral em julgamento de agravo em recurso especial. 2- Nota-se das razões do apelo nobre que os argumentos do acórdão de origem não foram impugnados de forma específica, pois a defesa se limitou, genericamente, a afirmar a ocorrência de crime único, de continuidade delitiva e de exagero na fixação da reprimenda na terceira fase da dosimetria, sem a contraposição concreta dos argumentos apresentados pelo Tribunal *a quo* para afastar as referidas teses defensivas, razão pela qual correta a incidência do óbice da Súmula nº 283 do Supremo Tribunal Federal. 3- A alegada afronta aos arts. 621, I e III, e 626 do Código de Processo Penal- CPP também fora realizada de forma genérica, sem a apresentação dos argumentos específicos para se defender a possibilidade de revisão do feito já transitado em julgado. Também não foram desenvolvidas, nas razões do recurso especial, as teses jurídicas aptas a afastarem as conclusões do Tribunal de origem sobre as matérias defensivas. Não basta a mera apresentação das pretensões recursais, sendo imprescindível que a defesa exponha os argumentos de direito para o acolhimento dos pedidos. Dessa forma, também se constata a incidência da Súmula nº 284 do STF. 4- A desconstituição das conclusões alcançadas pela Corte de origem para abrigar as teses defensivas - Ocorrência de crime único, de continuidade delitiva e de equívoco em relação aos aspectos considerados para a majoração da pena na terceira fase da dosimetria -, demandaria, necessariamente, aprofundado revolvimento do contexto de fatos e provas dos autos, providência vedada em sede de recurso especial - Súmula nº 7 do STJ. 5- A revisão criminal não deve ser utilizada como um segundo recurso de apelação, com vistas a mero reexame de fatos e provas ou revisão da dosimetria da pena, limitando-se às hipóteses estritamente elencadas na legislação processual penal, ora não evidenciadas nos presentes autos, consoante bem concluído pela Corte a quo. 6- Esta Corte entende que, 'Nos termos do art. 654, §2º, do Código de Processo Penal, o *Habeas corpus* de ofício é deferido por iniciativa dos Tribunais quando detectarem ilegalidade flagrante, não se prestando como meio para que a Defesa obtenha pronunciamento judicial acerca do mérito de recurso que não ultrapassou os requisitos de admissibilidade' (AgRg no AREsp 1389936/DF, Rel. Ministra LAURITA VAZ, SEXTA TURMA, julgado em 12/3/2019, DJe de 29/3/2019). 7- Agravo regimental desprovido (STJ - AgRg-AG-REsp. 2149740/SP - (2022/0186198-6) - Rel. Min. Joel Ilan Paciornik - DJe 01.03.2024)."

19.4.7.2 Quando a decisão estiver embasada em depoimentos, documentos ou perícias falsas (art. 621, II, CPP)

É muito relevante enfatizar, que a revisão tem pertinência quando a decisão estiver embasada em prova ilícita ou ilegítima, seguindo os parâmetros normativos do art. 5º, LVI, do Texto Supremo, e o art. 157 do Pergaminho Repressivo de Ritos.

Reconheço que o assunto é controverso, e não tem sido enfrentado amiúde pelos operadores do direito. Porém, há um consenso na doutrina e na jurisprudência que a demonstração da ilicitude da prova pode ser objeto de incidente de produção antecipada de provas.

19.4.7.3 Quando após o trânsito em julgado são descobertas novas provas que justifiquem a absolvição ou o abrandamento da sanção (art. 621, III, CPP)

Em decorrência do comando vazado, pode-se afirmar que a prova nova é aquela que não era conhecida ao tempo em que a decisão foi prolatada, pouco importando se ela é antecedente ou subsequente a decisão que julgou o processo em caráter final.

De qualquer sorte, a prova nova pode ser colhida em incidente de produção antecipada, obviamente, por nova decisão judicial decretada nos autos.

19.5 Efeitos e consequências do julgamento

Ao realizar o julgamento da revisão criminal, o tribunal competente exarará um acórdão que pode surtir os efeitos constantes a seguir:

19.5.1 *Judicium rescindens*

Sua característica essencial é a desconstituição do julgado anterior, atacando diretamente a coisa julgada material, em razão do provimento jurisdicional oriundo da ação revisional.

19.5.2 *Judicium rescisorium*

A característica primordial ocorre quando o tribunal prolata um acórdão que possui o efeito de substituição da decisão anterior.

Os efeitos do novo acórdão proferido acarretam a absolvição, a alteração na classificação do crime, a modificação da pena ou a invalidação do julgado, tal como previsto no art. 626 do CPP. De qualquer maneira, não poderá ser agravada a pena imposta pela decisão revista, como diz o parágrafo único do art. 626 do CPP.

19.6 Incidência da revisão criminal nas condenações do júri

O princípio da soberania dos vereditos deve ser preservado. Entretanto, predomina o posicionamento nos pretórios de que o réu pode ser absolvido em revisão criminal, num juízo de proporcionalidade; tal direito e garantia, assim, numa ponderação de interesses, cede espaço no caso concreto ao direito inalienável da liberdade, o que está estampado nos anais do Supremo Tribunal Federal (RE nº 674.151).

19.7 Competência

19.7.1 Decisão do juiz de primeiro grau

Em caso de juiz estadual, a revisão será apreciada pelo tribunal de Justiça a que o juiz está vinculado. Se o juiz é federal, a revisão será julgada pelo tribunal regional federal correspectivo.

19.7.2 Acórdão do tribunal de Justiça

A competência para julgar a revisão criminal é do mesmo tribunal de Justiça.

19.7.3 Acórdão proferido pelo tribunal regional federal

A competência para julgar a revisão criminal é do mesmo tribunal regional federal, como se depreende de uma leitura do art. 108, inciso I, alínea "b", da Carta Política.

19.7.4 Acórdão prolatado pelo Superior Tribunal de Justiça

A competência para julgamento da revisão é fixada no Superior Tribunal de Justiça, *ex vi* do art. 105, inciso I, alínea "e", do Texto Supremo.

19.7.5 Acórdão exarado pelo Supremo Tribunal Federal

Nos termos literais do texto constitucional, será competente para julgar a revisão criminal a própria Suprema Corte, consoante o art. 102, inciso I, alínea "j", da Lei das Leis.

É de todo evidente a necessidade de serem adotadas cautelas de praxe, sendo a fixação do órgão dentro do tribunal competente determinada pelo que dispuser o Regimento Interno para julgar a revisão criminal, como consta do precedente do Supremo Tribunal Federal (HC nº 93.515), em conjuminância com a leitura do art. 628 do CPP.

Em se tratando de sentença criminal transitada em julgado nos Juizados Especiais Criminais, a revisão criminal, de acordo com um dos fundamentos do art. 621 do CPP, será proposta na turma recursal. Por outro lado, se a decisão da turma recursal transitar em julgado, a revisão será apreciada pela própria turma recursal, a exemplo do que ocorre com os demais tribunais superiores, uma vez que a competência do JECrim e a possibilidade de atuação das turmas recursais está fixada no próprio texto constitucional, esculpido no art. 98, inciso I.

Por razões óbvias, o relator responsável pela revisão criminal não pode ter proferido decisão no processo que está sendo revisto, conforme o art. 625 do CPP, pelas mesmas razões constantes pelo impedimento do juiz.

19.8 Justa indenização

Sobremaneira importante reiterar é que o *decisum* da revisão criminal abre espaço para que o tribunal reconheça a justa indenização pelos danos material e morais causados pela condenação inadequada, em consequência do erro judiciário cometido.

As vedações constantes do art. 630, §2º, alínea "b", do CPP, não foram recepcionadas pelos ares democráticos auferidos com a Constituição Republicana de 1988, uma vez que não existem limitações materiais a nova ordem constitucional – o poder constituinte originário é ilimitado juridicamente, e o art. 5º, inciso LXXV é claro: "(...) o Estado indenizará o condenado por erro judiciário, assim como o que ficar preso além do tempo fixado na sentença".

Segundo o famoso adágio jurídico *in claris cessat interpretativo*, a indenização é devida quando a decisão é oriunda da ação penal pública ou da ação penal de iniciativa privada, sem nenhuma dúvida, uma vez que tanto numa quanto noutra hipótese foram decisões proferidas pelo Poder Judiciário, um dos Poderes do Estado, que causaram dano irreparável a pessoa humana, decorrendo daí o dever de indenizar.

19.9 Pontos controversos

a) Efeito extensivo

Embora não seja recurso, é possível a aplicação do efeito extensivo, por analogia, pois, onde existe a mesma razão, aplica-se o mesmo direito, desde que o fundamento da revisão criminal seja comum e não de caráter pessoal, os seus efeitos são aplicados a todos os réus, diante da inteligência do art. 580 do CPP, assim decidiu o Supremo Tribunal Federal (HC nº 107.731).

b) Trânsito em julgado

Como já examinado na parte estudo do HC, ainda que a decisão com trânsito em julgado seja manifestamente nula, é possível que ela seja atacada por meio do HC, o Supremo Tribunal Federal já se posicionou sobre o tema no HC nº 101.542.

c) Recolhimento ao cárcere

Como era condição para conhecimento do recurso que o réu fosse recolhido ao cárcere, surge essa dúvida. Entretanto, com a revogação do art. 595 do CPP e a superação do vetusto entendimento, foi editada a Súmula nº 393 do Supremo Tribunal Federal, que assevera que o conhecimento da revisão criminal independe do prévio recolhimento ao cárcere.

REFERÊNCIAS

ALONSO, Pedro Aragoneses. *Proceso y Derecho Procesal*. Madrid: Aguilar, 1960.

ALMEIDA, Gevan. *Modernos movimentos de política criminal e seus reflexos na legislação brasileira*. 20. ed. Rio de Janeiro: Lumen Juris, 2004.

AROCA, Juan Montero. *Principios del proceso penal*: una explicación basada en la razón. Valencia: Tirant lo Blanch, 1997.

AVENA, Norberto. *Processo penal esquematizado*. 6. ed. São Paulo: Método, 2014.

BADARÓ, Gustavo Henrique. *Manual dos recursos penais*. 3. ed. São Paulo: Revista dos Tribunais, 2018.

BADARÓ, Gustavo Henrique. *Processo penal*. Rio de Janeiro: Elsevier, 2012.

BAUMAN, Zygmunt. *Modernidade líquida*. Tradução: Plínio Dentzien. São Paulo: Zahar, 2021.

BASTOS, Marcelo Lessa. *Processo penal e a gestão da prova*: a questão da iniciativa instrutória do juiz em face do sistema acusatório e da natureza da ação penal. Rio de Janeiro: Lumen Juris, 2011.

BERNARDO, Isabella da Conceição. *Manual de Inquérito processamento e julgamento de autoridades com foro por prerrogativa de função e de imunidades e inviolabilidades de determinados agentes*. Rio de Janeiro: Multifoco, 2022.

BONFIM, Edílson Mougenot. *Curso de processo penal*. 8. ed. São Paulo: Saraiva, 2013.

BOVINO, Alberto. *Problemas del Derecho Procesal Penal contemporáneo*. Buenos Aires: Del Puerto, 1998.

CAPPELLETTI, Mauro. *Processo, ideologias e sociedade*. Tradução: Elício de Cresci Sobrinho. Porto Alegre: Sérgio Antonio Fabris Editor, 2008. v. I.

CARNELUTTI, Francesco. *Cuestiones sobre el proceso penal*. Tradução: Santiago Sentís Melendo. Buenos Aires: Librería El Foro, 1950.

CARVALHO, Salo de (org.). *Leituras constitucionais do sistema penal contemporâneo*. Rio de Janeiro: Lumen Juris, 2004.

CAPEZ, Fernando. *Código de Processo Penal comentado*. São Paulo: Saraiva, 2015.

CAPEZ, Fernando. *Curso de processo penal*. 23. ed. São Paulo: Saraiva, 2016.

CORDERO, Franco. *Procedura penale*. 8. ed. Milano: Giuffrè, 2006.

CRUZ E TUCCI, Rogério Lauria; CRUZ E TUCCI, José Rogério. *Devido processo legal e tutela jurisdicional*. São Paulo: Revista dos Tribunais, 1993.

CRUZ E TUCCI, Rogério Lauria. *Teoria do Direito Processual Penal*. São Paulo: Revista dos Tribunais, 2002.

CRUZ, Rogério Schietti. *Prisão cautelar*. Dramas, princípios e alternativas. 3. ed. Salvador: Juspodivm, 2017.

CUNHA, Rogério Sanches; PINTO, Ronaldo Batista. *Processo penal*: doutrina e prática. Salvador: Juspodivm, 2009.

DANTAS, Ivo. *Princípios constitucionais e interpretação constitucional*. Rio de Janeiro: Lumen Juris, 1995.

DEMERCIAN, Pedro Henrique; MALULY, Jorge Assaf. *Curso de processo penal*. São Paulo: Atlas, 1999.

DEU, Teresa Armenta. *Lecciones de Derecho Procesal Penal*. 5. ed. Madrid: Marcial Pons, 2010.

DIAS, Jorge de Figueiredo. *Direito Processual Penal*. Coimbra: Coimbra Editora, 2004.

FERRER-BELTRAN, Jordi. *Valoração racional da prova*. Tradução: Vitor de Paula Ramos. Salvador: Juspodivm, 2021.

GIACOMOLLI, Nereu José. *O Devido Processo Penal*: abordagem conforme a Constituição Federal e o Pacto de São José da Costa Rica. 3. ed. São Paulo: Atlas, 2016.

GLOECKNER, Ricardo Jacobsen; JÚNIOR LOPES, Aury. *Investigação preliminar no processo penal*. 6. ed. São Paulo: Saraiva, 2014.

GLOECKNER, Ricardo Jacobsen. *Nulidades no processo penal*. 3. ed. São Paulo: Saraiva, 2017.

GOMES, Luiz Flávio. *Direito Processual Penal*. São Paulo: Revista dos Tribunais, 2005.

GOMES, Luiz Flávio. O juiz [das] garantias projetado pelo novo Código de Processo Penal. *Jus*, [S. l.], 19 jan. 2010. Disponível em: http.jus2.uol.com.br. Acesso em: 3 jul. 2010.

GOMES, Luiz Flávio. *Responsabilidade penal objetiva e culpabilidade nos crimes contra a ordem tributária*. São Paulo: Dialética, 1995.

GOMES FILHO, Antonio Magalhães. *A motivação das decisões penais*. São Paulo: Revista dos Tribunais, 2001.

GRAU, Eros Roberto. *Ensaio e discurso sobre a interpretação/aplicação do Direito*. 5. ed. São Paulo: Malheiros, 2009.

GRECO FILHO, Vicente. *Manual de processo penal*. 6. ed. São Paulo: Saraiva, 1999.

GRINOVER, Ada Pellegrini. *Liberdades públicas e processo penal*: as interceptações telefônicas. 2. ed. São Paulo: Revista dos Tribunais, 1982.

GRINOVER, Ada Pellegrini; GOMES FILHO, Antônio Magalhães; FERNANDES, Antonio Scarance. *Recursos no processo penal*. 6. ed. São Paulo: Revista dos Tribunais, 2009.

GRINOVER, Ada Pellegrini; GOMES FILHO, Antônio Magalhães; FERNANDES, Antonio Scarance. *As nulidades no processo penal*. 11. ed. São Paulo: Revista dos Tribunais, 2011.

HESSE, Konrad. *A força normativa da Constituição*. Tradução: Gimar Ferreira Mendes. Porto Alegre: Sergio Antonio Fabris Editor, 1991.

IZZO, Fausto; PICCIOTTO, Guido. *Manuale di Diritto Processuale Penale*. Napoli: Simone, 2018.

JARDIM, Afrânio Silva. *Direito Processual Penal*. 11. ed. Forense: Rio de Janeiro, 2007.

JÚNIOR LOPES, Aury. *Direito Processual Penal*. 18. ed. São Paulo: Saraiva, 2021.

JÚNIOR LOPES, Aury. *Fundamentos do processo penal*: introdução crítica. 7. ed. São Paulo: Saraiva, 2021.

KHALED JÚNIOR, Salah H. *A busca da verdade no processo penal*: para além da ambição inquisitorial. 2. ed. Belo Horizonte: Casa do Direito, 2016.

LENZA, Pedro. *Direito Constitucional*. 27. ed. São Paulo: Saraiva, 2023.

LIMA, Marcellus Polastri. *A prova penal*. 4. ed. Salvador: Juspodivm, 2018.

LIMA, Marcellus Polastri. *Curso de processo penal*. 5. ed. Rio de Janeiro: Lumen Juris, 2010. v. 1.

LIMA, Renato Brasileiro de. *Manual de processo penal*. 13. ed. São Paulo: Juspodivm, 2024.

LOPES JÚNIIOR, Aury. *Direito Processual Penal e sua conformidade constitucional*. 4. ed. Rio de Janeiro: Lumen Juris, 2009.

LOPES JÚNIOR, Aury. *Direito Processual Penal*. 12. ed. São Paulo: Saraiva, 2015.

LOZZI, Gilberto. *Lezioni di procedura penale*. 7. ed. Torino: G. Giappichelli, 2010.

LUHMANN, Niklas. *Legitimação pelo procedimento*. Tradução: Maria da Conceição Côrte-Real. Brasília: Editora da UnB, 1980.

MACHADO, Antônio Alberto. *Curso de processo penal*. Ribeirão Preto: Legis Summa, 2007.

MALATESTA, Nicola Framarino Dei. *A lógica das provas em matéria criminal*. Tradução: Paolo Capitanio. 3. ed. Campinas: Bookseller, 2004.

MARQUES, Frederico. *Elementos de Direito Processual Penal*. Campinas: Bookseller, 1997. v. 1.

MARQUES, José Frederico. *Elementos de Direito Processual Penal*. 2. ed. Campinas: Millennium, 2000. v. 1.

MARTY, Mireille Delmas (org). *Processos penais da Europa*. Rio de Janeiro: Lumen Juris, 2005.

MENDES. Gilmar; COELHO, Inocêncio Mártires; e BRANCO, Paulo Gustavo Gonet. *Curso de Direito Constitucional*. 2. ed. São Paulo: Saraiva, 2008.

MENDONÇA, Andrey Borges de; FISCHER, Douglas; PELELLA, Eduardo (org.). *Garantismo penal integral*: questões penais e processuais, criminalidade moderna e a aplicação do modelo garantista no Brasil. Salvador: Juspodivm, 2010.

MIRABETE, Julio Fabrini. *Processo penal*. 13. ed. São Paulo: Atlas, 2002.

MITTERMAIER, Carl Joseph Anton. *Processo penal*. 10. ed. São Paulo: Atlas, 2000.

MITTERMAIER, Carl Joseph Anton. *Tratado da prova em matéria criminal*. Tradução: Herbert Wüntzel Heinrichi. 4. ed. Campinas: Bookseller, 2004.

MORAES, Alexandre de. *Constituição do Brasil interpretada e legislação constitucional*. 5.ed. São Paulo: Atlas, 2005.

MOREIRA, Rômulo de Andrade. *Direito Processual Penal*. Rio de Janeiro: Forense, 2003.

MOSSIN, Heráclito Antônio. *Curso de processo penal*. 2. ed. São Paulo: Atlas, 1998.

NUCCI, Guilherme de Souza. *Habeas corpus*. Rio de Janeiro: Forense, 2014.

NUCCI, Guilherme de Souza. *Manual de processo penal e execução penal*. 2. ed. São Paulo: Revista dos Tribunais, 2006.

NUCCI, Guilherme de Souza. *Provas no Processo Penal*. São Paulo: Revista dos Tribunais, 2009.

OLIVEIRA, Eugênio Pacelli de. *Curso de processo penal*. 21. ed. São Paulo: Atlas, 2017.

PENTEADO, Jaques de Camargo. *Acusação, defesa e julgamento*. Campinas: Millennium, 2001.

PINTO, Tereza Arruda de Alvim. *Nulidades da sentença*. 2. ed. São Paulo: Revista dos Tribunais, 1990.

PRADO, Geraldo. *Sistema acusatório*: a conformidade constitucional das leis processuais penais. 4. ed. Rio de Janeiro: Lumen Juris, 2006.

RANGEL, Paulo. *Direito Processual Penal*. 15 ed. Rio de Janeiro: Lumen Juris, 2008.

ROXIN, Claus. *Derecho Penal*. Tradução: Diego-Manuel Luzón Peña, Miguel Díaz y García Conlledo e Javier de Vicente Remesal. 2. ed. Madrid: Civitas, 2003. t. I.

SENDRA, Vicente Gimeno. *Manual de Derecho Procesal Penal*. Madrid: Colex, 2008.

SILVA, José Afonso da. *Aplicabilidade das normas constitucionais*. 7. ed. São Paulo: Malheiros, 2008.

SILVA, José Afonso da. *Curso de Direito Constitucional Positivo*. 30. ed. São Paulo: Malheiros, 2008.

SILVA JÚNIOR, Azor Lopes da. Justiça penal: um passeio pelo Direito Processual Penal Comparado. *Jus*, [*S. l.*], 10 mar. 2004. Disponível em: https://jus.com.br/artigos/4924/justica-penal. Acesso em: 5 ago. 2010.

TÁVORA, Nestor; ALENCAR, Rosmar Rodrigues. *Curso de Direito Processual Penal*. 12. ed. Salvador: Juspodivm, 2017.

TÁVORA, Nestor; ARAÚJO, Fábio Roque. *Código de Processo Penal para concursos*. 13. ed. São Paulo: Juspodivm, 2023.

TORON, Alberto Zacharias. *Habeas corpus*. Controle do devido processo legal: questões controvertidas e de processamento do *writ*. 2. ed. São Paulo: Revista dos Tribunais, 2018.

TORNAGHI, Hélio. *Curso de processo penal*. São Paulo: Saraiva, 1992.

TOURINHO FILHO, Fernando da Costa. *Comentários ao Código de Processo Penal*. 5. ed. São Paulo, Saraiva, 1999. v. 1.

TOURINHO FILHO, Fernando da Costa. *Processo penal*. 29. ed. São Paulo: Saraiva, 2007.

WEBER, Max. *Ensaios de sociologia*. Tradução: Waltensir Dutra. 5. ed. Rio de Janeiro: LTC, 1982.

Esta obra foi composta em fonte Palatino Linotype, corpo 10
e impressa em papel Offset 75g (miolo) e Supremo 250g (capa)
pela Formato Artes Gráficas.